세상을 삼킨 천자문

세상을 삼킨 천자문

초판 1쇄 발행일 2009년 1월 30일

주 | 이섬
주해 | 오가와 다마키 · 기다 아키요시
번역 | 신정근
발행인 | 최원필
편집 | 윤태욱
발행처 | 심산출판사
등록번호 | 제1-2114호(1996년 11월 28일)
주소 | 서울시 은평구 불광동 219-7 예은 101호
전화 | 0502-324-6280, 02-357-0633
팩시밀리 | 02-357-0631
E-mail | simsan@korea.com
ISBN 978-89721-81-9 93150

세상을 삼킨 천자문

千字文

주
이섭 李暹

주해
오가와 다마키 小川環樹
기다 아키요시 木田章義

번역
신정근

심산

역자 서문

나에게 한자나 한문은 그렇게 낯선 것이 아니다. 중학교와 고등학교 시절에 한문을 배웠기 때문이다. 또 지금 전공이 동양 철학이다 보니 한문은 한시도 떨어질 수 없는 언어가 되었기 때문이다.

내 세대 이후에는 한문이 배워도 되고 배우지 않아도 되는 선택의 언어가 되었다. 대신 영어가 반드시 배워야 하는 언어의 왕좌를 차지하면서 한문의 자리는 자꾸만 좁아져 갔다. 이전까지 한국어로 충분하던 초등학생도 영어의 광풍에 내몰릴 지경이다. 나도 대학교나 대학원 시절에 '보우캐뷸러리vocabulary 20000'이니 '보우캐뷸러리 30000'을 공부해 보았지만 지금은 초·중학생만 해도 영어 어휘 익히느라 고생하고 있다.

그러다가 1992년 한·중 수교를 즈음하여 언어의 세계에도 변화의 바람이 불기 시작했다. 특히 중국 경제의 비약적인 발전을 보고 듣자, 한국

사람들은 밀쳐놓았던 한문을 다시 배워야겠다는 생각을 가지게 되었다. 때마침 『마법 천자문』과 『김성동 천자문』이 출간되어 사람들의 많은 관심을 받았다. 『천자문』의 부활이라고 할 수 있겠다.

사실 도서관이나 서점에 가 보면 『천자문』 또는 『천자문』 관련 서적이 많이 있다. 책이 다른 만큼 책의 내용도 다를 것 같지만 실제로 그렇지는 않다. 대부분은 『천자문』의 글귀를 번역하고 옮긴이가 나름대로 해설하는 식이다.

이와 달리 나름대로 특징을 가지는 책도 있다. 예컨대 『천자문』(이민수 역해)은 기본적으로 자해를 풀이하고 『천자문』 구절의 출처를 나름대로 밝히려고 노력하였다. 『대동천자문』(김균 지음, 이광호 옮김)은 기존 천자문과 달리 한국의 역사를 담으려고 했다. 물론 그 속에 포함된 한자는 『천자문』과 같은 것도 있지만 다른 것도 있으므로 천자문을 확대 발전시켰다고 할 수 있다. 『주해천자문』(홍성원 주, 성백효 역주)은 천자문의 원문에다 우리나라 사람이 단 주석을 옮긴 책이다. 천자문이 담고 있는 세계를 현대인의 안목으로 일방적으로 재단하지 않고 원의를 보여주고 있다. 그리고 『다산천자문』(정약용 지음, 김대현 편저)은 『아학편兒學篇』에서 1천 자를 골라 재편집한 책이다. 정약용은 평소 『천자문』의 내용에 불만을 가지고 있었는데, 유배지 강진에서 어린이의 한문 학습을 위해 만든 『아학편』—모두 2천 자로 되어 있어서 『이천자문』이라고도 한다—을 지었던 것이다. 마지막으로 『욕망하는 천자문』(김근)은 『천자문』의 번역보다는 글자의 어원을 해명하고 『천자문』의 중화中華 세계가 타자를 어떻게 흡수했는지 비판적으로 논의하고 있다. 다섯 가지 책 모두 기존에 출간된 서로 엇비슷한 『천자문』의 방식을 벗어나 제 목소리를 낸다는 점에서 나름의 장점이 있다.

그럼에도 불구하고 나는 『천자문』 관련 서적에 대해서 아쉬움이 있었다. 한자 학습이라는 실용적 목적에서 『천자문』을 풀어내거나 현대인의 안목으로 『천자문』 속에 담긴 이념 세계를 파헤치는 것은 얼마든지 필요한 작업이다. 하지만 『천자문』은 오랜 역사 속에서 오늘날의 사람이 아니라 그 시대의 사람들에 의해 읽혀진, 자기 나름의 특징을 지니고 있다. 이런 특징이 제대로 밝혀지지 않은 상태에서 『천자문』을 오늘로 가져와 현대인의 입맛에 맞게 재배치하는 것은 너무 성급하지 않냐는 느낌이 들었다. 즉 정사 『삼국지』보다 창작 『삼국지』가 진짜 행세를 하는 것처럼, 뿌리 깊은 『천자문』보다 자의적으로 풀이하는 『천자문』이 득세를 하지 않을까 우려된다.

예를 들어 보자. 『천자문』의 첫 구절은 다들 알다시피 "천지현황天地玄黃"이다. 오늘날 과학적 관점에서 보면 이 구절은 당치않다. 도대체 왜 하늘이 검붉은 색이며 땅이 황색인가? 18세기에 박지원도 아이들에게 『천자문』을 가르치다가 '왜 하늘이 파랗지 않고 검붉은 색이라 말하는가?'라 묻는 말에 말문이 막히는 경험을 했었다.

"천지현황"은 현대의 과학적 관점이 아니라 그 시대의 철학적 관점에서 읽어 내야 한다. 하늘은 이 세계의 모든 사물을 끊임없이 낳고 또 낳는 근원이다. 이 근원성에 어울리는 색은 다른 색이 아니라 검은색이다. 왜냐하면 하늘은 인간이 환히 들여다볼 수는 없지만 제때에 사물을 생성시키므로 투시가 불가능한 검은색과 가장 어울린다. 검은색이라도 흑黑이라고 하지 않고 현玄이라 한 것은 『노자』 이래로 현이 검은색과 근원을 나타내는 것으로 널리 읽혀졌기 때문이다.

그러면 왜 땅은 황색일까? 땅의 세계를 지배하는 자는 천자이다. 고래로 천자는 넘볼 수 없는 절대 권력과 결코 변하지 않는 권위를 가진 존재로 여겨져 왔다. 이 이미지와 가장 잘 어울리는 것이 물질로는 황금이고 색깔로는 금색이다. 이 중의적 이미지에 어울리는 것이 바로 황색이다. 지금도 베이징의 구궁故宮을 가면 건물을 덮씌우고 있는 기와가 온통 황금색으로 반짝이는 것을 확인할 수 있다.

이처럼 『천자문』은 처음부터 현대인의 과학적 안목으로 들여다볼 수 없는 자체의 논리를 그 속에 감추고 있었다. 이 논리가 『천자문』의 과거 독자들에게 끊임없이 각인되면서 저자는 그 논리에 반영된 세계의 질서를 더욱 굳건하게 하고 널리 퍼뜨렸던 것이다. 『천자문』은 단순한 책이 아니라 세상의 질서를 담아내고 다시금 그 의미의 세계를 독자에게 끊임없이 실어 날랐던 것이다. 이런 점에서 나는 『천자문』이 세상을 삼킨 책이라고 생각한다. 이 말은 두 가지 뜻을 갖는다. 하나는 세상의 질서를 그대로 반영한다는 뜻이고, 다른 하나는 독자로 하여금 『천자문』의 이념 세계로 끊임없이 끌어들인다는 뜻이다.

나는 이러한 생각을 실현하려면 전통 시대에 쓰인 『천자문』에 대한 좋은 주석서를 소개하는 것이 필요하다고 보았다. 그래서 6세기 무렵, 위진 남북조 시대에 북위北魏에서 활약했던 이섬李暹의 주석서에 주목하게 되었다. 이 책은 『천자문』이 만들어진 뒤 얼마 되지 않아 나온 주석서로 훗날 『천자문』 읽기에 많은 영향을 끼쳤다.

『주해천자문』은 이섬의 풀이를 충실하게 번역하기도 했지만 일본의 중국문학 전문가 오가와 다마키小川環樹(1910~1993)의 설명을 통해 『천자문』의 구성과 역사를 보다 생생하게 알 수 있다. 그는 일본의 대표적인 중국사 학자 가이즈카 시게키貝塚茂樹(1904~1987)의 동생으로 대대로 책 향기가 짙게 배인 가문에서 자라 학문의 깊이를 더할 수 있었다.

몇 가지 비밀을 소개해 보자.

『천자문』이 탄생하기 전에는 『급취편急就篇』이 한자 학습용으로 널리 사용되었다. 둘은 위진남북조 시대에 경쟁하다가 당 제국에 이르면 『천자문』의 승리로 끝나게 된다. 왜 그렇게 되었을까? 세 가지 이유를 찾을 수 있다. 첫째, 『천자문』은 운을 가진 장편의 시로서 학습과 암기가 쉽고 문장이 아름다웠다. 예컨대 『천자문』은 영어로 말하면 '보우캐뷸러리 1000'에 해당한다. 하지만 오늘날의 '보우캐뷸러리 1000(또는 30000)'은 단순히 등급별 어휘를 기계적으로 열거한 것이지만, 『천자문』은 운도 있고 단어들이 결합해서 새로운 텍스트를 만들어 내고 있다. 오늘날 영어 '보우캐뷸러리'도 『천자문』처럼 만들어질 수 있을까?

둘째, 『급취편』이 주로 예서隸書로 쓰여서 전파된 반면에 『천자문』은 초서로 전파되었다. 특히 동진東晉 시대에 초서를 높이 치는 풍조가 생겨났는데, 초성草聖으로 알려진 왕희지王羲之(307~365)의 글자를 집자한 『천자문』이 유포되면서 한자 학습만이 아니라 서체 학습 두 방면에서 환영을 받았다. 이와 관련된 재미있는 사실이 있다. 동東·서西·남南·북北 사방은 가장 기본적인 어휘다. 하지만 『천자문』에 동·서·남은 있지만 북은 없다. 아마도 왕희지의 글자를 모으면서 '北' 자를 찾지 못해 그렇게 된 듯하다.

셋째, 당 태종은 왕희지의 글씨를 광적으로 모은 인물로 유명하다. 태종이 353년에 왕희지가 쓴 『난정시서蘭亭詩序』를 입수하려던 노력은 첩보작전을 방불했던 것으로 유명하다. 이런 유명세 속에서 왕희지의 7대손으로 알려진 지영智永이 할아버지의 서체를 그대로 모방해서 널리 보급했다고 한다.

이렇게 보면 『천자문』은 그 자체의 내적 특징에다가 서체에 대한 감수

성이 변화하는 시대적 조건과 부합되고, 또 특별한 애호가의 취미와 결부되어 한자 학습용 서적의 왕좌를 차지했던 것이다. 즉 작품의 우수성과 테크놀로지의 활용 그리고 적절한 광고 전략이 기막히게 들어맞은 결과였던 것이다.

번역 작업은 삼확三確이 필수적이어서 엄청난 고통이 뒤따르는 작업이다. 즉 먼저 지루한 '확'인確認을 거쳐야 하고, 그 과정을 통해서 '확'실確實하다는 판단이 들어야 하고, 마지막으로 이것이 지금 상태에서 다른 것보다 낫거나 정확하다는 '확'신確信이 들어야 한다. 확인하지도 않고 먼저 '이거야'라고 만세를 불러서는 안 된다. 너무 일찍 만세를 부른다면 십중팔구 오역이 나온다. 확인을 거쳐도 말은 이렇게 만들 수 있고 저렇게도 만들 수 있으므로 원문과 번역의 완전한 대응을 위해 조율 작업을 되풀이해야 한다. 지독하게 되풀이하지 않더라도 나름의 뜻을 전달할 수는 있겠지만 생생한 의미까지 전달하기 어렵다. 그리고 나 스스로가 역자이자 첫 번째 독자로서 다른 대안이 없다는 확신이 들어야 한다. 자신을 납득시키지 못하는 글을 내놓을 수 없지 않은가? 이 과정을 거친다고 해도 모든 것이 완벽해지기란 쉽지 않다. 내가 논문이나 책을 쓰고 나면 오탈자를 열심히 잡아 주는 이가 있다. 한 번씩 이런 농을 한다. 오탈자 하나당 백 원으로 치면 오탈자로 책 한 권을 살 수 있다고 말이다. 이번에는 그런 농에서 벗어날 수 있을까 벌써부터 걱정이 된다.

『천자문』이 의거하고 있는 출처를 이섬李暹도 말하지 않고 기다 아키요시木田章義도 찾지 않으면, 마지막으로 내가 찾아야 했다. 이 과정에서 종이로 된 사전만이 아니라 인터넷을 쉼 없이 뒤졌다. 위키피디아Wikipedia의 한·중·일 사이트만이 아니라 야후!Yahoo!의 한 · 중 · 일 사이트 그리고 중국의 바이두百度를 많이 찾았다. 참조한 곳마다 출처를 밝히려고 했지만 간혹 누락된 곳이 있을 듯하다. 원래 언어에 소질이 없는 나로서는 머릿속에서 말을 만들고 글로 옮기기 전까지 오로지 '확실성'을 기준으로 찾고 생각하고, 다시 생각하고 찾는 수밖에 없었다. 하루 종일을 헤매다가 풀지 못하고 집으로 돌아가기도 했지만, 다음날 전날 넘어진 곳에서 다시 시작할 수밖에 없었다. 나의 '확실성'이 다른 사람과 다르지 않기를 기대해 본다. 여전히, 아니 늘 어렵지만 일본어와 친해지는 기회가 되었다.

전통 시대 『천자문』은 우리가 생각하는 것 이상으로 일상과 문화에 뿌리를 내렸다. 우리가 물건이나 사람의 순번을 매길 때 1·2·3·4라는 아라비아 숫자를 쓰거나 a·b·c·d라는 영어 알파벳이나 ㄱ·ㄴ·ㄷ·ㄹ이라는 한글 자음을 사용했다. 과거에는 무엇을 사용했을까? 『천자문』이 답이다. 무슨 말이냐 하면, 『천자문』의 천天·지地·현玄·황黃 등이 순서대로 1·2·3·4 처럼 쓰였다. 그 뒤 사물과 사건의 종류가 늘어나자 『천자문』이 확대되어 『이천자문』이 생겨나서 2천 자의 조합으로 백만까지 순서를 나타낼 수 있게 되었다.

19세기 서울의 주거 공간을 분류하던 명칭으로 '자내字內'가 있었다. 자내는 도성을 둘러싸고 펼쳐진 성 밖의 거주지를 가리켰다. 원래 자내란 말은 도성을 쌓거나 보수할 때, 또는 경비를 설 때 일정 구역을 담당하는 기관을 배정하기 위해서 일정한 길이로 잘라서 순서를 매긴 말이다. 바로 이때 일정 구역을 천자문의 순서대로 이름을 붙인 데서 온 말이다(전우용, 『서울은 깊다』, 돌베개, 2008, 129쪽). 즉, 자내의 '字'는 『천자문』을 나타내는 것이다.

이렇게 보면 『천자문』은 단순히 한자 학습용 서적이면서 세상의 질서를 반영하고 사람들에게 그것을 각인시키는 교육의 교재였을 뿐만 아니라, 아주 다양한 일상적 기능을 가지고 있었다고 할 수 있다.

오늘날 우리에게 『천자문』은 무엇일까? 우리는 더 이상 『천자문』이 담고 있는 이념을 자신의 세계로 되가져 오기 위해 그것을 읽을 필요는 없을 것이다. 그것이 담고 있는 문화적 세계를 이해하고, 보다 더 큰 사유의 집을 만나는 창을 여는 것으로 보면 좋을 듯하다. 김홍도의 〈서당도〉에 나오는, 한쪽에서 혼내거나 혼나고 다른 한쪽에서 안도하고 웃는 것이 아니라 편하게 한문을 대하는 기회로 『천자문』을 만나기를 바란다.

이 책이 나오기까지 도움을 주신 분들에게 감사의 마음을 전하고자 한다. 우리나라에 『천자문』 관련 출판물은 많아도 정작 이섬의 주석을 구하려고 해도 구할 수가 없었다. 아무리 일본어 번역이 잘 되어 있다고 하더라도 원문을 확인하지 않을 수 없었다. 지금은 학위를 취득하여 국내에서 활약하고 있지만 당시 도쿄대에 유학 중인 원용준 박사에게 부탁해서 이섬의 주석을 구할 수 있었다. 당시 책의 일부를 번역한 상황이었지만 이섬 주석의 복사본을 받아보고서 금방이라도 번역을 끝낼 수 있으리라는 자신감이 들 정도로 기분도 좋고 용기도 백배가 되었다. 이 책이 번역할 만한 것인지 아닌지 판단할 때 원문의 몇 장를 초역해 준 임종수 선생에게도 신세를 졌다. 그리고 게으른 역자를 만나 출간 시간에 쫓기게 된 최원필 사장님에게 빚을 갚을 수 있게 되었다. 느긋하게 기다리시다 안 되겠다 싶을 때부터는 수시로 전화를 해서 번역을 독려해 주셨다. 일요일도 연구실로 나서려면 머리 뒤끝이 쭈뼛거리는데, 알면서도 "오늘 또 나가?"라는 물음을 던지는 은 · 소 · 빈에게 미안하기도 하고 고맙기도 하다. 교정을 보느라 고생하신 윤태욱 팀장에도 고마움을 느낀다.

때론 찾은 자식을 겨우 알아보시기도 하고, 때론 자식이 오는지 가는지조차 모른 채 병상에 누워계신 아버지의 쾌유를 빌어 본다. 이 책이 『천자문』에게 생명력을 조금이라도 불어 넣었다면, 그 적선의 힘이 아버지에게 옮겨지기를 기도한다.

2008년 9월 세상에 찬 기운이 도는 무렵에

수어재水魚齋에서 여여如如 신정근 씁니다.

차례

천자문

일러두기

천자문의 각 구句에 1에서 250까지 번호를 붙이고 두 구를 대구對句로 삼아 싣는다.

一. 글자꼴은 대부분 현행 정자체로 고치지만 일부는 통용 글자꼴대로 한다.

一. 구 끝에 붙이는 ○●의 경우 ○는 평성, ●은 측성(상 · 거 · 입성)인 것과 그 글자가 압운으로 쓰이는 것을 보여준다.

一. 본문에 ★를 붙이는 글자는 각각의 판본에 따라 글자꼴의 차이나 문자의 이동異同이 있다는 것을 나타낸다(자구의 주해에는 글자꼴과 관련해서 언급하지 않은 것도 있다).

각 구절의 밑에 『천자문음결千字文音決』(이하 『음결』로 줄여 부른다. 책 뒤쪽 「해설」 참조)에 붙어 있는 일본식 한자 읽기(대부분 문선독文選讀이다. 책 뒤쪽 「문고판에 붙여」 참조)에 따른다.

一. 본문에 덧붙인 훈점訓點[1]과 『음결』의 읽는 방법이 다른 곳이 있으므로 주의해야 한다. 본문에 대한 훈점은 현대어 번역문에 따른다.

一. 『음결』은 간온漢音[2]으로 읽는 것이 원칙이지만 현재 통용되는 한자음과 다른 방법으로 읽는 경우가 많다. 우리들이 주해했던 부분에는 현재 통용되는 한자음으로 읽기 때문에 『음결』과 읽는 방법이 다른 곳이 많고, 또 『음결』이 간온을 원칙으로 하면서 고온吳音[3]을 섞은 곳이 있으므로 주의해야 한다.

一. 음독 · 훈독에 빠진 부분이 있을 경우, 추정이 가능한 경우에는 여러 판본을 참조해서 보충했다.

一. 같은 구조의 구이면서 문선독으로 한 경우가 있는 반면 문선독으로 하지 않는 경우도 있는데, 같은 구 구조이면서 대구로 쓰인 경우 한쪽에 음독의 증거가 있으면 문선독 형태로 보충했다.

一. 한자음과 관련해서 역사적 가나 표기법歷史的仮名遣い[4]에 따라 통일시켰다. 와고和語[5]와 관련해서, 대체로 헤이안平安(794~1185) 시대 중기 무렵의 한문 훈독문에 따라서 역사적 가나 표기법 등을 바로잡았다.

이어서 다음의 내용을 수록했다.

一. 원문에 대한 현대어 번역문을 실었다.

이 현대어 번역문은 앞글의 흐름으로 봐서 타당하다고 생각되는 해석을 취하고, 꼭 『음결』과 이섬李暹 주의 해석을 따르지는 않았다.

一. 용어의 간단한 뜻풀이를 붙였다.

이섬의 주석으로 충분하다고 생각되는 경우에는 생략했다. 이 부분에는 현재 통용되는 한자음을 붙이고 있으므로 『음결』의 한자음과 다른 곳이 많은데, 이는 앞에 설명한 대로다.

一. 북위北魏 이섬의 '천자문주千字文注'(이하 '이주'로 부른다)의 현대어 번역문을 실었다.

저본은 오가와 다마키 선생이 소장한 『찬도부음증광고주천자문纂圖附音增廣古注千字文』(에도江戶 초기 간행본)이다(상권 제1구~제60구, 중권 제61구~제154구의 94구, 하권 제155구~제250구의 96구). 다만 저본에는 오자가 적지 않기 때문에, 『찬도부음집주천자문纂圖附音集註千字文』(필사본, 요메이문고陽明文庫 소장, 3권), 《도요문고본東洋文庫本 무간기본無刊記本》(고활자본), 《겐와元和 3년(1617) 간행본》과 《구간대자본舊刊大字本》(「해설」 참조), 거기에다 《고안본弘安本》(오사카의 우에노 쥰이치上野淳一 소장.「해설」 참조) 등과 비교 대조하여 확인하거나 고쳐서 되도록 오류를 바로잡았다.

一. 끝에 '이주'의 서문 현대어 번역문과 그 원문,『음결』의 서문과 오서奧書(해당 쪽 참조)의 번역문과 원문을 부기해 두었다.

一. 마지막에 오가와 다마키 선생이『천자문』 전체의 흐름을 해설한「운문으로 본『천자문』」과『천자문』의 편집 유래와 그 뒤의 유행 상황 및 주석서(특히 이섬의 주)와 여러 판본에 관해 개략적인 설명을 한「해설」을 두었다.

부록으로 지영智永의《진적본眞蹟本》의 영인을 덧붙였다. 다만 책 앞머리에 두기 어려운 점이 있었기 때문에,《관중본關中本》의 해당하는 곳을 구회口繪(책의 첫머리에 넣는 그림)로 실었다(관중본이란 송나라 대관大觀 3년(1109)에 설사창薛嗣昌이 지영의 서적을 돌에 새겼던 것 또는 그 탁본을 말한다.「해설」 396쪽 참조).

덧붙이는 말

'이주'의 최고 사본(《고안본》)의 사진판을 이용하도록 해 준 우에노 쥰이치와 구로다 아키라黑田彰 및 요메이문고 · 국회도서관 · 도요문고를 위시하여 공공 또는 사설의 여러 도서관 관계자 분들의 후의에 깊이 감사드린다.

1 훈점은 과거 한국과 일본의 학자들이 문장 부호나 구두점이 없이 이어진 한문 서적을 읽을 때 구문의 문형과 의미 파악을 용이하게 위해서 한자 원문에 달았던 기호다. 구결口訣과도 비슷하다. 이 책에서 쓰이는 훈점은 타동사와 목적어의 관계, 해석의 순서를 나타내는 용도로 사용되고 있는데, 오늘날의 문장 부호와 기능이 비슷하다고 할 수 있다.

2 일본은 7세기 이후에 수당隋唐 제국과 교류하면서 수당의 도성, 즉 장안長安의 한자음을 표준적인 음으로 채택하였다. 나라奈良 시대 이후에 이 음이 공식화되어 오늘날 일본어의 한자음 읽기의 토대가 되고 있다. 장안이 전한前漢의 수도였던 연유로 '간온'으로 불리게 되었다. 간온이라고 해서 한 제국 시대의 음이 일본으로 전해졌다는 것은 아니다.

3 고온吳音은 중국 삼국 시대의 오나라와 관련이 있다. 당시 오나라는 장강 유역의 남쪽에 정권을 수립했고, 한반도의 백제와 교류가 있었다. 백제를 통해 한자음이 일본에 전래되었는데 이를 '고온'이라 한다. 물론 고온이라고 해서 오나라의 음이 당시에 일본으로 전해졌다는 뜻은 아니다. 시기로 보면 고온이 간온보다 앞서고, 분야로 보면 불교 용어에 많이 쓰인다. 예컨대 이익利益은 간온에서 '리에키'로 읽지만 고온에서 '리야쿠'로 읽는 것처럼 독음이 다르다.

4 역사적 가나 표기법은 일본어를 가나로 표기하는 방법의 하나이다. 이를 달리 구舊가나 표기법 또는 정正가나 표기법 등으로 부르기도 한다. 메이지明治 시대 이후로 전후戰後의 국어(일본어) 개혁 이전까지 일본어의 공식 표기법이었다. 헤이안平安 시대 전기의 가나 사용법에 기초하므로, 발음을 중시하는 현대 가나 사용법에 비하여 어원 및 문법을 중시하는 보수적 표기법이다. 현재도 고문古文(고일본어) 및 와카和歌 등 고풍스런 느낌이 필요한 경우 등에 사용한다. 예컨대 현대 가나 표기법에서 쓰지 않는 글자들, 즉 'ゐ', 'ゑ'을 사용하는 특징이 있다.

5 와고和語는 일본어의 어휘 가운데 한자가 전래되기 이전부터 있었던 고유어를 가리킨다. 이를 본래어本來語, 야마토大和 언어, 와고라고 한다. 참고로 일본어 가운데 중국으로부터 전래된 한자 언어를 간고漢語라고 하며, 또 일본이 중국 이외의 나라와 교류하면서 사용하게 된 언어를 외래어라고 한다(이상의 설명은 한국어 '위키백과' 등 참조).

역자 일러두기

1. 원서는 구句의 일련번호, 원문, 훈점, 문선독, 일본어 번역, 자구 풀이, 이섬 주의 일본어 번역과 그에 대한 주해 등의 형식으로 되어 있다. 이 책에서는 훈점과 문선독이 우리 실정에 맞지 않으므로 없애고, 대신 현토 읽기를 통해 천자문의 구가 지니고 있는 문형과 전달하고자 하는 의미를 알 수 있도록 했다. 아울러 원서에는 일본어의 한자음 읽기와 관련해서 주석과 보충 설명이 있지만 불필요하다고 판단해서 옮기지 않았다.
2. 원서 본문에 실린 도판과 책 뒤에 실린 지영의 『천자문』《진적본》 사진은 싣지 않았다.
3. 원서는 네 글자로 이루어진 한 구마다 번호를 붙여 『천자문』을 전부 250구로 분류한다. 본문에 쓰이는 숫자는 이 번호를 가르킨다. 예컨대 〈031〉 또는 031遐邇壹體는 250구 가운데 서른한 번째 구인 하이일체遐邇壹體를 가리킨다.
4. 이 책에는 『천자문』에 대한 이섬의 주석과 여러 판본이 소개되고 있다. 천자문의 판본은 《이주본》처럼 《 》로 표시를 한다. '이주李注', '이주본李注本'은 이섬의 주석을 가리킨다.
5. 일본어 인명과 지명, 중국어 인명과 지명 등은 외래어 표기법에 따라 표기했다. 다만 중국어 인명과 지명은 청말민국초清末民國初를 경계로 이전은 한국어 한자음으로, 이후는 현대 중국어음으로 구별해서 표기했다.
6. 이섬의 주석인 【李注】 외에 원서의 주해는 본문에 【注解】로 실었고, 후주는 역자가 부연 설명이 필요하거나 이해와 심화 독서를 돕기 위해서 단 것이다.

7. 이섬 주의 번역에서 오류가 발견될 경우 별다른 언급 없이 역자가 수정했다. 역사적 인물의 생몰연대 등 기초 정보는 원서에 없는 경우 별다른 표시 없이 역자가 보충해 넣었다. 다만 이섬과 주해자들의 설명에 별도로 말을 보탤 때는 〔 〕를 써서 구분을 했다.
8. 한자 독음을 제시할 때는 두음 법칙을 따르지 않았지만, 설명 부분에서는 두음 법칙에 따랐다.
9. 원서에는 「참고문헌」이 없으나 독자의 편의를 고려해 역자가 본문에서 뽑아 책 뒤에 실었다. 아울러 역자가 참고한 문헌들의 목록도 함께 싣는다.
10. 원서에서 한자의 음을 반절로 표기한 경우 한자음만이 아니라 현대 중국어의 병음과 성조를 표시하여 음의 차이를 비교할 수 있게 했다.

천자문
千字文

001 天 地 玄★ 黃○ 천은 현하고 지는 황하고
천 지 현 황

002 宇 宙 洪 荒○ 우와 주는 홍황하다
우 주 홍 황

하늘의 색은 검붉고[1] 대지의 색은 누렇고,

공간과 시간은 광대하고 아득하다.

현玄 : 허신許愼(30~124)의 『설문해자說文解字』에 따르면 "그윽하고 아득하다는 뜻이다. 검붉은 빛깔을 띠는 것을 현이라 한다."

우주宇宙 : 우는 위·아래와 동·서·남·북 네 방향의 공간을 가리킨다. 주는 현재·과거·미래의 시간을 가리킨다. 『회남자淮南子』「제속훈齊俗訓」에 따르면 "지나간 과거와 다가오는 현재를 '주'라 말하고, 동·서·남·북과 위·아래를 '우'라 말한다."[2]

홍황洪荒 : 홍은 크다는 뜻이고 황은 거칠다는 뜻으로, 합쳐서 까마득하고 넓은 모양을 가리킨다.[3]

001天地玄黃

【李注】

『역경易經』「곤괘坤卦」의 「문언전文言傳」을 보면 "하늘은 검붉고 대지는 누렇다"고 한다. 이것은 하늘의 빛깔이 검붉고 대지의 색깔이 누렇다는 뜻이다.

음陰과 양陽의 두 가지 기氣 가운데 가볍고 맑은 것은 위로 올라가서 하늘이 되고, 무겁고 탁한 것은 아래로 내려가서 땅이 된다. 하늘의 모양은 공을 반으로 쪼갠 반구半球 형태이고 대지의 모양은 무한히 넓다.

하늘에는 아홉 층의 창공이 있다. 『태현경太玄經』 권8에서 말한다.[4] "아홉 층의 하늘이란 첫째가 중천中天이고, 둘째가 선천羨天이고, 셋째가 종

천從天이고, 넷째가 경천更天이고, 다섯째가 수천睟(晬)天이고, 여섯째가 곽천廓天이고, 일곱째가 감천感(減)天이고, 여덟째가 침천沈天이고, 아홉째가 성천成天이다."

『이아爾雅』「석천釋天」[5]에서 네 가지 하늘을 말한다. "봄의 하늘을 창천蒼天, 즉 푸른 하늘이라 한다." 이것은 만물이 파릇파릇 생겨나는 것을 뜻한다. "여름의 하늘을 호천昊天, 즉 빛나는 하늘이라 한다." 이것은 기가 환하고 아름답게 빛나는 것을 나타낸다. "가을의 하늘을 민천旻天, 즉 안타까워하는 하늘이라 한다." 민은 불쌍히 여긴다는 민愍과 같은 뜻으로 만물이 시들어 떨어지는 것을 안타깝게 여기는 것이다. "겨울의 하늘을 상천上天, 즉 위에 있는 하늘이라 한다." 이것은 시절이 아무런 탈이 없이 지나가자 위에 자리 잡고서 단지 아래를 굽어볼 뿐이라는 것을 나타낸다.

『주례周禮』(원문에는 『예기禮記』로 잘못 되어 있다) 「지관사도地官司徒」에 오토십지五土十地를 말한다.[6] "첫째는 산림山林이다." 대개 돌이 여러 겹으로 쌓여서 주변보다 높은 곳을 산이라 하고, 대나무나 나무가 우거진 곳을 임이라 한다. "둘째는 천택川澤이다." 도랑에 물이 흘러가는 것을 천이라 하고, 물이 모여드는 곳을 택이라 한다. "셋째는 구릉丘陵이다." 흙이 높이 쌓인 곳을 구라 하고, 커다란 언덕을 능이라 한다. "넷째는 분연墳衍이다." 물가를 분이라 하고, 낮고 평평한 곳을 연이라 한다. "다섯째는 원습原隰이다." 지대가 높고 평평한 곳을 원이라 하고, 지대가 낮고 습기가 많은 곳을 습이라 한다. 이것을 합쳐서 십지十地라고 한다.

『효경孝經』「서인장庶人章」에서 말한다. "하늘이 보이는 길을 따라가고 대지가 주는 풍요로움을 함께 누린다." 이것은 네 계절이 서로 번갈아들면서 쉬지 않고 운행하는 것을 말한다. 이것을 바로 천도天道, 즉 하늘의 길이라 한다. 대지가 산출하는 것은 풍토나 기후에 적합한 것이므로 지역마다 산물이 같지 않다. 이것이 바로 지리地利, 대지의 풍요로움이라 한다. 사람이 하늘과 대지 사이에서 태어나 벌이는 대부분의 활동은 마땅히 위로 하늘의 때에 의거하고 아래로 대지의 풍요로움에 순응해야 한다.

'현황'이 어떤 판본에는 '원황元荒'으로 되어 있다. 이것은 송나라의 시조 조현랑趙玄郎[7]의 이름 글자를 피휘避諱하기 위해서 '현'을 '원'으로 바꾸었던 것이다.*

【注解】

* 본문이 '원황'으로 되어 있는 판본으로는 남송南宋 고종高宗 조구趙構(재위 1127~1162)의 글로 일컬어지는 《어서원행서천자문御書院行書千字文》 등이 있다.

휘諱란 사람의 실제 이름을 말한다. 문장을 쓸 때 당시 재위에 있는 천자의 실명이나 존중해야 할 인물의 이름에 있는 문자를 기피하는 풍속이 있었는데, 이 경우 '휘를 피한다'고 말했다. 당시 재위에 있던 천자만이 아니라 선대 천자의 휘를 피하는 일도 있었다. 피휘를 하는 방식에는 세 가지가 있다. 첫째는 개자改字, 즉 글자를 바꾸는 방식이다. 둘째는 공자空字, 즉 해당 문자를 쓰지 않고 공백으로 남겨 두거나 빈 부분을 □로 둘러싸는 방식이 있다. 셋째는 흠필欠筆, 즉 글자의 전부가 아니라 일부분을 쓰지 않는 방식이다. '현황'을 '원황'으로 쓰는 것은 첫 번째 '개자'의 예에 해당한다. 《관중본關中本》에는 '현황'의 현玄을 쓸 때 가장 마지막으로 쓰는 삐침의 한 획을 의도적으로 빠뜨리고 있는데, 이것은 세 번째인 흠필에 해당된다. 이하에 나오는 본문의 흠필은 모두 이와 같다.[8]

002宇宙洪荒

【李注】

우宇라는 말은 하늘이 만물을 덮고 있는 형세가 집의 지붕과 닮아 보이는 데 연유해서 그것을 우(집의 지붕)로 이름 붙인 것이다.[9] 주宙라는 말은 과거·현재·미래(영원한 시간)를 가리킨다. 홍洪은 크다는 뜻이고, 황荒은 중원으로부터 가장 멀리 떨어진 곳 또는 그 바깥 지역으로 사람의 발길이 닿지 않는 곳을 가리킨다. 『형부刑部』에서 말한다.* "신농神農(고대 전설상의 제왕)이 하늘과 대지를 두루 돌아다녔는데 그 거리를 따져 보면 동서가 90만 리였고, 남북이 80만 리였고, 동해와 서해의 거리가 2만8천 리였고, 남해와 북해의 거리가 2만6천 리였다."

宙(주, zhòu)는 直(직, zhì)의 초성과 又(우, yoù)의 중성의 반절反切이다(거성).**

【注解】

* 『형부』라는 책의 정체가 분명하지 않다. 《구간대자본舊刊大字本》에 같은 문장을 싣고 있지만 '형부운刑部云' 세 글자가 없다. 그러나 이하 거의 같은 내용이 『후한서後漢書』「군국지郡國志」의 주석에도 인용되어 있고, 『제왕세기帝王世紀』의 원문에도 보이는데, '남북팔십오만리南北八十五萬里'라는 부분이 다를 뿐이다.

** 반反은 한자의 독음을 표기하는 반절反切의 뜻이다. 반절이란 한자 두 글자로 한자 한 글자의 음을 표기하는 방식을 말한다. 이러한 실례로 '宙'의 독음을 알아보면, 자음이 '直'의 초성 자음과 같고, 모음이 '又'의 모음과 같다는 것을 보여주고 있다. 결국 '직直'의 초성 자음(ㅈ)과 '우又'의 모음(ㅜ)을 합치면 宙(주)의 음이 된다. 현대 중국어를 기준으로 설

명해 보면 宙의 음은 直(zhì)의 [zh]와 又(yoù)의 [où]를 합친 [zhoù]라는 것을 알 수 있다.

1 왜 하늘이 검붉다고 했을까? 이섬의 주석을 봐도 저자가 왜 하늘의 빛깔이 검붉다고 말하는지 그 이유를 우리는 알 수 없다. 한반도의 하늘이 푸르니까 다른 곳의 하늘 빛깔도 그러리라고 짐작하는 탓에 붉다는 것을 이해하지 못하는 걸까? 아니면 검붉다는 것은 하늘의 실제 빛깔이 아니라 하늘을 만물의 근원으로 여긴다는 것을 나타내는 걸까? 후자로 생각해 봄 직하다. 눈에 보이는 색깔보다 보이지 않는 색깔이 근원성에 더 가깝다. 하늘 빛깔과 관련해서 조선 후기 박지원朴趾源(1737~1805)이 우리에게 재미있는 일화를 들려준다. 그가 마을 어린아이들에게 천자문을 가르쳤지만 아이들은 읽기를 싫어했다. 이를 나무라자 아이들이 말했다고 한다. "하늘은 푸르고 푸른데 하늘 천 자는 왜 푸르지 않다고 합니까? 이 때문에 싫어합니다"(『燕巖集』 권5 『映帶亭賸墨』「答蒼厓之三」).

2 원문을 확인하려면 유안, 안길환 옮김, 『회남자』, 명문당, 2001 참조.

3 '거칠다'는 사람이 손길이 닿지 않아 농사짓기 힘들거나 성격이 사납고 공격적일 경우를 말한다. 여기서 '거칠다'는 일종의 은유로, 시간과 공간이 어떻게 펼쳐질지 사람에게 쉽사리 알지 못하는 상태를 나타낸다.

4 『태현경』은 양웅揚雄(BC 53~AD 18)이 『주역周易』의 권위에 견주기 위한 의도로 집필한 책이다. 현玄은 사람의 눈에 보이지 않는 우주의 본체를 가리키고, 태太는 그 공덕을 형용한 미칭美稱에 해당된다. 원문을 확인하려면 양웅, 사마광 주, 김태식 해역, 『태현경』, 자유문고, 2006 참조.

5 『이아』는 현재 중국에서 가장 오래된 낱말 사전으로 작자가 미상이다. 현재 전해지는 책은 「석고釋詁」·「석언釋言」·「석훈釋訓」·「석친釋親」·「석궁釋宮」·「석기釋器」·「석악釋樂」·「석천釋天」·「석지釋地」·「석구釋丘」·「석산釋山」·「석수釋水」·「석초釋草」·「석목釋木」·「석충釋蟲」·「석어釋魚」·「석조釋鳥」·「석수釋獸」·「석축釋畜」 등 모두 19편으로 되어 있다. 원문을 확인하려면 이충구 · 임재완 · 성당제 · 김병헌 옮김, 『이아주소』, 소명출판, 2004 참조.

6 원문을 확인하려면 지재희 · 이준녕 옮김, 『주례—제국 건설의 행정 직제와 직무 지침서』, 자유문고, 2002 참조.

7 송 제국의 제1대 황제는 태조 조광윤趙匡胤(재위 960~976)이다. 그는 자신의 선조들을 황제로 추증했는데, 조현랑은 송 제국의 시조인 성조聖祖를 가리킨다.

8 이름 등 언어 금기와 관련해서 리중성李中生, 임채우 옮김, 『언어의 금기로 읽는 중국문화』, 동과서, 1999 참조.

9 이 말에는 은유가 들어 있다. 지붕이 집의 구조물과 실내를 덮어 주는 구실을 하듯이 하늘이 만물을 덮어 준다고 보면 하늘을 지붕으로 볼 수 있다는 것이다. 여기서 집이라고 하더라도 현대 한국에서 가장 일반적인 주거 형태인 아파트를 연상하지 말고 전통 가옥인 한옥을 생각해야 한다.

003 日 月 盈 昃　일이나 월이 영하고 측하며
일 월 영 측

004 辰 宿 列 張○　진수가 장하듯 렬하다
진 수 렬 장

해와 달이 차기도 하고 기울기도 하고,

별자리들이 활시위를 팽팽하게 당기듯 늘어서 있네.

영측盈昃 : 해와 달의 모양이 원 모양으로 가득 찼다가 기우는 것을 말한다.[1]

진수辰宿 : 진은 특정한 항성을 말하는데, 여기서는 북극성을 가리킨다. 수는 별자리, 별이 머무는 곳이다.[2]

열장列張 : 활의 시위를 매기는 것처럼 이어져 있는 모양을 가리킨다.

003 日月盈昃

【李注】

『역경』「풍괘豊卦」의 「단전彖傳」에서 말한다.[3] "해가 정점에 이르면 기울게 되고, 달은 가득 차면 이지러진다(태양이 하늘 가운데에 오면 머지않아 기울기 시작하고, 달이 보름달이 되면 머지않아 이지러지기 시작한다)." 영盈은 가득 차는 것이고, 측昃은 기우는 또는 줄어드는 것이다.

태양 가운데는 삼족오三足烏, 즉 세 발 달린 까마귀가 있다. 그래서 태양을 금오金烏라고 부른다. 태양의 빛깔은 붉게 빛나고, 부상扶桑(중국의 동쪽 바다 속에 있다고 알려진 신목神木, 즉 신령스런 나무)으로부터 떠올라서 함지咸池(하늘에 있는 연못으로 태양이 목욕하는 곳으로 알려진다)로 들어간다. 달은 옥토끼玉兎(달 속에 토끼가 있다는 전설에 따라 불리는 다른 이름)·섬여蟾蜍(달 속에 두꺼비가 있다는 전설에 따라 불리는 다른 이름)로도 불린다. 섬여는 세 발 달린 두꺼비이다. 태양은 양陽의 정기(순수한 양기로 된 것)로 동쪽으로부터 떠오른다. 반면 달은 음陰의 정기(순수한 음기로 된 것)로 서쪽으로부터 떠오른다.

昃(측, zè)은 爭(쟁, zhēng)과 色(색, sè)의 반절이다(입성).

004辰宿列張

【李注】

북극성은 다섯 개의 별로 이루어져 있다. 『논어論語』「위정爲政」 1에서 말한다. "북신北辰은 제자리를 지키고 있고 뭇 별들이 공수拱手하고 있다"(북극성은 고정된 위치에 있고 다른 많은 별들이 그것을 향해서 절하고 있다).[4] 이걸 두고 한 말이다.

하늘에는 28수宿, 즉 스물여덟 가지 별자리가 있다. 네 방위 각각 일곱 수, 즉 일곱 가지의 별자리가 있다. 동쪽의 일곱 수는 창룡蒼龍의 꼴을 이루고, 남쪽의 일곱 수는 주작朱雀의 꼴을 이루고 있다. 서쪽의 일곱 수는 백호白虎의 꼴을 이루고, 북쪽의 일곱 수는 현무玄武(거북과 뱀이 뒤엉킨 모양)의 꼴을 이루고 있다. 그리고 그것들이 네 방위에 바퀴처럼 둥글게 둘러쳐 있으며 천제天帝(북극성)를 보필(천자의 정치를 돕는 것)하고 있는 것이다.

1 여기서 기운다는 말은 중의적이다. 위치상으로 정점에 이르렀다 아래쪽으로 내려가는 것과 모양이 둥근 상태에서 조금씩 이지러지며 변해 가는 것을 동시에 가리킨다.

2 宿은 보통 '숙'으로 읽지만 별자리를 뜻하면 이십팔수二十八宿처럼 '수'로 읽는다. 이민수는 이 宿을 '별자리'라는 명사가 아니라 '잠자다'는 동사로 보아 숙으로 읽어야 한다고 주장한다. 하지만 그는 자신의 주장을 살리지 못하거나 오히려 반대가 되게끔 "별들은 각각 하늘에 벌여 있다"고 번역하고 있다. 『천자문』, 혜원문화사, 1992, 14-15쪽을 보라.

3 이섬의 주에는 출처가 「계사전繫辭傳」으로 잘못되어 있다. 「계사전하」에 보면 "해가 가면 달이 오고, 달이 가면 해가 온다. 이처럼 해와 달이 서로 밀어 가면서 밝음이 생겨난다"는 구절이 나오고 005寒來暑往의 출처가 되는 내용이 이어지고 있다. 원문을 확인하려면 이기동 옮김, 『주역강설』 하, 성균관대학교 출판부, 1997, 216 · 388쪽을 보라.

4 "北辰居其所, 而衆星拱之." 여기서 공拱은 왼손을 오른손 위에 놓고 두 손을 마주 잡아 공경의 뜻을 나타내는 공수의 예를 가리킨다. 그래서 역자들은 이 공을 인사나 절하는 맥락에서 풀이하고 있다. 이런 풀이는 북극성과 뭇 별의 관계를 군주와 신하의 그것에 투영하고 있는 것이다. 다른 판본에는 공이 共으로 되어 있는데, 주희는 그것을 '향하다'(向)로 풀이한다. 과학적으로 보면 공은 돌다, 회전하다는 뜻으로 보는 게 맞다.

005 寒 來 暑 往 한이 래하면 서가 왕하고
한 래 서 왕

006 秋 收 冬 藏○ 추에 수하고 동에 장하다
추 수 동 장

추위가 찾아오면 더위가 물러나고,

가을에는 농작물을 거두어들이고 겨울에는 그것을 갈무리한다.[1]

추수동장秋收冬藏 : 『순자荀子』 「왕제王制」에 따르면 "봄에는 밭을 갈고(씨를 뿌리고) 여름에는 김을 매고 가을에는 거두어들이고 겨울에는 갈무리한다."

005寒來暑往 · 006秋收冬藏

【李注】

『역경』 「계사전」에서 말한다. "추위가 가면 더위가 오고, 더위가 가면 추위가 온다. 추위와 더위가 교대로 바뀌는데, 그 과정에 한 해가 이루어진다."

봄은 달리 청양青陽(날씨가 화창하고 따뜻하다는 뜻)으로 불리는데, 풍기風氣(자연이 생물에 끼치는 힘. 구체적으로 바람과 날씨를 가리킨다)가 온화하다. 여름은 달리 주명朱明(태양이 붉게 빛난다는 뜻)으로 불리는데, 풍기가 찌는 듯이 덥다. 가을은 달리 백장白藏(만물의 색깔이 바뀌고 갈무리한다는 뜻)으로 불리는데, 풍기가 맑고 서늘하다. 겨울은 달리 현영玄英(어둡고 청영清英하다는 뜻)으로 불리는데, 풍기가 살을 에는 듯 춥다.[2] 네 계절이 서로 번갈아 바뀌고 곡식이 익어 간다. 농작물은 봄에 씨를 틔우고, 여름에 자라난다. 가을에는 곡물을 거두어들이고, 겨울에는 저장해 둔다. 이것이 한 해에 이루어지는 일이다.

1 한 해에 생물이 거쳐가는 주기는 "봄에 태어나고 여름에 자라고 가을에 거두고 겨울에 갈무리 한다"로 표현된다. 이 말은 『사기史記』 권130 「태사공자서太史公自序」에 나온다. "夫春生夏長, 秋收冬藏, 此天道之大經也. 弗順, 則無以爲天下綱紀." 〈006〉 추수동장은 '춘생하장春生夏長'을 전제하고 있는 것이다.

2 네 계절의 다른 이름은 모두 『이아』 「석천」에 나오는 내용이다. 괄호 안의 설명은 『이아』에 주석을 단 곽박郭璞(276~324)의 설명이다. 겨울의 경우 현영은 그 계절을 주관하는 북쪽의 흑제黑帝 현명玄冥의 이칭으로 간주되기도 한다.

007 閏★ 餘 成 歲 윤여로 세를 이루고
윤 여 성 세

008 律 呂★ 調 陽○ 률려로 양을 조하다
률 려 조 양

윤달로 한 해의 주기를 제대로 맞추고,

률려로 음양의 균형을 바로 잡는다.

윤여閏餘 : 윤달의 뜻이다. 태음력太陰曆에서는 보름(만월滿月)에서 다음 보름까지 기간을 한 달(약 29.5일)로 삼고, 한 해에 큰달(30일)과 작은달(29일)이 각각 여섯 번 들어있으므로 합쳐서 354일을 1년으로 삼는다. 하지만 이섬의 주석에서 인용하는 『서경書經』「요전堯傳」의 문장에 나온 대로 하면 1년은 366일[다만 『후한서』 두예杜預(222~284)[1]의 주에 의하면 이것은 어림수로 나타낸 것에 불과할 뿐 실제로는 365.25일이다]이기 때문에, 1년에 약 12일씩 어긋나게 된다.[2] 거기에 19년에 일곱 번 윤월을 설정해서 계절과 월력을 합치하게 했다. 윤월이 든 해는 1년이 13개월이 된다.

율려律呂 : 서양 음악의 다장조와 라장조 등의 '조調'에 상당하는 것이다. 률은 장조를, 여는 단조를 말한다. 각각 여섯 가지가 있는데, 합쳐서 12율이라 한다. 9촌의 피리 길이(기본이 되는 황종음黃鍾音)를 삼분손익법三分損益法(원래 길이의 $\frac{1}{3}$에 상당하는 길이를 더하기도 하고 빼기도 하는 방법으로 음을 만드는 방법)으로 황종 이하 11가지 음조가 가능해진다(『예기』「월령月令」).

조양調陽 : 음과 양의 균형을 잡는다는 뜻이다. 그런데 원문에 왜 음자가 없을까? 넉 자로 정해진 자수와 운을 고려해서 양으로 음·양을 대표하게 했던 것이다.

007閏餘成歲

【李注】

『서경』「요전堯典」에서 말한다. "한 해의 주기가 366일이 되려면, 윤달을 집어넣어 네 계절을 조정해서 한 해를 온전하게 한다." 『춘추곡량전春秋

穀梁傳』 문공文公 6년 기사에서 말한다. "윤달은 달의 일수에 남는(태양력에 비교하면 모자라는) 일수이다. 남는 분을 모아서 달을 만든다." 『후한서』 「율력지律曆志」의 주석(주석이 아니고 본문이다)에서 말한다. "윤달을 넣어서 네 계절을 조정하여 철마다 해야 할 일을 완수하게 한다", 즉 윤달을 넣어서 네 계절이 갈마드는 시기를 정해서 그것에 따라서 한 해의 길이를 조정한다.

008律呂調陽

【李注】

『한서漢書』 「율력지」에서 말한다. "음률音律에 12조調가 있다. 양陽의 여섯을 '율律'이라고 하고 음陰의 여섯을 '여呂'라고 한다. 육률은 황종黃鐘 · 태주太簇 · 유빈蕤賓 · 고선姑洗 · 이칙夷則 · 무역無射이다. 육려는 임종林鐘 · 중려中呂 · 남려南呂 · 응종應鐘 · 협종夾鐘 · 대려大呂이다. 이 12율려는 음양의 기에 조화되도록 하는 것이다."

1 두예는 중국 진晉나라의 학자 · 정치가이다. 그는 고전 가운데 특히 『좌씨전左氏傳』의 주석으로 유명한데, 『춘추좌씨경전집해春秋左氏經傳集解』는 종래 별개의 책이었던 『춘추』의 경문經文과 『좌씨전』의 전문傳文을 하나로 통합하여 오늘날과 같은 체제를 만들었다.

2 풀이가 산만해서 헷갈리게 되어 있다. 1삭망월朔望月은 29.53일이고 1태양년은 365.24일이므로 12태음월은 1태양년보다 약 12일이 짧다. 이 차이를 매우려면 3년에 한 번 또는 8년에 세 번 윤달을 넣어야 한다. 만약 음력에 윤월(윤달)을 집어넣지 않고 17년이 지나면, 음력 5 · 6월에 눈이 내리고 음력 11 · 12월에 더위가 찾아온다. 즉 달력의 진행과 실제 계절의 진행이 완전히 어긋난다. 지금 현재 19태양년에 일곱 번의 윤달을 두는 19년 7윤법이 가장 많이 쓰이고 있다. 합산해 보면 235태음월이 19태양년과 같은 일수가 되기 때문이다.

009 雲騰致雨 운이 등하여 우를 치하고
운 등 치 우

010 露結爲霜○ 로가 결하여 상이 위하다
로 결 위 상

구름이 빠르게 올라가서 비를 내리게 하고,

이슬이 맺혀서 서리가 된다.

009雲騰致雨

【李注】

『역경』「건괘乾卦」의 「단전」에서 말한다. "구름이 떠다니다가 비가 되어 내리니 온 세상이 평안해진다." 『맹자孟子』「양혜왕상梁惠王上」 6에서 말한다. "하늘에 구름이 뭉게뭉게 피어오르고 좍좍 비가 내린다." 구름과 비가 감응하는 것은 모두 임금이 덕을 지니고 있기 때문이다. 만약 덕을 잃어버린다면, 비록 서쪽의 교외에 먹구름이 끼더라도 결코 촉촉한 비가 내리지 않을 것이다.[1]

옛날에 은나라의 탕 임금(026周發殷湯 참조)이 나라를 다스릴 때 7년에 걸쳐서 엄청난 가뭄이 들었다. 이에 사직社稷의 신(토지의 신과 오곡의 신)에게 (비를 내려 달라고) 기도를 했지만 비가 내리지 않았다. 탕 임금이 말했다. "사직의 신은 요 임금(고대 전설상의 성왕聖王. 023推位讓國 · 024有虞陶唐 이주 참조) 시대의 직관稷官(농업을 관장하던 관직)으로 성은 희姬이고 이름은 기棄이다(165俶載南畝 · 166我藝黍稷 이주 참조). 어떻게 요 임금과 같은 신령에 영험함이 없을까? 마땅히 사직의 신단을 없애야겠다."

태사太史(사관 · 역관의 우두머리)가 의견을 올렸다. "사직의 신단을 없애서는 안 됩니다. 제물로 사람 한 명을 불에 태워서 천신에게 제사를 지내는 것이 좋겠습니다. 그러면 반드시 비가 내릴 것입니다." 탕 임금이 대답했다. "나 자신에게 덕이 없어서 이런 엄청난 가뭄을 불러들이게 되었다. 이제 다시 제물로 사람 한 명을 불에 태워서 하늘〔하느님〕에 제사를 지낸다면 그 잘못도 나 자신에게 있다. 나는 온 세상이 빠짐없이 골고루 비의 혜택을 입게 되기를 바라므로 나는 〔다른 사람이 아니라〕 바로 나 자신을 제물로 불태우도록 해야겠다."

이리하여 궁궐 앞에 〔제단을 마련하고 거기에다〕 땔감을 쌓고서 천자(탕 임금)가 혼자 그 위로 올라갔고, 나무 더미의 네 주변에 불을 붙였다. 불의 기세가 점점 탕 임금 쪽으로 좁혀 들어갈 때 갑자기 하늘에 구름이 일어나더니 비가 내리기 시작했다. 이내 제단의 불이 꺼졌고 탕 임금은 목숨을 건질 수 있었다. 〔이 비로〕 온 세상이 모두 다시 살아났고, 천자의 덕을 우러러 받들게 되었다. 이에 탕 임금은 백성들에게 명령해서 해마다 2월과 8월에 사직의 신에게 제사를 올리도록 했다.

010露結爲霜

【李注】

이슬은 풀과 나무를 축축하게 할 수 있다. 이슬이 얼어붙은 것을 서리라고 말한다. 그 기세가 살을 엘 듯하여 모든 초목을 말라죽게 할 수 있다. 가을의 이슬은 해거름에 맺혀서 이슬이 되고 아침에 덩어리져서 서리가 된다.

1 이 부분은 『역경』 「소축괘小畜卦」의 문장을 약간 고쳐서 쓴 것처럼 보인다. "새까맣게 인 구름이 비가 되어 내리지 않는다. 우리 교외의 서쪽으로부터 왔기 때문이다"(이기동, 『주역강설』 상, 157쪽).

011 金 生 麗 水　　금은 려수에서 생하고
금 생 려 수

012 玉 出 崑 岡○　　옥은 곤강에서 출하다
옥 출 곤 강

좋은 금은 여수에서 나고,

좋은 옥은 곤륜산에서 나온다.

여수麗水 : 강 이름이다. 오늘날의 저장성浙江省에 위치하는데, 사금이 난다고 한다. 이섬 주의 전거가 명확하지 않다.[1]

곤강崑岡 : 곤륜산을 가리킨다. 중국의 서쪽에 있다고 알려져 있는 전설상의 영산靈山이다. 아름다운 옥이 생산됐던 곳이라고 한다. 이섬의 주석에는 남초南楚(장강 중류 지역의 언저리)의 형산荊山에 있던 골짜기의 이름으로 풀이하고 있다. 강崗은 같은 뜻의 강岡의 속체俗體이다.

011金生麗水

【李注】

여수는 강 이름으로 익주益州의 영창군永昌郡(오늘날 윈난성雲南省 바오산현保山縣) 안에 있다. 그 유역에 금이 나오는데, 물에 떠다니기도 한다. "금생여수"라는 말은 이 지역에서 나는 금이 다른 지역의 어떠한 금보다 품질이 뛰어나다는 뜻이다.

012玉出崑岡

【李注】

남초南楚 지역에 있는 형산荊山의 곤강崑崗 골짜기에서 아름다운 옥이 생산된다.[2]

옛날 옛적 초나라에 성이 변卞이고 이름이 화和라고 하는 한 남자가 살고 있었다. 그는 옥의 품질을 잘 변별했다. 그는 형산 곤강에서 한 덩어리의 박옥璞玉(아직 가공하지 않은 옥)을 손에 넣었다가 초나라 문왕文王에게 그것을 바치려고 했다. 문왕은 옥을 제대로 알아보지 못한 채 "변화가 나를 속였다"고 말하며, 마침내 그 벌로 화의 왼발을 잘라 버렸다. 문왕이 죽고 뒤를 이어서 무왕武王이 즉위했다. 변화는 또 박옥을 바치려고 했다. 무왕은 "변화 너는 이전에 나의 선군을 속이더니 이제 다시 나마저 속이려고 하는구나!"라고 꾸짖으면서 그 벌로 그의 오른발을 잘라 버렸다.

변화는 두 임금이 하나같이 박옥을 제대로 알아주지 않는 일을 겪고서 마침내 그 박옥을 가슴에 껴안고 형산의 기슭에서 목 놓아 울었다. 얼마나 울었던지 피눈물이 흘렀고, 형산이 거기에 감응해서 일부가 무너져 내렸다. 무왕이 죽자 그의 아들 성왕成王이 즉위했다. 변화는 또 다시 박옥을 진상했다. 성왕이 그것을 받고서 옥인玉人(옥을 갈고 닦기도 하고 조각하기도 하는 사람)을 시켜서 조각을 하게 하자, 아니나 다를까 너무나도 아름다운 옥이 되었다. 성왕은 지현장摯玄藏(어떤 사람인지 확실치 않다)으로 하여금 옥의 값어치를 매기게 했다. 지현장은 왕에게 의견을 아뢰었다. "이 옥은 값어치를 매길 수 없습니다. 만약 그 값어치를 알아보려고 하여 사람을 시켜 금을 날라다 성 하나를 가득 채워 준다고 하더라도, 이 옥과 바꿀 수 없을 겁니다." 이런 연유로 왕은 '연성지옥連城之玉'이라고 이름 붙였다〔즉 15곳의 성만큼 값어치를 가진 귀중한 옥이라는 뜻이다〕.

이 무렵 북쪽 조나라의 왕에게 단정한 딸이 있었다. 초나라의 성왕은 이런 이야기를 듣고서 그녀를 아내로 맞이하고 싶었다. 하지만 조나라 왕은 딸을 줄 생각이 없었다. 성왕은 변화의 아름다운 옥을 가지고 가서 조나라 왕에게 폐백(예물)으로 주었다. 마침내 조나라 왕은 자신의 여식을 성왕에게 시집보내게 되었다. 조와 초 두 나라는 〔국혼國婚을 이어 준〕 옥의 기여를 기리면서 '연성지진連城之珍'으로 불렀다고 하는 이야기가 전해진다. 즉 성(나라)을 이어준 보배라는 뜻이다.

서쪽의 진나라 소왕昭王은 조나라 왕이 아름다운 옥이 가지고 있다는 소식을 듣고서 자국의 성 15개를 조나라에게 떼어 주는 조건을 내걸고, 그것과 옥을 바꾸고자 했다. 조나라 왕은 인상여藺相如(전국 시대의 사람. 조나라 혜문왕惠文王에게 벼슬함)를 사자로 보내 옥과 성 15개의 교환을 처리하도록 했다.[3]

시에서 읊는다. "난을 심더라도 문의 정면에 자리 잡지 말고, 소중한 옥을 가지고 초나라로 가지 마라. 초나라에는 옥을 알아보는 사람이 없고, 문은 난을 심을 제자리가 아니다."*

崑(곤, kūn)은 公(공, gōng)과 渾(혼, hún)의 반절이다(평성). 崗(강, gāng)의 음은 剛(강, gāng)이다.

【注解】

* 『남사南史』「원숙전袁淑傳」을 보면 원숙이 지은 다음과 같은 시가 있다. "난을 심을 때 문門 쪽에 자리하는 것을 피하네. 소중한 옥을 품고서 초나라로 가지 마시오. 초나라에는 옥을 알아보는 사람이 적네. 문은 난을 심을 곳이 아니라네." 고사본古寫本(《고안본弘安本》)에는 사혜련謝惠蓮의 시로 인용하고 있다. 사혜련에게는 변화의 일화를 소재로 삼은 시, 즉「국가행鞠歌行」(『악부시집樂府詩集』 권33「상화가사相和歌辭」 8)이 있다. 둘을 혼동한 것으로 보인다.

1 이 구절의 출처는 『한비자韓非子』「내저설상內儲說上」의 "형남 지역 여수에서 금이 난다"(荊南之地, 麗水之中, 生金)는 구절로 보인다.

2 이 구절의 출처로 『회남자』「지형훈地形訓」의 "서북 지역의 아름다운 물건으로는 곤륜산의 구림이란 아름다운 구슬, 낭간이란 푸르고 반투명의 경옥이 있다"(西北方之美者, 有崑崙之球琳琅玕焉)는 구절을 고려해 볼 만하다. 이민수, 『천자문』, 20쪽 참조.

3 이 이야기는 본문의 성어 이외에도 '완벽完璧', '화씨지벽和氏之璧'으로도 유명하다. 이와 관련된 고사는 『한비자』「화씨和氏」, 『사기』 권81「염파인상여열전廉頗藺相如列傳」, 『십팔사략十八史略』「조편趙篇」 등에 보인다.

013 **劍 號 巨 闕** 검은 거궐로 호하고
검 호 거 궐

014 **珠 稱 夜 光**○ 주는 야광으로 칭하다
주 칭 야 광

검은 거궐이라고 하면 알아주고,

구슬은 야광이라 하면 높이 친다.

013劍號巨闕

【李注】

거궐巨闕은 검의 이름이다.

옛날에 조나라의 왕(『월절서越絶書』 권11, 『태평어람太平御覽』 권343에서 인용하는 『오월춘추吳越春秋』와 《구간대자본》에는 월나라의 왕〔윤상允常〕으로 되어 있다)은 다섯 자루의 보검을 갖고 있었다.[1] 그 이름은 각각 순구純鉤(순균純鈞이라고도 함)·담로湛盧·막야莫耶·어장魚腸·거궐이라 불렀다. 그 가운데서도 거궐을 최상으로 쳤다. 애초 구야자歐冶子(춘추 시대의 칼 만드는 기술자)가 이 검을 만들었을 때, 우사雨師(비의 신)가 물을 흩뿌려서 깨끗하게 하고, 뇌사雷師(우레의 신)가 박자를 맞추고, 교룡蛟龍(이무기와 용)이 화로를 받들어 올리고, 천제가 숯불을 피웠다. 검에는 일곱 개의 별이 있고 다섯 가지 색깔의 용 문양이 보였다.* 이웃 나라가 그 소문을 들어 검의 존재를 알게 되자, 그것을 보여 달라며 조나라 왕에게 준마 3천 필을 주겠다고 제안한 적도 있지만 누구도 볼 수가 없었다.

號(호, hào)는 乎(호, hū)와 報(보, bào)의 반절이다(거성).

【注解】

* 이 두 구는 "天下難得七星而見五色龍文"으로 되어 있지만, 《구간대자본》의 "劍有七星而見五色龍文"에 따른다.

014珠稱夜光

【李注】

초나라의 왕은 야광夜光이라 불리는 진주 하나를 가지고 있었다.

옛날 초나라의 신하 수후隋侯가 먼 길을 떠났다가 다음 장면을 보게 되었다. 소를 치는 한 무리의 소년들이 모여서 막대기로 한 마리 뱀을 두들겨 팼다. 뱀은 상처를 입고서 피를 흘리며 모래 웅덩이에서 몸을 둘둘 말고 있었지만, 목숨이 금방이라도 끊어질 듯했다. 수후는 가여운 생각이 들어 뱀을 살려 주고자, 뱀을 물로 깨끗이 씻기고 상처에다 신약神藥을 발라 주었다. 그러자 뱀이 다시 살아나더니 도망치듯이 물속으로 쏙 들어가 어딘가로 사라졌다. 사실 그 뱀은 해룡왕海龍王의 아들이 변신한 것이었다. 조금 뒤 뱀은 지름 일곱 치 크기의 구슬을 입에 물고 와 수후에게 줘서 그 은혜를 갚았다.

다시 조금 자세히 말하면 이야기는 다음과 같다. 그날 밤 뜰에서 갑자기 환한 불빛이 반짝였는데, 수후는 강도가 횃불을 들고서 길을 비추는 것으로 생각하고 검의 자루에 손을 댄 채 문 쪽을 향해 서 있었다. 꽤 시간이 지났는데도 사람 코빼기도 보이지 않았다. 그래서 문을 열고서 주위를 살펴보니 한 마리 뱀이 옥을 입에 물고서 문밖에 있는 것이었다. 후가 물었다. "당신은 대체 어떤 뱀의 자식(아들)이요?" 뱀은 이에 옥을 땅바닥에다 뱉어 내고서 대답했다. "나는 원래 해룡왕의 자식입니다. 뱀으로 변신해서 풀 속에서 재미있게 놀다가 우연히 인정사정 모르는 소 치는 아이들을 만났던 것입니다. 그들이 나를 두들겨 패서 상처에서 피가 흘러 목숨이 거의 끊어질 상황에 있을 때 선생의 도움을 입어 목숨을 건졌는데, 신약을 상처에 발라 주셔서 살아날 수 있었습니다. 이 때문에 명주明珠를 가지고 와서 선생의 은덕을 갚고자 합니다." 수후는 구슬을 얻고서 그것을 초나라 왕에게 바쳤다. 왕은 옥을 관 속에 보관했는데, 밤이면 늘 빛이 나는 것을 알게 되었다. 이런 연유로 야광주, 즉 밤에 빛이 나는 구슬로 불렸던 것이다.*

【注解】

* 뱀이 수후로부터 도움을 받고서 답례로 야광주를 가지고 왔다는 이야기는 『수신기搜神記』 권20에 보인다.[2]

1 『순자』 「성악性惡」을 보면 춘추 시대의 이름 난 칼을 소개하면서 마지막 부분에 "闔閭之干將 · 莫邪 · 鉅闕 · 辟閭, 此皆古之良劍也"라고 말하고 있다. 이에 따르면 거궐은 오나라 합려闔閭(BC 515~496)의 칼이 된다.

2 내용을 확인하려면 간보干寶, 임동석 옮김, 『수신기』, 동문선, 1997 참조.

015 菓★珍李柰
과 진 리 내

과 중에 진한 것은 리와 내이고

016 菜重芥薑○
채 중 개 강

채 중에 중한 것은 개와 강이다

과일 가운데 귀중한 것은 자두[오얏]와 사과[능금]이고[1]
채소 가운데 높이 치는 것은 겨자와 생강이다.

과 菓 : 나무의 열매다. 『음결』에는 초두(艹)가 없는 果로 되어 있다.
채 菜 : 채소이다.

015菓珍李柰

【李注】

『세설신어世說新語』에서 말한다.[2] "연나라 고도현高道縣의 왕풍王豊이 집에서 좋은 자두를 길러서 팔았다. 크기가 거위 알만 했다. 향도 달콤했다. 익으면 하나하나 씨에 상처를 내서 그 상태로 팔았다. 사람들이 종자를 퍼뜨릴까봐 염려했기 때문이다. 그 결과 씨를 심어도 자라지 않았다. 즉 그것을 심어도 싹이 트지 않았다." *

서량주西涼州(오늘날 간쑤성甘肅省 우웨이현武威縣)에는 백내白柰가 생산된다.[3] 내포柰脯, 즉 말린 내[능금]로 쓰일 만하다.[4] 과일 가운데 맛 좋은 것으로 자두와 사과 두 가지가 특히 귀하다.

【注解】

* 『세설신어』「검색儉嗇」에 따르면 "왕융王戎에게 좋은 자두나무가 있었다. 늘 자두를 내다 팔았다. 사람들이 그 종자를 얻을까 봐 염려해서 송곳

으로 씨에다 구멍을 냈다."고 한다. 왕융은 안풍후安豊侯에 분봉되었기 때문에 왕안풍王安豊으로도 불린다. 이섬 주석의 '왕풍'은 '왕안풍'의 잘못일 것이다. 이섬 주석의 연나라 고도현은 『세설신어』에는 보이지 않고 이야기에도 조금 차이가 있다(『진서晉書』 권43 「왕융전」의 기술도 『세설신어』와 거의 비슷하다). 하지만 둔황敦煌 출토 『천자문』 이섬 주석의 《잔간본殘簡本》(Stein No. 5471)에는 확실히 "世說曰, 燕國·高道縣, 王豊家"로 되어 있다(이하의 원문은 저본의 경우보다 간략하게 되어 있다). 덧붙여서 말하면 《구간대자본》에 실린 이야기의 내용은 저본과 거의 같지만 '세설'이라는 두 글자가 없다.

016菜重芥薑

【李注】

조나라는 질이 좋은 겨자를 산출했다. 장절임 음식으로 만들 수 있다. 촉 지역은 자강紫薑을 산출한다. 이 구는 야채 요리 가운데 겨자와 생강을 무엇보다도 귀중한 것으로 꼽을 수 있다고 말한다.[5]

1 김근은 내柰를 버찌로 풀이하지 않고 사과로 풀이한다. 김근, 『욕망하는 천자문』, 삼인, 2003, 64-65쪽 참조.

2 『세설신어』는 중국 남조南朝 송나라의 유의경劉義慶(403~444)이 편집한 책으로 후한 말부터 동진東晉까지 명사들의 일화를 기록하고 있다. 내용을 확인하려면 안길환 옮김, 『세설신어』, 명문당, 2006 참조.

3 『서경잡기西京雜記』에 따르면 내는 백내 이외에도 자내紫柰와 녹내綠柰 3종이 있다.

4 『제민요술齊民要術』 권4 「내柰 · 임금林檎」에 따르면 내포는 능금을 얇게 썰어서 햇볕에 말려서 포처럼 가공한 음식이다. 오늘날 베이징의 상점을 가면 능금만이 아니고 거의 모든 과일을 말려서 음식물로 만들어 판매하고 있다. 이런 먹거리의 역사적 연원이 상당히 깊다고 할 수 있다.

5 조선 영조 28년(1752)에 간행된 홍성원洪聖源의 『주해천자문』에는 겨자와 생강의 약리 작용을 흥미 있게 설명하고 있다. 겨자는 위장을 따뜻하게 하고 기운을 원활하게 하고, 생강은 정신을 맑게 하고 몸의 찌꺼기를 없애 준다고 한다. 성백효 역주, 『주해천자문』, 전통문화연구회, 1992, 22쪽 참조.

017 海 鹹 河 淡 해는 함하고 하는 담하며
해 함 하 담

018 鱗 潛 羽 翔○ 린은 잠하고 우는 상하다
린 잠 우 상

바닷물은 짜고 냇물은 심심하다.

비늘 있는 것은 물속에 잠기고 날개 달린 것은 하늘에서 날아다닌다.

함鹹 : 소금처럼 짠맛, 소금기.

인鱗 : 원래 비늘이란 뜻이지만 여기서는 의미가 바뀌어 어류란 뜻으로도 쓰인다.

017 海鹹河淡

【李注】

「오도부吳都賦」(『문선』 권5, 좌사左思 지음)에서 읊는다.[1] "바닷물을 달여서 소금을 만든다." 대개 바닷물의 맛은 짜고, 냇물은 산천에서 생겨나므로 반드시 심심하다.[2]

鹹(함, xí)은 乎(호, hū)와 甘(간, gān)의 반절이다(평성).

018 鱗潛羽翔

【李注】

인鱗은 어류와 용龍의 부류를 가리킨다. 모두 물속에 잠겨 숨어 지낸다. 우羽는 날아다니는 새의 부류다. 상翔은 날아다닌다는 뜻이다. 우상은 새가 반드시 날갯짓하며 높이 난다는 것을 말한다.

1 좌사는 서진西晉의 시인이다. 「오도부」는 「제도부齊都賦」, 「위도부魏都賦」와 함께 좌사의 「삼도부三都賦」로 알려진 작품이다. 저마다 세 나라 도읍을 소재로 삼았다. 이 작품으로 좌사는 '낙양지귀洛陽紙貴'라는 평판을 들을 정도로 일약 문단의 총아가 되었고, 후한 때 「양도부兩都賦」를 지은 반고班固와 「이경부二京賦」를 지은 장형張衡처럼 여겨졌다.

2 이 부분이 이민수 옮김, 『천자문』, 23쪽에 이섬의 주로 인용되어 있는데, 그의 이름이 '이라李邏'로 잘못 소개되어 있다.

019 **龍 師 火 帝** 룡의 사와 화의 제가 있고
룡 사 화 제

020 **鳥 官 人 皇**○ 조의 관과 인의 황이 있다
조 관 인 황

(태고에는) 관직에다 용 이름을 썼던 태호와 염제,

관직에 새 이름을 썼던 소호와 인황(등의 성왕)이 있다.

용사龍師 : 태호太皞(고대 전설상의 제왕, 복희씨伏羲氏)가 붙인 관직명으로, 여기서는 뜻이 바뀌어 태호를 가리킨다.

화제火帝 : 염제炎帝(고대 전설상의 제왕)로 신농씨神農氏를 가리킨다.

조관鳥官 : 소호少皞(고대 전설상의 제왕, 황제黃帝의 아들 금천씨金天氏)가 붙인 관직명으로, 여기서는 뜻이 바뀌어 소호(少昊라고도 적는다)를 가리킨다.

인황人皇 : 삼황(천황 · 지황 · 인황) 가운데 하나로 고대 전설상의 제왕이다. 여기서는 삼황을 대표하고 있다. 《구간대자본》에는 인황을 헌원씨軒轅氏(황제)로 풀이하고 있다.

019龍師火帝

【李注】

『춘추좌씨전』 소공召公 17년 기사에서 말한다. "태호씨太皞氏가 용龍을 벼리로 삼았기 때문에 용사龍師라고 부르니 용의 이름이 남았다(태호씨는 용의 이름을 따다가 모든 일을 기록했다. 그래서 관의 우두머리를 용사라 부르니, 용 자가 들어간 이름이 있게 되었다)."[1] (두예가 주석을 달았다.) "태호는 복희씨로 풍성風姓의 시조이다. 용의 상서로운 조짐이 있었기 때문에 용의 이름을 관직에 붙였다." 〔또 『좌씨전』에서 말한다.〕 "염제는 불을 벼리로 삼았기 때문에 화사火師라고 부르니 불의 이름이 남았다." (두예가 주석을

달았다.) "염제는 신농씨이고 성은 강姜이다. 불의 상서로운 조짐이 있었기 때문에 불로 모든 사실을 기록하고 백관의 이름에다 붙였다."

020 鳥官人皇

【李注】

『춘추좌씨전』 소공 17년 기사에서 말한다. "소호 지摯(소호의 이름)가 제위에 나아갈 때, 마침 봉조鳳鳥(봉황)가 날아들었다. 이 때문에 새 이름을 관직에다 붙이게 되어 조사鳥師라고 한다. 봉조씨鳳鳥氏는 역정歷正(역수歷數를 다스리고 천시天時를 바로잡는 관리)이다. 현조씨玄鳥氏는 사분司分(춘분과 추분을 관장하는 관리)이다. 백조씨伯鳥氏는 사지司至(하지와 동지를 관장하는 관리)이다. 청조씨靑鳥氏는 사계司啓(입춘과 입하를 관장하는 관리)이다. 단조씨丹鳥氏는 사폐司閉(입추와 입동을 관장하는 관리)이다. 축구씨祝鳩氏는 사도司徒(교육을 관장하는 관리)이다. 저구씨雎鳩氏는 사마司馬(군사를 관장하는 관리)이다. 시구씨鳲鳩氏는 사공司空(토지와 인민을 관장하는 관리)이다. 상구씨爽鳩氏는 사구司寇(경찰과 형벌을 관장하는 관리)이다. 골구씨鶻鳩氏는 사사司事(건축을 담당하는 관리)이다." 2

삼황 가운데 천황은 열네 머리로 10명의 형제가 3만3천 년간 천하를 함께 다스렸고, 지황은 열한 머리로 2만 년간을 다스렸고, 인황은 아홉 머리로 1만 년간 천하를 다스렸다.*

【注解】

* 『사기』 「삼황본기三皇本紀」(당 제국에 이르러 사마정司馬貞이 증보한 부분)에서 말한다. "하늘-땅이 처음 자리 잡았을 때 천황씨가 있었다. 열두 두頭(머리)였다. …… 형제 12명이 즉위해서 각각 1만8천 년 동안 있었다. 지

황씨는 열한 두로 성性 11명(동성同性으로 11명이라는 뜻일 듯)이 있었다. 인황씨는 아홉 두로 형제 9명이 있었다." 사마정이 직접 단 주에는 "열두 두라고 말하는 것은 한 사람의 몸에 열두 개의 머리가 달렸다고 말하는 것이 아니다. 아마 고대의 습관에는 두를 새나 짐승에 견주어서 머리로 숫자를 세었기 때문이다"라 풀이하고 있다. 이섬 주석의 경우 숫자는 다르지만 '두'의 의미는 같을 것이다. 다만 천황씨가 14명이 있고 각각의 형제를 모두 합쳐서 10명이라는 것인지, 천황씨 14명 가운데 10명의 형제가 천하를 함께 다스렸다는 것인지 확실하지 않다. 삼황과 관련해서는 몇몇 일서佚書(『제왕세기帝王世紀』·『습유기拾遺記』·『삼오력기三五曆紀』 등)에 기록이 남아 있지만 내용이 일정하지 않다.

1 내용을 확인하려면 신동준 옮김, 『춘추좌전』 3, 한길사, 2006, 207쪽 참조.
2 내용을 확인하려면 위와 같은 곳을 참조.

021 始 制 文 字 시로 문자를 제하고
시 제 문 자

022 乃 服 衣 裳○ 내에 의상을 복하다
내 복 의 상

[황제가] 처음으로 문자를 만들고,

비로소 저고리와 치마를 [즉 옷을] 지어 입게 했다.

021 始制文字

【李注】

『역경』「계사전하」에서 말한다.[1] "상고 시대에는 나무를 깎고 새끼를 엮어서 세상을 다스렸다.* 후세의 성인은 그 상태를 바꿔서 서계書契로 대신했다." 새끼의 길이는 한 길(丈) 두 자(尺)이다.

헌원軒轅 황제皇帝(전설상의 황제, 황제黃帝이다. 문자 · 음악 · 의학 등 궁중의 제반 제도를 만든 것으로 알려진다. 성은 공손公孫이다)가 천하를 다스리고 있을 때, 신인神人 창힐蒼頡이 있었다. 그는 새와 짐승의 발자국을 관찰하여 문자를 만들었다. 그것으로 결승結繩[2]을 대신하여 오늘날에 이르기까지 전승되고 있다.

【注解】

* 이 부분의 원문은 "上古刻木結繩"으로 되어 있는데, '刻木' 두 자는 《요메이문고본》과 『역경』 원문에는 없지만 《둔황본》에는 들어 있다(《고안본》에는 "唯剋木結繩"으로 되어 있다).

022 乃服衣裳

【李注】

『예기』「예운禮運」에서 말한다. “상고 시대에는 아직 마麻로 만든 실과 명주실이 없었기 때문에 새의 깃털이나 짐승의 가죽으로 옷을 지어 입었다”. 황제黃帝 시대에 신인神人 기백岐伯이 있었다. 그는 저고리와 치마를 만들고 주州와 현縣이라는 행정 단위를 설치하고 지붕이 있는 집을 지었다.

1 내용을 확인하려면 이기동 옮김, 『주역강설』 하, 384-385쪽 참조.

2 결승 문자는 끈이나 띠를 사용해서 매듭을 묶은 방식에 따라 어떤 사실을 기록하기도 하고 의사를 전달하기도 한 원시적 문자이다.

023 推 位 讓★ 國 　위를 추하고 국을 양한 것은
추 위 양 국

024 有 虞 陶 唐○ 　유우와 도당이다
유 우 도 당

(황제의) 자리를 물려주고 나라를 (신하에게) 넘겨준 이는,

유우씨의 순 임금과 도당씨의 요 임금이다.[1]

양讓 : 《이주본》에 '손遜'으로 되어 있는 것은 송 제국 4대 영종英宗 황제의 아버지, 조윤양趙允讓의 이름을 피하기 위한 것이다(《구간대자본》도 '遜'으로 되어 있다).

유우有虞 : 순舜(고대 전설상의 성왕)을 가리킨다.

도당陶唐 : 요堯(고대 전설상의 성왕)를 가리킨다.

023推位讓國 · 024有虞陶唐

【李注】

추推와 손遜(《이주본》 원문에 '손국遜國'으로 되어 있음)은 모두 물려준다, 넘겨준다는 뜻이다. 요堯는 도당씨陶唐氏라 부르고, 황제의 자리에서 물러나 순舜에게 넘겨주었다. 순은 유우씨有虞氏라 부르고, 자리에서 물러나 우禹에게 넘겨주었다.

요는 천하를 다스린 52년 동안 9년간 홍수를 만나자 자기 자신이 덕이 없다는 것을 알았다. 단주丹朱라는 자식을 낳았지만, 그 아들이 어리바리하여 나라를 다스릴 능력이 없었다. 요는 순이 효행이 있다는 소문을 듣고서 그를 불러 자신의 두 딸을 아내로 주었다. 큰딸은 아황娥皇이고 작은 딸이 여영女英이다.

순은 성이 요姚이고 자가 중화重華이다. 어렸을 적에 어머니를 여의었

다. 아버지 이름은 고수瞽叟인데 후처를 얻어서 상象이라는 아들을 낳았다. 계모는 늘 나쁜 마음을 가지고 순에게 해를 가하려고 했다. 고수는 후처의 헐뜯는 말만 믿고서 〔순의〕 동생 상과 공모해서 순을 죽이려고 했다.[2] 순에게 지붕에 이엉을 깔도록 일을 시켰다. 그는 그들의 낌새를 알아차리고서 커다란 거적을 가지고 지붕에 올라갔다. 아버지가 불을 놓아서 집을 태웠지만, 순은 거적으로 온몸을 감싼 채 아래로 뛰어내려 위기에서 벗어났다. 고수는 순이 죽지 않은 것을 확인하고서, 또다시 순에게 우물을 쳐내도록 일을 시키고 산 채로 묻어 버리려고 했다. 마침 그때 이웃사람이 고수의 속셈을 알아차리고서 순에게 미리 귀띔을 해 주었다. "자네 부모가 자네에게 우물을 쳐내게 하는 데는 분명 나쁜 마음이 있기 때문이네. 어째서 도망가지 않는가?" 순이 대답했다. "저는 다만, 부모님의 말을 따르다가 죽더라도 효를 할 따름입니다. 부모님의 말을 어기고 도망가는 불효를 해서는 안 됩니다." 가까운 사람과 벗들이 순의 처지를 걱정하며 그에게 돈 5백 문文을 주면서 요긴하게 쓰도록 했다. 또 미리 이웃집의 우물로 향하는 굴을 파서 서로 통하도록 하는 꾀를 냈다. 다음 날 과연 우물을 쳐내도록 일을 시키자 순은 허리에 돈 5백 문을 차고서 우물 속으로 들어갔다. 위에서 부모가 두레박을 끌어올려 보니 그 속에 은전 1문이 들어 있는 걸 발견하고서 아주 기뻐하며 묻어 버릴 생각을 하지 않았다. 우물이 깊어지자 깜깜해져서 들여다보아도 바닥을 볼 수 없게 되었다. 그래서 순은 동쪽 이웃집 우물 옆쪽으로 구멍을 파서 서로 통할 정도가 되게 했다. 이에 부모에게 소리쳐서 "돈이 다 떨어졌습니다" 하고 알렸다. 부모와 동생은 두레박 속을 보았지만 돈이 없었다. 마침내 그들은 돌로 우물을 매워 버렸다. 그렇게 하자마자 아버지는 곧 두 눈이 멀었고, 어머니도 곧 귀가 들리지 않았고, 동생도 곧 말을 못하게 되었다. 그 이후로 살림살이가 가난해졌고, 또 천벌을 받아 집도 홀라당 다 타 버렸다.

순은 동쪽 이웃집의 우물로부터 빠져나온 뒤 역산歷山으로 가서 밭을 갈았다. 한 해에 2백 석의 곡식을 수확했다. 자신의 이름을 고치고 성을 바꾼 채 시장으로 가서 쌀을 내다 팔았다. 그때 자신의 어머니가 땔감을 팔며 배고프고 추워하는 모습을 보고서, 땔감 값을 평소보다 두 배로 쳐주고 어머니가 쌀값으로 주었던 돈을 몰래 쌀자루 속에 집어넣고, 또 전병과 고기 등 먹을 것을 드리고서 등에 짐을 꾸려 집으로 돌아가시게 했다. 어머니는 집에 도착해서 자루를 열어 보고 그 속에 돈이 들어 있다는 걸 알게 되었다. 이런 일이 몇 차례 반복되었다. 고수가 이상하게 생각해서 정황을 물어보자 아내가 말했다. "시장에 소년이 한 명 있는데, 빈곤한 나의 사정을 알고는 매번 딱하게 생각해 나에게 땔감 값을 두 배로 쳐준다오." 이야기를 듣고서 고수가 말했다. "이 사람이 우리 아들 순이 아닐까?" 아내가 반문했다. "순은 백 자나 되는 우물 바닥에 있다가 돌로 매장되었다오. 그 아이가 성인聖人이 아니라면, 도대체 어떻게 다시 살아날 수 있겠소?" 고수가 잠자코 있다가 말했다. "내일 나를 시장으로 데려가 주시오. 내가 그 사람을 한번 만나 봐야겠소!"

마침내 아내가 고수를 부축해서 시장으로 가자, 어제의 소년이 다가오는 것이 보였다. 고수가 말했다. "나 대신에 그 사람을 좀 불러주소. 은혜에 고맙다는 말이라도 해야지요." 아내가 곧 소리쳐서 소년을 부르자 그가 이쪽으로 왔다. 고수가 물었다. "당신은 어떤 사람인가요? 우리를 안타깝게 여겨서 과분한 후의를 베풀어 주시다니. 쇤네는 몹쓸 짓을 하여 두 눈이 빛을 잃고, 가난으로 고생하며 굶주리고 추위에 떠는지라 보답할 길이 없습니다." 소년이 대답했다. "저는 충효를 제일로 치는 사람입니다. 어르신이 가난으로 고생하는 것을 보았을 때 안타깝게 생각했을 뿐이니, 뭐하러 보답한다고 말하시나요?"

고수는 소년이 응답하는 소리를 듣고서 말했다. "내 아들 순이 아닌가? 목소리가 똑같은데." 순이 대답했다. "그렇습니다." 이에 부자가 서로 부둥켜안고 구슬피 울었다. 그 슬픈 소리가 도로를 가득 채웠고, 시장에 있던 사람들이 그 광경을 보고 딱하다고 여기지 않은 이가 없었다. 순이 옷 소매로 아버지의 눈을 훔치자마자 눈을 뜨게 되어 세상이 환하게 보였고, 어머니도 소리를 들을 수 있고, 상도 말을 할 수 있게 되었다.

순이 두 번 절하고 말했다. "자식이 되어서 불효자였기 때문에 두 분 곁을 떠나 광야를 떠돌아다녔습니다. 오늘 이후로 두 번 다시 이런 일이 없을 겁니다." 아버지도 지난날의 잘못을 크게 뉘우치며 말했다. "지금부터는 이기심 때문에 우리 성스러운 아들에게 못된 짓을 결코 하지 않을 것이다." 시장 사람들은 순의 효행을 직접 보고서 감동하여 눈물을 흘리지 않은 이가 없었다. 이 일로 말미암아 순의 효순한 이야기가 전국으로 퍼져나갔다. 요임금도 순이 총명하다는 소문을 듣고서 순에게 황제 자리를 물려주었다. 이리하여 효자 순이 임금 순이 되었다.*

임금이 되고서 순은 팔짱을 낀 채 어떤 일을 주도적으로 처리하지 않았지만, 세상은 덕에 의해서 감화를 받았다. 82년간 재위에 있었다. 아들 상균商均을 낳았지만 어리바리했기 때문에 또 황제의 자리를 사공司空(토지 · 인민을 관장하던 관리) 백우伯禹(우 임금. 태고 시대의 성왕. 153九州禹跡 참조)에게 선양했다. 이리하여 하후씨夏后氏가 등장했다. 삼왕三王(하 · 은 · 주 세 왕조)의 시조였다.

【注解】

* 순 이야기는 둔황 출토 사본『효자전孝子傳』에 비슷한 이야기가 있다(샹

다向達, 『둔황변문집敦煌變文集』). 순의 효행 일화는 고대부터 있었지만 당 제국 때 가장 발달했다. 둔황 출토 『순자지효변문舜子至孝變文』에는 한층 더 상세한 이야기가 있다.[3]

1 시간상 순서가 도당씨와 유우씨 순으로 되어야 하는데 바뀌어 있다. 이것은 운을 맞추기 위해서 그렇게 된 것이다.

2 신화 · 전설에서는 이 '상象'을 실제로 코끼리로 해석해서, 순이 코끼리를 길들여 전투에 활용했다는 풀이도 있다. 이와 관련해서 위앤커, 전인초 · 김선자 옮김, 『(역주본)중국신화전설』 1, 민음사, 2002(신장판), 407-408쪽 참조.

3 변문變文은 당 제국 중기부터 북송 초기에 걸쳐 일반 대중 사이에서 유행한 민간 문학의 양식을 가리킨다. 절에서 속강俗講을 설법하는 승려가 문자를 모르는 신자들을 교화시키기 위하여 불경의 이야기를 구어나 속어로 쉽게 풀어 하던 설법에서 비롯되었으며, 운문과 산문을 교대로 사용하여 이야기해 나간다.

025 弔★ 民 伐 罪　　민을 조하고 죄를 벌한 것은
조 민 벌 죄

026 周 發 殷★ 湯○　　주의 발과 은의 탕이다
주 발 은 탕

인민을 위로하고 죄인[폭군]을 처벌한 이는,
주나라 무 임금 발과 은나라 탕 임금이다.

주발周發 : 발은 주나라 무 임금의 이름이다.

은탕殷湯 : 은나라의 탕 임금을 가리킨다. 나라 이름 '은殷'을 '상商'으로 하는 것(《구간대자본》과 《어서원행서본》 등)도 있지만, 그것은 송 태조의 아버지 조홍은趙弘殷의 이름을 피하기 위한 것이다. 시간상으로는, 하나라 걸桀 임금을 정벌하는 것이 은나라 탕 임금(은 왕조의 시조)이고, 은나라의 마지막 임금 주紂를 정벌한 것이 주나라의 무 임금 발이다. 여기에 '은탕주발'이라 하지 않은 것은 운을 맞추기 위한 것이다.

025弔民伐罪

【李注】

『맹자』「양혜왕하」11에서 말한다. "임금을 처벌하고 인민을 위로한다." "인민들이 아주 기뻐했다." 조吊(弔의 속자)는 안타깝고 불쌍하게 여긴다는 뜻이다. 벌伐은 무도(도리에 벗어난 짓을 하는 것)한 군주를 처벌하는 것이다. 하의 걸 임금(하나라의 최후의 임금), 은의 주 임금(은나라 최후의 임금)은 무도한 군주였다.

026 周發殷湯

【李注】

주나라 문 임금의 둘째 아들로 성은 희姬이고 이름이 발發이 곧 주나라 무 임금이다.

은의 주 임금은 무도한 지도자로 나라의 정치에 신경을 쓰지 않았다. 그는 단지 미녀들과 어울리는 것을 즐거움으로 여겼다. 달기妲己(주 임금의 비)의 말에 놀아나서 국사를 엉망으로 만들었다. 구중九重의 누대(전망대)를 짓고, 그 아래에는 주지酒池(술이 가득 찬 연못)를 파고, 그 주위에 조산糟山(술지게미로 만든 산)을 세웠다. 나라 안의 어린 남녀 아이들을 불러 모아서, 모두 옷을 걸치지 않은 채 남녀의 무리가 행렬을 지어 음양의 교접(남녀의 성행위)을 하도록 했다. 또 그들의 머리를 소처럼 묶어 연결한 뒤 조산과 주지로 몰아넣어 술에 빠져서 허우적거리다 죽게 했다. 이것이 달기를 흐뭇하게 한 듯했다.

그 뒤 달기가 고루高樓에 올라 멀리 두 명의 젊은이가 강을 건너는 것을 보고는 주 임금에 말했다. "앞에 강을 건너는 이는 젊은 여자가 낳은 자식이어서 다리뼈에 골수가 가득 차 추위를 견딜 수 있습니다. 뒤에 강을 건너는 이는 늙은 여자가 낳은 자식이어서 다리뼈의 골수가 모자라 추위를 견디지 못합니다. 대왕께서 믿지 못하신다면 정강이를 잘라서 살펴보십시오." 그래서 그들을 불러서 정강이를 잘라 들여다보니 과연 달기가 말한 그대로였다.

그 뒤 임신부 한 명이 나무 아래에 쉬다가 막 일어나 가려는 것을 보고서 달기가 말했다. "이 부인의 배 속에 든 자식은 사내일 겁니다." 주 임금이 물었다. "어떻게 그것을 아시오?" 달기가 대답했다. "부인이 일어설 때 먼저 왼발을 들었어요. 그것으로 태아가 사내라는 것을 알 수 있습니다. 대왕이시어, 시험 삼아 임신부의 배를 갈라 살펴보세요." 그래서 부인을 불러서 배를 갈라 보니 과연 태아가 사내였다.

또 아무 이유도 없이 비상경보로 종과 태고太鼓를 쳐서 여러 신하들을 소집했다. 제후들은 놀라 소집에 응하면서 무슨 급한 일이 생겼다고 여겼다. 다들 모이자 주 임금이 말했다. "무슨 특별한 일은 없소. 달기를 즐겁게 해 주기 위해서 소집했을 뿐이오." 주 임금은 달기가 요괴 같은 인물이란 걸 알아차리지 못한 채 점점 그녀를 지나치게 사랑한 나머지 무도한 악행이 한두 번이 아니었고, 백성들은 그 피해를 고스란히 당할 수밖에 없었다.

주의 문 임금은 이름이 창昌이고 서백西伯(서쪽 지역 제후의 우두머리)으로 기산岐山의 기슭에 있었다. 인민에게 덕화를 펼치고 백관들도 그의 뜻을 잘 받들었다. 천하를 세 부분으로 나눈다면 3분의 2까지 그의 관할 지역이 차지했다. 문 임금이 죽자 그의 아들 무 임금이 서백이 되었다.

비간比干과 기자箕子는 주 임금의 서형庶兄(이복 형)이었다.* 주가 술과 여자에 빠져서 지냈고 오만하여 누구 말도 듣지 않은 채 국정을 전혀 돌보지 않자, 비간이 그것을 보고서 간언했다. 달기는 비간이 간언하는 말을 분하게 여겨서 주 임금에게 말했다. "신첩이 듣기로, 상등 성인聖人의 심장에는 아홉 개의 구멍이 있고 그 구멍에는 아홉 가닥의 털이 있으며, 중등 성인의 심장에는 일곱 개의 구멍이 있고 그 구멍에는 일곱 가닥의 털이 있으며, 하등 성인의 심장에는 다섯 개의 구멍이 있고 그 구멍에는 다섯 가닥의 털이 있다고 합니다. 비간과 같은 정도는 중등 성인에 해당될 만합니다. 폐하께서 믿지 못하시겠다면, 심장을 갈라서 보시기 바랍니다." 주가 그이의 말대로 비간의 가슴을 열어 보니, 과연 일곱 개의 구멍이 있고 그 구멍에는 일곱 가닥의 털이 있었다. 이렇게 비간이 죽자 기자와 미자微子는 죄를 뒤집어쓸까 두려워서 서쪽으로 가서 주나라에 몸을 맡겼다.*

태공太公(태공 망望 또는 여상呂尙, 주나라의 현신賢臣. 133磻溪伊尹 참조)은 무 임금에 의견을 올렸다. "주가 무도하기 그지없었지만 여전히 세 명의 현자가 주위에 있었습니다. 지금 비간은 비참하게 살해되고 기자와 미자가 주나라로 와 몸을 맡기고 있습니다. 주를 정벌해야 합니다." 무 임금은 태공의 주장을 받아들여서, 마침내 군사를 일으켜 행진하여 맹진孟津(오늘날 허난성河南省 뤄양시洛陽市 동쪽)에 도착했다. 서로 약속하지도 않았지만 8백 명의 제후들이 자발적으로 맹진으로 찾아와 회동했다. 일단 조가朝歌(주의 수도, 은허殷墟)로 공격해 들어가서 주를 사로잡아서 처형했다.

이어서 달기를 붙잡아서 그이의 신병을 소공召公에게 맡겨 처형하도록 했다. 하지만 그가 달기의 용모를 보니 단정하고 예쁠 뿐만 아니라 한 번 웃으면 백 가지 애교가 넘치자 차마 죽이지를 못하고 그대로 하룻밤을 넘겼다. 태공이 소공에게 말했다. "주가 나라를 망하게 하고 가문을 망친 것은 모두 오로지 이 여자 때문입니다. 지금 당장 그녀를 죽이지 않는다면, 도대체 언제까지 기다릴 것입니까?" 그러자 달기의 목을 작두(기요틴guillotine 같은 것)에 올려놓았다. 그러자 갑자기 달기가 꼬리 아홉 개 달린 여우로 변신했다. 주 임금이 이처럼 무도한 짓을 서슴지 않았기 때문에 무 임금은 그를 정벌했던 것이다.

상(은)의 탕은 성이 자子이고 이름이 척陟이다.** 하의 걸 임금이 무도하여 국정에 신경 쓰지 않았고 오만하여 다른 이의 말을 듣지 않으면서, 칙령을 내려 인민들로 하여금 농토에 씨를 뿌리지 못하게 했다. 이런 상황에 제후들이 서로 토지를 뺏고 빼앗으니 천하가 혼란해져 갔다. 탕은 걸의 신하였지만 걸의 무도한 학정을 보고서, 마침내 이윤伊尹(은의 현신,

이름은 지摯. 탕 임금이 세 차례가 초빙하자 비로소 벼슬살이에 나섰다. 탕 임금은 그를 존중해서 '아형阿衡'이라 불렀다. 133磻溪伊尹 참조)과 함께 군사를 일으켜서 걸을 정벌하고 자립하여 천자가 되었다. 이리하여 은의 탕 임금이 되었다.

【注解】

* 비간 · 기자 · 미자는 은殷의 삼인三仁(세 현자)으로 불렀다(『논어』「미자」 1). 『사기』 권3 「은본기殷本紀」에 의하면 미자는 주의 서형에 해당하고, 권38 「송미자세가宋微子世家」에 의하면 비간과 기자는 주의 일족이다. 『제왕세기』(『태평어람』 권83, 권135에 인용됨)에는 기자가 미자와 함께 주의 형이라고 한다. 또 『사기』에는 비간이 살해되는 것은 똑같지만 미자가 떠난 행선지를 말하지 않고, 기자는 미치광이 행세를 하다가 주에 붙잡혔다고 기술되어 있다.

** 이섬 주석의 여러 판본에는 '척陟'으로 되어 있지만 아마도 '리履'의 잘못이다. 『논어』「요왈堯曰」 1에 나오는 탕 임금의 말에 "저 소자, 리"(予小子履)라고 되어 있다. 《구간대자본》에는 정확하게 '履'로 되어 있다.

027 坐 朝 問 道　조에 좌하여 도를 문하며
좌 조 문 도

028 垂 拱 平 章◦　수공한 데도 평장하다
수 공 평 장

조정에 앉아서 나아갈 길을 물으니,

옷자락 늘어뜨리고 팔짱을 낀 채로도 (나라를) 공명하게 다스리다.

좌조坐朝 : 『음결』은 "궁중에 계시다"로 풀이하지만 여기서는 이주에 따라 "조정에 앉아서"로 풀이해 둔다.

수공垂拱 : 팔짱을 끼고 아무 일도 하지 않는 것이다. 긴 소매의 옷자락을 늘어뜨리고 팔짱을 낀다는 수의공수垂衣拱手의 뜻이다. 『서경』「필명畢命」에서 말한다. "저 소자, 옷을 늘어뜨리고 팔짱을 끼고서 일이 이루어지기를 바란다(즉 나는 아무 일도 하지 않고 성과를 바랄 뿐이다)." 『음결』의 훈독은 "팔짱을 늘어뜨리다"로 보고 있지만 그것은 [치마를 늘어뜨린다는] '수상垂裳'과 같은 구조로 생각해서, '공拱'을 의복의 일부로 풀이한 것인지도 모르겠지만(《이주본》·《고안본》의 풀이도 같다), 의복 또는 의복의 일부를 나타내는 뜻의 '팔짱'이란 말은 찾아볼 수 없다.

평장平章 : 똑같이 명백하게 백성을 다스린다는 뜻이다.

027坐朝問道

【李注】

천자는 [용상龍床에] 앉아서 정무를 처리하고 나라 사람들에게 나아갈 길을 묻는다.

옛날에 한漢 제국 문제文帝(재위 BC 180~157)는 신하 전원에게 5천 자로 된 『노자老子』를 이야기했다. 하상공河上公[1]이 『노자』의 문의에 밝다는 말을 듣고서 사람을 보내 그를 왕성으로 초대하려고 했다. 하상공은 사자에게 말했다. "노자의 도덕과 관련된 가르침은 고귀하기 그지없다. 도대체 어떻게 멀리 있으면서 물어 보는 것으로 일을 제대로 풀려하는가?" 문제는 몸소 하상공을 찾아가 가르침을 청했다.

하상공은 천자가 온 것을 보고서도 풀과 갈대로 엮은 암자에 있으면서 앉은 채 일어나지도 않았다. 문제가 말했다. "넓디넓은 하늘 아래 왕의 토지가 아닌 곳이 없고, 땅의 끝 바다까지 왕의 신하가 아닌 사람이 없다.[2] 당신이 비록 도덕을 갖추었다고 하더라도 짐의 신하다. 스스로 굽히지 않으면서 도대체 어떻게 거드름 피우는가? 짐이 직접 찾아올 것을 요구했으면서 짐을 보고도 일어나지조차 않는다. 짐은 당신을 높이 예우할 수도 있고 낮게 멸시할 수도 있다. 또 당신을 죽일 수도 있고 살릴 수도 있다. 또 부유하게 할지 가난하게 할지 정하는 것은 순식간이다. 어찌 꾸물거릴 수 있는가?"

하상공이 황제의 이 말을 듣고서는 지면으로부터 열 길 높이에 자신의 몸을 띄워 놓고서 천천히 몸을 일으키며 황제에게 대답했다. "나는 위로 하늘에 이르지 않고 아래로 땅을 밟지 않고 가운데로 사람으로 번거로워하지 않는다. 한가롭고 자유로이 살며 마음 편히 지낸다. 무엇 때문에 부귀에 애달아하겠는가?" 황제는 이런 모습을 보고서 두려워 수레에서 내려와 절하며 감사를 표시했다. 그런 다음에 하상공이 비로소 땅으로 내려와서 노자의 『도덕경』 주석을 건네주었다.* 그래서 좌조문도坐朝問道라고 일컫게 되었다.

【注解】

* 하상공의 이 말은 『태평광기太平廣記』 권10에 인용된 『신선전神仙傳』에 보인다.[3]

028垂拱平章

【李注】

수공垂拱은 옷을 늘어뜨리고 팔짱을 낀 채 앉아 있는 것이다. 천자는 위에서 팔짱을 낀 채 앉아 있더라도, 아래에서 사람들은 평화롭게 덕이 있는 생활을 보낸다. 이것은 요와 순 임금이 천하를 다스려서 세상이 태평스러워졌기 때문에 그런 것이다. 『서경』「요전」에서 말한다. "백성을 밝게 다스리니 백성들이 환하게 깨우친다." 즉 사람들 사이를 화목하게 하고 유덕한 생활을 하게 하면, 사람들의 행실이 올바르게 된다.

1 『노자』의 주註라고 하면 보통 형이상학적 해석에 초점을 둔 위진 시대의 왕필王弼(226~249)을 떠올린다. 하상공의 주석은 왕필과 달리 기의 수련이나 양생에 초점을 두고 있다. 하상공의 주석을 확인하려면 이석명 옮김, 『노자 도덕경 하상공장구』, 소명출판, 2005 참조.

2 이 구절의 출처는 『시경』「소아小雅」의 「북산北山」이다. 전체 구절을 확인하려면 김학주 옮김, 『시경』, 명문당, 1997(증보중판), 352-353쪽 참조.

3 내용을 확인하려면 이방李昉, 김장환 옮김, 『태평광기』 1-21, 학고방, 2000~2005 참조.

029 愛育黎首 려수를 애하고 육하며
애육려수

030 臣伏戎羌○ 융과 강을 신으로 복하게 하다
신복융강

백성을 사랑하고 돌봐 주니,

이민족[1]을 신하로서 복종하게 한다.

여수黎首 : 검은 머리, 민중을 가리킨다.

신복臣伏 : 신하로서 복종하는 것이다.

융강戎羌 : 융과 강은 주족周族 영토의 서쪽에 자리 잡은 이민족을 말하지만, 여기서는 주족을 둘러싼 이민족 전체를 대표하는 말로 쓰이고 있다.

029愛育黎首

【李注】

육育은 기른다는 뜻이다. 여黎는 많다는 뜻과 검다는 뜻이다. 백성의 머리가 검다는 것을 나타낸다. 주의 문 임금은 영대靈臺(천문대, 전망대라는 두 가지 설이 있다)를 쌓을 때, 바른 뼈를 발견하자 잘 수습해서 장례를 치르며 말했다. "주나라에 몸을 맡긴 사람이 80만 호이다." 문 임금은 입을 게 없는 이를 보면 비단을 주고, 먹을 게 없는 이를 보면 창고를 열어 곡식을 주었다. 이처럼 문 임금이 자애로운 마음씨를 지니고 있으니 백성들이 많아지고 살림도 넉넉해졌고, 행인들은 갈 길을 서로 양보하고 농부들은 밭두둑(경계)을 양보했다. 이것이야말로 여민을 사랑하고 보살펴 준 결과이다.

030 臣伏戎羌

【李注】

융戎과 강羌은 주족周族 근거지의 서쪽에 자리 잡은 이민족이다. 군주가 덕으로 천하 사람들을 교화시키면, 그것에 감화를 받아 사방의 이민족들은 모두 자발적으로 귀속하여 신하되기를 자처하며 복종했다.

옛날에 주의 무 임금이 은의 주 임금을 정벌하고서 자립하여 천자가 되었다. 그것에 감화를 받은 동이東夷·서융西戎·남만南蠻·북적北狄의 이민족들이 모두 무 임금을 찾아와 신하로 자처하며 복종했다. 다만 정후丁侯의 한 나라만이 굴복하지 않았다. 무 임금이 태공太公에게 말했다. "정후 한 나라만이 우리를 찾아와 복종하지 않네요. 그 나라는 접근하는 길이 험준해서 사람의 힘으로 닿을 곳이 아니니, 어떻게 해야 할까요?"

태공이 대답했다. "신에게는 어리석은 계책이 있습니다. 일척一尺 일촌一寸의 무기를 쓰지 않고서도 정후로 하여금 자발적으로 우리를 찾도록 하겠습니다." 무 임금이 말했다. "바라건대 공이 그 방법을 실행하도록 하시오."

그래서 태공이 사람을 시켜 정후의 생김새를 닮은 풀 인형을 만들어 어전 앞에 세워 두고 무 임금으로 하여금 매일 화살을 쏘도록 했다. [역법의] 갑을일甲乙日에는 인형의 머리를 쏘고, 병정일丙丁日에는 눈에다 쏘고, 무기일戊己日에는 귀에다 쏘고, 경신일庚辛日에는 코에다 쏘고, 임계일壬癸日에는 입에다 쏘게 했다. 열흘이 지나자 실제로 정후가 병을 느끼게 되었는데, 과연 태공이 말한 대로였다.

정후는 태사太史(천문·역산·역사를 담당하는 관리)를 불러 점을 치게 했다. 태사가 아뢰었다. "지금 대왕의 병은 주의 무 임금이 천하를 장악했는데도 여태껏 왕의 교화에 순종하지 않아서 생긴 것입니다." 정후가 물었다. "어떻게 하면 나을 수 있겠는가?" 태사가 대답했다. "준마 3천 필을 고르고 국고의 보물을 꺼내서 그것을 무 임금에게 헌상하십시오. 그러면 왕의 병이 즉각 나을 겁니다." 왕은 그의 상주上奏에 따라 무임금에 헌상했다.

태공이 보물을 받아들이고서 사자를 불러 말했다. "당신은 이대로 당신 나라로 돌아가시오. 곧 당신 왕의 병이 나아질 거요." 태공은 갑을일에 인형의 머리에 꽂힌 화살을 뽑고, 병정일에 눈의 화살을 뽑고, 무기일에 귀의 화살을 뽑고, 경신일에 코의 화살을 뽑고, 임계일에 입의 화살을 뽑아냈다. 열흘 걸려 화살이 다 제거되자 정후의 병도 씻은 듯이 나았는데, 그렇게 되자마나 정후는 자발적으로 무 임금에게 찾아와서 신복臣伏하게 되었다.

1 융강만이 아니라 동이서융이나 남만북적이 나오면 역자들은 하나같이 '오랑캐'라고 새긴다. 이 말들은 중국 사람들이 주변 이민족을 얕잡아 부르는 말이다. 물론 우리나라 사람들은 두만강 일대 여진족을 오랑캐라고 불렀고, 그 뒤 중국을 제외한 이민족을 그렇게 불렀다. 오랑캐라고 번역하는 의식에는, 우리가 중국으로부터 오랑캐로 불리지만 그 말을 다른 종족에게 돌려줌으로써 스스로 오랑캐로부터 탈출하려는 의도가 들어 있는지 모르겠다. 고전 또는 한문 문헌의 번역 작업에서 타자 비하나 자기 멸시의 용어를 공존과 자기 존중의 용어로 바꾸었으면 좋겠다. 그 일례로 '이민족'과 같은 중립적인 용어를 사용하는 것도 좋은 방법이리라. 참고로 다른 『천자문』 서적을 보면(이민수, 『천자문』, 32쪽 ; 성백효, 『주해천자문』, 29쪽 ; 김근, 『욕망하는 천자문』, 98쪽) 모두 '오랑캐'로 옮기고 있다. 특히 홍성원의 주해본을 옮긴 성백효는 이 구절을 "오랑캐들도 신하로 복종한다"로 번역하고 있다. 여기서 이민족이 중화 질서에 자발적으로 복종한다는 맥락을 한층 강조하고 있다.

031 遐邇壹體 하도 이도 체를 일로 하고
하이일체

032 率賓歸王○ 솔하여 빈하며 왕에게 귀하다
솔빈귀왕

먼 사람과 가까운 사람도 모두 몸을 하나로 하고,
모두 서로 이끌고 와서 복종하며 왕에게 귀의한다.*

일체壹體 : 《이주본》(《고안본》 등)의 풀이에는 '체體를 하나로 하다'로 읽는다.
솔빈率賓 : 솔복率服과 같다. 연이어 와서 복종하는 것이다(【注解】 참조).

【注解】

* 구라다 준노스케倉田淳之助는 「천자문에 관해千字文について」(『お茶の水女子大學中國文學會報』 第3號, 1984)에서, 『한서』 권57하 「사마상여전司馬相如傳」에 보이는 사마상여(BC 179~117)가 간언하는 말 가운데 "『시경』에서 읊듯이 '넓디넓은 하늘 아래 왕의 토지가 아닌 곳이 없고, 땅의 끝 바다까지 왕의 신하가 아닌 사람이 없습니다'(「소아」의 「북산北山」). …… 먼 사람과 가까운 사람이 하나가 되고, 나라의 안과 밖이 평안하여 풍요로우니 태평하지 않습니까?"라는 부분을 인용하여(『한서』의 문장과 『시경』의 용례는 다카오카 히데나리高岡秀成의 『천자문고증千字文考證』에도 거론되고 있다), 031遐邇壹體과 032率賓歸王의 구절이 이 문장에 근거한 것[『문선』 권44에도 「난촉부로難蜀父老」(BC 128년 지음)의 제목으로 채록되어 있다]이라고 하였다. 이어서 '솔빈'은 "땅이 이어지는 한"이라는 뜻으로 풀이하고 있다. 그것을 따를 만하다. 여기서는 이섬 주석에 따라 번역해 둔다.

【李注】

하遐는 '멀다'는 뜻이고, 이邇는 '가깝다'는 뜻이다. 『한서』 권48 「가의전賈誼傳」에서 가의賈誼(BC 200~168, 전한 시대의 낙양 사람)가 말한다. "천자는 천하의 머리에 해당되고", "주위의 이민족은 천하의 발입니다." 이 말의 의미는, 천하가 아무리 크더라도 먼 곳도 가까운 곳도 결합해서 하나로 이어지는데, 마치 한 사람의 몸과 같다는 것이다. 체는 '몸'의 뜻이고, 솔은 '모두'의 뜻이다.

이 두 구는 명왕明王이 나라를 다스리면 원근의 사람들이 서로 잇따라 자발적으로 찾아와 왕에게 복종하고 귀순한다는 것을 말한다.

033 鳴 鳳 在 樹* 명봉이 수에 재하고
명 봉 재 수

034 白 駒 食 場○ 백구가 장에 식하다
백 구 식 장

우는 봉황은 나무에 앉아 있고,

흰 망아지는 밭(마당)에서 풀을 뜯어 먹는다.

봉鳳 : 전설상의 새, 봉황을 가리킨다. 봉은 수컷이고 황은 암컷이다.

수樹 : 《이주본》에 '죽竹'으로 된 것(《구간대자본》도 동일하다)은 송 제국 4대 황제 영종의 이름 曙(서, shǔ)와 발음이 같은 樹(수, shù)를 피하기 위한 것이다. 이런 경우 통상 '목木'으로 고치지만, '木' 자는 이미 『천자문』에 포함되어 있으므로(035化被草木), 『시경』「대아大雅」의 「권아卷阿」에 달린 주석(이주 참조)을 떠올리고 '竹'으로 고친 것이리라.

장場 : 밭. 가을에는 지면을 고르고 다져 단단하게 한 다음에, 수확한 곡물(벼, 보리 등)을 탈곡해서 불순물을 골라내는 장소가 된다. 『시경』「빈풍豳風」의 「칠월七月」에 달린 주(정현鄭玄의 전箋)를 보면 "마당과 밭은 같은 곳이다"라고 한다.[1]

033鳴鳳在樹

【李注】

대나무*는 봉황이 깃드는 곳이고 밭은 흰 망아지가 자라는 곳이다. 하늘로부터 봉황이 내려오는 것을 상서로운 조짐으로 여긴다. 봉황이 내려오면 대나무 숲에 머문다. 아마도 봉황이 좋아하는 곳일 것이다. 『모시毛詩(시경)』의 주석에 봉황은 "대나무 열매가 아니면 먹지 않는다"*고 한다.

【注解】

* 《이주본》의 본문이 '죽竹'으로 되어 있기 때문에 대나무에 관해서 기술하고 있다. 『시경』「권아」에서는 읊는다. "봉황이 저 높은 산등성이에서 울고, 오동나무가 저 동쪽 기슭에서 자라네. 오동나무가 무성하고 봉황도 조화로이 우네."[2] 봉황이 우는 곳은 오동나무 위다. 이주도 인용하고 있고, 그 부분의 주(정현의 주석)는 "오동나무가 아니면 깃들지 않고 대나무 열매가 아니면 먹지 않는다"고 풀이하고 있다.

034 白駒食場

【李注】

현인賢人은 흰 망아지를 타고 와서 왕에게 좋은 계책을 일러 준다. 망아지가 나타나면 밭에서 먹이를 먹는다. 그곳은 아마도 망아지가 머물려고 하는 곳일 것이다. 『모시』「소아」의 「백구白駒」에서 "하얀 망아지, 내 밭의 풀을 뜯어 먹네"라고 하는 것이 이 부분과 관련이 된다.[3]

1 「칠월」은 농사와 관련해서 달마다 무슨 일을 하는지 읊고 있어서, 고대 사회의 생활상을 엿볼 수 있다. 여기서는 "구월에 남새밭에 마당을 닦는다"(九月築場圃)는 구절을 두고 이야기를 하고 있다. 전체 내용을 확인하려면 김학주 옮김, 『시경』, 240-242쪽 참조.

2 내용은 김학주 옮김, 『시경』, 448쪽 참조.

3 내용은 위의 책, 302쪽 참조.

035 化 被 草 木　화가 초목에 피하고
화 피 초 목

036 賴 及 萬 方○　뢰가 만방에 급하다
뢰 급 만 방

덕화가 풀과 나무에까지 널리 미치고

왕화가 온 나라로 퍼져 나간다.*

화化 : 왕화王化(천자의 덕에 의해 감화되는 것) · 덕화를 가리킨다.

피被 : 널리 미치다.

뇌賴 : 천자의 덕화를 입는다.

【注解】

* 이 두 구절의 해석은 《고안본》의 "화化가 초목에 피被하고, 뇌賴가 만방에 급及한다"는 풀이에 따른 것이다. 『음결』의 풀이에 따르면 "초목을 화하고 피하며, 만방에 뇌하고 급한다"(초목을 변화시켜 혜택을 입게 하고, 만방을 의지하게 하여 골고루 미친다)는 식으로 되지만, 『음결』의 본문에는 035賴及萬方이 "뇌가 만방에 급하다"라는 점을 보여주고 있다. 《이주본》에는 두 가지 독법이 뒤섞여서 "초목을 화하고 피하며, 뇌가 만방에 급한다"로 되어 있는 것처럼, 035化被草木은 음합부音合符〔훈점訓點 부호의 일종〕가 들어 있는 『음결』의 풀이와 일치하지만 036賴及萬方은 일치하지 않는다.

035化被草木

【李注】

피被는 미치다는 뜻이다. 명왕이 나라를 다스려서 거기에 올바른 도가 깃든다면 풀과 나무 같은 미물도 모두 덕화를 입는다. 『모시』 「대아」 가운데 「행위行葦」의 소서小序에서 말한다. "주 왕실의 가문이 충직하고 인정이 두터워서, 그 사랑이 초목에까지 미친다." 『문중자文中子』에서 말한다. "유우씨有虞氏의 은혜가 동식물에게 미친다."* 모두 이 구절과 관련된 내용이다.

【注解】

* 이 구절은 『문중자중설文中子中說』 「왕도王道」에 들어 있다. 『문중자』는 수 제국 왕통王通(584~617)의 저작으로 전해지고 있지만, 실제로는 당 제국 초기에 지어졌다. 이 부분에는 당 제국 이후 사람의 솜씨가 덧보태진 것이리라.

036賴及萬方

【李注】

『서경』 「여형呂刑」(원문에 『모시』로 된 것을 고친다)에서 말한다. "천자 한 사람에게 좋은 일이 있으면 억조창생億兆蒼生이 그의 은택으로 편안해진다." 뇌賴는 입다(은혜를 입다)는 뜻이고, 급及은 미치다는 뜻이다. 명왕이 나라를 다스리면 나라 안의 모든 사람들이 그의 덕화를 입는 상황에 이른다는 것이다.

037 **蓋 此 身 髮** 개로 차의 신과 발은
개 차 신 발

038 **四 大 五 常**○ 사대로 나오고 오상을 갖추다
사 대 오 상

대개 이(우리의) 몸과 터럭은,

지 · 수 · 화 · 풍의 사대로부터 나오고 인 · 의 · 예 · 지 · 신의

오상을 갖추고 있다.

신발身髮 : 신체발부身體髮膚(몸과 터럭 그리고 피부, 즉 온몸)를 가리키는데, 신 · 발로 그것을 대표한다.

사대四大 : 모든 것의 근본이 되는 지地 · 수水 · 화火 · 풍風 네 가지 요소를 말한다.[1] 『음결』 이하의 방훈旁訓(원문 옆에 달린 뜻풀이)은 모두 '네 갈래의 가지'로 풀이하고 있다. 《고안본》의 주에 보이는 "사대四大는 사지四枝이다"와 같은 해석을 따르는 것이리라. 四枝는 四支와 같아서 사람의 손과 다리를 가리키지만, 그와 같이 풀이하는 근거가 분명하지 않다.

037蓋此身髮

【李注】

개蓋는 부사이다. 『효경』 「개종명의장開宗明義章」에서 말한다. "신체발부는 부모님으로부터 받는다." 이것은 사람이 일신一身 · 사체四體 모두 부모의 기를 받아서 태어나는 것을 말한다.

038四大五常

【李注】

사대四大(네 가지 요소)는 지地 · 수水 · 화火 · 풍風이다. 그것으로 사람의

몸이 이루어진다. 지를 골육대骨肉大(大는 불가사의하다, 신묘하다는 것을 나타내는 산스크리트 말을 의역한 것이다. 음역은 마하摩訶(maha)다)로, 수를 혈대血大로, 화를 기대氣大로, 풍을 금기대金氣大로 삼는다. 이 사대로 몸을 갖추는 것이다.

그런데 또 다른 사대四大가 있다. 예컨대 『노자』 25장에서 사대는 "하늘이 크고, 대지가 크고, 도가 크고, 왕도 또한 크다. 세계에는 사대가 있는데 왕도 그 가운데 하나를 차지하고 있다." 이 두 가지 설은 서로 같지 않다. 단지 두 가지 설을 함께 실어 둔다.

오상五常은 인仁·의義·예禮·지智·신信이다.[2] 사람이 사는 것을 좋아하고 죽는 것을 싫어하는 것을 인이라 한다. 행동이 이치에 들어맞는 것을 의라 한다. 윗사람을 공경하고 아랫사람을 사랑하는 것을 예라 한다. 그때그때의 정세 변화에 호응하여 잘 처리하는 것을 지라 한다. 한 번 입에서 나온 말을 뒤집지 않는 것을 신이라 한다. 사람은 마땅히 이 오상을 실천해야 하는데, 오상이 몸을 세우는 도리다.

1 이 부분은 『천자문』이 불교의 존재론을 반영하고 있는 증거다. 유교나 도교의 논리에 따른다면 사대는 음양陰陽이나 오행五行으로 바뀔 수 있다.

2 맹자가 인의예지라는 사덕四德을 말했고, 이어서 한 제국의 동중서가 이에 신을 추가해서 오상을 주장했다.

039 恭 惟 鞠 養 공 유 국 양 — 공히 국하고 양한 것을 유한다면

040 豈 敢 毁 傷○ 기 감 훼 상 — 기로 감히 훼상할까

삼가 [부모님이] 보살피고 길러 주신 것을 생각한다면,
어떻게 감히 신체를 헐고 다치게 할 수 있겠는가?

공유국양恭惟鞠養 : 국양은 기르고 키운다는 뜻이다. 『음결』의 읽기에 따르면 "[양육의 은혜를] 삼가 황공하게 생각해서 부모님을 봉양해야 한다"(공유하여 국양해야 한다)는 뜻이 되지만, 그러면 다음 구절과 잘 연결되지 않기 때문에 위의 번역문처럼 옮겼다. 이주의 설명은 앞부분을 위의 번역문에 가깝게 해설하고, 뒤의 장례張禮 부분을 『음결』에 가깝게 해설하고 있는 듯하다(《고안본》에는 "공손하게 생각하여, 기르고 양육해야 한다"로 읽고 있다).

039 恭惟鞠養

【李注】

공恭은 공경하게 생각하다, 황공하게 여긴다는 뜻이고, 유惟는 생각하다는 뜻이다. 국鞠은 마치 포대기로 아이를 등에 업는 것과 같다는 뜻이다. 039恭惟鞠養은 사람이 만약 부모님 양육의 은혜를 황공스럽게 생각한다면 그는 최고의 효행을 하는 이라는 것을 말한다. 『모시』「소아」의 「육아蓼莪」에서 읊는다. "아버지 날 낳으시고 어머니 날 기르시네. …… 날 키워 주시고 날 돌봐 주시네. …… 이 은덕을 갚고자 하더라도 넓고 큰 하늘처럼 끝이 없구나!"[1]

옛날에 장례張禮라는 사람이 있었는데, 기근이 든 해를 만났다. 그는 홀로(결혼하지 않고) 집에서 여든 살 가량 드신 어머니를 봉양하고 있었

다. 장례가 나무 열매를 주워서 집으로 돌아오는 길에 그를 잡아먹으려는 강도떼와 마주쳤다. 그는 머리를 땅바닥에 찧으며 사정했다. “집에 모시고 봉양하는 노모가 있습니다. 어머니는 아침부터 아직 아무 것도 잡수시지 못했습니다. 얼마간 목숨을 살려 주신다면 집으로 돌아가 어머니에게 밥을 지어드리고 다시 여기로 와 죽지요. 만약 제가 집으로 갔다가 여기로 다시 오지 않는다면 우리 집으로 쳐들어 와 저를 갈기갈기 찢어 죽여도 좋습니다.” 강도떼가 그를 풀어 주었다.

장례는 집으로 돌아와 즐거운 듯이 어머니의 식사 준비를 해서 차려드렸다. 식사를 마치자 어머니가 뭔가 이상한 듯 물었다. “요즘 세상 사람들이 굶주림으로 힘들어 하는데, 너는 무슨 일로 싱글벙글 즐거워하느냐?” 장례가 대답했다. “제가 들에서 나무 열매를 주워 집으로 돌아올 때, 저를 죽이려는 강도떼를 만났습니다. 어머니가 아직 식사를 하지 않았기 때문에 잠깐이나마 목숨을 빌어서 집으로 돌아왔습니다. 만약 제가 한숨 쉬며 걱정스러워한다면 어머니는 반드시 식사를 하지 않았을 겁니다. 그래서 억지로라도 웃었습니다. 어머님, 건강하게 잘 지내십시요. 저는 이제 다시 사지로 돌아가야 합니다.”

어머니가 말했다. “너는 이미 강도떼로부터 벗어나 집으로 돌아왔는데, 무엇 때문에 다시 제 발로 사지로 가려느냐?” 그가 대답했다. “만약 제가 가지 않으면 강도떼가 우리 집으로 쳐들어 와서 가족을 도륙할 텐데, 어머니를 놀라게 할까 두렵습니다. 이것은 효자가 할 짓이 아닙니다.”

장례의 동생이 문 앞에서 지금까지 한 이야기를 다 듣고서는 몰래 스스로 강도떼의 소굴로 달려가 그들에게 말했다. “조금 전에 집으로 가서 밥을 지어 어머니를 드리겠다고 한 사람이 제 형님입니다. 제 형님은 효성스러워 노모를 봉양하느라 온갖 고생을 하여 삐쩍 말랐습니다. 동생인 저는 살이 쪄 먹을 게 많습니다. 원컨대 형의 목숨을 살려 주시기 바랍니다."

조금 있다가 형이 다시 강도떼의 소굴에 도착해서 그들에게 말했다. "원래 제가 죽기로 약속을 했습니다. 무엇 때문에 동생이 죽어야 합니까?" 강도떼는 형제 두 사람의 정리가 깊고 효성스러운 것을 보고서 차마 그들을 죽일 수 없었다. 게다가 그들은 장례에게 쌀 두 섬과 소금 두 근을 줘서 돌려보냈다. 장례는 집으로 와서 노모를 잘 모시고 봉양하면서 『효경』의 도리를 온전히 했다.*

【注解】

* 이 이야기는 『후한서』 권39에 유평劉平의 일로 실려 있다.

040 豈敢毁傷

【李注】

사람은 사대四大로부터 태어나고 오상의 본성을 지니고 있으므로, 부모가 길러 주고 키워 준 은혜를 황공하게 생각해서 감히 제 몸을 헐고 다치게 하지 않는 것이다. 『효경』「개종명의장」에서 말한다. "몸 · 터럭 · 피부는 모두 부모님으로부터 물려받았다. 감히 헐거나 다치게 하지 않는 것이 효도의 시작이다." 『예기』「제의祭義」에서 말한다. "부모는 온전한 꼴로 자식을 낳고 자식은 온전한 꼴로 되돌아간다면 효도라고 일컬을 만하다."

이것은 모두 감히 헐거나 다치게 하지 못한다는 뜻을 밝히고 있다. 효를 실천하는 방법은 밖으로 법에 어긋나는 짓을 하지 않고 안으로 진심으로 효행을 하는 것이다. 3천 가지나 되는 여러 가지 형벌 규정을 위반하지 않으면 몸을 헐거나 다치게 할 걱정거리가 없다. 만약 형벌 규정을 위반하여 몸에 채찍과 곤장을 맞아서 부모님을 걱정하게 한다면, 그것이 곧 불효이다.

1 인용문은 전체가 아니라 일부분을, 그것도 띄엄띄엄 인용하고 있다. 전체 맥락을 확인하려면 김학주 옮김, 『시경』, 345-346쪽을 보라. 마지막 '호천망극昊天罔極'은 부모님 제사의 축문에 잘 쓰이는 표현이다.

041 **女 慕 貞★ 絜★** 녀는 정결을 모하고
녀 모 정 결

042 **男 效 才 良○** 남은 재와 량을 효하다
남 효 재 량

여자는 정절을 염두에 두고,
남자는 유능한 이와 덕 있는 이를 본받는다.

정결貞絜 : 정조가 올바르고 깨끗한 것이다. 絜은 결潔과 같다. 『음결』은 潔로 되어 있는데, 그러면 209紈扇員潔의 潔과 중복된다. 《이주본》은 이곳을 㓗로, 209紈扇員潔을 潔로 적은 반면 《고안본》은 이곳을 潔로 209紈扇員潔을 㓗로 적고 있다. 㓗은 潔의 속자로 결국 중복된다. 여기서는 《진적본眞蹟本》과 《관중본》에 따라서 '絜'로 적을 만하다. '정貞'을 '청淸'으로 적은 판본(《어서원행서천자문》)이 있지만 그것과 관련해서는 이주를 참조하라.[1]

재량才良 : 재주와 학덕이 뛰어난 것이다.

041女慕貞絜

【李注】

모慕는 생각하다는 뜻이다. 결潔은 맑다, 깨끗하다는 뜻이다. 원래 '청淸(결潔)'으로 쓰여 있다.* 정결貞潔은 정정貞正하다(절조가 굳고 행실이 방정한 것)는 뜻이다. 여성은 절조를 굳건히 하고 행실을 방정하게 하는 청결을 근본으로 한다. 여성이 시집가지 않았을 시절에는 다음처럼 처신한다. "바깥나들이를 할 때 반드시 얼굴을 가린다", "밤에 나다닐 때도 수촉手燭(휴대용 촛대)을 가지고 다닌다. 수촉이 없으면 바깥으로 나가지 않는다"(『예기』「내칙內則」).

옛날에 패沛(오늘날 장쑤성江蘇省 패현沛縣)의 사람 주도周都는 조영趙英의 여식을 아내로 맞아들였다. 결혼 생활 2년 만에 주도가 죽자, 그의 아내는 재혼하지 않을 것을 맹세하고 칼로 자신의 코를 베어 내어 그것으로 재혼하지 않겠다는 결의를 드러냈다.[2]

【注解】

* 이 부분의 원문은 "本作淸"(원래 청淸으로 쓰여 있다)으로 되어 있는데, 《요메이문고본》과 《무간기본(도요문고)》의 기록에 따라 "本作淸潔"인 것으로 판단했다. 《무간기본》에는 본문이 "淸潔"이고 "本作貞潔"이라는 주가 달려 있다. '淸' 자를 피한다는 말은 들어보지 못했다. 《요메이문고본》에는 "원래 '정결正潔'로 쓰여 있다"고 하지만 역시 '正' 자를 피한다는 말은 들어보지 못했고, '正' 자 또한 054形端表正에도 쓰이고 있기 때문에, 이 구절이 '正潔'로 되어 있었다고는 생각할 수 없다.

'貞' 자는 송나라 인종仁宗의 이름이 정禎이었기 때문에, 같은 음의 貞도 피하려고 淸·正 등의 글자로 바꾸었다. 아마도 원래 본문은 '貞潔'이었지만 이름을 피하기 위해서 《무간기본》처럼 '淸潔'로 하거나 '正絜'로 고쳤을 터인데, 그것을 원래의 문자로 판단했던 것이리라(001天地玄黃 참조). 《어서원본행서천자문》이 '淸潔'로 적은 것은 송 인종의 이름을 피한 결과이다.

042 男效才良

【李注】

효效는 배우다, 본받다는 뜻이다. 재才는 '덕德'의 뜻도 있고 '능能'의 뜻도 있다. 양良은 좋다는 뜻이다. 남자라는 존재는 학문과 도덕을 배우는 걸 최상으로 친다.

한의 소제昭帝(BC 94~74)가 전국의 학자들을 불러 모았을 때, 남쪽 나라의 장중張重이라는 14세 소년이 끼어 있었다. 그가 궁전 앞에 이르자, 황제가 소년을 보고 좀 이상하다고 생각해서 물어봤다. "그대는 어떤 사람인가?" 중이 대답했다. "저는 학자입니다." 소제가 물었다. "그대는 나이가 어려 보이는군. 어찌 재학(재기와 학식)이 있겠는가?" 중이 대답했다. "폐하께서는 학자들을 불러 모아서 도리를 밝히려고 한 것이지 않습니까. 몸집이 육중하고 뼈가 많으면 재학이 있고, 적으면 재학이 없다는 말입니까?"

소제가 다시 물었다. "그대는 어느 주현州縣 사람인가?" 중이 대답했다. "저는 일남日南(오늘날 베트남 북부 지역) 사람으로 성은 장이고 이름은 중입니다." 소제가 약간 깔보듯이 말했다. "그대가 일남 사람이라니 북쪽으로 태양을 바라보겠군." 중이 대답했다. "〔속셈을 간파하고서 따지듯이 말한다.〕 북쪽에 운중雲中이란 군郡이 있는데, 그곳 사람들은 공중에 있습니까? 동쪽 안문雁門이란 군이 있는데, 어찌 기러기를 쌓아서 문을 만들었다고 할 수 있을까요? 동북쪽에 북해北海라는 군이 있는데, 백성들이 어찌 물속에서 편안하게 산다고 할 수 있을까요? 서남쪽에 염성鹽城이라는 군이 있는데, 어떻게 소금을 쌓아서 성을 만들었을까요? 제가 사는 곳의 지명이 일남이라고 해서 어찌 북쪽으로 태양을 보겠습니까? 폐하께서 그런 것도 모르고 저에게 물어 보셨다면 그것은 구주九州(중국 전토) 제일의 멍청한 임금이 아닌가요?" 소제는 부끄러워서 차마 뭐라고 대답할 말이 없었다.

삼공三公(신하로서 최고 직위의 세 사람을 말하는데, 전한에는 승상丞相 · 태위太尉 · 어사대부御史大夫가 여기에 해당된다)이 의견을 올렸다. "장씨 성의 어린아이가 폐하를 업신여기고 우롱했습니다." 소제는 그에게 사형 처분을 내렸다. 장중은 두려워하지 않고 두 손을 모으고 하늘을 향한 채 큰 소리로 웃었다. 소제가 말했다. "짐은 그대를 죽이려고 하는데 어찌 죽음을 두려워하지 않고 도리어 웃는가?" 중이 대답했다. "폐하가 저를 죽이려고 하는 것을 보니 기쁘기 그지없습니다. 이전에 저는 변방의 작은 나라 사람이었는데 지금 폐하의 궁정에 이르러서 죽게 되었습니다. 이처럼 천자가 처분을 내렸다면, 천자가 상주喪主가 되는 것입니다. 삼공이 저를 조당祖堂의 문에서 내보낸다면, 상여를 전송하는 손님이 되는 것입니다. 비록 죽는다고 하더라도 무엇이 서운하겠습니까? 그래서 즐거워한 것입니다."

소제가 그 말을 듣고서 죄를 용서해 죽이지 않고 운중의 태수(군의 장관)로 임명하려고 했다. 하지만 중이 자신의 생각을 말했다. "저는 운중 태수의 소임을 잘 모릅니다. 원컨대 구주학사九州學士(중국에서 가장 학식이 있는 사람을 일컫는다)의 칭호를 내려주시기 바랍니다. 세상의 뛰어난 학자랑 제가 토론을 벌일 때 만약 제가 한 마디라도 틀린다면, 폐하께서 자유롭게 저를 두 동강 내셔도 좋습니다."

소제가 물었다. "하늘(하느님)에 머리가 있는가?" 중이 대답했다. "하늘에는 머리가 있고 서쪽을 향해 있습니다.* 『시경』에서 '이에 뒤돌아서 서쪽을 돌아보시다'(「대아」의 「황의皇矣」)라고 읊은 것이 증거입니다."[3] 소제가 물었다. "하늘에 입이 있는가?" 중이 대답했다. "하늘은 입이 있습니다. 『경經』에서 말하길,** '옥녀(선녀)가 투호 놀이를 하자 하늘이 그걸 보고 웃었다'라고 했습니다. 만약 하늘에 입이 없다면 어떻게 웃을 수 있겠습니까?" 또 물었다. "하늘에 귀가 있는가?" 중이 대답했다. "『시경』에서 읊기를 '학이 구고九皐(깊은 연못)에서 우니 소리가 하늘에 들리네'(「소아」의 「학명鶴鳴」)라고[4] 했습니다. 애시당초 하늘에 귀가 없다면 도대체 어떻게 들을 수 있겠습니까?" 또 물었다. "하늘에 다리가 있는가?" 중이 대답했다. "다리가 있습니다. 『시경』에서 읊기를 '하늘의 걸음이 어렵다'(「소아」의 「백화白華」[5])고 했기 때문입니다." 소제가 다 듣고서 말했다. "훌륭하다." 마침내 장중을 구주대학사九州大學士로 임명했다. 남자라면 마땅히 학문과 도덕을 몸에 갖추는 것을 최선으로 여긴다.

대체로 아성亞聖(성인에 버금가게 뛰어난 사람)의 대재大才를 지닌 맹자, 일곱 걸음 안에 시를 짓는 재주를 가진 조자건曹子建(192~232),*** 진晉의 '해 아래의 순명학荀鳴鶴', '구름 사이의 육사룡陸士龍'**** 등은 모두 재주가 뛰어난 사람들이다.

【注解】

* "하늘에 머리가 있는가?" 이하의 문답은 『삼국지』 권38 『촉서蜀書』 「진복전秦宓傳」에 보이는데, 오吳의 장온張溫과 문답하는 이야기에 나온다.

** 『경』은 『신이경神異經』일 것이다. 이 구절은 현존하는 『신이경』에는 찾아볼 수 없지만 『예문유취藝文類聚』 권74에 「신선전」의 문장으로서 이 두 구절을 인용하고 있고, 『태평어람』 권753에는 『신이절경神異絶經』을 인용해 좀 더 자세하게 서술하고 있다.

*** 위魏의 문제文帝, 즉 조비曹丕(조조의 아들)가 동생 조식曹植(자건)의 재주를 질투해서 일곱 걸음 안에 시를 짓지 못하면 죽이겠다고 하자 조식이 짧은 시간 안에 시를 지었다는 고사에서 비롯되었다.[6]

**** 순은荀隱과 육운陸雲이 처음 만났을 때, 각각 '구름 사이의 육사룡', '해 아래의 순명학'(사룡·명학은 자字)으로 이름 불리던 고사에 연유한다(『진서晉書』 「육운전陸雲傳」 및 『세설신어』 「배조排調」에 보인다).

1 〈041〉을 '정결貞絜'로 하더라도 絜은 209紈扇員潔의 潔과 중복되는 혐의를 벗어나기 쉽지 않다. 絜과 潔은 호환되기 때문이다. 한국의 『천자문』은 대부분 041女慕貞絜을 "녀모정렬女慕貞烈"로 본다(이민수, 『천자문』, 41쪽 참조). 그리고 과거의 남존여비의 관념에 따르면 〈041〉에서 남성을 다루고 〈042〉에서 여성을 다룰 만하다. 이와 관련해서 양良이란 운자를 맞추기 위해서 순서를 조정한 것으로 볼 수도 있다. 나아가 여성의 정결을 전면에 배치하여 그 가치를 증폭시킨 반면 남성은 뒤에서 자유로운 성을 향유하려고 한 게 아닌가라는 비판을 할 수도 있다. 이와 관련해서 김근, 『욕망하는 천자문』, 128-129쪽 참조.

2 주도의 아내처럼 코를 베서 용모를 훼손시킨다는 '할비훼용割鼻毁容' 이야기는 많다. 유향劉向이 편집한 『열녀전列女傳』을 보면 전국 시대 양나라 고행高行이 주도의 아내와 같은 행동을 해서, '고행할비高行割鼻'라는 고사의 주인공으로 등장하고 있다. 이 고사는 조선 정조 21년(1797)에 간행된 『오륜행실도五倫行實圖』에도 수록되어 있다. 과거에 있었던 여성의 지조와 같은 강요된 신화에 대한 비판은 신정근, 「중화주의와 '중국철학'의 동행」, 『논어의 숲, 공자의 그늘』, 심산, 2006 참조.

3 전체 맥락을 확인하려면 김학주 옮김, 『시경』, 420쪽 참조.

4 전체 맥락을 확인하려면 위의 책, 300쪽 참조.

5 이 시는 오늘날 제목만 전해질 뿐이어서 그 내용을 알 수 없다.

6 시(「칠보지시七步之詩」)의 내용은 형이 동생을 들볶아 대는 것을, 콩을 솥 안에 넣고 삶은 것에 비유해서 생동감이 넘친다.

煮豆燃豆萁 콩대를 태워서 콩을 삶으니,
豆在釜中泣 가마솥 속에 있는 콩이 우는구나!
本是同根生 본디 같은 뿌리에서 태어났건만,
相煎何太急 어찌하여 이다지도 급하게 볶아대는가?

043 知 過 必 改 지를 과하면 필히 개하고
지 과 필 개

044 得 能 莫 忘○ 능을 득하면 망을 막하라
득 능 막 망

허물을 알면 반드시 뜯어고치고,

중요한 것을 배우면 잊어 먹지 마라.

043 知過必改

【李注】

잘못이 있더라도 고칠 수 있다면, 잘못이 없는 것과 마찬가지다. 잘못을 저지르고도 고치지 않는다면, 그것이 커다란 우환거리가 된다. 『논어』 「학이學而」 8에서 말한다. "잘못하더라도 고치는 것을 꺼리지 마라!" 어느 누가 잘못을 저지르지 않겠는가? 잘못이 있으면 반드시 고쳐야 한다. 공자가 말했다. "의義(옳은 일)를 들어 알고서 제대로 실천하지 못하고 불선不善을 깨끗이 고치지 못하니, 이것이 나의 걱정거리다"(『논어』 「술이述而」 3).

옛날에 진秦의 목공穆公(재위 BC 660~621)이 준마를 잃어버렸다. 다섯 명의 강도가 목공의 말을 잡아서 먹어 버렸다. 일이 들통 나자 그들은 목공 앞에 잡혀 갔다. 당연히 죽을 줄 알았는데, 도리어 목공이 그들에게 약술을 주며 말했다. "이 술을 마시면 말고기의 독을 씻을 수 있다. 고기를 먹고 술을 마시지 않아 병에 걸릴까 걱정이다." 마침내 그 다섯 사람을 풀어 주었다. 다섯 사람은 죽음의 고비에서 벗어나자 자신들의 잘못을 고쳐 새사람이 되어 은혜에 보답하리라 생각했다.

훗날 진과 진晉이 전쟁을 할 때, 이 다섯 사람은 목숨을 아끼지 않고 선봉장이 되어서 진의 군대를 대패시켰다. 목공이 말했다. "그대들은 어떤 사람들인가? 목숨을 아끼지 않더구나." 그들이 대답했다. "저희 다섯 사람은 옛날에 대왕의 말을 훔쳐서 죽여 잡아먹었습니다. 일이 들통이 나서 당연히 죽을 줄 알았는데, 대왕이 저희들에게 마실 술을 주고 목숨까지 살려 주셨습니다. 그 이후로 저희들은 잘못을 고쳐서 다시는 강도질을 하지 않고 은혜에 보답하리라 다짐했습니다. 우리 진秦의 군대가 밀리는 것을 보고서 저희 다섯 사람은 목숨을 아끼지 않고 싸워, 저 진晉의 군대를 쳐부수어서 대왕의 은혜에 보답할 수 있게 되었습니다."* 목공이 말했다. "음덕陰德이 양보陽報를 받는다(몰래 선행을 했더니 눈에 보이는 좋은 보답을 받는다) 함은 바로 이것이리라."

【注解】

* 진 목공의 말을 훔쳐서 잡아먹은 이야기는 『한시외전韓詩外傳』 권10, 『여씨춘추』 「애사愛士」, 『회남자』 「범론훈汎論訓」, 『설원說苑』 「복은復恩」 등에 보인다.[1]

044得能莫忘

【李注】

중요한 것을 터득하면, 그 마음을 소중하게 여겨서 잊지 않도록 하라. 『효경』 「사군장事君章」에서 말한다. "중심中心(속마음)에 뭔가를 간직한다면, 어느 날에 그것을 잊겠는가?" 자하子夏(공자의 제자)가 자공子貢(공자의 제자)의 집을 들렀을 때, 자공은 동학을 위해 식사를 대접하려고 했지만 자하가 말했다. "괜한 낭비를 하는구나!" 자공이 말했다. "한 끼 정도의 식사인데, 어떻게 낭비까지 들먹이는가? 그렇지만 삼비三費(세 가지 낭비)라는 말이 있지."

자하가 (자기 말이 지나친 것에 용서를 구하고) 삼비의 내용을 듣고 싶어 했다. 자공이 말했다. "젊어서 배운 것을 늙어서 잊어버리는 것이 첫 번째 낭비다. 젊었을 적에 서로 알고 지내다가 나이 들어 사이가 끊어지는 것이 두 번째 낭비다. 윗자리에 있으며 스스로 존중을 받지 못하고 아랫자리에 있으며 공손하지 못한 것이 세 번째 낭비다." 자하가 다 듣고 나서 말했다. "정말 좋다."*

【注解】

* '세 가지 낭비' 이야기는 『한시외전』 권9에 보이지만, 그 절節은 "자하가 증자의 집을 들렀다"로 시작해 이 주석과 조금 차이가 나고, 세 가지 낭비의 내용도 다른 곳이 있다.

1 내용을 확인하려면 한영, 임동석 옮김, 『한시외전』, 예문서원, 2000 ; 김근 옮김, 『여씨춘추』, 민음사, 1993~1995 ; 유향, 임동석 옮김, 『설원』, 동문선, 1996 참조.

045 罔 談 彼 短　　피의 단을 담하지 망하고
망 담 피 단

046 靡 恃 己 長○　　기의 장을 시하지 미라
미 시 기 장

다른 사람의 잘잘못을 끄집어내지 말고,

자기의 장점을 떠벌리지 마라.

시恃 : 믿는 것, 의지가 되는 것이다

045罔談彼短

【李注】

망罔은 없다는 뜻이다. 군자는 타인의 결점을 끄집어내지 않고, 자기의 장점을 입에 담지 않는다. 다른 이의 좋은 점을 들으면 기뻐하고, 다른 이의 나쁜 점을 들으면 걱정한다. 악을 막고 선을 일으키는 것이 군자의 도道(나아갈 길)이다.

안연顔淵(공자의 제자)이 자장子張(공자의 제자)에게 물었다. "세상 사는데 무엇이 걱정일까?" 자장이 대답했다. "귀한 자와 천한 자가 함께 생활하면서 천한 자가 원한을 품게 되는 것이 첫 번째 걱정거리다. 사람과 말다툼을 하고 또 이기려고 애쓰는 것이 두 번째 걱정거리다. 무엇이든지 다른 사람의 나쁜 일을 보고서(알고서) 그것을 꼬치꼬치 책망하는 것이 세 번째 걱정거리다." 이렇기 때문에 군자는 이 세 가지 걱정거리(삼환三患)를 경계해야 한다.[1]

046靡恃己長

【李注】

미靡는 없다는 뜻이다. 군자 같은 사람은 자기의 뛰어난 점을 믿고 까불지 않으므로 제 뜻대로 막무가내로 하지 않는다.

1 이 이외에도 삼환은 여러 가지 방식으로 이야기된다. 『예기』「잡기하雜記下」를 보면 군자의 세 가지 걱정거리와 다섯 가지 부끄러움, 즉 삼환오치三患五恥가 소개되어 있다. 삼환은 "군자에게는 세 가지 걱정거리가 있다. 아직 세상의 도리를 듣지 못했다면, 그것을 들을 수 없을까 걱정한다. 이미 그것을 들은 적이 있다면, 제대로 배우지 못할까 걱정한다. 이미 그것을 배웠다면, 그것을 실행하지 못할까 걱정한다"(君子有三患 : 未之聞, 患弗得聞也. 旣聞之, 患弗得學也. 旣學之, 患弗能行也). 그리고 인민의 복지에 관심이 많았던 묵자墨子는 "인민에게 세 가지 걱정거리가 있다. 배고픈 자 먹지 못하고, 추위에 떠는 자 입지 못하고, 힘든 자 쉬지 못하는 것이다"(民有三患 : 乃飢者不得食, 寒者不得衣, 勞者不得息. 『墨子』「非樂上」).

047 信 使 可 覆 신은 복에 가하도록 사하고
신 사 가 복

048 器 欲 難 量○ 기는 량하기 난하고자 욕하다
기 욕 난 량

약속했던 것은 되풀이해서 말할 수(행동으로 지킬 수) 있도록 하고, 자신의 기량은 다른 이에게 읽히지 않도록 주의하라.

신信 : 약속했던 말 또는 약속을 지키는 것이다.

복覆 : 『논어』 「학이」 13의 "신信이 의義(정의)에 가까우면 약속한 말은 실천할-되풀이할 만하다"에 나오는 '복復'과 같은 뜻이다. 따라서 여기서 '신은 되풀이할 만하다'고 풀이할 수 있다.

기器 : 사람의 그릇, 기량을 가리킨다.

047信使可覆

【李注】

복覆은 일으킨다는 뜻이다. 군자의 도는 약속을 지킬 각오를 잃지 않는 것이므로 한 번 승낙하면 천금을 준다고 해도 바꾸지 않는다.

위魏의 문후文侯는 초楚의 왕과 사냥을 하기로 약속했다. 약속 날짜가 되자 비가 내렸다. 문후는 비를 무릅쓰고 가려고 했는데, 주위의 신하들이 반대하며 말했다. "비가 몹시 세차게 내리니 가야만 하는 것은 아닙니다." 문후가 말했다. "다른 사람과 약조를 했는데 어찌 약속을 저버릴 수 있겠는가?"

한漢의 시대에 곽세후郭細侯(세후는 곽급郭伋의 자)가 병주幷州(오늘날 산시성山西省과 산시성陝西省의 북부) 자사刺史(정치를 시찰, 보고하는 관리)에 임명되었다. 임기가 끝나서 관직에서 떠날 무렵, 죽마를 탄 아이들이 와서 물었다. "태수太守(군의 장관, 여기서는 곽세후), 언제 떠나실 겁니까? 우리가 와서 배웅하려고 합니다." 세후는 아이들과 길에서 약속을 했다. 며칠 뒤 아이들이 죽마를 타고 왔다. 그들과 작별하고서 비로소 수레를 타고 떠났다. 지켜보던 사람이 감탄해서 말했다. "죽마를 탄 아이들과 한 약속을 어기지 않는데, 하물며 군자에 대해서는 말할 것까지도 없다"(『후한서』「곽급전」).

옛날에 장원백張元伯이라는 남자가 있었는데, 그는 범거경范巨卿(이름은 식式)이라는 남자와 친구 사이였다. 거경은 장안長安(오늘날 산시성陝西省 시안시西安市 부근)에서 원백과 헤어질 때, "나는 상채上蔡(오늘날 허난성 루난현汝南縣의 북쪽)로 돌아간다네. 9월 9일(중양절)에는 우리 집으로 오게"라고 말했다.

그를 기다리며 9월 9일이 되자, 거경은 닭을 잡고 기장밥을 지었다. 어머니가 물었다. "무슨 까닭이냐?" 거경이 말했다. "원백과 약속을 했는데, 오늘 오기로 했습니다." 어머니가 말했다. "천 리 길을 두고 약속했으니 어찌 꼭 올 수 있겠느냐?" 거경이 대답했다. "이 사람은 약속을 저버리지 않을 겁니다." 말하고서 얼마 있지 않아 원백이 도착했고, 두 사람이 어머니에게 인사를 올렸다. 어머니가 말했다. "우리 아이가 천 리를 두고 약속을 하더니 그 약속대로 되었네."

훗날 거경이 병을 얻어 죽게 되자, 임종을 앞두고 어머니에게 말했다. "제가 죽거든 원백이 올 때까지 기다렸다가 저를 묻어 주세요." 어머니가 말했다. "여기서 천 리나 떨어져 있는데, 도대체 누가 너를 위해 부고를 알리겠느냐?" 거경이 대답했다. "제가 직접 부고를 알리러 가겠습니다." 그리고 끝내 숨을 거두었다. 그날 밤 꿈에 의탁해서 원백에게 말했다. "나는 오늘 죽었네. 그대의 손으로 나를 묻어 주게. 나의 시신을 일으켜 주게. 그대와 이승에 작별 인사를 하네." 원백이 깜짝 놀라 눈을 뜨고서 눈물을 주룩 흘리면서 말했다. "나의 친구 거경이 죽었구나!"

이윽고 그는 백마를 타고서 출발했다. 원백이 아직 도착하지 않은 사이에 어머니는 거경의 시신을 수레에 싣고서 묘 자리에 갔다. 그를 묻으려고 여럿이 힘껏 관을 들어 메려고 했지만 관이 꿈쩍도 하지 않았다. 마을 사람들이 이 일을 이상하게 여기자 어머니가 말했다. "거경이 죽을 때 '친구 원백이 오기를 기다려서 묻어 달라'고 했다오." 어떤 사람이 탄식하며 "누가 부고를 알려줄까?"라 하자, 어머니가 대답했다. "우리 집 아이가 자신이 알린다고 했다네."

얼마 있지 않아 서쪽으로부터 한 사람이 백마를 타고 울면서 왔다. 과연 그것은 원백이었다. 그는 말에서 내려 관 위에 엎드려 큰 소리로 울었고, 관 주위를 세 바퀴를 돌고 관의 끈을 잡고 앞으로 끌며 묘 자리로 넣었다. 관은 여러 사람의 손을 번거롭게 할 필요도 없이 간단하게 묘 자리로 들어갔다. 이 일도 또한 "신사가복信使可覆"에 해당되는 것이다(『후한서』「범식전范式傳」, 『수신기搜神記』 권11).

048器欲難量

【李注】

양量은 헤아린다는 뜻이다. 048器欲難量은 사람의 기량이 얼마나 높고 얼마나 심오한지 알려고 해도 쉽게 추측할 수 없다는 것을 말한다.

한 제국 시절 곽임종郭林宗(이름은 태太)이 여남汝南(오늘날 허난성 루난현)으로 갔다가 그곳의 원고봉袁高鳳(『후한서』에 의하면 원봉고袁奉高, 이름은 굉宏이다)이 뛰어난 재능을 가진 인물이란 말을 듣고서, 그와 논의를 펼쳐 보고자 했다. 고봉은 임종이 자신을 찾아온 것을 보고 집으로 데리고 와서 서로 마주하며 담론했다. 임종은 하루 밤을 묵지 않고 곧바로 떠났다. 그리고 감탄하며 말했다. "고봉은 삼재三才(천·지·인)의 그릇이다. 비유하자면 천 길(매우 높은 것)이 되는 높은 고개, 만경萬頃(매우 넓은 것)이 되는 못과 같아서, 그것을 맑게 하려고 해도 깨끗하게 할 수 없고, 그것을 아무리 휘저어도 흐리게 할 수 없다. 그 그릇이 너무나도 깊고 넓어서 헤아리기가 어렵다. 나를 어떻게 그와 견줄 수 있겠는가?"(『후한서』 권68 「곽태전郭太傳」, 『세설신어』 「덕행德行」)

049 墨 悲 絲 染★ 묵은 사의 염에 비하고
묵 비 사 염

050 詩 讚 羔 羊○ 시에서는 고양을 찬하다
시 찬 고 양

묵이라는 사람(묵자)은 실이 물드는 것을 슬퍼했고,

시(『시경』)는 염소와 양 같은 덕을 칭찬했다.

묵墨 : 전국 시대의 사상가인 묵적墨翟(BC 470?~390?)을 가리킨다. 그이의 사상은 『묵자墨子』라는 책에 정리되어 있다.[1] 흰색의 실이 물이 들어 색깔이 변하는 것을 감탄했다는 이야기는 『묵자』 권3 「소염所染」에 보인다.[2]

염染 : 물들이다, 염색하다는 뜻이다.

시詩 : 『시경』을 가리킨다. 또는 그 속에 수록된 한 수의 시를 가리킨다.

고양羔羊 : 고는 작은 양을, 양은 큰 양을 가리킨다. '시'(이주 참조)에서는 그것의 온순함을 높이 사고 있다.

049墨悲絲染

【李注】

묵자의 이름은 적翟이다. 양梁나라 혜왕惠王 시대에 유도有道한(도덕을 몸에 지녔던) 사람이다. 적은 외출했다가 흰색의 실이 다른 색으로 물드는 것을 보고서 그것을 슬퍼했다. "사람의 맑은 마음은 본디 성인과 마찬가지다. 다만 자신이 좋지 않는 환경에 살다 보니 그것에 물이 들어 점점 꼼짝달싹하지 못하게 된다. 어리석은 이와 가까이하면 현명해지지 않고, 더러운 것과 가까이하면 악취가 나지만, 난과 같은 것을 가까이하면 향이 난다. 사람의 착하고 나쁜 성질은 모두 어디에 물이 드느냐에 따라 결정된다. 요나 순과 같은 임금(023推位讓國 · 024有虞陶唐)도 허유許由(전설상의 은자隱者. 요가 임금의 자리를 물려주려고 했다)에 의해 물이 들었기에〔영향을 받아서〕 성군이 되었다. 주紂 임금(025弔民伐罪 · 026周發殷湯)은 숭후崇侯(숭후 호虎. 주의 신하)에게 물이 들었기에 암주闇主가 되었던 것이다. 먹을 가까이하면 검게 되고, 연지를 가까이하면 빨갛게 된다. 착한 사람과 사귀면, 쑥이 삼밭에서 자라는 경우와 같이 붙들어 매지 않아도 저절로 곧게 자란다.* 나쁜 사람과 함께 생활을 하면, 아이를 가슴에 안고 담을 넘는 경우와 같아 한 사람이 땅에 떨어지면 두 사람이 모두 다친다."

【注解】

* 이 부분은 원문이 "蓬生麻中, 不扶自直"이다. 이 이야기는 『순자』「권학勸學」에 나온다.

050詩讚羔羊

【李注】

『모시(시경)』에 「고양羔羊」편이 수록되어 있다.* 〔이 시를〕 칭찬하기를, "소남召南의 나라는 문文 임금의 정치로 말미암아 좋은 쪽으로 바뀌어, 자리를 차지한 사람 모두 절검하고 정직하게 되었다. 그래서 덕이 고양의 그것처럼 되었다"(소남의 나라는 소공召公이 다스렸던 지역을 말하는데, 주나라 문 임금의 정치 교화를 받아서 경대부들이 모두 검약하고 정직하게 되어 고양처럼 온순한 덕을 갖추게 되었던 것이다)고 읊었다(이 부분은 「고양」의 시 서序에 나오는 말이다).

이 시의 의미는, 이 시대의 경대부(관직에 있는 사람)들은 서로 동료와 하나가 되어 결속이 굳건했지만 행동은 사람에게 아첨하여 동조하지 않고, 정의를 위해서 목숨을 아끼지 않고 예를 지키며 생활했다는 것이다.

이처럼 절검하고 정직하니 그들의 덕이 마치 고양의 그것과 닮았다는 것이다. 고양이 어미의 젖을 먹을 때 무릎을 꿇고 먹으니 이것은 사람과 하나도 다를 바가 없고, 젖을 먹을 때도 조심하면서 부끄러워할 줄 아니 감탄할 만하다. 거꾸로 오늘날 사람들은 이 짐승에도 미치지 못한다. 따라서 말을 엮어서 이 「고양」의 시를 지었다.

【注解】

* 〔시의 전체 내용을 소개하면 다음과 같다.〕

양 털가죽을 흰 실 다섯 타래로 꾸몄지. 관청으로부터 자신의 집으로 식사하려 돌아온다네. 조용조용 차분히.

양 안 가죽을 흰 실 다섯 겹으로 꿰맸지. 조용조용 차분히, 관청으로부터 집으로 돌아와 밥을 먹네.

양 갖옷 솔기를 흰 실 다섯 겹으로 꾸몄지. 조용조용 차분히, 관청으로부터 자신의 집으로 식사하려 돌아온다네.

(『시경』「국풍國風」의 「소남」「고양」)[3]

1 『묵자』의 번역서로는 김학주 옮김, 『묵자』, 명문당, 1989 · 2003 ; 권오석 옮김, 『묵자』, 홍신문화사, 1994 ; 박재범 옮김, 『묵자』, 홍익출판사, 1999 등이 있다.

2 오늘날 용어로 말하면 묵자는 환경 결정론자에 가까워 보인다. 이 편은 훗날 철학사와 산문학사에서도 깊은 영향을 끼쳤다. 『여씨춘추』「당염當染」에도 비슷한 내용이 들어 있다.

3 원문과 주석을 확인하려면 김학주 옮김, 『시경』, 58쪽 참조.

051 景 行 維 賢　　경한 행을 하면 유의 현이고
경 행 유 현

052 剋* 念 作 聖●　　극하게 념하면 성으로 작하다
극 념 작 성

훌륭한 행실을 하는 사람은 현인이고,

잘 생각하는 사람은 성인이 된다.

경행景行 : 훌륭한 행실이란 뜻이다.

극剋 : 충분히, 잘이란 뜻이다.

051景行維賢

【李注】

행실이 유덕한 대장부(의지가 굳세고 당당한 사람)는 햇빛이 하늘에 있는 것처럼 주위 사람에게 모두 그의 이름이 알려져 있다.

옛날 노魯나라에 현숙한 여성이 있었다. 이름이 칠실漆室이고 나이가 스무 살로 경서經書와 사서史書를 꿰뚫고 있었고, 또 나라의 정사를 잘 알았다. 칠실이 기둥에 기대 소리를 내서 울며 비 오듯이 눈물을 흘렸다.

지식知識이란 이름의 동생이 물었다. "언니, 시집가고 싶은 거야? 왜 그렇게 슬퍼해?" 칠실이 대답했다. "나라의 임금님은 연로하시고 태자께서는 어려서 아직 나라를 제대로 다스릴 수 없는데, 간신이 나라를 어지럽히고 빼앗지 않을까 두려워. 이 때문에 걱정이 되니 어찌 시집가는 것만을 생각하겠어?"

지식이 말했다. "나라 밖에 강력한 가신家臣이 있고 나라 안에 보필하는 신하가 있는데, 무엇을 걱정하고 무엇을 생각해?" 칠실이 대답했다.

"내가 듣기로, 양자강揚子江과 황하黃河는 9리(의 농토)를 윤택하게 하고 게다가 3백 보의 습지를 적셔 준다고 해.* 비근卑近한 것으로 고매高邁한 것을 비유하고, (이어서) 차원이 높은 것으로 차원이 낮은 것을 의논해 보자고. 작년에 동쪽 이웃집에서 불이 나 우리 전답까지 태웠는데, 연말이 되자 우리에게는 먹을 야채가 없었어. 서쪽 이웃집의 아가씨가 도망가자 우리 오빠가 찾으러 물을 건너다가 빠져 죽었지. 그러니 이제 우리는 평생 동안 오빠 없이 사는 거야. 국왕이 연로하고 군주가 어린데 가신이 강성한 것은, 집에 고양이가 없는데 쥐가 백주 대낮에도 돌아다니는 것과 같아. 그래서 걱정하는 거야."

과연 1년 뒤에 노나라의 국정이 어지러워졌다. 공자가 말했다. "둥지에 깃드는 것은 바람이 올 줄 알고 굴에 사는 것은 비가 올 줄 안다."** 현숙하고 총명한 여자는 미래의 일을 잘 알 수 있었다. 『논어』「위령공」 12에서 말한다. "사람이 장래의 일을 고려하지 않으면 반드시 신변에 걱정거리가 생긴다."

【注解】

* 원문은 "河溫百里, 浸潤三百步"이지만 『열녀전』 권3 「노칠실녀魯漆室女」에 "내가 듣기로, 강은 9리를 윤택하게 하고, 못을 적셔주는 것은 3백 보이다"라고 하는 것에 따라 고쳤다. 이 두 구는 당시의 속담이었을 것이다.[1]

** 『수신기』 권18을 보면, 좀 이상한 손님이 와서 "비가 내릴 것이다"라 말했을 때, 동중서董仲舒가 "둥지에 깃들면 바람이 올 줄 알고 동굴에 살면 비가 올 줄 안다. 삵이 아니면 쥐일 것이다"라고 말하자 그 손님은 늙은 삵으로 변신했다. 『회남자』「무칭훈繆稱訓」에서 말한다. "까치는 바람

부는 정도를 알아서 집을 짓고, 수달은 수위가 높아지고 낮아지는 것을 알아서 구멍을 파고, 짐새의 수컷은 맑은 날을 예지하고 짐새의 암컷은 비오는 날을 예지한다."[2]

052剋念作聖

【李注】

극剋은 '잘'(견뎌내다, 이기다)의 뜻이다.* 『양자법언揚子法言』「문신問神」에서 말한다. "자신의 사욕을 이기는 것을 극이라고 한다."[3]

『상서尙書』「다방多方」에서 말한다. "다만 광인도 잘 생각하면 성인이 된다." 참으로 분별없는 사람이더라도 잠깐 생각해서 마음을 고쳐먹고 도에 뜻을 둔다면 성인이 될 수 있다. 성인이거나 우인(어리석은 사람)이거나 모두 사람의 일심一心에 뿌리를 두고 있고, 선인이 되느냐 악인이 되느냐 하는 것도 마음의 준비에 차이가 있을 뿐이다.

문文 임금(026周發殷湯)은 원래 성인이 아니었지만 그 마음이 성스러운 도로부터 떨어지지 않았기 때문에 8백의 제후들이 그를 기리며 성인으로 불렀다. 반면 주紂 임금은 정말로 광인이 아니었지만 선행을 전혀 생각하지 않았기 때문에 무도한 군주가 되었다. 한 순간의 마음가짐도 진실로 삼가지 않을 수 없다.

【注解】

*《이주본》의 원문은 "尅念作聖"으로 되어 있어 '尅'에 관해 서술하고 있다(『음결』의 원문은 '克'으로 쓴다). 尅은 剋의 속체이다. '尅(剋)'과 '克'은 원래 다른 글자였지만 통용된다. 이섬 주석 이후의 인용문(『양자법언』과 『상서』)은 모두 전거로 쓰이는 문장에 '克' 자를 쓰고 있지만, 이섬 주석

에는 '尅' 자로 바꿔서 쓰고 있다.

1 내용을 확인하려면 유향, 이숙인 옮김, 『열녀전—중국 고대의 106여인 이야기』, 예문서원, 1996 참조.
2 전체 맥락을 확인하려면 안길환, 『회남자』 중, 명문당, 2001, 49쪽 참조.
3 양웅, 최형주 옮김, 『법언』, 자유문고, 1996 참조.

053 德 建 名 立 덕이 건하면 명이 립하고
덕 건 명 립

054 形 端 表 正● 형이 단하고 표가 정하다
형 단 표 정

덕이 확실하게 안정되면 명성도 올라가고,

신체의 동작도, 용모도 단정하게 한다.*[1]

형단形端 : 형은 신체身體로, '신체의 동작이 단정하면' 이란 뜻이다.

표表 : 외면에 드러나는 것, 용모를 말한다.

【注解】

* 구라다 준노스케는 「천자문에 관해」(74쪽 참조)에서 〈054〉와 관련해, '형形'은 『예기』에서 '드러나다'는 뜻으로 쓰이는 경우가 많고, '표表'는 『예기』「표기表記」의 "공자가 말했다. 인仁은 천하의 표表이다"에 보이는 '표'와 마찬가지로 '의표儀表 · 모범 · 표식'의 뜻으로 쓰이므로, "드러나는 것이 진짜로 올바르다면 천하의 모범이 되는 것은 당연하다. ……"로 해석하고 있다.

야스모토 겐키치安本健吉, 『평석천자문評釋千字文』(岩波文庫, 1937)에는 『공자가어孔子家語』「왕언해王言解」의 "무릇 윗사람은 백성의 표表(본보기)이다. 표가 단정하면 어느 것이 단정하지 않겠는가?"[2]와 『여씨춘추』「중춘기仲春紀」의 "도道에 따라서 공명을 얻으면, 공명이 어디로 도망갈 길이 없다. 이것은 마치 표와 그림자의 관계와 같고, 소리와 메아리의 관계와 같다"[3]를 인용하여, "형形이 단정할 때는 그 그림자도 단정하고, 시간의 표준을 알리는 표목表木이 곧바를 때는 그 그림자 또한 곧바른 것과 같다"고 풀이하고 있다. 이 '표'는 '표식表式'으로, 맺힌 그림자를 측정하여 동서남북의 방향을 정확하게 정하는 데 쓰이는데, 『회남자』「천문훈天文訓」 등에도 보인다.

053德建名立

【李注】

『예기』「중용」에서 말한다. "대덕을 가진 이는 반드시 명망을 얻는다." 문 임금은 빛나는 덕을 지녔고 이름도 널리 알려져서, 만대에 걸쳐서 모두들 그가 성인이라는 걸 안다. 공자孔子(춘추 시대의 사상가. 이름은 구丘, 자는 중니仲尼. 유교의 시조. 097性靜情逸 · 173聆音察理 · 222顧答審詳 참조)는 최고의 덕을 가졌고, 뛰어난 학설을 세우고 교훈을 후세에 끼쳐서, 그의 이름이 해와 달처럼 밝게 빛나며 만대에 걸쳐서 전해지고 있다. 군자는 덕을 몸에 지니면 자연스레 명예가 뚜렷이 빛나게 된다. 이것은 결코 한 사람만의 좋은 일이 아니고 멀리 있는 모든 사람들로 하여금 우러러 받들게 한다.

『춘추좌씨전』 희공僖公 4년의 기사에서 말한다. "제齊나라의 제후가 초楚를 정벌했다. 제후의 군대를 도열시켜 놓고 굴완屈完(초의 대부)과 수레에 동승해서 참관을 했다. 제의 후候가 말했다. '이렇게 많은 군사를 가지고 싸운다면 누가 대적할 수 있겠소?' 굴완이 대답했다. '군주가 만약 덕으로 제후의 마음을 안정시킨다면 누가 복종하지 않겠습니까? 군주가 만약 힘으로 내리누르려고 한다면 병력이 많다고 하더라도 쓸 만한 곳이 없을 겁니다.'"*4 이것은 명예를 드날리는 것보다 덕을 몸에 지니는 것을 먼저 해야 한다는 것을 말한다.

【注解】

* '쓸 만한 곳이 없다'는 말은, 『좌씨전』 원문에는 힘으로 내리누르려고 한다면 "초는 방성산方城山(오늘날 허난성 세현葉縣 남쪽)을 성으로 삼고 한수漢水(양쯔강 최대의 지류)를 못으로 삼을 것이다"라는 문장이 있는 것처럼, 농성할 수 있기 때문에 '쓸 만한 곳이 없다'고 말하는 문맥이 잘 이어진다.

054形端表正

【李注】

『잡기』(『예기』「잡기」에 아래 문장은 없다. 《구간대자본》은 같은 문장을 인용하지만 '잡기운雜記云'이란 세 글자가 없다)에서 말한다. "몸이 올바르면 그림자도 반드시 단정하다. 표表(방위의 표식)가 비스듬하면 그림자도 반드시 기우뚱하다." 군자라는 사람은 부정하고 사악한 말은 받아 주지 않고, 뜻을 현명하고 정결하게 지키며 행동에 표리가 일치한다. 가령 쇠퇴하고 혼란한 세상을 만나더라도 강포强暴한 힘의 논리에 의지하지 않고, 시속時俗이 안 좋게 변하더라도 공경하고 양보하는 정조를 잃지 않는다. 류하혜柳下惠(춘추 시대 노의 대부) · 안숙자顔叔子(춘추 시대 사람. 이름은 지복之僕이다. 공자의 제자)가 이런 인물이다.

숙자가 혼자 집에 있는데 그 날 밤에 엄청난 폭우가 쏟아졌다. 이웃집에 한 여자가 있었다. 그녀의 집이 내리는 비를 견디지 못하고 무너져 내리자, 그녀는 숙자의 집에 몸을 피하러 왔다. 숙자는 다른 사람들이 의심할까 봐 두려워서 날이 밝을 때까지 불을 피웠는데, 그러다 땔감이 없어지면 지붕을 엮은 풀을 태우면서 자신의 의지를 꺾지 않으려고 했다.

류하혜는 궁중에서 근무하다가 집으로 돌아오지 못하고 성문 근처에서 하루를 묵었다. (역시 성문 밖으로 나가지 못한 여인이 있었다.) 밤이 되자

추워서 몸이 얼 지경이었는데 여자가 얼까 봐 걱정해서 자신의 웃옷을 여자에게 덮어 주고, 날이 밝아질 때까지 그렇게 있어도 행실에 흠이 될 만한 게 없었다.[5] 이 두 사람의 굳건한 의지는 '형정표단形正表端'에 들어맞는다고 할 수 있다.*

【注解】

* 안숙자의 말은 『모시(시경)』「소아」「항백巷伯」의 주석(모전毛傳)에 보인다. 류하혜의 일도 모전에서 언급하고 있다.

1 054形端表正도 053德建名立과 같이 "형이 단하면 표가 정하다"는 식으로 풀이하는 게 지금보다 더 자연스러워 보인다. 이민수는 『예기』「잡기」의 "몸이 올바르면 그림자도 반드시 단정하다"(形正則影必端)는 구절을 근거로 해서, 〈054〉는 원래 "형정표단形正表端"이 되어야 하지만 운자 때문에 "형단표정形端表正"이 되었다고 주장한다(이민수 옮김, 『천자문』, 49쪽).
2 내용을 확인하려면 이민수 옮김, 『공자가어』, 을유문화사, 2003 참조.
3 이 내용은 같은 책 「공명功名」(달리 「유도由道」라도 함)에 나온다. "由其道, 功名之不可得逃, 猶表之與影, 若呼之與響."
4 발췌 인용하였기에 문맥이 매끄럽지 않다. 전체 문맥을 확인하려면 신동준 옮김, 『춘추좌전』 1, 199쪽 참조.
5 두 사람의 이야기는 알퐁스 도데(1840~1897)의 단편소설 「별」을 연상시킨다. 소설 속에서도 비 때문에 길이 끊겨 함께 밤을 보내는 양치기와 스테파네트 아가씨의 이야기가 나온다.

055 空 谷 傳 聲 공곡에 성을 전하고
공 곡 전 성

056 虛 堂 習 聽● 허당에 청을 습하다
허 당 습 청

아무도 없는 텅 빈 골짜기에 소리를 울려 퍼지게 하고,

아무도 없는 텅 빈 대청에 소리가 울리니 그것을 본받는다.*

【注解】

* 이 두 구는 이주에 따라서 번역했지만《구간대자본》에는 사람의 선행·악행에 대한 갚음이 공곡·허당에 소리가 울리는 것처럼 빠름을 이르는 것이라고 한다. 구라다 준노스케는 「천자문에 관해」(74쪽 참조)에서 이 두 구절을 『예기』 「곡례상曲禮上」의 "소리 없는 것을 듣고, 꼴이 없는 것을 본다" 등과 같은 발상으로 보아 "사람이 없는 골짜기에도 소리가 전해진다는 마음으로 행동하고, 사람이 없는 방에서도 가르침을 잘 듣는다는 마음으로 학습한다"는 식으로 해석한다.

야스모토 겐키치의 『평석천자문』에서는 『문선』 권56에 실린 장화張華(무선茂善)의 「여사잠女史箴」 1절 "말을 꺼낼 때 그 말이 선善하면 천리에서도 호응하고, 만약 의義에 어긋나면 같은 이불을 덮어도(부부 사이라도 해도) 의심이 생긴다. 끄집어낸 말이 미미한 것이라도 영욕은 그것으로 말미암아서 생긴다. 어둡다고 말하지 마라. 영묘靈妙한 것은 꼴이 없는 것을 감독한다. 조용하다고 말하지 마라. 신묘한 것은 소리 없는 것을 듣는다"는 말을 끌어들이고 있다.

055 空谷傳聲

【李注】

깊고 깊은 골짜기 안에서도 반드시 소리와 메아리가 서로 울린다.

옛날에 진사왕陳思王(삼국 시대 위魏의 조식曹植)이 양산梁山에 나갔을 때, 갑자기 암혈 안에서 독경 소리가 맑고 아름답게 울리는 것을 들었다. 그는 옷소매를 바로잡고서 그쪽으로 가서 이 독경의 소리를 들어서 배운 뒤에 세상에 전했다. 바로 그것이 오늘날의 범음梵音(梵은 산스크리트어. 여기서는 범패梵唄를 가리킨다)이다.

진晉의 공자公子 중이重耳(춘추 시대 사람. 진의 문공文公. 143晉楚更覇 이주 참조)는 여희驪姬로 말미암아 정치적 곤경을 만났다.* 그는 더 이상 국내에 머무르지 못하고 망명을 떠났다가 한때 초나라에 몸을 맡겼다. 구범舅犯·조양趙襄(『좌씨전』에 의하면 조최趙衰)·개자추介子推 세 사람은 중이를 따르며 시중을 들었다. 헌공獻公(중이의 부친)이 죽자 해제奚齊(헌공의 아들. 여희의 소생)와 탁자卓子(헌공의 아들. 여희 동생의 소생)가 차례로 태자가 되었지만, 그 명령을 들을 사람이 아무도 없었기 때문에 이극李克(『좌씨전』에 의하면 리극里克)이 두 사람을 살해했다.

중이가 그 소식을 듣고서 조국으로 돌아오려 개자추와 함께 길을 가던 중에 먹을 것이 점점 줄다가 마침내 하나도 안 남았다. 자추는 자신의 넓적다리를 잘라 내서 중이를 먹였다. 중이는 그것을 먹고 조국으로 돌아올 수 있었고, 얼마 있지 않아 문공이 되었다. 구범과 조양은 모두 관직을 제수받아 상경上卿(경의 최고위직)이 되었지만, 오직 자추만이 은상恩賞의 보상이 빈약했다.

자추는 원한을 품고서 마침내 문공의 어전 앞으로 가서 붓으로 기둥에다 글을 남겼다. "용이 있는데 굳세고 용맹스럽다. 하늘(나라)이 기울고 땅을 잃었도다. 세 마리 뱀이 그를 따라 천하를 돌아다녔다. 두 마리 뱀이 제 나라로 돌아와 모두 작위를 받았다네. 한 마리 뱀은 넓적다리를 베어내어 바야흐로 바깥 해자에 내다 버리네." 문공이 사냥 나가다 문득 그 글을 보고 개자추가 썼다는 것을 깨닫고서 글씨를 깎아내려 했지만 더욱 더 선명해졌다. 문공은 자추를 찾아보도록 시켰다.

자추는 어머니에게 물었다. "차라리 제 대에 영화를 누릴까요, 아니면 만대에 이름을 남길까요?" 어머니가 대답했다. "만대에 이름을 남기도록 해라." 그래서 자추는 복부산覆釜山 속으로 들어가서 문공이 불러도 만나주지 않았다. 산 정상에서 부르면 산 아래에서 호응하고, 산 아래에서 부르면 산 정상에서 호응했다. 문공은 사람을 시켜서 물을 채운 물동이를 나무 아래 두고서 산에 불을 질렀다. 자추가 물동이 안으로 들어가게 할 계획이었다. 하지만 자추는 나무를 끌어안고 죽었다.**

이러한 까닭에 한식寒食(동지 뒤 105일 전후의 사흘 간)에는 불을 끄고 자추를 기념하게 되었던 것이다. 이것은 텅 빈 골짜기에 메아리 소리가 퍼진다는 것이다.

【注解】

* 여희의 난은 진 헌공의 새 부인(여융驪戎의 딸=여희)이 자신이 낳은 해제를 위해서 참언讒言했던 일로, 공자 중이와 이오夷吾가 망명을 떠난 뒤에 태자 신생申生이 죽임을 당한 일련의 사건이다(143晉楚更覇이주 참조).

** 개자추의 이야기는 『사기』 권39 「진세가晉世家」에 보이고, 또 『설원』 「복은」에도 보인다.

056 虛堂習聽

【李注】

허당虛堂은 조용한 집이다. 그 소리를 듣고서 배우는 것이다. 노의 공왕恭王[『서경』의 「서序」에는 공왕共王으로 되어 있다. 한 경제景帝(재위 BC 157~141)의 아들]이 공자의 옛집을 헐고 궁전을 지으려고 했는데, 강당 안에서 종鐘과 경磬(타악기의 일종), 금琴과 적笛의 소리가 들렸다. 사람을 시켜서 그것을 열어 보니, 그 속에서 선왕의 전적을 얻게 되었다. 그래서 그 집을 허물려던 생각을 그만두었다(122 漆書壁經 이주 참조).

057 禍 因 惡 積 화는 악의 적으로 인하고
화 인 악 적

058 福 緣 善 慶● 복은 선과 경으로 연하다
복 연 선 경

재앙은 악업이 쌓인 것으로 말미암아 생겨나고,

행복은 선행과 경사로부터 생겨난다.*

연緣 : 인因과 같다. 〔여기서는 둘 다 '……으로 말미암다'는 뜻이다.〕

【注解】

* 057禍因惡積과 관련해서 『음결』의 독법은 두 가지가 있지만 058福緣善慶의 풀이와 대응하는 쪽을 선택했다. 그것에 따르면 '화는 악으로 인하여 적한다'가 되지만(《이주본》의 본문은 그렇게 되어 있다), 또 한 가지 독법은 '화는 악의 적으로 인한다'로 되어 있다. 여기서는 구의 해석으로 후자를 택하고, 다음 구(058福緣善慶)도 같은 구조로 파악해서, "화는 악의 적으로 인하고, 복은 선과 경으로 연하다"는 식으로 읽는다.

057禍因惡積

【李注】

『역경』「곤괘」의 「문언전」에서 말한다. "악을 거듭하는 집안에는 반드시 자손에게 미치는 재앙이 있다." 하늘의 벌은 쇠약이나 재앙을 서서히 불러들인다. 태공太公(태공 망望)이 말했다. "그물에 걸린 새는 높이 날지 못한 것을 후회하고, 낚시 바늘을 문 물고기는 배고픔을 참지 못한 것을 후회한다. 사람이 상황을 오판하고 나면 세 차례 생각해 보지 못한 것[1]을 후회한다"(『태공가교太公家教』).[2] 재앙이 만약 자신에게 이른다면 후회를 해 본들 아무런 소용이 없다. 하늘은 악을 용납하지 않으므로 악은 돌고 돌아서 자신에게 해를 끼친다. 만약 악행을 저지른다면 화가 반드시 자신에게 미칠 것이다.

진晉의 영공靈公은 군주로서 도를 저버리고 오랫동안 교만하고 사치한 생활을 보내고 악행을 저질렀다. 궁중 요리사에게 곰 발바닥을 삶도록 시키고는 아직 익지도 않았는데 한시바삐 먹고자 했다. 그는 이렇게 서둘러 먹다가, 발바닥 요리가 제대로 익지 않았다고 불같이 화를 내며 요리사를 죽여 버렸다. 이것이 첫 번째 악행이다.

대부 조둔趙遁(『좌씨전』과 『사기』 권39 「진세가」에는 조순趙盾으로 되어 있다)은 충직한 마음으로 올곧게 간언을 했지만, 그 말을 받아들이지 않고 그를 죽이려고 했다. 이것이 두 번째 악행이다.

여러 신하가 참여하는 정삭正朔의 행사일(제후와 여러 신하가 천자로부터 역법을 받는 날. 그 역에 따라서 정치를 실행했다)에 제후를 향해 탄환을 쏘아 군주와 신하 사이의 예를 잃어버렸다. 이것이 세 번째 악행이다.

제후가 주관하는 정삭 행사일에 어전 앞에 아름다운 여자를 알몸으로 두니, 신하들은 하나같이 모두 망측해서 그곳을 피해서 달려가게 되었다. 그는 이것을 보고 조롱거리로 삼았다. 이것이 네 번째 악행이다.

대부 조둔은 영공의 이러한 악행을 보고 나라가 혼란해져서 위기에 다다를 것을 염려하여, 후원에서 술잔치를 벌이다가 영공을 죽여 버렸다. 그가 저지른 악행이 이렇게 쌓이지 않았더라면 몸을 망치는 상황까지 이르지 않았을 것이다.

【李注】

『역경』「곤괘」에서 말한다. "선행을 쌓은 집안에는 반드시 자손에게 미치는 행복이 있을 것이다." 이것은 자손들이 조상의 혜택으로 복을 누린다는 뜻이다. 선을 쌓으면 경사가 생기고, 악을 쌓으면 환난이 생긴다. 힘을 쌓으면 용기가 솟아나고, 흙을 쌓으면 산이 된다. 물이 많이 모이면 바다가 되고, 학문을 쌓으면 군자가 된다. 석 자 두께의 얼음은 하루의 추위로 만들어지지 않고, 임금의 부름을 기다릴 정도로 현달顯達한 사대부는 하루아침에 그런 관직에 오른 것이 아니다. 덕을 쌓은 사람이 받는 복은 자손에게까지 미친다.

옛날에 오나라 사람 손종孫鐘(『몽구蒙求』에 의하면 孫鍾)은 조심스럽고 두텁게 선행을 베풀었다. 그가 오이를 심었는데, 그것이 익을 무렵 세 사람이 오이 밭 옆을 지나가다가 오이 향이 너무 향긋하여 종에게 물었다. "살 돈이 없는데 오이 한 개를 줄 수 있습니까?" 그러자 손종은 세 사람을 갈대로 엮은 거처로 불러들여서 밥을 가득 담고 오이를 따서 식사를 마련했다.

밥을 다 먹은 세 사람이 종에게 말했다. "장차 무엇으로 보답을 할까요?" 종이 말했다. "오이 하나 내놓은 식사인데 어찌 보답을 바라겠습니까?" 세 사람이 말했다. "보답할 물건이 없습니다. 그대에게 묏자리 한 군데를 가르쳐드리겠습니다." 종이 세 사람을 따라나서자 그에게 말했다. "부귀하기를 바랍니까, 자손이 대를 이어서 천자가 되기를 바랍니까?" 종이 대답했다. "사대四代〔글자 그대로 네 세대가 아니라 누대에 걸쳐〕 천자를 어찌 감히 바라지 않겠습니까?" 그러자 세 사람은 한 곳의 땅을 살펴본 뒤 말했다. "여기에 묏자리를 쓰면 사대 계속 천자가 될 것입니다."

그렇게 하고 헤어질 때 종에게 말했다. "백 걸음 옮길 때까지 고개를 돌리지 않기 바랍니다." 종이 여든 걸음을 움직이고서 뒤돌아보니 세 사람이 백학으로 변신하여 하늘로 날아올라가는 것이 보였다.[3] 이리하여 그들이 신선이라는 알았다.

마침내 종은 길일을 택하여 부모님을 이장했다. 그때 천지가 감응해서 구름과 안개가 일었다. 훗날 종의 자손은 대대로 삼국 시대 강남 지역의 오왕吳王이 되었다. 자세히 말하면 종이 견堅을 낳고, 견이 권權을 낳고, 권이 양亮을 낳고, 양이 휴休를 낳고, 휴가 화和를 낳고, 화가 호皓를 낳았다(모두 오왕이 되었다). 호는 진晉나라에게 정벌을 당해서 귀명후歸命侯로 강등되었다.* 이것은 사람이 선행을 베풀면 복이 자손에게 미친다는 실례이다.

【注解】

* 이 이야기는 『몽구』의 「손종설과孫鍾設瓜」의 주에 인용된 『유명록幽冥錄』에 보인다.[4]

1 공자는 일찍이 노나라의 계문자季文子가 세 차례 생각해 보고 일을 추진한다는 말을 듣고서 두 번이면 족하다고 말한 적이 있다. "季文子三思而後行. 子聞之曰 : 再, 斯可矣"(『논어』「공야장」 20).

2 『태공가교』는 태공, 즉 증조부가 자손들에게 일러주는 생활의 격언과 같은 내용으로 되어 있다. 내용과 말이 통속적이며 깊은 맛이 덜하다. '태공'이란 말과 본문에 태공의 사적이 언급된다고 해서 주나라를 도와 은나라를 정벌했던 강태공을 연상하지만 둘은 무관하다. 이 책은 역대 문헌에서 소개되지도 전승되지도 않다가 광서光緖 25년(1899) 둔황 석굴에서 당나라 사람의 사본 형태로 발견되었다가 뒤에 『명사석실일서鳴沙石室佚書』의 하나로 영인되었다. 책은 사언四言으로 되어 있으며, 충효·인애仁愛·수신修身·근학勤學을 다루는 내용으로 되어 있다. 예를 들면 "제자들이 스승을 섬길 때 공경하기를 어버이와 같게 하라"(弟子事父, 敬同於父) 등이 있다. '국학수전논단國學數典論壇'과 '국학논단國學論壇' 사이트 참조.

아직 우리나라에는 이 책의 존재조차 널리 알려지지 않고 있다. 기다 아키요시는 이주의 '태공'을 태공 망, 즉 서주西周 시대의 인물로 보지만 사실에 부합되는 지적이라고 할 수 없다.

3 『구약』「창세기」를 보면 소돔과 고모라의 이야기가 나온다. 이 땅의 사람들이 타락하자 하나님이 유황 비를 내려 심판하면서 롯과 그의 가족들이 도시로부터 빠져나오게 한다. 탈출 과정에서 뒤를 돌아보지 말아야 했지만, 롯의 아내는 성에 두고 온 것들에 대한 미련 때문에 뒤를 돌아보았다가 소금 기둥으로 변하고 만다. 위의 이야기는 소돔의 심판과 다르지만, 뒤를 돌아보았어도 은총이 박탈되는 일은 일어나지 않고 있다. 134佐時阿衡의 이주에도 유사하지만 매듭이 다른 이야기가 나온다.

4 『몽구』는 당나라 중기(8세기)에 이한李瀚이 지었다. 이것은 『천자문』·『삼자경三字經』·『백가성百家姓』과 함께 아동용 교과서로 널리 이용되었다. 책 이름은 『역경』「몽괘蒙卦」의 "나만이 동몽을 필요로 한 것이 아니라 동몽도 나를 필요로 한다"(匪我求童蒙, 童蒙求我)에서 따와 지은 것이다. 책의 형식은 옛이야기 하되, 넉 자를 한 구로 하여 비슷한 내용의 두 구를 대구對句로 쓰고, 한 구 걸러 운을 달며 또 여덟 구마다 운자를 바꿈으로써 음조도 좋고 기억하기도 편하도록 되어 있다. 전부 596항목으로 이루어져 있으며, 고대 성왕 요순 시대부터 당의 통일 이전 남북조南北朝 시대에 이르기까지 저명한 인물들의 일화가 많이 수록되어 있다. 훗날 송나라 때 서자광徐子光의 보주본補註本이 나온 뒤부터 이 판본이 널리 쓰였다.

059 尺 璧 非 寶　척의 벽은 보가 비이고
척 벽 비 보

060 寸 陰 是 競●　촌의 음은 시에 긍하다
촌 음 시 긍

한 자의 옥은 보배가 아니고,
한순간의 시간을 다툰다.

벽璧 : 도넛 모양의 단단한 옥을 가리킨다.
촌음寸陰 : 짧은 시간을 말한다.
긍競 : 좇다, 다투다는 뜻이다.

059 尺璧非寶

【李注】

『회남자』「원도훈原道訓」에서 말한다. "성인聖人은 한 자(尺)의 옥을 귀하게 여기지 않고 촌음을 귀하게 여긴다." 『예기』「유행儒行」에서 말한다. "유자儒者는 충신을 보배로 여긴다." 현자는 탐욕부리지 않는 것을 보배로 여긴다. 그러므로 "탐욕스런 자는 재물에 죽고 열사烈士는 이름에 죽는다."* 태공이 말했다. "재물은 자신을 잘 해친다. 반드시 그것을 멀리해야 한다"(『태공가교』). 재물을 좇다 보면 욕심이 많아지고, 탐욕이 많아지면 자신을 해치게 된다.

옛날에 오나라의 왕은 영토에 욕심이 많았다. 그는 이웃 나라 초를 공격하려고 생각하여 군대를 일으키느라 많은 백성들을 불러 모았다. 이렇게 1년이 지나자 사람들이 간언을 할까 걱정해서 다음과 같이 칙령을 내렸다. "초를 공격하는 것을 두고 간언하는 사람이 있으면 목을 베겠다."

감히 이야기를 끄집어내는 사람이 한 사람도 없었다. 그때 사인舍人 곽경郭敬이란 자가 출동하는 군대를 보고 손뼉을 치며 크게 웃었다.

왕이 물었다. "그대는 왜 웃는가?" 경이 대답했다. "저는 대왕이 군대를 출동시키는 것을 보고 웃은 것이 아닙니다. 이웃집에 한 남자가 있었는데, 그가 아내를 데리고 뽕잎을 따러 갈 때 도중에 예쁜 여인을 만나자, 거기서 제 아내를 내버려 두고 그 여자를 따라가 구애를 했지만 뜻을 얻지 못했습니다. 그러자 집으로 돌아와 아내와 옛날처럼 지내려고 했는데, 그이도 다른 남자를 따라 가버렸답니다. 저는 저이가 하나씩 좇다가 결국 둘 다 잃어버린 것을 두고 웃었습니다." 오왕이 말했다. "그대는 과인의 잘못을 잘 지적했다." 이리하여 군대를 돌려 전쟁을 그만둠으로써 그는 이전의 탐욕으로부터 벗어났다.

【注解】

* 『사기』 권61 「백이전伯夷傳」과 권84 「가생전賈生傳」 등에 보이는 상투적인 표현이다.

060 寸陰是競

【李注】

『양자법언』 「문명問明」에서 말한다. "시간이여 시간이여, 어찌 오는 것은 이렇게 늦으면서, 가는 것은 그렇게 빠른가? 군자는 시간과 다툰다." 『진서晉書』 권66 「도간전陶侃傳」에서 도간이 말했다. "위대한 우 임금(하나라의 시조)은 성인이면서도 촌음을 아꼈다. 보통 사람이라면 순간을 아껴야 한다. 어찌 편안히 놀러 다닐 수 있으며 술에 취해 지낼 수 있겠는가? 살아서 그 시대에 아무런 보탬이 되지 않고 죽어서 후세에 이름을 날리지 못한다면 이것은 제 스스로를 버리는 것이다."

『여씨춘추』 권24 「박지博志」에서 말한다. "영월寧越(전국 시대 조趙나라 사람)이 젊었을 적에 농사를 짓느라 고생스런 생활을 보냈다. 친구가 말했다. '그대가 공부를 한다면, 30년을 해야 빈천을 면할 수 있을 거야.' 월이 말했다. '다른 사람이 먹을 때 나는 먹지 않고, 다른 사람이 잠잘 때 나는 잠자지 않으며, 낮에 하던 것을 밤에도 이어서 한다면 15년만 해도 어찌 (가난을) 벗어나지 못하겠느냐?'" 마침내 그는 15년 동안 부지런히 공부해서 경서와 사서에 통달했다. 천자가 그 소식을 듣고 그를 불러 시중侍中(천자 측근의 고문관)으로 삼았다.* 그래서 "촌음을 아껴야 한다"고 하니, 이를 두고 한 말이다.

【注解】

* 『여씨춘추』에는 "열다섯이 되자 주周의 위공威公이 그를 스승으로 삼았다"고 되어 있고, 고유高誘의 주석에는 "위공은 서주西周의 군주"라고 했다. 전국 시대 말에 주가 둘로 나뉘었을 무렵에, 그 가운데 한 나라의 주인이었다.[1] 위공은 고왕考王 동생의 아들이기 때문에 왕이 되었을 리는 없다. 그를 천자로 부르는 것은 주석자의 주제넘은 짓이다.

찬도부음집주천자문지상종纂圖附音集註千字文之上終

1 주나라가 BC 771년에 내부의 투쟁과 북쪽 이민족의 침입을 받아서 수도를 오늘날의 시안西安에서 뤄양洛陽으로 옮긴다. 이를 경계로 그 이전을 서주西周 시대라고 하고 이후를 동주東周시대라고 한다. 동주 시대는 다시 춘추 시대와 전국 시대로 나뉜다. 전국 시대에 이르면 주 천자는 열국들의 국제 관계에 아무런 통제력을 행사하지도 못하는 소국의 왕으로 전락한다. 이때 동주의 뤄양은 내분으로 두 정파를 대변하는 세력권으로 다시 양분된다. 당시 중심지를 기준으로 서주와 동주로 나뉘는데, 용어는 같지만 춘추 · 전국 시대를 아우르는 동주나 그 이전의 서주와 다르다. 여기서는 후자를 말하고 있다.

061 資 父 事 君 부를 자하여 군을 사하니
자 부 사 군

062 曰 嚴 與 敬● 왈컨대 엄하고 여 경이다
왈 엄 여 경

어버이를 섬기는 방식으로 군주를 섬기니,

거기에는 엄숙하고 존경하는 마음이 있다.

자資 : "이렇기 때문에 천하 예악禮樂을 바탕으로 한다"(『예기』「명당위明堂位」)의 주석에 "자資는 취하다"로 되어 있다. 취하다, 바탕으로 삼다는 뜻이다.

사事 : 섬기다, 모시다는 뜻이다.

왈曰 : 발어사. 자, 이제, 여기의 쓰임과 비슷하다. 《고안본》을 비롯해서 이주의 여러 판본의 풀이는 '말하다'로 해석하지만 문맥으로 보아 『음결』을 따른다.

경敬 : 이 글자의 마지막 획을 빠뜨려서 '敬'으로 한 것(《어서원행서천자문》 등)은 송 익조翼祖의 이름, 즉 경敬을 피하기 위한 것이다.[1] 보통 '공恭'이나 '흠欽'으로 바꾸지만, 필획을 줄이는 것도 같은 의도다(076藉甚無竟 참조).

061資父事君

【李注】

『효경』에서 말한다. "어버이를 섬기는 것을 바탕으로 삼아 군주를 섬긴다. 공경하는 누구에게라도 똑같다"(「사장士章」). 또 "어버이를 섬기며 효도를 다하면 그 마음을 군주에게 옮겨서 충실하게 할 수 있다"(「광양명장廣揚名章」). "성인은 엄격함에 따라서 공경함을 가르친다"(「성치장聖治章」). 순종하는 마음을 충성심으로 옮기는 길은 이 밖에 달리 없다.

자資는 취하다, 쓰다는 뜻이다. 왈曰은 어조사이다. 엄嚴은 존경하다는 뜻이다. 무릇 어버이와 군주를 섬기는 것은 한결같이 존엄과 경애의 도리를 최대한 하는 것이고, 효도하는 마음으로 군주를 잘 섬기다면 충신이 된다. 그렇기 때문에 "충신을 구하려고 생각한다면 반드시 효자가 나오는 가문으로 가라!"*고 하는 것이다.

【注解】

* "충신을 찾으려면 반드시 효자의 가문으로 가라"는 것은 『효경』「광양명장」의 주석(이른바 「공안국전孔安國傳」)에 보이지만, 원래 위서緯書(『효경위孝經緯』)의 말이라고 한다.

062 曰嚴與敬

【李注】

옛날에 초나라 혜왕惠王의 형의 아들, 백공白公이 반란을 일으켰다. 초왕은 그것을 정벌하려고 했지만 뜻대로 되지 않았다. 왕이 말했다. "과인은 충신이 반드시 효자의 가문에서 난다고 들었소. 만약 효자를 찾아 군의 대장으로 삼는다면 반드시 저들을 정벌할 수 있을 것이오." 측근들이 상주했다. "신들이 듣기로 신명申明이란 자가 있는데, 어버이를 섬기며 효도를 극진하게 한다고 합니다."

초왕이 사람을 보내 그를 모셔 오게 했다. 신명이 말했다. "내가 듣기로 효자는 충신이 될 수 없다고 한다. 지금 집에 어버이를 모시고 있는데, 어떻게 어버이를 내버리고 군주를 섬길 수 있겠는가?" 끝내 응하지 않았다. 왕이 다시 불렀지만 신명은 고사하고 응하려고 하지 않았다. 그의 아버지가 신명에게 말했다. "너는 왜 초왕을 도와서 나라를 안정시켜 만대에 이름을 남기려고 하지 않느냐? 너는 아무 걱정 말고 가도록 해라. 나는 결코 죽지 않을 테니."

마침내 신명이 아버지에게 인사하고 떠났다. 초왕은 신명이 온 걸 보고 아주 즐거워하며 관직을 내렸다. 표기장군驃騎將軍으로 삼아 병사를 거느리고 백공을 공격하게 했다. 백공이 말했다. "신명은 효자이니 반드시 충신일 것이다.* 지금 장군이 되어 나를 공격하러 오고 있는데, 내가 반드시 크게 패하겠지." 주위 참모들이 말했다. "명의 아버지를 잡아 데리고 와서 우리 군중에 두면 안전할 겁니다."

(이럭저럭하는 사이에) 신명이 군사를 이끌고 왔다. 백공이 그에게 말했다. "네 아버지는 이미 우리 진중에 묶여 있으니 나와 화친을 맺는 것이 좋을 거다. 만약 화친을 맺지 않는다면 곧 네 아버지를 죽여 버릴 테다." 신명이 백공에게 일렀다. "내가 듣기로 충과 효는 나란히 실행될 수 없다고 한다. 나는 지금 주군의 녹을 먹고 있는데 주군을 저버리고 아버지를 섬길 수 있겠나? 네 뜻대로 해라."

이윽고 명은 분노를 일으키며 군대를 출동시켜서 백공을 사로잡아 초왕에게 바쳤다. 왕이 크게 기뻐하자 왕에게 아뢰었다. "명의 아버지는 백공에 의해 처참하게 살해되었습니다." 초왕은 그 말을 듣자마자 명령을 내려 백공을 처단하게 하고, 신명의 부친(의 시신)을 잘 수습해서 예에 따라 장사를 치르도록 했다. 신명은 하늘을 우러러보며 탄식했다. "나에게 나라를 평정했다는 공적이 있다고 하더라도, 아버지를 죽였다는 치욕이 있다." 이에 스스로 목을 베서 죽었다.

【注解】

* 신명의 이야기는 『설원』「입절立節」에 보이지만, 그의 이름을 申鳴이라 적고 있다.

1 송의 건국 이후에 태조 조광윤이 자신의 선조 조경趙敬을 익조翼祖로 추증했다.

063 孝當竭力 효는 력을 갈하는 데 당하고
효당갈력

064 忠則盡命● 충은 즉 명을 진한다
충칙진명

어버이에게 효도하며 마땅히 온힘을 다하고,
군주에게 충성하며 목숨을 바친다.

063 孝當竭力

【李注】

『논어』「학이」 7에서 말한다. "어버이를 섬길 때 자신의 힘을 다 바친다." 이것을 효라고 한다. 효란 모든 행실의 으뜸이다. 갈竭은 다한다는 뜻이다. 063孝當竭力은 효도를 할 때 마땅히 자신의 마음과 힘을 다 바쳐서 어버이의 은혜에 보답해야 한다는 것이다. 『모시』「소아」의 「육아蓼莪」에서 말한다. "애처로운 부모님, 날 낳고 키우느라 고생하셨네." "이 은덕을 갚고자 하더라도 넓고 큰 하늘처럼 끝이 없구나!"[1]

『효경』「오형장五刑章」에서 말한다. "오형이 3천 가지인데(즉 무거운 다섯 가지 형벌로 〔이마에 범죄명을 새기는〕 묵墨, 〔코 베는〕 의劓, 〔발 베는〕 비剕, 〔생식기를 훼손하는〕 궁宮, 사형의 대벽大辟에 속하는 범죄가 3천 가지가 되는데) 그 죄도 불효보다 더 큰 것은 아니다. 사람의 자식이 되어서 효도에 마음을 쏟지 않을 수 있겠는가? 효도와 우애가 지성이면 하늘과 대지를 감동시키고 신명神明과도 소통할 수 있다.

옛날에 동영董永(후한 시대의 사람)은 부모를 모시는 데 더 말할 나위가 없는 효자였다. 집안이 가난해서 부모가 돌아가셨을 때 부잣집에서 40관貫의 돈을 빌어서 장례를 치를 형편이었다. 3년 안에 돈을 갚지 못하면 자신이 노예가 되는 것으로 계약을 했다. 마침내 돈을 빌려 부모님 장례를 치렀다. 그 기한이 찼지만 결국 돈을 갚지 못하여 부모님 산소에 작별 인사를 하고 노예가 되어야 할 판이었다. 그는 목 놓아 울었는데 그 소리가 뼈에 사무치는 듯했다. 그것에 감응해서 모든 새들도 구슬피 울었고 나무들도 꺾어져 쓰러졌고, 울음소리를 들은 사람은 모두 눈물을 흘렸다.

영이 부모님의 산소와 작별하고 길을 떠나, 반쯤 가서 나무 아래 앉아 조금 쉬고 있을 때였다. 갑자기 한 여인이 나타나서 물었다. "당신은 성이 무엇인가요?" 영이 대답했다. "성은 동이고 이름은 영이오." 또 물었다. "아내가 있습니까?" 영이 대답했다. "아직 아내가 없습니다." 여인이 말했다. "저도 위로 부모님이 안 계시고 아래로 형제가 없습니다. 아직 결혼한 적도 없습니다. 원컨대 그대와 부부가 될 수 있겠습니까?" 영이 대답했다. "지금 남의 집에 노예로 가는 판에, 제 몸 하나 건사할 곳이 없는데 어떻게 아내를 맞이할 수 있겠습니까?" 여인이 대답했다. "생각하건대, 서로 돌봐 주면 노예 신세를 꺼릴 필요가 있겠습니까?"

드디어 두 사람은 동행해서 돈을 빌린 집에 도착했다. 주인이 동영을 보고선 다가와 물었다. "이 여인은 어떤 사람인가?" 영이 대답했다. "제 아내입니다." 주인이 대답했다. "당신은 무엇을 할 줄 아는가?" 여인이 대답했다. "명주를 자을 수 있습니다." 주인이 말했다. "나에게 명주 3백 필(1필은 40자)을 짜 주면 당신네 부부 두 사람을 방면시켜서 집으로 돌아가도록 하겠소." 열흘이 지나지 않아 명주를 다 짜서 3백 필을 주인에게 건네주었다. 주인은 그이가 귀신인가 아닌가 의아하게 생각했지만, 두 사람을 방면시켜 돌아가도록 했다.

동영 부부가 돌아가던 도중에 둘이 처음 만났던 곳에 이르렀을 때 여인이 영에게 말했다. "나는 당신의 아내가 아닙니다. 나는 천녀天女입니다. 당신이 더 말할 나위 없는 효도를 했기에 천제께서 나를 보내 당신과 함께 명주를 짜서 빚을 갚도록 했어요. 이제 이미 빚을 다 갚았으니 나는 돌아가겠습니다." 말이 끝나자마자 하늘로 날아 올라갔다. 이것은 효가 하늘을 감동시킬 수 있다는 이야기다(이 이야기는 『수신기搜神記』 권1에 보인다).[2]

064 忠則盡命

【李注】

신하(부하) 된 자는 군주(리더)를 섬기며 충성을 다해야 한다. 충성에는 반드시 목숨을 내놓을 일이 있다. 전한의 가산賈山은 말했다. "충성을 다하고 은혜에 보답하려면, 사형의 벌을 받는 것에 신경 쓰지 않아야 한다."* 064忠則盡命은 나라에 일이 생기면, 무엇보다도 먼저 목숨을 내놓고 뭔가 맡으려고 해야 한다고 말한다.

옛날에 고조高祖(재위 BC 202~195, 유방劉邦. 전한의 초대 황제. 123府羅將相이주 참조)가 한왕漢王이었을 때, 항우項羽(초나라 사람. 이름은 적籍)와 천하의 패권을 다투었다. 한왕은 형양滎陽(오늘날 허난성 싱양현滎陽縣)에서 우의 군사에게 포위가 되어 탈출할 길이 없었다. 그의 신하 기신紀信이 말했다. "제가 듣기로, 군주가 괴로워할 때 신하는 치욕을 느끼고, 군주가 치욕을 당할 때 신하는 죽음을 무릅쓴다고 합니다. 지금 사태가 다급합니다. 저는 허락을 받고 초를 속이는 계책을 쓰고자 합니다."

그래서 좌독左纛(천자의 수레에 매다는 기)을 세운 천자의 수레를 타고서, 성의 동문으로 나와 한왕을 사칭하고 초에 항복했다. 초의 항우는 멀리서 그 장면을 보고 매우 기뻐하고는 포위하던 군사를 전부 뒤로 물렸다. 이때를 틈타서 한왕은 성의 서문을 빠져나와 도망쳤다. 기신이 초의 본진에 도착했을 때, 우는 항복한다는 게 거짓이라는 것을 눈치 채고 크게 성을 내 기신을 불태워 죽였다. 이것이 충신은 군주를 대신해서 자기 목숨을 내던진다는 것이다(『한서』 권1상 「고제기高帝記」).

【注解】

* 가산이 "사형의 벌을 받는다"고 한 것은, 『한서』 권51 「가산전」에 "남의 부하된 자는 충성을 다하고 우직함을 다해서 군주에게 직간을 하느라 죽음의 형벌도 피하지 않는다"로 되어 있고, 또 "따라서 신하는 감히 온 힘을 다 바치고 죽음을 무릅쓰더라도 군주에게 보답하지 않을 수 없다"고도 말한다.

1 전체 맥락을 확인하려면 김학주 옮김, 『시경』, 345-346쪽 참조. 이 시는 039恭惟鞠養에도 인용되었다.

2 그의 이야기는 『수신기』 이외에도 『영지편靈芝篇』·『직금기織錦記』에 보이며 근현대의 희극 『천선배天仙配』·『괴음수槐蔭樹』·『백일연百日緣』 등의 중심 줄거리가 되었다. 원래 그의 고향에는 동효자사董孝子祠 등의 사당이 있었지만 뒤에 황폐해졌으며, 오늘날 그의 묘지 터에는 약 4미터 높이의 석비가 있는데 "한효자동영고리漢孝子董永故里"라고 일곱 자가 크게 쓰여 있다. 이 이야기는 후한 영제靈帝 중평中平 연간(184~189)의 일로 보이며, 그의 고향은 천승千乘(오늘날 산둥성山東省 보싱현博興縣)이다.

065 **臨 深 履 薄** 심을 림하고 박을 리한 듯
림 심 리 박

066 **夙 興 溫 凊●** 숙에 흥하며 온하고 청케 하다
숙 흥 온 청

깊은 연못을 마주하고 있는 듯 얇은 얼음을 밟고 있는 듯 두려워하며 (부모와 군주를 섬기고), 이른 아침에 일어나 겨울에는 따뜻하게 여름에는 시원하게 (부모를 섬긴다).

청凊 : 시원하다, 시원하게 하다.《진적본》·《관중본》·《이주본》에는 '淸'으로 되어 있다. '淸'은 〈064〉의 '명命'과 운이 맞지 않다. 다만 『집운』에는 "(凊은) 혹은 淸으로 되어 있다"고 하여 凊의 이체자라 여기고 있다.

065臨深履薄

【李注】

『모시』「소아」의 「소민小旻」에서 말한다. "벌벌 떨며 몸을 움츠리는데, 깊은 연못을 마주하고 있는 듯, 얇은 얼음을 밟고 있는 듯하다." 065臨深履薄은 어버이와 군주를 섬기려면 늘 두렵고 조심해야 하는데, 마치 깊은 연못을 마주해서 빠질까 무서워하고 얇은 얼음을 밟고서 꺼질까 무서워하여, 감히 편안하고 한가롭게 굴지 못한다는 것을 말한다. 사람이 부귀하다고 할지라도 한층 더 조심하고 두려워해서, 교만하거나 방탕하게 굴지 않아야 오랫동안 부귀를 지킬 수 있다.

【李注】

『모시』「소아」의 「소완小宛」에서 말한다. "일찍 일어나고 밤늦게 잠들며 그대를 낳아 준 부모님을 욕되게 하지 마라." 숙夙은 일찍, 흥興은 일어나다는 뜻이다.

『예기』「곡례상」에서 말했다. "사람의 자식 된 예禮라면 겨울에 부모님의 잠자리를 따뜻하게 하고 여름에는 시원하게 한다. 저녁에는 잠자리를 봐 드리고 아침에는 편안하지 불편한지 살핀다."

066夙興溫凊은 어버이를 섬길 때는 반드시 아침에 일찍 일어나서 온힘을 다하지 않으면 안 된다는 것을 말한다. 예를 들어 주의 문 임금(026周發殷湯 이주 참조)이 세자로 있던 시절에, 늘 닭이 울 때 침전으로 가서 부모님에게 문안 인사를 올렸다(『예기』「문왕세자文王世子」).

옛날에 황향黃香(후한 사람. 자는 문강文强)은 열 살 무렵 부모님을 섬길 때 효성스럽고 유순했다.[1] 겨울에는 잠자리〔온돌이 아니라 침상〕를 따뜻하게 하고 이불을 차갑지 않게 했고, 여름에는 베개와 자리에 부채질을 했다. 늘 하룻밤에도 다섯 차례나 일어나서 부모님의 이불이 제대로 덮여 있는지 베개가 높은지 낮은지 살폈다.*

凊(청, qìng)은 七(칠, qī)과 敬(경, jìng)의 반절이다(거성).

【注解】

* 황향의 전기는 『후한서』 권80하 「문원전文苑傳」에 있지만 그의 효행 이야기는 『태평어람』 권412에 인용된 『동관한기東觀漢記』에 보인다.

1 황향은 훗날 효자의 전형으로 간주되어 숭앙받는 인물이 되었다. 원 제국 곽수정郭守正이 역사와 전설에서 24명의 효자를 가려서 『이십사효자二十四孝子』란 책을 엮을 때 황향이 그 속에 포함되었다.

067 似 蘭 斯 馨　란이 사에 형하듯 사하고
사 란 사 형

068 如 松 之 盛●　송지(송이) 성하듯 여하다
여 송 지 성

(충효의 도리에 힘쓰는 자는)

난의 향기처럼 상쾌하고,

소나무가 무성하게 자라듯 번창한다.

사似 : 조사이고 이것, 여기(에)를 뜻한다. 여기서는 어조를 고르는 말이다.
지之 : 조사이고 이것, 이를 뜻한다. 여기서는 어조를 고르는 말이다.

067似蘭斯馨

【李注】

난은 향기가 좋은 풀이다. 형馨은 향기가 나는 것이다. 사람이 좋은 이름을 남기는 것은 난의 향기처럼 은은하다. 『공자가어』「육본六本」에서 말했다. "좋은 사람과 사귀는 것은 지란芝蘭(향기가 좋은 영지靈芝와 난)이 있는 방에 들어가는 것과 같다." 067似蘭斯馨은 이러한 향기를 몸에 지니고서 아껴야 한다는 것을 말한다.

옛날에 진晉의 헌공獻公이 재위할 때 오만하고 사치를 부려서 9층의 누대(전망대)를 지으려고 했다. 높이가 8백 자나 되었고, 동원된 노역자만도 만 명을 헤아렸다. 남자도 여자도 모두 본업을 팽개쳐야 했으므로 백성들이 괴로워했는데, 3년이 지나도 완성되지 않았다. 이에 불만을 잠재우기 위해 "누대 건설에 대해 간언하는 자가 있으면 목을 베고 구족九族(본인을 중심으로 위아래 4대를 포함하는 아홉 세대의 일족)을 멸하겠다"는 칙령을 내렸다. 어느 누구도 감히 그 일에 대해 간언하는 자가 없었다.

그때 성이 순荀, 이름이 식息인 자(춘추 시대 진晉의 대부. 순숙荀叔으로도 불렸다)가 조정의 관리에게 물었다. "군주가 누대를 건설하는 비용이 어마어마할 텐데, 어떻게 그것에 대해 간언하지 않는가요?" 관리가 대답했다. "간언하는 자는 구족을 처벌하기 때문이지요." 식이 물었다. "군주가 좋아하는 것이 무엇인가요?" 관리가 대답했다. "군주는 비가悲歌, 고금鼓琴(금 연주하는 것), 계산計算(역曆이나 수를 세는 것)을 좋아하지요."

그래서 순식은 글을 올려서 헌공과의 면회를 요청했다. 식이 찾아갔을 때, 공은 활을 당기고 화살을 늘어놓은 다음에 식을 들어오게 했다. 공이 순식에게 말했다. "그대는 과인이 짓고 있는 누대에 대해 간언하려고 하는가?" 식이 '그렇다'고 하면 공이 자신을 쏘려 한다는 것을 느끼고 대답했다. "저는 감히 그 일을 간언하려는 생각이 없습니다. 듣자니 대왕께서는 비가 · 고금 · 계산의 문화 예술을 좋아하신다고 합니다. 그래서 한번 찾아뵙고 싶었습니다."

공이 물었다. "3 · 5가 얼마가 되는가?" 식이 대답했다. "대산大算(곱셈) 방식으로는 15이고, 소산小算(덧셈) 방식으로는 8입니다." 공이 또 물었다. "작년 1월 1일에 한 아이를 안은 여인을 만나서 그 아이의 나이가 몇인가 물었더니, '어떻게 하면 이틀이고, 어떻게 하면 두 달이고, 어떻게 하면 두 살이 된다'고 답했다. 그대는 어찌 된 건지 풀 수 있는가?" 식이 대답했다. "그 아이는 음력으로 섣달(12월) 30일에 태어났습니다. 그래서 1월 1일이면 이틀이 됩니다만, 두 달째이기도 하고 두 해째이기도 합니다."

다시 한 번 공이 물었다. "어제 한 명의 손님이 와서 나이가 이미 3백 갑자(간지干支가 한 주기를 마치는 것을 1갑자라고 한다. 60년 또는 60일에 해당한다)라고 말했는데, 그것은 어떻게 된 건가?" 식이 대답했다. "1년은 6갑자입니다. 5 · 6은 30이기 때문에 3백 갑자는 50년에 해당합니다."

공이 말했다. "그대는 참으로 박식하군. 과인을 위해 금琴을 연주해 줄 수 있소?" 그래서 식이 정위鄭衛의 음악(정나라와 위나라의 음악. 음란하고 퇴폐적인 음악으로 알려졌다)을 아홉 곡 연주하면서, 슬픈 곡을 즐겁게 하고 즐거운 곡을 다시 슬프게 연주했다. 옆에서 듣고 있던 고아와 과부는 눈물을 흘려 옷을 적셨다.

공은 크게 감동해서 다시 그것에 맞춰 노래를 부르게 했다. 순식이 정위의 곡을 노래 부르니 공이 한층 더 감동을 받으며 말했다. "그대는 이 밖에 뭘 잘 할 수 있나?" 식이 대답했다. "열두 알의 바둑돌을 쌓을 수 있고, 다시 그 위에 달걀 아홉 개를 쌓더라도 넘어지지 않게 할 수 있습니다." 공이 말했다. "과인은 아직 그런 걸 들어본 적이 없네. 어디 한 번 보여주구려." 그래서 식이 마침내 바둑돌 열두 알과 달걀 아홉 개를 포개었는데 넘어지지 않았다. 공이 자신도 모르게 자리에 일어서 내려오며, "위험해!"라고 말했다.

식이 말했다. "아직 위험하지 않습니다. 이보다 더 위험한 게 있습니다." 공이 물었다. "더욱 위험한 게 뭔가?" 식이 대답했다. "대왕께서 누대를 짓게 하시고 3년이 지났지만 완성되지 않아 노역에 동원된 백만의 남녀가 본업을 내팽개치고, 나라 안이 텅텅 비고, 백성들은 배반하여 도망을 가고, 이웃 나라는 쳐들어오려고 합니다. 이리하여 사직의 운명이 걱정스럽습니다. 이것이 무엇보다 위험합니다." 공이 말했다. "그대가 과인의 잘못을 잘 간언했소."

마침내 9층 누대 공사를 그만두고 창고의 재물과 옷가지를 백성들에게 주었고, 대창大倉(수도에 있는 정부의 미곡 창고)의 곡식을 백성들에게 나눠주었다. 떠났던 이들도 모두 돌아오고 백성과 재물이 풍부하게 되었다. 이윽고 식에게 관직을 내려 상경上卿으로 삼았다. 이것은 잘 간언해서 이름을 만대에 전하는 것, 난의 향기와 같다는 것을 말한다.

068如松之盛

【李注】

『논어』「자한子罕」28에서 말한다. "날씨가 추워져야, 다른 나무의 낙엽은 떨어지지만 소나무와 측백나무가* 푸른 채로 남아 있다는 것을 안다." 소나무는 (변하지 않는) 심心이 있어서 어떤 계절에도 늘 무성하다. 군자와 같은 사람이 뜻을 지키고 지조를 가진 채 혼란한 세상을 살아가는 것은 소나무가 서리와 눈을 맞아도 가지와 잎의 색깔을 바꾸지 않는 것과 같다.

【注解】

* 〔측백나무의〕'백栢'은 '백柏'의 별체자로, 노송나무 등의 상록수를 가리킨다.

069 川 流 不 息 천이 류하여 식을 불하고
천 류 불 식

070 淵 澄 取 映● 연이 징하여 영을 취하듯 하다
연 징 취 영

(수양하는 사람의 태도는)

강이 흘러서 그치지 않는 것처럼,

연못이 맑아서 사물의 그림자를 맺히게 하는 듯하다.

영映 : 그림자가 맺히는 것, 또는 그 그림자를 말한다.

069 川流不息 · 070 淵澄取映

【李注】

흐르는 물을 강이라 하고, 물이 고인 것을 연淵(연못)이라 한다. 『문선』의 논論(이소원李蕭遠의 「운명론運命論」)에서 말했다.[1] "운명론을 물에다 비유해 보건대, 운이 통하면 강물이 어딘가로 흘러가는 것과 같고, 운이 막히면 물이 연못에 고이는 것과 같다." 『논어』 「자한」 17에서 말했다. "공자가 강가에서 탄식했다. '흘러가는 것이 이와 같구나! 밤과 낮을 가리지 않네.'" 이것은 흘러서 그치지 않는 것을 말한다. 『한서』에 실린 가의賈誼의 부賦에서 말했다.[2] "평화롭구나, 깊은 연못의 고요함과 같네!"(권48 「가의전」) 아마도 '천류川流'는 물의 동적인 측면을 취하고, '연징淵澄'은 물의 정적인 측면을 취한 것이리라.

1 소원은 이강李康의 자이다. 그는 중산中山 출신이고 성품이 독불장군처럼 고집이 세서 사회에 잘 적응하지 못했다. 위魏나라 명제明帝가 그의 문재文才를 높이 사서 관직을 주었다. 「운명론」은 “사회의 안정과 혼란은 운에 달려 있고, 개인의 고난과 출세는 명에 달려 있고, 신분의 귀천은 시절에 달려 있다”(夫治亂, 運也. 窮達, 命也. 貴賤, 時也)는 글로 시작된다.

2 가의는 한의 문제文帝 때 개혁 정치를 주장하다가 주발周勃 등의 대신들로부터 공격을 받아 장사왕長沙王 태부太傅라는 외직으로 좌천되었다. 3년쯤 되었을 때 장사의 기후가 습해서 몸에 맞지 않고 오래 살지 못할 것 같은 불길한 예감이 들었는데, 어느 날 관사로 복조鵩鳥(올빼미)가 날아들었다. 이에 착상을 얻어서 지은 시가 「복조부鵩鳥賦」다. 인용 부분은 이 시의 일부분이다.

071 容止若思 용과 지가 사하듯 약하고
용지약사

072 言辭安定● 언과 사는 안하고 정하다
언사안정

서거나 앉은 행동거지가 무언가 생각하는 듯 엄숙하고,
말이 떨어지면 분명하게 한다.

용지容止 : 서거나 앉는 행동거지를 말한다.

약사若思 : 이주에도 인용된 『예기』「곡례상」의 "엄격함이 무언가를 생각하는 듯하다"에 대해, 정현鄭玄(127~200)의 주는 "사람이 앉아서 생각하면 모습이 진지하고 엄격해진다"로 풀이하고, 공영달孔穎達(574~648)의 소疏, 즉 『예기정의禮記正義』는 "군주의 엄숙한 모습이란, 사람이 생각하고 있는 것을 분명하게 하는 것이다"로 풀이하고 있다. 이 때문에 '약사若思'는 "꼭 생각하고 있는 듯이—그렇게 엄숙하게 하다"는 뜻이 된다.

071容止若思 · 072言辭安定

【李注】

『효경』「성치장聖治章」에서 말했다. "서거나 앉는 행동거지를 봐야 한다." 용지容止는 위의威儀(예에 어울리는 엄숙한 태도)이다. 『예기』「곡례상」에서 말했다. "엄격하게 생각하는 듯하고 말을 안정되게 하다." 군자는 엄숙하게 하여 생각하는 것이 있는 것처럼 한다. 예禮에 들어맞지 않으면 움직이지 않는다. 말을 제멋대로 내뱉어서는 안 되고 반드시 신실하게 해야 하고, 옳음을 잘 가려서 입 밖으로 내야 한다. 만약 예에 맞지 않으면 말해서 안 된다. 『역경』「계사전상」에서 말했다. "말과 행동은 군자의 중요한 부분이다."

유향劉向(BC 77~6, 전한 말의 학자. 자는 갱생更生, 뒤에 자정子政으로 고침)이 『신서新序』 권2에서 말했다.[1] "초의 장왕莊王이 집정한 뒤 3년이 되었지만, 그는 다스리지 않고 신하들과 함께 논의하지도 않고 궁성을 나가지도 않았다. 사경士慶이 궁에 들어와서 간언했다. '저는 한 마리의 새를 본 적이 있습니다. 남산의 북쪽에 머무르며 3년 동안 날지도 않고 울지도 않았습니다. 바라건대 제가 그 새를 쏠까요(이 의문을 풀어 볼까요)?' 장왕이 대답했다. '이 새는 날지 않지만 날개를 키우고 있다. 울지 않지만 신하의 숨겨진 점을 관찰하고 있다. 이 새는 날지 않지만 언젠가 날게 된다면, 반드시 하늘 끝에 닿을 것이다. 지금 울지 않더라도 앞으로 울게 된다면, 반드시 사람을 놀라게 할 것이다.' 사경은 계수稽首하고(머리를 땅바닥에 대고 절하는 것으로 가장 등급이 높은 예) 말했다. '듣고 싶은 바를 다 들었습니다.' 왕은 사경의 질문에 크게 기뻐하고, 그에게 관직을 내려 영윤令尹(초나라 최고 직위의 대신)〔재상〕으로 삼고 상인相印(재상의 인)〔오늘날의 임명장에 해당함〕을 주었다."

1 인용문은 원문과 차이를 보이는데, 이를 확인하려면 유향, 임동석 옮김, 『신서—중국 고대의 지혜가 담긴 188편의 짧은 역사 이야기』, 예문서원, 1999, 124-125쪽 참조.

073 篤 初 誠 美 초를 독하는 것은 성하게 미하고
독 초 성 미

074 愼 終 宜 令○ 종을 신하는 것은 령에 의하다
신 종 의 령

(일의) 처음에 정성을 들이는 것은 참으로 좋지만,

마무리〔끝〕를 신중하게 하는 것이야말로 전체적으로 좋다.

073篤初誠美・074愼終宜令

【李注】

독篤은 (뜻이) 두터운(견실한) 것이다. 영令은 좋은 것이다. 이 두 구는, 견실한 의지를 가지고 시작하는 것은 분명히 좋지만, 그 위에 그 마무리를 신중하게 해서 시종여일한 마음을 견지하는 것이야말로 참으로 좋다고 말한다. 『당서』를 보면, 방현령房玄齡(578~648, 당 태종에게 출사)은 처음이 좋았고, 그대로 끝을 맺음으로써 훌륭한 명예를 이루었다(『구당서』 권66, 『신당서』 권96 「방현령전」). 위징魏徵(580~643, 당 태종에 출사. 직언을 한 것이 2백여 차례에 이른다)이 말했던 것처럼, 태종은 끝맺음을 잘 하지 못한 점이 열 가지가 있었다. 그렇게 보면 (태종은) 아직 선善을 완수하지 못한 것이다(『구당서』 권71, 『신당서』 권97 「위징전」).[1]

1 방현령과 위징은 둘 다 당 태종 이세민李世民의 치세를 잘 보좌한 현신이다. 특히 위징과 이세민의 관계는 주목할 만하다. 당 고조 이연李淵의 후계를 둘러싸고 세민은 형 건성建成과 대립했고 무력 충돌 끝에 제위에 올랐다. 위징은 원래 건성 막하의 사람이었으나, 세민이 그의 재능을 높이 사서 처벌하지 않고 간의대부諫議大夫로 발탁하고 뒤에 재상으로 중용했다. 위징은 서슴없이 직간을 하여 태종의 행정적 오류를 지적하여 '정관貞觀의 평화'라는 국면을 조성했다. 위징이 죽자, 태종은 "사람은 구리를 거울로 만들어 옷차림새를 바로잡을 수 있고, 옛날을 거울로 삼아 융성과 쇠퇴를 들여다볼 수 있고, 훌륭한 사람을 거울로 삼아 맞고 틀림을 알 수 있다. 이제 위징이 없으니, 나는 거울 하나를 잃었다"(人以銅爲鏡, 可以正衣冠. 以古爲鏡, 可以見興替. 以人爲鏡, 可以知得失. 魏徵沒, 朕亡一鏡矣. 『자치통감』 권196)며 진한 아쉬움을 표시했다. 이와 관련해서 가장 평이한 것으로 정진홍, 『인문의 숲에서 경영을 만나다』 2, 21세기북스, 2008을 보고, 다음으로 양판揚帆, 김태성 옮김, 『정관정요에서 배우는 난세를 이기는 지혜』, 예담, 2002를 보라. 마지막으로 오긍, 김원중 옮김, 『정관정요』, 현암사, 2003을 보라.

075 營 業 所 基 영한 업에 기가 되는 소는
영 업 소 기

076 藉 甚 無 竟★● 자하고 심하여 경이 무하다
자 심 무 경

(여기까지 서술해 온 것은) 위대한 사업을 위한 기본이 되는 것이고, (그것에 의해서) 명성이 높아져 끝이 없게 된다.

영업營業 : 대단한 사업, 위대한 업적을 말한다.

자심藉甚 : 평판과 명예가 높은 것. 籍甚으로도 쓴다.

경竟 : 이 글자를 '경罄'으로 바꾸기도 하고(《어서원행서천자문》), 획을 줄이기도(조모趙模의 《행서천자문行書千字文》) 하는 것은 송 익조翼祖의 이름 경敬과 동음인 '竟'을 피하기 위한 것이다(062日嚴與敬 참조).

075營業所基

【李注】

기基는 터 · 기본이다. 사람이 언행을 부주의하게 하지 않고 처음 하는 대로 마무리를 조심한다면, 위대한 사업을 이룰 기본이 된 것이다. 군자는 관리로서 영달하는 것을 업으로 삼지만, 그래도 덕을 기본으로 여긴다.

옛날에 사마상여司馬相如(BC 179~117, 전한의 문인. 촉蜀 출신)는 이름을 견자犬子〔개새끼〕라 했고, 어렸을 적에 부모님을 잃고서 다른 사람에 고용되어 돼지를 키웠다. 인상여藺相如(전국 시대의 사람. 조趙나라 왕에게 출사함)가 현인이라는 것을 알고서 그는 자신의 이름을 상여로 바꾸었다. 마을에 학사學舍(서당)가 있었는데, 그곳에서 매일 책을 강독했다. 상여는 돼지를 내버려 두고 학사로 가서 강독을 들었다.

돼지 주인은 그런 상여를 나무랐다. 학사의 선생이 말했다. "너는 어떻게 돼지를 내버려 두고 여기에서 놀고 있는가?" 상여가 대답했다. "지금 강독하는 책을 듣고서 제 일신의 영달을 꾀할 수 있을 겁니다." 선생은 그 아이가 현인이라는 걸 알고 문하로 거둬들였다.

책 읽기를 10년 하니 웬만한 책은 모두 꿰뚫어 보게 되었다. 상여는 선생과 헤어져서 양梁으로 여행을 갔다가 「자허부子虛賦」란 글을 지었다.[1] 그 뒤 성도成都(오늘날 쓰촨성四川省 청두시成都市)로 돌아갔다. 집안이 가난해서 혼자서 할 일도 없었다.

그는 임공臨邛(오늘날 쓰촨성 치웅라이현邛郲縣)의 영令(장관)과 사이가 좋았다. 임공의 부호인 탁왕손卓王孫이 그의 이름(상여의 명성)을 듣고는 초대해 집에서 주연을 베풀었다. 임공의 영은 금琴을 내놓고 상여에게 탈 것을 요청했다. 그때 왕손의 딸 탁문군卓文君이 과부가 되어 집에 있었는데, 그녀는 금 소리를 좋아했다. 상여는 금의 소리에다 마음을 담아서 유혹했다. 문군은 문틈으로 상여를 엿보고서는 마음이 설레며 그를 좋아한다는 걸 느꼈다.

그날 밤 탁문군은 몰래 집을 빠져나와서 상여에게 몸을 의탁했다. 둘은 성도로 돌아갔지만 상여의 옛집은 둘레에 벽만 남아 있었다. 얼마 뒤 다시 임공으로 가서 술을 팔며 생활했다. 문군은 술 항아리 옆에서 손님을 상대하고 상여는 스스로 식기를 씻었다. 탁왕손은 그것을 부끄럽게 생각해서 문을 걸어 잠근 채 밖으로 나오지 않았다.

어떤 사람이 왕손에게 말했다. "상여는 지금 비록 가난하더라도, 그의 능력은 기대할 만하네." 왕손은 여러 차례 끊이지 않고 집안의 재물을 나누어 두 사람에 주었다. 상여는 스스로 "대장부(훌륭한 남자)가 처갓집에 손을 벌릴 수 있겠는가?"라 하고는, 문군과 함께 다시 성도로 돌아왔다.

촉 사람 양득의楊得意는 예전부터 사귄 오랜 친구였다. 훗날 득의가 구감狗監의 관리(천자의 수렵용 개를 사육하는 관리)가 되어 한 무제를 곁에서 모시게 되자, 이걸 기회로 「자허부」를 진상했다. 무제는 그 부를 읽고서 그것을 칭찬하며 말했다. "짐이 왜 이 사람(작가)과 같은 시대를 살 수가 없었을까." 득의가 말했다. "저와 동향 사람인 사마상여가 이 부를 지었습니다." 무제는 깜짝 놀라며 상여를 불러서 접견했다.

상여는 또 「상림부上林賦」를 진상했다. 천자는 그를 낭관郎官(궁중에서 숙직하며 경호하던 관리)으로 삼고 뒤에 시중侍中(한 제국 시절 천자의 고문관)으로 삼았다. 이것이 "영업소기營業所基"다.

076 藉甚無竟

【李注】

경竟은 끝이란 뜻이다. 『한서』에서 육가陸賈(전한 초의 학자이자 정치인)를 칭찬하며 "명성이 자심하다"고 적고 있다.* 그것은 명성이 여러 사람들의 입에 오르내리며 떠들썩하다, 매우 높다는 뜻이다. 사람이 영업의 기초를 갖추고 있으면, 명성이 드높고 그 이름이 후세에도 전해져서 없어지지 않는다.

竟(경, jìng)은 景(경, jǐng)과 正(정, zhèng)의 반절이다(거성).

【注解】

* 이주의 원문은 "『한서』에서 육가가 「찬贊」에서 말한다"로 되어 있지만, '명성자심名聲藉甚'이란 말은 『한서』 권43 「육가전」의 본문에 보이지, 그 전의 마지막 「찬」에는 그 말이 없다. 따라서 원문을 '육가를 칭찬하며(贊) 말하다'는 뜻으로 번역했다.

1 「자허부」와 그 후속편 「상림부上林賦」는 자허子虛, 오유선생烏有先生, 망시공선생亡是公先生 등 이름 자체에 없다는 뜻을 가진 세 명의 가공 인물이 사辭를 빌어 대화하는 형식을 취하고 있다. 내용은 천자와 제후의 원유苑囿·수렵의 호화로움을 논하고, 끝으로 군주가 검약에 유념해야 한다는 것을 설명하고 있다.

077 學 優 登 仕 학이 우하면 등하고 사하여
학 우 등 사

078 攝 職 從 政● 직을 섭하고 정을 종하다
섭 직 종 정

학문을 해서 여유가 있으면 관직에 나아가 조정에 벼슬하고, 직무를 맡아서 정치를 실행한다.

등사登仕 : 자리에 나아가 벼슬살이하는 것이다.
섭攝 : (책임을)지다, 직무를 떠맡는 것이다.

077學優登仕

【李注】

『논어』「자장」13에서 말했다. "배워서 여유가 있으면 공직자〔직장인〕가 되고, 공직〔직장〕 생활하면서 여유가 있으면 배운다."[1] 군자의 학문 수준이 이미 높으면 반드시 공직에 쓰여서 지위가 고귀해지고 작록爵祿(작위와 봉록)을 받게 마련이다.

옛날에 소진蘇秦(BC ?~317, 전국 시대의 유세가遊說家. 합종책合從策을 주장함)은 10년 동안 공부하려 다녔지만 출세하지 못하고 집으로 돌아왔다. 형수가 그를 보고서도 자리에서 일어나지 않았고, 아내는 베틀에서 내려오지 않았다. 이를 보고서 진이 탄식하며 말했다. "대장부가 출세를 하지 못하면 아내도 형수도 오히려 무시하는구나!"

이윽고 집을 떠나 귀곡鬼谷 선생의 문하에 몸을 맡기고 열심히 배웠다. 잠이 오면 송곳으로 허벅지를 찔렀고,[2] 그렇게 3년이 지나지 않아 학업의 결실을 맺었다. 그는 제齊로 가서 벼슬살이를 하며 승상丞相(신하로서 최고직. 재상)이 되었다. 전국 시대 진秦을 뺀 나머지 여섯 나라(한韓·위魏·조趙·연燕·초楚·제齊)의 제후들에게 한 마음으로 뭉쳐서 진에 대항할 것을 유세하여 성공을 거뒀다. 여섯 나라의 제후들이 모두 (재상의) 인수를 주니, 소진은 그것을 몸에 둘렀다.

진이 집으로 돌아오자 형과 형수가 사람이 모인 곳에서 멀리까지 마중을 나왔다. 진이 형수에게 물었다. "이전에는 진을 보고 일어나지도 않더니, 이번에는 60리까지 멀리 나를 마중 나오시니 왜 그렇습니까?" 형수가 대답했다. "이번에는 시동생이 여섯 나라의 상인相印(재상의 도장)을 몸에 지니고 돌아왔다는 소문을 들었습니다. 이름을 천하에 드날리고 조상의 영예를 돋보이게 했기 때문에 마중을 나왔습니다." 진이 말했다. "나의 영달은 모두 형수의 공입니다."

078攝職從政

【李注】

군자는 배워서 여유가 있으면 녹위祿位(봉급과 관위)에 나아가게 되고, 그러다 보면 반드시 요직을 맡아서 정령政令을 실행하기 마련이다. 그것은 나라의 중임을 짊어져서 자신이 배운 바를 저버리지 않기 때문이다.

순도장荀道將이 곤주袞州(오늘날 산둥성 북서쪽과 허베이성河北省 남서쪽 일대)의 도독都督(군대의 총사령관)에 임명되었다.* 외조카(누나 또는 누이의 아들)가 강도짓을 했을 때, 도장은 법에 따라서 외조카를 때려죽이고 시신을 뒷마당으로 끌고 갔다. 근무가 끝난 뒤에 그곳으로 가서 시신을 앞에 두고 울며 말했다. "너를 때려서 죽인 것은 곤주의 도독이고, 너를 위해서 우는 것은 외삼촌 순도장이란다." 법률의 집행이 아주 공명公明했기 때문에, 어느 누구도 감히 죄를 범하려는 자가 없었다.

【注解】

* 순도장은 아마 구도장苟道將의 잘못일 것이다. 『진서』 권61 「구희전苟晞傳」에는 "구희는 자가 도장이다", "도독으로 청青·곤袞 등의 군사軍事가 되었다"로 되어 있고, 그 이모(어머니의 자매)의 자식이 법을 어겼을 때, 그의 목을 베고서 눈물을 흘리며 말했다고 한다. "그대를 죽인 것은 곤주의 자사刺史이고, 아우를 위해 눈물 흘리는 것은 구도장이다."

1 인용문과 현행 『논어』를 비교하면, 인용문에서 어순이 바뀌어 있다. 현행 『논어』에는 "공직(직장) 생활하면서 여유가 있으면 배우고, 배워서 여유가 있으면 공직자(직장인)가 된다"로 되어 있다.

2 이 이야기와 관련해서 '소진자고蘇秦刺股'라는 고사성어가 있다.

079 存以甘棠 감당을 존하여 이로써
존 이 감 당

080 去而益詠● 거하여 이더라도 영을 익하다
거 이 익 영

감당의 나무를 (베지 않고) 보존해서 (군자를 그리워하고),

떠나더라도 시를 읊어 전보다 한층 더 그리워한다.*

감당甘棠 : 팥배나무를 말한다.
영詠 : 시를 읊어서 소공召公을 그리워하다(이주 참조).

【注解】

* 『음결』은 〈079〉를 "군자(소백召伯)가 머무르는 동안에 팥배나무 아래에서 정치를 했다"로 풀이하려 하지만(그것은 〈080〉을 '그리워하게 된다'는 수동태로 풀이하는 것으로 알 수 있다), 여기서는 두 구 모두 인민 쪽에서 군자를 그리워하는 것으로 해석했다.

079 存以甘棠 · 080 去而益詠

【李注】

『모시』「국풍」에 「감당甘棠」이란 시가 있다.* 소공(주 무왕의 동생)을 칭찬하고 있다. 주나라 때 소공의 이름은 석奭으로, 서백西伯(서쪽 지역 제후의 수장)이 되어 늘 팥배나무 아래에 앉아서 이러저러한 소송을 심리하며, 도리에 따라서 사람들을 다스렸다. 백성들은 그의 덕화를 좋아했다. 소공이 떠난 뒤에도 모두 그의 덕화를 그리워하며 그 나무를 베지 않았다. 이 두 구는 나무를 남겨 놓고서 사람이 이미 떠났어도 그 시를 읊조리는 사람이 나날이 더욱 많아진다는 것을 말한다.

【注解】

* 시의 내용은 다음과 같다.[1]

무성한 팥배나무를 자르지도 베지도 마라. 소백이 계시던 곳이라네.

무성한 팥배나무를 자르지도 꺾지도 마라. 소백이 쉬던 곳이라네.

무성한 팥배나무를 자르지도 휘지도 마라. 소백이 머물던 곳이라네.

1 원문과 자세한 풀이는 김학주 옮김, 『시경』, 55-56쪽 참조. 현재 소공을 기리는 감당원甘棠園이 있는데, 소공사召公祠라고도 불린다. 위치는 허난성 산먼샤시三門峽市 산조우풍경구陝州風景區 안에 있다. 종고루鐘鼓樓 등 다양한 유적지를 만들었다.

081 樂殊貴賤 악은 귀와 천에 수하고
악 수 귀 천

082 禮別尊卑○ 례는 존과 비에 별하다
례 별 존 비

음악은 귀천에 따라서 형식이 다르고,

예는 존비에 따라서 구별이 있다.

악樂, 예禮 : 악은 음악이고, 예는 예절이다. 예악은 한 쌍으로 다루어지는 경우가 많다. 『예기』「악기樂記」에서 말했다. "악은 천지의 조화이고 예는 천지의 질서이다. 조화로우면 모든 사물이 자라고 커가게 되고, 질서가 있으므로 모든 사물이 구별된다. 악은 하늘로 말미암아 생겨나고 예는 땅을 본받아서 만들어진다."

081樂殊貴賤

【李注】

선왕이 음악(의 제도)을 마련했던 것은 귀천을 구별하여 아랫사람이 윗사람을 넘어서거나 건방지게 굴지 못하게 하는 데 있다. 『예기』「왕제王制」에서 말했다. "천자가 제후〔공작 · 후작〕에게 음악을 하사할 때, 사자使者가 축柷(음악을 시작하는 신호를 울리는 악기)을 잡고 치며 지휘한다. 백작 · 자작 · 남작에게 음악을 하사할 때, 사자가 도鼗(땡땡이. 음악을 마치는 신호로 치는 것)를 잡고 흔들며 지휘한다." 신분의 귀천에 따라 차등이 있도록 하는 것이다. 계씨季氏(춘추 시대 노나라의 대부)는 자신의 뜰에서 팔일무八佾舞를 공연했는데,* 이것은 신분에 어울리지 않는 것으로 도가 지나쳤다.

【注解】

* 팔일은 천자의 춤으로 여덟 사람씩 여덟 줄을 이루어 모두 64명이 추는 군무. 조상을 제사 지낼 때 춘다. 계씨는 대부이기 때문에 제도에 따르면 네 사람씩 네 줄을 이루어 모두 16명이 춤을 출 수 있다. 『논어』「팔일」1에서 말했다. "공자가 계씨를 두고 말했다. 팔일무를 뜰에서 추다니. 차마 이것을 할 수 있다면 다른 무엇을 차마 하지 못하겠는가?"

082禮別尊卑

【李注】

선왕이 예제禮制를 만들어서 존비를 구별 지었다. 천자의 면복冕服(예복)은 12장章(열두 가지 문양), 공작은 9장, 후작 · 백작은 7장, 자작 · 남작은 5장, 사(경대부의 아래)는 조화藻火(물풀과 불기운, 즉 2장에 해당된다)이다. 존비의 질서는 각각 그것에 걸맞은 차등이 있는 것이다. 이것이 예제의 취지이다.

083 上 和 下 睦　상이 화하면 하가 목하고
상 화 하 목

084 夫 唱 婦 隨°　부가 창하면 부가 수하다
부 창 부 수

윗사람이 온화하면 아랫사람이 화기애애해지고,

남편이 먼저 말하면 [합리적일 경우에] 아내가 그것에 따른다.

083 上和下睦

【李注】

목睦은 친하다는 뜻이다. 윗사람이 온화하면 아랫사람도 순종하게 된다. 어버이가 자애로우면 자식들도 효성스럽다. 형이 우애가 깊으면 동생도 공손하게 된다. 남편이 신실하면 아내도 정숙해진다. 이를 두고 한 말이다.

084 夫唱婦隨

【李注】

남편이 올바른 것을 행하면 아내는 반드시 남편을 따라간다. 후한의 양홍梁鴻은 올바른 도리를 추구하느라 누구에게도 벼슬 살지 않았다. 맹씨孟氏 딸(맹광孟光)을 맞이해서 아내로 삼았는데, 1년이 지나도 아내랑 말 한마디 나누지 않았다. 어느 때인가 아내가 그 이유를 물으니 홍이 말했다. "하는 몸가짐을 보니 화려한 옷을 입고 얼굴에 붉게 분칠을 했구려. 그게 어찌 홍의 아내가 할 짓인가요?"

아내가 대답했다. "제가 선생님의 예禮를 살펴보고 이처럼 했던 것입니다. 이것이 선생님의 바람과 어울리지 않는다면 제가 앞으로 눈에 띄지 않는 차림새를 하지요." 드디어 입던 옷을 벗고 허름한 옷을 입고 가

시나무 비녀를 꽂고 나왔다. 홍이 말했다. "참으로 나의 아내답구려!"(『후한서』 권82 「양홍전」) 그래서 "남편이 올바른 도리를 행하면 아내가 반드시 그것을 따른다"고 말하는 것이다.[1]

1 이 두 사람은 '거안제미擧案齊眉'라는 고사성어의 주인공이다. 맹광이 밥상을 내오면서 양홍의 얼굴을 쳐다보지 못한 채 밥상을 들어서 눈썹 높이와 같이 했다는 것이다. 맹광은 전통 시대에 남편을 잘 받들던 인물로 유명했으며, 이 이야기는 『열녀전』에도 나온다.

085 外 受 傅 訓 외에는 부의 훈을 수하고
외 수 부 훈

086 入 奉 母 儀° 입하여 모의 의를 봉하다
입 봉 모 의

밖에서는 스승의 가르침을 받고,

집안에서는 모친의 가르침을 받는다.

부傅 : 돌보는 구실을 하거나 교육 관련 종사자를 가리킨다. 여기서는 '사부(선생)'라는 뜻이다.

모의母儀 : 어머니의 가르침, 어머니의 본보기를 말한다.

085外受傅訓

【李注】

부傅는 '스승'이란 뜻이다. 훈訓은 가르침이란 뜻이다. 남자는 일곱 살이 되면 밖으로 나가 선생의 가르침을 받아서,* 시경과 서경 그리고 육예六藝(예禮 · 악樂 · 사射〔활쏘기〕 · 어御〔말몰기, 오늘날의 운전〕 · 서書〔글씨, 오늘날 문서 작성〕 · 수數〔수학〕)를 군자의 교양이 되도록 배운다.

【注解】

* '일곱 살'은 '열 살'의 잘못인 듯하다. 『예기』 「내칙內則」에서 말했다. "열 살에 밖으로 가서 바깥 스승에게 나아간다." 《구간대자본》에는 '열 살'로 되어 있다.

086 入奉母儀

【李注】

여자는 열 살이 되면 문밖으로 나가지 않고 어머니가 여자로서 지켜야 할 예의를 가르친다. 이것은 사람을 잘 모시도록 하기 위한 것이다.*[1] 이것이 "들어와서는 모의母儀를 받는다"는 뜻이다.

婦(부, fù)의 음은 扶(부, fú)이다.**

【注解】

* 『예기』「내칙」에서 말했다. "여자는 열 살이 되면 바깥출입을 하지 않고, 여자 스승이 얌전하고 부드러운 것, 명령에 순종하는 것을 가르친다." 086入奉母儀는 이 구절에 근거하고 있다. 이주의 "어머니가 …… 가리친다"에서 어머니(母)는 여자 스승(姆)으로 써야 할 듯하다. 모姆는 여자 스승(가정 교사)을 가리키는데, 남자 스승을 외부外傅라고 부르는 것에 대응한다.

** "婦의 음은 扶다"(婦音扶)는 이주의 여러 판본에 있지만, 婦는 상성上聲 유운有韻인 반면 扶는 평성平聲 우운虞韻으로 성조와 모음이 모두 다르다. 이 주석이 붙어 있는 086入奉母儀에는 婦나 扶와 동음의 글자도 없고(이주의 주석 문장에는 婦 자가 있지만, 이주의 글자에 대한 주는 아니다), 084夫唱婦隨에 婦가 있지만 扶와 다른 음이고, 084夫唱婦隨에서 扶와 동음인 글자는 '夫'밖에 없다. 또는 '夫音扶'로 되어 있는 것을 婦로 잘못 적었는지, 게다가 주를 달 장소도 헷갈린 게 아닌지 모르겠다.

1 오늘날의 시각에서 보면 이 부분은 여성 억압적인 발언으로 보인다. 아울러 '남성=외부의 공적인 일, 여성=집안의 사적인 일'이라고 하는 성 역할의 차별을 보여주고 있다. 저자의 의도적인 발언이라기보다 시대적인 한계로 볼 수 있다.

087 **諸 姑 伯 叔** 제의 고와 백과 숙이 있고
제 고 백 숙

088 **猶 子 比 兒**○ 유의 자는 아에 비하다
유 자 비 아

여러 명의 고모와 백부 · 숙부가 계시고,

조카와 조카딸도 자신의 자식에 비겨서 똑같이 대하다.

백숙伯叔 : 백은 아버지의 형[큰아버지]을, 숙은 아버지의 동생[작은아버지]을 가리킨다.

유자猶子 : 형제의 자식. "상복喪服의 경우 형제의 자식, 즉 조카와 질녀도 내 자식과 같은 것을 입는다"(『예기』「단궁상檀弓上」)로부터 나온 말이다.

087諸姑伯叔

【李注】

아버지의 누나와 여동생을 고모라고 하고, 아버지의 형을 백부, 아버지의 남동생을 숙부라고 한다. 제諸는 여럿이다, 많다는 뜻이다.

088猶子比兒

【李注】

『예기』에서 말했다. "형제의 자식을 자신의 자식처럼 대한다"(『예기』에는 이런 문장이 없다). 그래서 "조카와 조카딸을 내 자식처럼 똑같이 대한다"고 말한다.

진晉의 태위太尉(군사 분야의 장관) 치감郗鑒(269~339)은 자가 도휘道徽이고 고평군高平郡(오늘날 산둥성 지닝현濟寧縣) 금향현金鄉縣 출신인데, 유학에 조예가 있고 행실이 방정한 것으로 유명했다. 젊었을 적에 영가永嘉(307~

312)의 난을 만났는데,* 향리가 너무나도 가난해서 사람들이 굶주렸다. 향리의 사람들은 감의 덕망을 듣고서 차례로 (그를 집에 불러) 함께 식사를 했다. 형의 아들 준邅(『진서』에 의하면 매邁)과 외조카 주익周翼이 둘 다 어렸기에 감은 늘 이 둘을 데리고 다니며 밥을 먹도록 했다. 향리 사람들이 말했다. "하나같이 모두 곤궁해서 굶주리고 있습니다. 당신은 현인이기 때문에 여럿이 함께 살리고자 하는 겁니다. 어떻게 맡아 기르는 사람까지 도와줄 수 있겠습니까?" 그래서 감은 혼자 가서 밥을 먹었다. 다 먹고 밥을 양 볼에 담아 집으로 돌아온 뒤, 게워서 두 아이에게 주었다. 그 뒤에 두 아이 모두 살아남았다(『진서』 권67 「치감전」).[1] 이것이 이른바 친척을 잊지 않는다는 것이다.

【注解】

* 유원해劉元海가 일으켰던 반란을 그 아들이 유총劉聰이 이어서 낙양洛陽을 함락시키고 그 뒤에 회제懷帝를 살해하고 황제를 참칭했던 사건이다. 그 사이에 전국적으로 궁핍해졌다고 한다. 영가는 서진西晉 말의 연호(4세기 초)다.

1 임종욱 옮김, 『몽구』, 나무아래사람, 2002, 1064쪽 참조.

089 孔懷兄弟 공하게 회하는 것은 형제이니
공 회 형 제

090 同氣連枝○ 기를 동하고 지를 련하기 때문이다
동 기 련 지

몹시 그리워하는 것은 형제 사이니,
(형제는) 같은 기(근원)로부터 태어나 한 나무에 이어진 가지와 같은 것이다.

공회孔懷 : "사람이 죽음과 관련해서 두려워할 만큼 큰 일이 있을 때 형제간에 한 층 더 깊이 그리워하게 되고, 야트막한 언덕이나 푹 꺼진 습지에 모이더라도 형제끼리 서로 찾는다"(『시경』「소아」의 「상체常棣」)고 한다.[1]

089孔懷兄弟 · 090同氣連枝

【李注】

공孔은 심하다, 몹시의 뜻이다. 회懷는 생각하다, 그리워하다는 뜻이다. 이 두 구는, 형제의 의미를 깊이 생각하면 한 부모의 기를 받고 태어나서 마치 한 뿌리의 나무에서 뻗은 가지가 서로 이어져 있는 것과 닮았다고 말한다.

강굉姜肱(후한 시대의 사람)의 형제 여섯은* 서로 끔찍하게 아끼고 사랑해서 한시라도 떨어질 수 없었다. 각자 결혼해서 아내가 있었지만 형제끼리 식사를 같이하지 않은 적이 한 번도 없었다. 밤이면 같은 이불을 덮고 외출할 때는 옷을 바꿔 입었다. 이것이 손발처럼 서로 소중하게 여긴다는 뜻이다.

【注解】

* 『후한서』 권53 「강굉전」에는 〔두 동생 중해仲海 · 계강季江과 함께〕 세 명의 형제로 되어 있다.

1 전체 문맥을 확인하려면 김학주 옮김, 『시경』, 263-264쪽 참조.

091 交 友 投 分 우를 교하여 분을 투하고
교 우 투 분

092 切 磨 箴 規° 절하고 마하며 잠하고 규하다
절 마 잠 규

친구와 마음으로 사귀어서 뜻이 잘 들어맞고,

서로 자극해서 갈고 닦고 타일러서 주의를 준다.

투분投分 : 뜻이 하나로 모이는 것, 마음이 통하는 것이다. 반악潘岳(247~300)[1]의 「금곡집작시金谷集作詩」에 "의기가 투합하여 정리가 돌처럼 굳건한 친구에게 부친다"(投分寄石友)고 했다(『문선』 권20).

잠규箴規 : 타일러서 주의를 주다, 훈계를 주는 것이다.

091 交友投分 · 092 切磨箴規

【李注】

기질과 뜻(포부)이 하나로 모이는 것이야말로 진정한 교우交友다. 서로 타일러서 주의를 주고, 가리켜서 이끌어 가며 함께 올바른 길로 걸어가야 한다. 좋지 못한 점이 있으면 반드시 타일러서 주의를 준다. 잠箴은 침이 병을 치료하는 것과 비슷하다. 『모시』의 주석에서 말했다. "친구끼리 친절하고 다정하게 예의에 따라 서로 갈고 닦는다." * 『맹자』 「이루하離婁下」 30에서 말했다. "착하고 좋은 일을 하도록 권하는 것은 친구 사이의 도리다."

관녕管寧(삼국 시대 위나라 사람)은 화흠華歆(위나라 사람)과 친구 사이였는데, 두 사람이 길을 가던 도중 한 덩어리의 금괴를 발견했다. 서로 가져가라고 양보하다가 뜻대로 되지 않자, 둘은 그것을 줍지 않고 그냥 가 버렸다. 호미를 멘 사람을 우연히 만났는데, 이 사람에게 말했다. "나무 아래에 금이 있어요. 당신이 그것을 가져가는 게 좋겠군요." 이 사람이 호미로 금을 두 덩어리로 잘랐다. 두 사람은 그것을 보고 하나씩 주워 가졌다.** 이것이 '쇠붙이도 자를 만큼 단단한 우정'이다.

分(분, fèn)은 扶(부, fú)와 問(문, wèn)의 반절이다(거성). 投(투, tóu)의 음은 頭(두, tóu)이다.

【注解】

* 092切磨箴規의 출처는 『시경』「위풍」 가운데 「기오淇奧」의 아래 구절이다. "자르는 듯 가는 듯 쪼는 듯 다듬는 듯하다"(사람의 충고를 잘 받아들이는 것을 단단한 옥을 자르고 닦아서 세공하는 것에 비유한 것이다).[2] 여기서 인용된 주석은 모전毛傳과 정전鄭箋의 원문 어느 것과도 일치하지 않는다. 오히려 『논어』「자로子路」 28의 "친구 사이는 간절하고 옳게 권한다"는 문장과 서로 비슷하다.

** 이 이야기는 조리가 잘 맞지 않는다. 이 두 사람과 금이 관련된 이야기는 『세설신어』「덕행德行」에 있다. "관녕과 화흠이 함께 채소밭에서 호미질을 하다가 땅에 금붙이가 있는 것을 보았다. 관녕은 호미로 파헤쳐 보고서 그것이 기와 조각과 다르지 않다고 생각했고, 화흠은 그것을 파내 보고는 내던져 버렸다"는 일화가 있다. 일본의 『태자전옥림초太子傳玉林抄』[승 군카이訓海 저, 분안文安 5년(1448)에 완성]에는 『천자문주千字文注』의 이 부분이 인용되고 있지만, 금이 있는 것을 일러 받은 사람이 금을 "두 덩어리로 만들어 놓고 가버리고", 관녕과 포숙鮑叔이 "돌아오는 길에 그것을 보니 두 덩어리였고" 그래서 두 사람이 하나씩 가졌다고 되어 있는데, 사람 이름이 이 구절과 다르지만 줄거리는 말끔하다.

'단금지우斷金之友' 고사의 출처는 『역경』 「계사전상」의 "두 사람이 마음을 같게 하면 그 날카로움이 쇠를 자를 수 있다"는 문장인데, 공영달의 『역경정의易經正義』에 소개된 「소疏」에는 "금은 아주 단단한 물건인데, 그것을 자를 수 있으니 날카로움이 예사롭지 않다는 것을 말한다"고 풀이하고 있다.[3]

1 반악은 중국 서진西晉 때의 시인으로 문학적 재능이 뛰어났는데, 특히 정서적 표현에 출중했으며, 철저한 기교주의자로서 감각적인 슬픔을 읊은 시와 산수를 읊은 걸작을 남겼다.

2 전체를 확인하려면 김학주 옮김, 『시경』, 113-114쪽 참조.

3 맥락을 검토하려면 이기동 옮김, 『주역강설』 하, 333쪽 참조.

093 仁 慈 隱 惻 인자하고 은측한 것은
인 자 은 측

094 造 次 弗 離○ 조차에도 리를 불하다
조 차 불 리

자비로운 마음과 측은한 마음은

분주한 상황에서도 잃어서는 안 된다.

인자仁慈 : 인정을 베풀다, 불쌍히 여기다는 뜻이다.
은측隱惻 : 가엾게 여기다. 측은惻隱과 같다.
조차造次 : 분주한 것, 급한 것을 말한다.
불리弗離 : 불은 부정사. '떠나서는 안 된다'는 뜻.

093仁慈隱惻

【李注】

『맹자』「공손축상公孫丑上」6에서 말했다. "불쌍히 여기는 마음은, 인仁(사람다움)의 단초이다." 관리라면 반드시 인자하게 처신하지 않으면 안 된다.

전한의 우공于公은* 동해東海(오늘날 산둥성과 장쑤성 북쪽의 해안 부근 지역)의 옥관獄官(재판소의 하급 관리. 옥리獄吏)에 임명되었다. 효행이 뛰어난 한 명의 부인이 있었는데, 과부로서 수절하며 재혼을 하려고 하지 않았다. 시어머니를 모시며 효성이 지극했다. 그 뒤 시어머니가 아흔 살에 죽었다.

시어머니의 딸은 "올케에게 외간 남자가 생겨서 제 어머니를 독살했을 것입니다"라고 말하며 태수에게 고발했다. 우공이 "이 여인은 효성이 뛰어난 며느리라 절대로 시어머니를 살해했을 리가 없습니다"라고 말했지만, 태수는 그 사실을 살피지 않고 십악十惡의 죄(열 가지 가장 나쁜 범죄)

로 그것을 판결했다.

효부가 말했다. "바라건대 기다란 장대를 세우고 그 위에 다섯 자의 비단을 걸어서 내려뜨려 주십시오. 그것으로 제 마음을 드러내고 싶습니다. 만약 정말로 시어머니를 죽였다면 제 피가 흘러내려서 땅으로 스며들 것입니다. 만약 재판이 잘못된 것이라면 제 피가 깃발 위쪽으로 솟구칠 것입니다." 효부를 처형하자 피가 과연 깃발 위로 솟구쳤다.

이때부터 동해에는 3년 동안 엄청난 가뭄이 들었다. 우공이 태수에게 말했다. "이전에 당신이 잘못 심리해서 효부를 처형했기 때문입니다." 그러자 태수가 마침내 그이의 무덤을 방문해서 사죄의 뜻으로 제사를 지냈다. 그날로 비가 내려서 그 일원의 땅을 촉촉이 적셨다.

【注解】

* 원문에는 우정국于定國·우정공于定公·우공 등 이름이 일정하지 않다. 『한서』 권71 「우정국전」에 의하면, 이 일화는 우정국의 부친, 우공의 것이다. 우정국의 전傳에 기록되어 있기 때문에 잘못이 생겼으리라. 덧붙이자면, 깃발을 세우니 피가 솟구쳤다는 이야기는 『한서』에 보이지 않고, 가뭄의 원인은 점을 쳐서 알게 되었다고 한다. 『수신기』 권11에는 부인의 이름을 주청周靑으로 기록하고 깃발을 세운 이야기가 있다.

094 造次弗離

【李注】

조차造次는 미처 어찌할 사이 없이 매우 급작스럽다는 뜻이다. 『논어』 「이인里仁」 5에서 말했다. "급작스런 상황에서도 반드시 이것(인仁)에 따른다." 『중용中庸』 제1장에서 말했다. "이 도道(하늘이 명령한 본성에 따르는 것)는 잠시라도 벗어날 수 없다." 이것은 급하고 바쁜 때도 일을 소홀히 할 수 없다는 것을 나타낸다.

옛날에 장거張擧(삼국 시대 오나라 사람)는 준의현浚儀縣(오늘날 허난성 카이펑현開封縣)의 영令(장관)에 임명되었다. 한 부인이 자신의 남편을 때려죽이고서 불로 시신을 태워 버리고는 말했다. "남편이 불에 타 죽었다." 남편의 동생이 와서 달리 말했다. "형수는 형에게 약을 먹여 죽이고서는 불로 태웠습니다."

장거는 사건을 해결하기 위해서 두 마리 돼지를 끌고 와, 한 놈은 죽이고 한 놈은 산 채로 불로 태웠다. 살아 있던 돼지의 입안을 보니 재가 있고, 죽었던 돼지의 입안에는 재가 없었다. 그래서 죽은 남편의 입안을 들여다보니 재가 없었다. 이로써 죽은 다음에 불태워졌다는 사실을 알고서 부인을 심문해 보니 과연 그대로였다. 다급한 상황에서도 일의 진실을 구하려는 자세를 잊어서는 안 된다.*

【注解】

* 명 제국에 만들어진 『상우록尙友錄(교정상우록속편校正尙友錄續編)』 권8에 오나라 장거의 이 이야기가 들어 있다.[1]

1 전통 시대의 수사를 생각하면 고문처럼 강압적인 수사 방식을 연상할 수 있다. 하지만 인명과 관련된 수사에서는 〈CSI 과학수사대〉와 같지는 않더라도 과학적 수사를 했다는 것이 드라마 〈별순검〉을 통해 잘 알려졌다. 이러한 배경에는 조선 시대 검시관 등이 활용한 법의학 기본서의 도움이 컸다. 그것은 다름이 아니라 '억울함이 없게 하라'는 뜻을 가진, 원 제국 왕여王與가 쓴 『무원록無冤錄』(1308)이었다. 김호 옮김, 『신주무원록』, 사계절출판사, 2003 참조.

095 節 義 廉 退 절이랑 의랑 렴이랑 퇴는
절 의 렴 퇴

096 顚 沛 匪 虧○ 전패에도 휴를 비하다
전 패 비 휴

지조랑 도의랑 청렴이랑 겸양은

발이 걸려 넘어지는 때도 빠뜨릴 수 없다.

절의염퇴 節義廉退 : 이 구절은 『음결』의 읽기에 따르지 않고 이주의 해석에 따라 번역했다.

전패 顚沛 : 발이 걸려서 넘어지는 것이다.

비 匪 : 비非와 같이 부정사로 쓰인다.

휴 虧 : 빠뜨리다, 소홀히 하다는 뜻이다.

095節義廉退

【李注】

절節은 지조(뜻한 바를 굳게 지키다)가 있는 마음이다. 전한의 소무蘇武(BC 140~60)가 흉노(북쪽의 유목 기마 민족) 진영에 사신으로 갔을 때, (흉노 측은) 그를 억류한 채 관직을 주었지만 무는 받아들이지 않았다. 그래서 흉노는 무를 큰 움집에 가두고서 마실 것도 먹을 것도 전혀 주지 않았다. 무는 누운 채 눈을 받아 먹고 양탄자를 씹어 먹으며 목숨을 부지했다. 그 뒤 무는 북해北海의 (호수) 부근으로 옮겨져 양을 치게 되었다. 무는 언제나 절節(사자의 기旗)을 굳게 간직한 채 19년 동안 양을 돌봤다. 그 뒤 한 제국으로 귀환할 때도 손에는 훼손되지 않은 한 제국의 절을 지니고 있었다(『한서』 권54 「소무전」).*

의義는 지극히 올바른 도리이다. 공문거孔文擧(공융孔融의 아들. 후한 말의 사람)는 일곱 살 무렵에 가족과 배를 먹을 때, 그 가운데 안 좋은 것은 자신이 먹고 좋은 것은 부모님 몫으로 남겨 놓았다. 이 사람은 어리다고 하더라도 효심을 가지고 있는 것이다.**

염廉은 청검淸儉(성품이 맑고 검소한 것)의 뜻이다. 손숙오孫叔敖(춘추 시대 초나라 사람)는 초나라의 재상이었지만, 몸에 여우 가죽옷을 걸치고 여윈 말이 끄는 너덜너덜한 수레를 타고 다녔다. 어떤 사람이 그 까닭을 묻자 숙오가 대답했다. "내가 바라는 것이 이런 겁니다."

퇴退는 사양(거절하고 다른 사람에게 양보하는 것)의 뜻이다. 백이伯夷·숙제叔齊(은나라 사람) 형제 두 사람은 천승千乘의 나라(병거兵車 천 대를 동원할 수 있는 대국) 왕위를 양보하고 형제가 함께 북해 해변에 숨어 지냈다. 문 임금(주나라의 왕. 026周發殷湯 참조)이 서백西伯이 되었다는 소식을 듣고서 주나라에 몸을 맡겼다.

(문 임금이 죽은 뒤) 길에서 무 임금(문 임금의 아들. 026周發殷湯 참조)이 군대를 일으켜 주 임금(은나라의 마지막 왕)을 정벌하려 가는 것과 맞닥뜨렸을 때, 말고삐를 잡고서 간언했다. "부왕이 죽었는데도 장례를 치르지 않는 것이 첫 번째 불효입니다. 상중에 군사를 일으킨 것이 두 번째 불효입니다. 주 임금이 무도하다고 하더라도 신하의 몸으로 임금을 죽이려고 하는 것이 세 번째 불효입니다."

주위의 호위 무사들이 그들을 죽이려고 했지만 태공(태공 망, 여상. 133磻溪伊尹 참조)이 "이 분들은 현자이시다"라 말하며 제지시켰다. 무 임금이 두 사람에게 관직을 주어 상경上卿으로 삼으려고 했지만 형제는 주나라에서 벼슬살이하는 것을 달가워하지 않았다. 그들은 수양산首陽山으로 들어가 주나라의 곡식을 먹지 않고 나무 열매를 먹으며 은거 생활을 했다.

왕마자王麻子가 그들을 비난하며 "나무 열매도 주나라 나무의 열매다"

라고 말했다. 그래서 두 사람은 굶으며 아무것도 먹지 않았는데, 하늘이 사슴을 보내 그들에게 젖을 먹이도록 했다. 그러던 중 정신이 든 숙제가 형에게 "사슴의 젖도 먹어 보니 맛이 좋네요. 이 놈 고기를 먹으면 맛이 더 좋겠지요"라고 말했다. 사슴이 그들의 낌새를 눈치 채고서는 두 번 다시 오지 않았다. 두 사람은 마침내 굶어서 죽었다(『사기』 권61 「백이전」).

【注解】

* 이 '절'은 다른 나라로 가는 사신에게 임금이 주는 기표旗標를 가리키는데, 그것을 잃어버리지 않았다는 것은 소무의 지조가 견고하다는 것을 보여준다.

** 『몽구』의 「공융양과孔融讓果」의 고사이다.[1] 그 주에 인용된 『공융가전孔融家傳』에는 '네 살 때'로 되어 있다.

096 顚沛匪虧

【李注】

『논어』 「이인」 5에서 말했다. "발이 걸려 넘어지더라도 반드시 이것(인仁)에 따른다." 기울어져서 위험하거나 거꾸로 넘어지는 사이에도, 군자는 절의염퇴를 지키며 선행에 흠이 되거나 누를 끼쳐서는 안 된다.

1 내가 베이징에서 생활할 때 우체국에 들러서 중국 우표를 구경한 적이 있는데, '공융양과'와 같은 고사를 소재로 우표를 만들어 팔고 있는 것을 보았다. 그때 공융이 '죽은 것이 아니라 살아 있구나!' 하고 생각한 적이 있다.

097 性 靜 情 逸　　성이 정할 때에는 정이 일하고
성 정 정 일

098 心 動 神 疲○　　심이 동할 때에는 신이 피하다
심 동 신 피

본성이 진드근할 때는 감정이 편안하고,

마음이 흔들릴 때는 정신이 피로해진다.

성性 : "하늘이 명령한 것을 성이라고 한다"(『중용』 제1장). 사람이 태어나면서부터 가지는 것인데, 이것이 움직이면 '정情(심心의 작용)'이 생긴다.

신神 : 정신. "마음(심장)은 신체의 주인이듯이 정신은 마음(심장) 작용의 (가장 존귀한) 보물이다"(『회남자』「정신훈精神訓」).

097 性靜情逸

【李注】

사람의 본성이 침착하고 고요하면 그 정情은 반드시 편안하고 즐겁다.

공자가 외출했을 때, 한 명의 노인이 모피 옷을 몸에 걸치고 금琴을 타고 노래하면서 가는 것을 보았다. 공자가 노인에게 묻자 그가 대답했다. "나의 성은 송宋이고 이름은 영자榮子입니다." 또 "무엇이 그토록 즐겁습니까?"라고 묻자 대답했다. "나에겐 즐거운 일이 아주 많습니다. 하늘이 만물을 낳는데, 그 가운데 사람으로 태어난 게 가장 고귀합니다. 나는 지금 남자의 몸을 얻었으니 가장 고귀하고, 부인이었더라면 비천할 뻔했습니다. 사람이 백 살을 산다고 해도 일흔을 넘기는 이는 드뭅니다. 나는 지금 아흔둘입니다. 이것이 모두 나의 즐거움입니다." 공자가 말했다. "참으로 현명하시다!"*

【注解】

* 『공자가어』「육본六本」 및 『열자列子』「천서天瑞」에 같은 내용의 이야기가 있다. 다만 노인의 이름이 영성기榮聲期(계기啓期 · 익기益期)로 되어 있어 조금 차이가 난다.

098 心動神疲

【李注】

마음이 외물을 좇아가면 정신이 곧 피로해진다.

099 守 眞 志 滿　진을 수하면 지가 만하고
수 진 지 만

100 逐 物 意 移○　물을 축하면 의가 이한다
축 물 의 이

자연의 도를 지키면 뜻(의지)이 가득해지고,

외물을 좇아가면 마음도 그것에 따라 변해 간다.

099守眞志滿

【李注】

진眞은 도道다. 하늘의 진은 저절로 그리하여 티 없이 순수한 도리이다. 도를 지키는 사람은 뜻이 굳건하고 진정으로 한결같다. 도덕이 가득 차 있으면 본성에 안주하고, 망령된 생각을 구하는 잘못이 없다면 뜻이 그 자체로 가득 차게 된다. 『문중자』「문역問易」에서 "의지를 제대로 수양하면 부귀한 자보다 풍요롭고, 도의를 존중하면 왕공王公(현실의 권력)을 가볍게 여기게 된다"고 함은 이것을 말한 것이다.

100逐物意移

【李注】

보통 사람이 갖고 태어난 성향은 학습(습관)에 따라서 바뀔 수 있다. 선을 만나면 선하게 되고, 악을 만나면 악하게 된다. 마음이 안정되지 않아서 외물을 좇아가면 뜻이 바뀌게 된다. 『장자』에서 말했다. "보통 사람은 유한한 몸으로 무한한 외물을 추구한다. 뜻이 늘 안정되어 있지 않다."*

【注解】

* 이 구절은 『장자』에서 찾을 수 없다. 『장자』「내편內篇」의 「양생주養生主」를 보면 "나의 생은 끝이 있지만 지식은 끝이 없다. 끝이 있는 것으로 끝이 없는 것을 좇아간다면 위험하다"는 내용이 있다. 이에 대한 곽상郭象(252?~312)의 주는 "유한한 성性(생명)으로 무한한 지知를 찾는다면 어떻게 힘들지 않겠는가?"로 되어 있다. 어쩌면 '장자의 주'의 잘못이 아닐까?[1]

1 곽상은 『장자』의 주석서인 『장자주莊子注』를 쓴 진晋나라 때의 사상가이다.

101 堅持雅操 아한 조를 견하게 지하면
견 지 아 조

102 好爵自縻○ 호한 작이 자로 미하다
호 작 자 미

올바른 지조를 굳게 지키면

높은 벼슬이 저절로 걸려든다.

미縻 : 끈 등으로 매거나 묶는 것, 줄을 가리킨다.

101堅持雅操 · 102好爵自縻

【李注】

아雅는 올바르다는 뜻이다. 조操는 지조의 뜻이다. 작爵은 녹祿의 뜻이다. 미縻는 역이다, 걸리다는 뜻이다. 사람이 올바른 지조를 굳게 지킬 수 있으면 자연히 관직과 봉록의 기회가 찾아온다. 『역경』「계사전상」에서 말했다. "나에게 호작好爵이 있으니 당신과 함께 술을 나누리라!"[원문에는 "내가 그대와 함께 그것을 나누리라"(吾與爾靡之)로 되어 있다].[1]

후한의 환영桓榮은 자가 춘경春卿이고 패沛나라 출신이다. 아홉 살 무렵 집안이 가난해져서 그는 다른 사람에게 고용되어 돼지를 살피는 망을 섰다. 하지만 (그때도) 책을 손에 쥐고 그것을 읽었다〔공부했다〕.

삼촌이 "이렇게 가난한데 책을 읽으면 뭐하느냐?"고 말했지만, 영은 한번 품은 뜻을 고수하며 고치지 않았다. 책을 가지고 다니며 밭갈이를 하거나 호미질을 했고, 쉴 때면 그것을 읽었다. 그 뒤 오경五經(『역경』·『서경』·『시경』·『예기』·『춘추』)에 통달해서 3백 명의 제자를 가르쳤다. 광무제光武帝(재위 25~57, 후한의 초대 황제) 때 태부太傅(천자의 보좌역)가 되었고, 그 뒤에는 관내후關內侯(작위의 하나. 영지는 없이 수도에 산다)에 봉해졌다. 그의 자식과 조카들은 모두 높은 신분의 유명한 사람이 되었다. 형원경元卿은 말했다. "나는 원래 농사꾼의 자식이었다. 학문이 그렇게 귀한 줄 내가 어떻게 알았겠는가?"*

【注解】

* 여기에는 삼촌이 비웃었고 형이 후회한 걸로 되어 있다. 하지만 족인族人(친척) 원경元卿이 비웃었고, 훗날 원경 자신이 후회했다고 하는 『후한서』 권37 「환영전桓榮傳」 쪽이 내용상으로 훨씬 말끔하다.

1 맥락을 확인하려면 이기동 옮김, 『주역강설』 하, 331-332쪽 참조. 여기서 호작은 실제로 좋은 술잔이란 뜻이다. 작위를 나타내는 작爵은 새(雀) 모양을 한 술잔에서 비롯되었다.

103 都 邑 華 夏　　도읍은 화하에 있고
도 읍 화 하

104 東 西 二 京◦　　동과 서의 이경이 있다
동 서 이 경

천자의 도읍은 문명이 번영한 지역에 세우니,

그곳은 동쪽의 낙양과 서쪽의 장안 두 곳이다.

화하華夏 : 중국 사람들이 자기 나라를 자랑하는 말로 중국과 같은 뜻이다.
이경二京 : 동쪽의 낙양洛陽과 서쪽의 장안長安을 가리킨다.[1]

103都邑華夏

【李注】

천자가 있는 곳을 도都라고 말한다. 『예기』「제법祭法」에서 말했다. "천하에는 임금이 있으며 도都를 세우고 읍邑을 만든다." 『좌씨전』 장공 28년 기사에서 말했다. "읍에 종묘宗廟(조상의 영령을 모시는 사당)와 선군先君의 신주가 있는 곳을 도라고 하고 신주가 없으면 읍이라 한다. 읍은 축築(쌓는다)한다고 말하고 도는 성城(성 쌓는다)한다고 말한다."*

화하華夏는 중국을 가리키는 이름으로 중화中華 또는 중하中夏라고 부른다. 『공자가어』「상노相魯」에서 "변방 사람들은 중원을 도모하지 않고 이민족은 중국을 혼란시키지 않는다"고 한 것은 이것을 두고 한 말이다.

【注解】

* 이주 원문에는 "先君之田"으로 되어 있지만, 『춘추좌씨전』의 원문에는 "先君之主"로 되어 있다. 이주의 '전田'은 잘못이다. '주主'는 목주木主, 즉

(선조 등의) 위패를 말한다.

104東西二京

【李注】

동경東京은 낙양이고 서경西京은 장안이다. 주공周公(주공 단旦. 무 임금의 동생)은 동쪽 지역 낙洛에 새롭게 큰 도시를 만들었고, 성成 임금(주나라 무 임금의 아들)이 그곳에 수도를 설치했다. 그것이 동도東都가 되었다. 후한 광무제도 그곳에 수도를 정했다. 진의 시황제는 함양咸陽(오늘날 산시성 시안시 부근)에 수도를 정했다. 한의 고조高祖(유방劉邦. 064忠則盡命 · 123府羅將相 참조)는 진秦의 자영子嬰(제3대 황제. 148韓弊煩刑 참조)을 정벌하여 항우보다 먼저 관중關中으로 들어갔고, 그와 천하를 두고 다툰 지 5년 뒤에 제업帝業을 완성했다. 유경劉敬이 장안에 수도를 정하자고 주장했기 때문에 그것을 서도西都로 삼았다. 옹주雍州(오늘날 산시성陝西省 창안현長安縣)에 위치하고 있다. 당의 태종도 여기에 수도를 정했다.

경京은 크다는 뜻이고 사師는 (사람이) 많다는 뜻이다. 그래서 경사京師라고 한다.

1 장형張衡(78~139)은 후한 시대 과학자이자 문인이다. 과학자로서 천구의天球儀인 혼천의渾天儀를 만들었고, 또 지진계地震計라 할 수 있는 후풍지동의候風地動儀를 만들었다. 아울러 그는 문인으로 전한의 수도 장안과 후한의 수도 낙양을 각각 「서경부西京賦」와 「동경부」의 문학 작품으로 재현시켜 냈다. 우리는 이를 통해서 두 곳의 융성했던 모습을 헤아려볼 수 있다.

105 背 芒★ 面 洛　　망을 배하고 락을 면하며
배 망 면 락

106 浮 渭 據 涇○　　위에 부하고 경에 거하다
부 위 거 경

(낙양은) 망산을 등지고 낙수를 마주하고 있고,

(장안은) 위수 가에 있고 경수를 의지하고 있다.

망芒 : 망산이다. '邙山'으로 쓰는 경우가 많다. 낙양의 북쪽에 있어서 북망산北邙山으로도 부른다.《이주본》에는 '邙'으로 되어 있다.

105背芒面洛

【李注】

동도東都 낙양은 뒤로는 망산을 등지고 앞에는 낙수洛水를 마주하고 있었다. 낙수 · 이수伊水 · 한수澗水 · 전수瀍水 네 개의 강이 합류해서 황하로 흘러들어 간다.

邙(망, máng)은 莫(막, mò)과 房(방, fáng)의 반절이다(평성).

106浮渭據涇

【李注】

위渭와 경涇은 원래 모두 강 이름이다. 장안성長安城의 뒤쪽에는 위 · 경 · 풍灃 · 패灞 · 산滻 · 낙洛 · 노澇 · 적滴(휼潏) 등 8개 하천이 있는데, 모두 장안성을 뻥 둘러서 흐르고 있다. 106浮渭據涇은 수도가 이들 강에 의지하고 있는데, 그것이 마치 위수 위에 떠 있는 듯하다는 점을 말한다.

107 宮 殿 磐★ 鬱 　궁전이 반하듯 울하고
궁 전 반 울

108 樓 觀 飛 驚○ 　루관이 비하듯 경하게 한다
루 관 비 경

궁전은 건물이 빙 둘러 있어서 무성한 숲처럼 빽빽하고,
높은 누대가 마치 나는 듯하여 사람을 놀라게 한다.

반울磐鬱 : 반울盤鬱(磐과 盤은 통용)의 뜻. 빙 둘러 있고 훌륭하고 아름다운 모양이다. 궁전과 여러 봉우리의 모양을 나타내고 있다.
누관樓觀 : 누각 · 누대를 말한다.

107宮殿磐鬱 · 108樓觀飛驚

【李注】

두 곳 수도에는 궁전과 누각의 여러 건물들이 복잡하게 빙 둘러 모여 있어서, 풀과 나무가 빼곡하게 무성히 자라는 높고 험한 산이나 깊은 계곡과 비슷하다. 또 형세는 오색의 꿩이 날아다니는 듯하여* 보는 이로 하여금 깜짝 놀라게 할 정도이다. 그래서 '비경飛驚'이라고 말한다.

觀(관, guàn)은 古(고, gŭ)와 換(환, huàn)의 반절이다(거성).

【注解】

* "꿩이 날아다니는 듯하다"는 구절은 『시경』「소아」의 「사간斯干」에 나온다.[1]

1 「사간」은 산골짜기 시냇물을 가리킨다. 이 시는 전체적으로 웅장한 집의 형세와 특징을 세부적으로 묘사하는 부분이 많다. 인용 부분은 "집은 발돋움하고 팔 벌린 형상, 집 모퉁이는 화살처럼 곧바르고, 추녀는 새가 날개를 벌린 모양에다 꿩이 날아다니는 것과 같다." 전체 맥락을 확인하려면 김학주 옮김, 『시경』, 306-308쪽 참조.

109 圖寫禽獸 금과 수를 도로 사하고
도사금수

110 畵綵仙靈○ 선령을 화로 채하다
화채선령

(궁전과 누각에는)

[갖가지] 새와 짐승을 그려 넣고

신선을 생생한 색채로 묘사했다.

채綵 : 비단이다. 여기서는 采 · 彩(색칠하다 · 꾸미다)의 뜻으로 쓰인다.

선령仙靈 : 신선과 신비한 힘을 가진 이를 말한다.

109圖寫禽獸 · 110畵綵仙靈

【李注】

제왕의 궁전과 누대에는 모두 진귀한 새랑 불가사의한 짐승이 그려져 있고, 선명한 색채로 신선과 신령한 인물을 그려서 아름다운 광경을 자아냈다는 것을 말한다.

111 丙 舍 傍 啓　병사는 방으로 계하고
병 사 방 계

112 甲 帳 對 楹○　갑의 장은 영에 대하다
갑 장 대 영

병사의 입구는 정전의 가로 쪽에 있고,
아름다운 휘장은 기둥 쪽으로 걸려 있다.

병사丙舍 : 궁전의 3번째 건축물이다. 여기서는 궁중에 있는 많은 방을 대표하고 있다.

갑장甲帳 : 한 무제武帝(BC 141~87) 시대에 만든 것으로 보옥寶玉으로 꾸민 휘장을 최고로 쳤다. 여기서는 아름다운 휘장을 말한다.

영楹 : 기둥이다.

111丙舍傍啓

【李注】

병사丙舍는 천자의 궁전 가운데 있는 건물이다. 계啓는 열다는 뜻이다. (정전正殿의) 양쪽에 그 입구를 만들어 정전과 통하도록 되어 있으므로 계라고 한다. "병丙은 궁전 앞에 있는 한 단으로 된 장벽이다"라는 것은 이것을 두고 말한다.

112甲帳對楹

【李注】

영楹은 궁전 안의 들보와 도리다. 한 무제가 휘장을 만들어서 갑을甲乙로 이름 붙이고* 궁전의 두 기둥 사이에 그것을 걸어 두었다. 이것을 두고 한 말이다.

楹(영, yíng)의 음은 盈(영, yíng)이다.

【注解】

* 무제가 아름다운 휘장을 많이 만들게 해서는 그것에 갑을병정…… 등의 순서로 이름을 붙였다고 한다[『한서』 권65 「동방삭전東方朔傳」에 보이는 응소應邵(153?~196)[1]의 주석에 따른다].

1 응소는 후한의 법학자이자 저술가이다. 그는 자신이 보고 들은 것을 편집했는데, 『율략律略』과 『춘추단옥春秋斷獄』으로 법률을 정리했고, 『한관의漢官儀』 10권으로 조정의 제도와 백관의 직무를 정리했고, 『풍속통의風俗通義』 30권으로 풍속을 수집해서 기록했다.

113 肆筵設席 연을 사하고 석을 설하며
사 연 설 석

114 鼓瑟吹笙○ 슬을 고하고 생을 취하다
고 슬 취 생

대자리를 늘어놓고 방석을 깔고,

슬을 뜯고 생황을 분다.

사肆 : 늘어놓는 것, 펼치는 것. 여기서는 배치하는 것을 말한다.

연筵 : 대자리. 대로 엮은 깔개 종류를 말한다.

석席 : 대자리 위에 겹쳐 놓는 깔개 · 방석을 말한다.

슬瑟 : 슬. 25현으로 된 커다란 현악기이다.

생笙 : 생황笙簧을 말한다.

113肆筵設席

【李注】

사肆는 늘어놓다는 뜻이고, 설設은 깔다는 뜻이다. 연筵은 천자의 어전에 펼치는 깔개다. 네 모서리와 네 변이 있기 때문에 '연'이라 한다. 어전의 동서로 아홉 개의 연을 늘어놓는데, 각각의 길이가 아홉 자다. 남북으로는 7인仞(1인은 7자),* 마흔아홉 자에 해당된다. 천자가 대조大朝하는 날(제후와 모든 신하가 모여서 천자에게 절하는 날)에 어전에서 제후와 연회를 벌일 때 설치한다.

【注解】

* 인仞은 '연筵'의 잘못이다. 『주례』「동관冬官」의 「장인匠人」에서 말했다. "주인周人의 명당明堂(천자가 정무를 보고, 제후를 접견하는 건물)에 아홉 자

의 연筵을 기준으로 해서 동서 방향은 9연을, 남북 방향은 7연을 깐다. …… 당상은 연을 기준으로 잰다." 《구간대자본》에는 "동서로 9연筵을 까는데, 9 곱하기 9는 81이므로 길이는 여덟 길 한 자다. 남북으로 7인仞을 까는데, 7 곱하기 7은 49이므로 길이가 마흔아홉 자가 된다"로 되어 있다.

114鼓瑟吹笙

【李注】

천자가 어전에서 대자리와 방석을 깔아 놓고 제후를 접견할 때, 반드시 음악을 연주한다. 그래서 슬瑟을 뜯고 생황笙簧을 분다. 슬은 복희伏犧(伏羲라고도 함. 019龍師火帝 · 020鳥官人皇 참조)가 만든 악기로 알려져 있다. 황제黃帝(021始制文字 이주 참조)는 소녀素女(선녀의 이름)에게 슬을 뜯게 했는데, (그것을 듣고서) 황제는 슬픔이 북받쳐 견딜 수가 없었다. 그래서 원래 50현의 악기를 둘로 나누어 25현으로 만들었다고 한다.

(주周의) 왕자 진晉은 생황을 불어서 봉황의 울음소리를 냈다. 이 소리에 감응해서 봉황이 날아 왔고, 진은 그것을 타고 신선이 되어 떠났다고 한다.*

【注解】

* 왕자 진은 왕자 교喬라고도 하는데, 주 영왕靈王의 태자였다고 한다. 유향이 지은 것으로 알려진 『열선전列仙傳』 상권에 이 이야기가 보인다.

115 陞 階 納 陛　계를 승하여 폐에 납하면
승 계 납 폐

116 弁 轉 疑 星○　변이 전하여 성인가 의하다
변 전 의 성

섬돌을 올라서 궐내로 들어서면,*

관이 삥 둘러 있으니 별인가 착각이 들 정도이다.

폐 陛 : 천자가 오르고 내리는 계단이다. 여기서는 계階와 대비되어 천자를 포함해서 많은 고위 관리들이 출입하는 것을 말한다.

변 弁 : 모피로 만든 관冠이다. 위에 장식한 옥이 별처럼 보인다는 것을 말한다.

【注解】

* 구라다 준노스케는 「천자문에 관해」(74쪽 참조)에서 '납폐納陛'와 관련해서, 『한서』 권99 「왕망전王莽傳」과 『문선』 권35 반욱潘勖(?~215, 자가 원무元茂)[1]의 「책위공구석문冊魏公九錫文」 등에 나오는 '납폐'를 인용해 "천자가 큰 공을 세운 제후에게 하사하는 구석九錫의 하나"로, "두 계단 사이를 낙낙하게 한(폭이 넓은) 계단을 특별히 공신과 체구가 큰 고관을 위해 만든 것"이라고 한 청 진경운陳景雲(1670~1747)[2]의 설을 옳다고 여겨서, "계단을 오를 때 납폐하다(출사하여 어전에 출입하는 체구가 큰 공신이 특별히 만들어진 계단을 오르다)"로 풀이했다. 다카오카 히데나리의 『천자문고증』에서는 구라다의 주장을 물리치고, 응소應邵의 주석 "신분이 고귀한 자의 계단을 납폐라고 말한다", 맹강孟康[3]의 주석 "납納은 내內의 뜻으로, 어전의 토대 곁을 파내 계단을 만들어서 비에 젖지 않도록 한 것을 말한다"를 인용했다.

115陞階納陛

【李注】

천자가 오르내리는 계단을 폐陛라 한다. "아홉 단 오르면 그 모서리가 출발했던 지면으로부터 멀어진다. 그 만큼 건물이 높아 보인다."* 제후가 궁전으로 올라갈 때 동쪽 계단에서는 오른발을 먼저 올리고, 서쪽 계단에서는 왼발부터 올린다. 이것은 공경公卿이 주군을 배알할 때의 예절이다.

【注解】

* 가의賈誼의 상소문(『한서』 권48 「가의전」)에 같은 문장이 있는데, "폐에 단이 없어지면 모서리가 지면과 가깝고 그러면 건물이 낮아 보인다"는 글이 이어진다.

116弁轉疑星

【李注】

제후가 궁중을 예방할 때, 모두 가죽 변弁을 쓴다. 『당서唐書』「거복지車服志」에서 말했다. "변은 사슴 가죽으로 만든다. 고정 끈이 있어서 그것으로 머리카락을 묶어 준다." 『모시』「위풍衛風」의 「기오淇奧」에서 말했다. "회변會弁이 마치 별과 같다."*4 이것은 관 위의 구슬이 별처럼 빛나는 것을 말한다.

【注解】

* 회변의 '會'는 (가죽 관을 꿰맨) 솔기로, 그 솔기로부터 다섯 색깔의 실로 옥을 꿰어서 장식을 한다. 그 옥이 별처럼 빛나는 것을 말한다.

1 반욱은 후한의 정치가이자 문인이다. 그는 건안建安 18년(213)에 헌제獻弟가 조조曹操에게 내리는 특별한 은전, 즉 구석九錫의 책명을 지었다.

2 진경운은 청의 학자다. 특히 고전 문헌의 교정 작업을 잘 했는데, 저술로 『양한정오兩漢訂誤』 4권, 『삼국지교오三國志校誤』 3권 등이 있다.

3 맹강은 자가 공휴公休이고, 맹자孟子의 18대손으로 알려져 있다. 역사서에 전기가 없어서 그의 생몰 연대와 활약상이 잘 드러나지 않고 있다. 삼국시대 위나라의 학자로 지리 · 천문 · 소학(문자학)에 조예가 깊었다. 저서로는 『한서음의漢書音義』가 있다.

4 전체 맥락을 확인하려면 김학주 옮김, 『시경』, 114-115쪽 참조.

117 右 通 廣 內　우는 광내로 통하고
우 통 광 내

118 左 達 承 明○　좌는 승명으로 달하다
좌 달 승 명

(정전을 향해서) 오른쪽은 광내(도서관)로 통하고,

왼쪽은 승명전에 이른다.

광내廣內 : 한나라 궁정 도서관의 이름이다.

승명承明 : 승명전承明殿으로 미앙궁未央宮에 있던 궁전의 이름이다. 거기에서 저술을 했다. 이주는 승명려承明廬(시종들이 숙직하는 곳)라고 한다. 『한서』 권64 상 「엄조전嚴助傳」의 주에 따르면, 승명려는 석거각石渠閣의 문밖에 있었기 때문에, 아마도 승명전이 근신近臣들이 숙직하는 곳이었기에 승명려라고도 불렸을 것이다. 『음결』은 〔이것을 건물이 아니라〕 사람들이 머무는 집에 있는 문으로 보아 승명문承明門으로 풀이하고 있다.

117右通廣內 · 118左達承明

【李注】

광내廣內는 천자의 내정內庭이고 대내大內라고도 하는 곳이다. 승명承明도 또한 천자의 내전으로 석거각(한나라 때 도서를 보관하고 경서 등과 관련해서 논의를 했던 곳) 밖에 있다. (근신이) 숙직하느라 묵었던 곳을 승명려라 한다. 이 구절은 정전이 오른쪽(서쪽)으로 광내와 통하고, 왼쪽(동쪽)으로 승명려와 통하는 위치에 있다는 것을 말한다.

119 既集墳典 기에 분전을 집하고
기 집 분 전

120 亦聚群英○ 역에 군영을 취하다
역 취 군 영

분전을 모으고 그 위에

또 뛰어난 학자들을 불러 모았다.

분전墳典 : 삼황三皇 · 오제五帝의 사적을 기술한 책을 말한다. '삼분오전三墳五典'이라 한다. 여기에서 이 두 자는 중국의 고전 전체를 가리킨다.[1]

취聚 : 모으는 것, 모이는 것이다

군영群英 : 영은 뛰어난 사람이므로 군영은 뛰어난 사람이 많다는 것이다.

119既集墳典

【李注】

〈119〉는 궁전 안에 고대 제왕의 서적을 수집해 놓았다는 것을 말한다. 복희 · 신농(019龍師火帝 · 020鳥官人皇 참조) · 황제의 책을 삼분三墳이라 하고, 소호少昊(019龍師火帝 · 020鳥官人皇) · 전욱顓頊 · 고신高辛(고신씨高辛氏의 제곡帝嚳. 165俶載南畝 · 166我藝黍稷 이주 참조) · 당요唐堯(도당씨陶唐氏의 제요帝堯) · 우순虞舜(유우씨有虞氏의 제순帝舜. 023推位讓國 · 024有虞陶唐 참조)의 책을 오전五典이라 한다.*

【注解】

* 대호 복희씨, 염제 신농씨, 황제 유웅씨를 삼황三皇이라 하고 소호 금천씨, 전욱 고양씨, 제곡 고신씨, 제요 도당씨, 제순 유우씨를 오제五帝라고

한다[황보밀皇甫謐(215~282)[2]이 쓴 『제왕세기帝王世紀』의 설]. 삼황·오제 한 명 한 명의 이름과 관련해서 다른 설이 매우 많지만, 이곳의 주는 황보밀의 설에 따른 것으로 보인다. '삼분오전'이란 말은 『춘추좌씨전』 소공 12년의 기사에 보인다. 이 소疏(공영달)에서는 공안국의 「상서서尙書序」를 인용해서 설명하고 있다.

120亦聚群英

【李注】

궁전 안에 여러 서적을 모아두고, 또 뛰어난 사람들을 불러 모아서 경서의 의미를 강론하게 했다. 한 제국은 석거각을 설치해서 여러 분야의 유자들을 모아서 오경의 본문(과 그 해석)의 차이를 조정하게 했다.

이전 진의 시황제는 하는 짓이 무도했다.[3] 연나라의 노생盧生이란 사람이 있었는데, (시황제에게) 도서圖書(예언서)를 상주하며 말했다. "진 제국을 망하게 할 존재는 호胡(북방 이민족)입니다."

승상 이사李斯(BC 280?~208, 154百郡秦并·159昆池碣石 이주 참조) 등이 말했다.[4] "이 자들은 모두 독서인들로, 속이는 일이 많습니다. 원컨대 폐하께서 세상에 있는 경서를 불태워 없애 버리고, 아울러 모든 학자[유자]들을 죄인으로 처벌하여 구덩이에 묻어 버리시기 바랍니다." 이 일로부터 서적이 불태워졌고 남은 것도 이리저리 흩어지게 되었다.[5] 그래서 한 제국의 개국 이후 많은 유자를 불러 모아서 경서를 토론하게 했던 것이다.

1 삼분오전의 삼과 오는 삼황오제의 삼과 오에 대응한다. 아울러 삼분오전과 팔색구구八索九丘가 나란히 쓰이곤 한다. 팔색의 팔은 『역경』의 팔괘八卦, 구구의 구는 중국 전역을 나타내는 구주九州와 관련이 있다. 모두 고대 선왕들의 사적을 다룬 책이라는 뜻이다. 현재는 전해지지 않는다.

2 황보밀은 자가 사안士安, 자호가 현안선생玄晏先生으로 한 제국에서 주로 활약했고, 그 뒤 위나라, 진나라 때까지 생존했다. 그는 오랜 시간 동안 각고의 노력을 통해 백가의 학술을 익혀서 뛰어난 문인이자 사학자가 되었다. 저서로는 『제왕세기』 이외에도 『고사전高士傳』, 『일사전逸士傳』, 『열녀전烈女傳』 등이 있다.

3 『천자문』의 저자는 진시황이 폭군이라는 전래의 평가를 수용한다는 점에서 전통적인 유가 견해를 대변하고 있다. 현대, 특히 중국이 공산화된 이후에는 역사를 재해석하면서 성공한 지도자로 보려는 재평가의 움직임이 있다.

4 이사는 장군 몽염蒙恬과 함께 진시황의 천하 통일 사업을 완성시킨 인물이다. 법가 한비韓非와 친구였으나 친구를 자살하게 만들었다. 시황제 사후 승상으로서 혼란한 정국을 수습하지 못하고 조고趙高에게 끌려다니다가 비참한 최후를 맞이했다. 이사와 관련해서는 이연승, 『제국의 건설자 이사』, 물레, 2008 참조.

5 이 부분은 역사적으로 유명한 '분서갱유焚書坑儒'를 말하고 있다.

121 **杜 稾 鍾 隷** 두의 고와 종의 예
두 고 종 례

122 **漆 書 壁 經**○ 칠로 쓴 서와 벽에서 나온 경
칠 서 벽 경

두조라는 인물의 초서, 종요라는 인물의 예서,

옻칠로 쓴 글자, 벽속에서 나온 경서 등이 있다.

두杜 : 후한의 두조杜操로 그의 자는 백도伯度이다. 초서로 이름이 났고, 초서체를 처음으로 썼다는 것이 당 제국 두기竇臮의 「술서부述書賦」와 그것의 주석에 보인다(『법서요록法書要錄』 권5).[1]

고稾 : 초안, 초고란 뜻이지만 여기서는 초서草書를 가리킨다. 초서는 초안으로 생각해서 썼던 것으로부터 시작되었기 때문에 '고초稾草'라고 한다.

종鍾 : 삼국 시대 위나라의 종요鍾繇(151~230)를 말한다. 서예에 밝았는데, 종예鍾隷라 불리는 예서체를 만든 것으로 알려져 있다.[2]

칠서漆書 : 옻칠로 쓴 글자이다.

벽경壁經 : 공자 옛집의 벽 속에서 나왔던 『고문상서古文尙書』 등의 경서를 가리킨다.[3]

121杜稾鍾隷

【李注】

두조는 한 제국의 재상이었는데 초서에 뛰어났다.* 위나라 태위太尉(군사 분야의 장관) 종요는 소전小篆의 서체를 고쳐서 예서隷書를 만들었는데, 그것을 (후세에) 전했다.

【注解】

* 이 사람의 이름이 진晉나라 위항衛恒(?~291)의 『사체서세四體書勢』에는 두도杜度로 되어 있다.[4] 당 제국 장회관張懷瓘의 『서단書斷』에도 "두도는

자가 백도다"라 하였다.[5] 하지만 「술서부」의 주석(두몽竇蒙[6]의 주석)에는 "두조의 자가 백도다"로 되어 있다. 그러나 『서단』은 소자량蕭子良(460~494)[7]의 설, 즉 "원래 조操로 이름 지었다. 위나라 무제武帝, 즉 조조曹操의 이름을 피하기 위하여 고쳐서 도度로 했다"고 하는 것을 인용하고는 그 설이 "잘못이다"라고 말했다. 이 사람이 한 제국의 재상이었다는 것은 잘못인데, 두몽의 주석에 "후한 제국에서 제齊나라의 상相으로 세상을 떠났다"고 한 것을 보면 그의 지위는 다만 제나라의 재상에 지나지 않았다.

122漆書壁經

【李注】

한 제국 영제靈帝는 명령을 내려 숭산崇山(오늘날 허난성 덩펑현登封縣 북쪽)의 석벽에 옻칠로 글씨를 쓰게 했다. 그 글씨가 없어질까 걱정해서 석벽에 글씨를 새겼다. 현재 숭산에 남아 있는데, 오늘날의 학자들도 그것을 보고서 오경의 문자를 바로잡곤 한다.* 또 『상서』의 서문에서 말했다.** "노나라의 공왕恭王(또는 共王)이 공자가 살았던 옛집을 헐어서 집을 넓히려[는 공사를] 했을 때, 벽 속에서 조상들이 숨겨 놓았던 고문, 즉 우·하·상·주나라의 서적[경서]과 전서傳書(주석서)를 손에 넣었다. 모두 과두科斗[蝌蚪로도 쓴다] 문자(올챙이 모양을 했던 중국 고대의 문자)로 되어 있었다" (056虛堂習聽 이주 참조).

【注解】

* 칠서漆書라는 것은 후한의 두림杜林(?~47)이 얻었다고 하는 『칠서고문상서漆書古文尙書』 1권(『후한서』 권27 「두림전」)처럼,[8] 묵이 없어 옻칠을 가지고 썼던 전적을 가리킨다. 후한 시대의 궁중에 보관되었던 경서의 고전

이 옻칠로 쓰였다고 하는 사실은 『후한서』 권79 「유림전儒林傳」에 보인다. 122漆書壁經의 '칠서'는 그러한 고전을 가리킨다. 이주에서 말하는 각석刻石의 오경은 영제 희평熹平 4년(175)에 "여러 유자에게 명령해서 오경의 문자를 바로잡아, 그것을 돌에 새겨서 태학太學의 문밖에 세웠다"(『후한서』 「영제기」)는 것으로, 이른바 '희평석경熹平石經'을 말한다. 그것은 낙양의 수도에 세워졌다. 이주에서 숭산에 있다고 한 것은 잘못이다.

** 이른바 『고문상서』의 서문을 가리킨다. 전한 공안국의 저작으로 알려지지만 후세(위 · 진)〔매색梅賾〕의 위작으로 이야기된다.

1 두기는 당 제국의 서예가로 생몰년이 분명하지 않지만 주로 천보天寶 연간(742~755)에 활동했다. 자는 영장靈長이다. 「술서부」는 상고 시대에서 당대까지 특기할 만한 서예가를 열거하고 그 특징을 서술하면서 서체의 변화를 논하고 있다.

2 종요는 후한과 위나라의 정치가이자 서예가이고 자는 원상元常이다. 그는 원래 후한에서 벼슬을 시작해서 상서복야尙書僕射에 올랐으나 조조와 손을 잡았고, 위의 건국 이후에는 조조 이후로 3대를 섬겨 중용되었다.

3 『서경』 또는 『상서』와 관련해서 신정근, 「덕의 나라를 향한 진군가」, 『철학과 현실』 제78호, 2008 참조.

4 위항은 조부와 아버지 모두 서예에 뛰어났던 가문에서 태어났다. 자는 거산巨山이다. 그의 전기는 『서단』과 『진서』 「위항전」에 있다.

5 장회관은 당 제국의 유명한 서예가이자 서예 평론가다. 그는 또 회화나 서예 등 예술 일반에서 널리 쓰이는 신품神品 · 묘품妙品 · 능품能品의 품격을 처음으로 내세운 걸로 유명하다.

6 두몽은 당 제국의 서예가이자 두기의 형으로 자가 자전子全이다. 「술서부」에는 주가 달려 있는데, 동생 두기가 그것을 짓고 형 두몽이 주를 달았다고도 하고 동생이 원문과 주를 다 달았다고도 한다.

7 소자량은 위진남북조의 제齊나라 무제武帝 소색蕭賾의 아들로 자가 운영雲英이다. 그는 유사儒士와 문인들을 조직해서 오경과 제자백가의 저술을 주제별로 재분류하여 『사부요략四部要略』 천 권을 편집했다. 또 개인적으로 불교에 심취하여 명승들을 초대해 법회를 열어서 불교의 진흥에 기여하기도 했다.

8 두림은 자가 백산伯山이다. 그는 집에 책이 많고 어렸을 적부터 배우기를 좋아하여 훗날 박학하여 통유通儒로 일컬어졌다. 그의 사적은 『후한서』 외에 『한서』 「예문지」, 『서단』 등에 보인다.

123 府 羅 將 相 부에는 장과 상을 라하고
부 라 장 상

124 路 夾 槐 卿★○ 로에는 괴와 경을 협하다
로 협 괴 경

관부에는 장수와 재상이 줄지어 있고,
수도의 큰길에는 길을 끼고서 공경의 집이 늘어서 있다.

장상將相 : 장군과 재상을 가리킨다.

노협路夾 : 길을 끼고 있는 것. 포조鮑照(414?~466)의 「대결객소년장행代結客少年場行」을 보면, "궁궐을 끼고 장수와 재상이 줄지어 있고, 길을 끼고 왕후의 집이 늘어서 있다"(扶宮羅將相, 夾道列王侯)라는 구절이 있다.[1] 이선李善(?~689)의 주를 보면, "『한서』에서 말했다. 선제宣帝(BC 74~49)가 장평판長平坂(장안 도성에서 떨어진 지세가 높은 언덕)에 올랐을 때, 왕후를 맞이한 것은 길을 끼고 늘어선 집들이었다"(『문선』 권28).[2]

괴경槐卿 : 삼공三公과 구경九卿을 가리킨다. 《이주본》에 '鄕'으로 된 것이 있는데, 그것은 잘못이다.

123府羅將相

【李注】

나羅는 벌리다, 늘어서다는 뜻이다. 〈123〉은 관청 가운데 나란히 늘어선 것이 모두 장군과 재상의 공관이라는 것이다.

한의 고조(전한 초대 황제)는 형양滎陽에서 항우項羽(초나라 사람. 이름은 적籍)와 천하의 패권을 다툴 때(064忠則盡命 이주 참조), 한신韓信(204饑厭糟糠 이주 참조)으로 하여금 군사를 거느리고 동쪽 제齊를 공격하게 했다. 제나라 왕은 사자를 항우에게 보내 구원을 요청했다. 항우는 용차龍且를 보내

제를 구원하게 하며 말했다. "한신은 다른 사람을 능가할 만한 용기를 가지고 있지 않다. 두려워할 필요가 없다."

(용차는) 한신과 회수를 사이에 두고 진을 쳤다. 한신은 한밤중에 사람〔병사〕들에게 만여 개의 자루를 만들고 그 속에 모래를 가득 집어넣어 강의 상류를 막도록 했다. 그는 군대를 이끌고 용차 진영을 공격하다가 힘에 부치는 척 일부러 퇴각했다. 용차의 군대가 뒤를 추격하며 강을 건너려고 할 때, 한신은 사람을 시켜서 쌓아 두었던 모래주머니의 둑을 터버렸다. 물이 갑작스럽게 불어나니 용차의 병사는 태반이나 물을 건널 수 없었다. 이윽고 용차를 공격하여 죽이고 제나라 왕을 사로잡아서 〔유방 진영으로〕 돌아갔다.

항우는 용차가 죽임을 당했다는 소식을 듣고서 아주 크게 화를 내며 한왕과 결전을 벌였다. 전체적으로 보면 5년 사이에 72차례의 전투를 치렀는데, 한의 군대가 늘 열세에 놓여서 불리했다. 한신이 유방에게 말했다. "제가 시험 삼아 한 가지 계책을 내놓겠으니, 적의 군영을 타격합시다. 그렇게 하면 반드시 항우의 군대를 패퇴시킬 것입니다."

그래서 한신은 한의 깃발을 가지고 한밤중에 출동하여 왕릉王陵 등을 몰래 항우의 병영으로 잠입시켰다. 두 사람은 항우 군의 깃발을 모두 꺾어 찢어 버렸다. 다음날 초(항우)군은 주위가 온통 한의 깃발로 가득 차 있는 것을 보고서는 병사들이 크게 혼란에 빠졌다. 항우도 자신의 군대가 패배할 것을 예견하고서, 결국 남쪽으로 도망을 가다가 오강烏江(오늘날 안후이성安徽省 허현和縣 동북쪽에 있는 강)에 도착했다.

한신이 이끄는 군사에 추격을 당했지만, 강을 건너지 않고 또 한의 군사와 싸웠다. 하지만 화살이 다 떨어지자 활을 꺾으며 스스로 계책이 다했다는 것을 알고서 크게 소리를 내질렀다. 한의 군사는 깜짝 놀라서 물러났다. 항우는 몇 걸음 가다가 쓰러졌다. 한신은 잽싸게 달려 나와 항우의 머리를 베서 한왕에게 바쳤다.

한왕이 황제에 즉위하고서 세상도 평정을 되찾았다. 낙양궁雒陽宮(낙양洛陽의 궁전)에 술자리를 마련해서 공신들을 모아놓고 연회를 베풀고, 논공행상을 실시하여 18후侯의 지위를 정했다. 장군과 재상, 문관과 무관들 전원이 만세를 불렀다.

124路夾槐卿

【李注】

수도의 도로에는 양편에 괴수槐樹(회화나무, 콩과의 낙엽활엽교목)를 심었다. (그것은) 천자의 궁전 안에 있는 삼괴구극三槐九棘(극은 대추나무)이 삼공구경三公九卿을 상징하기 때문이다. 『주례』「조사朝士」에서 말했다. "왼쪽(동쪽)은 구극, 경卿·대부大夫가 거기에 자리 잡는다. 오른쪽(서쪽)은 구극, 공公·후侯·백伯·자子·남男이 거기에 자리 잡는다. 정면(남쪽)은 삼괴, 삼공이 거기에 자리 잡는다."

옛날에 주나라 시대에 삼공을 두었다. 태사太師·태부太傅·태보太保가 그들이다. 주공周公(135奄宅曲阜·136微旦孰營 참조)을 태사로 삼고, 소공召公(079存以甘棠·080去而益詠 참조)을 태보로 삼고, 태공太公(133磻溪伊尹 참조)을 태부로 삼았다.

구경으로 말하면, 조정에 아홉 가지 시寺(관청)가 있고 각각에 한 명의 경(장관)이 있었다. 태상시太常寺가 첫째이고, 사농시司農寺가 둘째이고, 대리시大理寺가 셋째이고, 광록시光祿寺가 넷째이고, 종정시宗正寺가 다섯째이고, 대부시大府寺가 여섯째이고, 대복시大僕寺가 일곱째이고, 홍려시鴻臚寺가 여덟째이고, 위위시衛尉寺가 아홉째이다. 이들이 구경이다(구경을 둔 것은 한 제국의 제도이다).

1 포조는 육조 시대 송나라의 시인이자 정치가로 자가 명원明遠이다. 그는 오언시五言詩가 전성하던 시대에 칠언시의 가능성에 도전한 몇 안 되는 사람 가운데 하나인데, 뒷날 당唐의 시인들에게 큰 영향을 끼쳤다. 이 시를 소개하면 아래와 같다.

驄馬金絡頭 푸른 말 어미 황금의 장식
錦帶佩吳鉤 비단 띠에 오나라 칼을 찼다.
失意杯酒間 실의의 술잔을 들고
白刃起相讎 흰 칼을 들어 마주 쓰는구나.
追兵一旦至 하루아침에 적을 쫓아
負劍遠行遊 칼을 등에 없고 멀리 떠나
去鄉三十載 고향을 뜬 지 삼십 년
復得還舊丘 이제 다시 고향에 돌아왔도다.
升高臨四關 높이 관문에 올라
表裏望皇州 멀리 황주를 두루 보노라.
九衢平若水 나라는 물같이 평화롭고
雙闕似雲浮 대궐은 구름이 떠 있는 듯하다.
扶宮羅將相 궁을 끼고 장상이 늘어서고
夾道列王侯 길을 끼고 황후의 집이 펼쳐지고
日中市朝滿 낮에는 거리가 가득 차고
車馬若川流 마차와 말은 흐르는 물과 같다.
擊鐘陳鼎食 음악소리 울리고 음식 늘어놓고
方駕自相求 수레를 몰아 서로 찾는다.
今我獨何爲 이제 나 혼자 무엇을 하나
轗軻懷百憂 멍하니 온갖 걱정만 하노라!

원문과 번역은 '오제주의 한시 감상실'(http://osj1952.com.ne.kr/jakga2/dl/podo/podo.htm)을 참조하여 수정하였다.

2 『문선』은 남조 양梁(502~557)의 소명태자昭明太子 소통蕭統(501~531)이 편찬한 시 선집이다. 전체가 30권으로 선진先秦으로부터 양대梁代에 이르기까지 작가 130인의 작품 7백여 편을 선정, 수록했다. 수록 기준은 "내용이 작자의 깊은 사고에서 나온 것이거나 잘 다듬어진 문장이라 판단되는 것"(事出於沈思, 義歸乎翰藻)이었다. 역대로 학자들이 이 책을 중시해 이에 대한 주석본과 연구 저작을 많이 내서 '선학選學'을 형성하였다. 현존하는 가장 오랜 주석본은 당나라 이선李善의 『문선주文選注』이다. 'Daum 백과사전' 참조.

125 戶 封 八 縣 호마다 팔의 현을 봉하고
호 봉 팔 현

126 家 給 千 兵◦ 가마다 천의 병을 급하다
가 급 천 병

공신에게는 여덟 현의 봉호를 주고,

각자의 집에는 천 명의 병사를 주었다.

125戶封八縣 · 126家給千兵

【李注】

한의 고조는 천하를 평정한 뒤에 공로가 있는 인물에게 여덟 개의 현을 영지로 주었고, 덕 있는 인물에게 집마다 천 명의 병사를 주고서, 부절符節을 나누며 맹세했다. "황하가 옷의 띠처럼 가늘어지고, 태산太山(『한서』에 의하면 태산泰山으로 되어 있다)이 숫돌처럼 평평해질 때까지 〔결토 그런 일이 일어날 수 없으므로 결국〕 영원토록 나라가 보존되어 그 혜택이 후손에게 미치도록 한다"(『한서』「고혜고후문공신표高惠高後文功臣表」의 서序에 보인다). 소하蕭何(147何遵約法 참조)의 공로를 제일로 쳐서 찬후酇侯로 봉하고, 장량張良을 유후留侯로 봉하고, 식읍食邑(지행소知行所로 연공을 받는 영지) 호수는 1만으로 했다. 진평陳平을 호유후戶牖侯로 봉하고, 한신 · 팽월彭越 · 영포英布도 모두 봉지를 받아서 제후와 왕이 되었다.

127 高冠陪輦 관을 고하고 련을 배하며
고 관 배 련

128 驅轂振纓○ 곡을 구하고 영을 진하다
구 곡 진 영

(중신들은)

관을 우뚝 솟게 쓰고 천자의 수레에 동승하고,

수레를 몰면 관끈이 흔들린다.*

곡轂 : 바퀴통으로 수레바퀴의 살이 모이는 곳이다. 여기서는 수레바퀴란 뜻이다.

【注解】

* 〈127〉의 '고관'을 『음결』에서는 "높은 관을 쓴 사람"으로 읽고(《고안본》도 같다), 이주에서는 "관을 높게 해서"로 읽으며 그것을 '천자의 관'으로 간주한다. 여기서는 〈128〉과 함께 생각해 보아 "관을 높게 해서"로 읽고, 앞 구와 이어지기 때문에 천자의 수레에 동승한 공신 · 현신의 관으로 본다. 또 〈128〉을 이주는 비상에 대비한 호위 무사처럼 해석하고 있고, 《고안본》의 주도 "위사衛士는 모두 고관을 쓰고 창을 쥔 채 수레를 따른다"고 하지만, 여기서는 '고관'의 사람들이 수레를 타고 가는 모양인 듯하다. 《구간대자본》에는 두 구를 "중신重臣의 위의威儀를 분명하게 한 것"으로 여겨 "고관을 쓴 사람(중신)"이 동승한 것으로 풀이했다.

127高冠陪輦 · 128驅轂振纓

【李注】

천자의 관冠은 높이가 일곱 치다. 연輦은 천자가 타는 커다란 수레다. 곡

轂은 수레바퀴의 축이고, 영纓은 관의 끈이다. 천자를 지키고 수행하는 것을 배승陪乘이라 하고, 그때는 반드시 수레바퀴의 축을 밀어서 (수레를) 나아가게 하는데, 그 (관의) 끈을 가지런히 해서 깔끔하게 묶는다.*

【注解】

* 이주의 원문은 "振其纓而結就也"이다. '진영振纓'은 『문선』 권20에 실린 육사형陸士衡(육기陸機, 260~303)[1]의 「황태자가 현포선유당玄圃宣猷堂에서 연회를 베풀며 명령을 내려 시를 짓게 하다(皇太子宴玄圃宣猷堂有令賦詩)」를 보면, "셈에도 들지 않는 미천한 신하인 나는 아득히 머나먼 곳으로부터 와서 어깨의 짐을 부리고, 승화문承華門(황태자 동궁전의 문)에서 관의 끈을 손질하네(황태자에게 출사하다)"(蕞爾小臣, 邈彼荒遐, 弛厥負擔, 振纓承華)라고 되어 있다. 이선의 주는 두예의 『춘추좌씨전』 주에 "진振은 가지런하게 하다"라 되어 있다고 한다. 여기의 '진'도 아마 같은 뜻이리라.

1 육기는 서진西晉의 문인으로 사형은 그의 자이다. 그는 수사修辭에 중점을 두고 미사여구와 대구對句의 기교를 살려 육조 시대의 화려한 시풍의 선구자가 되었다. 주요 저서 가운데 『문부文賦』는 문학 비평의 방법을 논한 것으로 유명하다. 'Naver 백과사전' 참조.

129 世 祿 侈 富　세의 록은 치하고 부하며
세 록 치 부

130 車 駕 肥 輕○　거가랑 비랑 경이 있다
거 가 비 경

대대로 녹위를 받는 사람들은 으리으리하게 살고,

수레랑 살찐 말 그리고 가벼운 가죽 옷을 갖는다.

세록世祿 : 대대로 봉급과 관직을 받는 것을 말한다.

치侈 : 크다는 뜻으로, 호화스럽고 사치스러운 것을 말한다.

비경肥輕 : 비마경구肥馬輕裘(살찐 말과 가벼운 가죽옷—부귀한 사람들이 갖는 물건)의 뜻이다.

129世祿侈富 · 130車駕肥輕

【李注】

치侈는 풍부해서 넘치는 것이다. 『상서』「필명畢命」에서 말했다. "대대로 녹위를 받는 가문에는 착실히 예禮를 따르는 일이 드물다." 이는 대대로 고관을 지내게 되면 반드시 호사스러운 부호가 되어 큰 수레로 나들이하고, 살찐 말을 타고, 가벼운 가죽 외투를 입는다는 것을 말한다.

『서경잡기西京雜記』에서 말했다.* 진晉 무제武帝의 외삼촌(어머니의 동생) 왕개王愷[1]는 호사를 부렸는데, 사람의 젖으로 고기를 삶을 정도였다. 천자가 그의 집에 왔을 때 그것을 맛보고 아주 맛이 있자, 그를 소중하게 생각해서 저택을 북망산 기슭으로 옮겨 살도록 했다. 그곳은 사람도 많고 지가도 높았다. 그는 말 위에서 활 쏘는 것을 좋아했기 때문에,** 토지를 사들여 울타리를 만들고 땅바닥 한 면에 금을 (엮어서) 깔았다. 당시 사람들은 그것을 '금전金錢의 울타리'라 불렀다.

또 그는 석숭石崇(249~300)[2]과 사치를 두고 경쟁했다. 개가 석지石脂(점토와 같은 돌)로 벽을 바르면, 숭은 향료의 분말을 벽에 발랐다. 무제가 개에게 네다섯 자 크기의 산호를 한 그루 주었다. 개가 그것을 숭에게 보여주자, 숭은 그것을 보고서 채찍으로 때려 깨뜨려 버렸다.

개는 놀라서 얼굴빛을 바꾸며 말했다. "천자의 보물 창고에 한 그루만 있던 것을 특별히 나에게 하사하셨네. 공은 어떻게 그것을 쳐서 깨뜨리는가?" 숭이 대답했다. "잠깐 기다리시게, 변상할 테니. 걱정하지 마시게." 그리하여 사람을 시켜서 창고를 열어 살펴보니 산호 예순 그루를 찾았다. 개가 받았던 것보다 더 좋은 것만도 20여 그루가 되었지만, 이 이외에도 "더 좋은 것이 있다" 면서 마침내 (별도로) 두 그루를 골라서 그것으로 변상했다.

개가 자사紫糸로 만든 보장保障(외출할 때 길의 양편에 펼치는 막)을 40리로 하면, 숭은 홍금紅錦으로 만든 보장을 50리로 했다. 개가 숭의 집에 갔다가 화장실에 들어가게 되었다. 네 사람의 시비侍婢(곁에서 시중을 드는 여자 노예)가 마중 오는 것을 보니 모두 수가 놓인 비단 옷을 입었고, 예쁘고 단정했다. 개는 잘못해서 숭의 거실로 들어갔다고 생각했는데, 숭이 말했다. "얘들이 화장실의 시녀입니다." 개가 화장실에 올라가니 네 명의 노비가 각각 금주錦籌([아름답게 장식한] 대나무 막대기)를 가지고 앞으로 다가왔다. 개가 부끄러워 화장실에서 내려오면서 숭에게 말했다. "개는 비록 천자의 외삼촌이지만 아직 이처럼 호화롭고 아름다운 것을 본 적이 없소."

【注解】

* 『서경잡기』라고 되어 있지만 해당되는 이야기가 없다. 아마도 『세설신어』의 잘못인 듯하다. 『세설신어』「태치汰侈」에 여기에 나오는 일화와 내용이 조금 다른 것이 실려 있다. 다만 주인공이 왕개 또는 왕제王濟로 되어 있다.

** 이주의 원문은 "令移北邙山下居, 欲之其人多地, 貴奴馬財帛"으로 되어 있지만 글의 뜻이 통하지 않는다. 같은 이야기로 추정되는 『세설신어』의 "왕무자王武子(왕제王濟)가 질책을 받고서 집을 북망산 아래로 옮겼다. 당시에는 그곳에 사람이 많고 지가가 높았다. 제는 말 위에서 활 쏘는 것을 좋아해서 땅을 사들여 담을 만들었고 돈을 엮어서 땅에 둘렀는데, 담이 끝이 없었다. 그 당시 사람들이 그것을 '금구金溝'라고 불렀다"를 따라 "移第北芒下, 人多地貴, (濟)好馬射"로 고쳐서 번역했다.

1 왕개는 자가 군부君夫이고, 이름난 유자 왕숙王肅의 아들이다. 그는 진晉 무제武帝 사마염司馬炎의 외삼촌으로 호화롭고 사치스런 귀족 생활을 즐겼다.
2 석숭은 서진西晉의 문인이고 자가 계륜季倫이다.

131 **策 功 茂 實** 공을 책하고 실을 무하며
책 공 무 실

132 **勒 碑 刻 銘**○ 비를 륵해서 명을 각하다
륵 비 각 명

공훈을 적고 그 내실(덕)을 기리고,

석비를 깎아서 명문을 아로새긴다.

책策 : 적어 둔다는 뜻이다. 『춘추좌씨전』 환공 2년 기사에 "술잔을 내려놓고 공로를 적는다"고 하고,[1] 두예의 주석에 "재빨리 유공有功을 기록한다"고 되어 있다. 이주는 '세우다'로 풀이하고 있다.

실實 : 공훈의 내실을 말한다

늑勒 : 새긴다는 뜻이다.

명銘 : 쇠와 돌에 새겨 놓은 공훈의 기록을 말한다.

131策功茂實 · 132勒碑刻銘

【李注】

책策은 세우다는 뜻이다. 전한의 사마상여(075營業所基 이주 참조)는 부賦에서 말했다. "뛰어난 평판을 거두고 그 내실을 드높인다."* 실질을 풍부하게 하는 것이다. 공훈을 세워서 이름을 드날리면 돌에 새겨 그것을 전하므로 (이름이) 스러지지 않는다.

후한의 두헌竇憲(?~92)[2]은 흉노를 정벌하여 전승을 임금에게 알리고, 연연산燕然山에 올라 돌에 공훈을 새겨서 한의 위덕을 기록하기 위해 반고班固(32~92)[3]에게 명문銘文을 짓게 했다. 『당서』에는, 태종이 고려(고구려)를 쳐부수고 자신이 행차했던 산을 주필산駐蹕山(천자가 일시적으로 머물렀다는 뜻)으로 이름 짓고 돌을 깎아서 공훈을 기록했다고 한다.**

【注解】

* 사마상여의 부에는 없고 「봉선문封禪文」을 보면 "만대에 걸쳐 맑은 흐름(도에 들어맞은 가르침)을 융성하게 하고, 그 은혜를 입고 영예로운 평판을 드날려서(蜚) 번영을 이루다"(『사기』 권117 「사마상여전」)라 하였다. 이 글은 『문선』 권48에도 인용되어 있고, 이선의 주에 "비蜚는 옛날의 비飛 자다"라고 되어 있다.

** 주필산은 『구당서』 권199 「고려전」, 『신당서』 권220 「고려전」 두 곳 모두에 보인다.

1 맥락을 확인하려면 신동준 옮김, 『춘추좌전』 1, 82쪽 참조.

2 두헌은 자가 백도伯度이고 두융竇融의 증손이다. 그는 한 제국 왕실의 외척으로 권세를 휘둘렀지만 명장名將이기도 했다.

3 반고는 후한 초기의 역사가이자 문인이다. 그의 자는 맹견孟堅이고 아버지 반표班彪의 유지를 받아 기전체 역사서인 『한서』를 편집하였는데, 사마천의 『사기』와 대조되는 형식을 창출했다. 그의 저작으로는 『백호통의白虎通義』, 「양도부兩都賦」 등이 남아 있다. 이때 지은 글이 「봉연연산명封燕然山銘」이다. 이것은 『후한서』 「두헌전」과 『문선』 권56 「명銘」에 실려 있다.

133 磻溪伊尹 반계와 이윤
반 계 이 윤

134 佐時阿衡○ 시를 좌하고 아형으로 불리다
좌 시 아 형

반계의 (계곡에서 낚시했던) 태공 망과 이윤 등은
때로는 자기 시대의 정치를 도왔고, 때로는 아형이라는 존칭을 받았다.

반계磻溪[1] : 강 이름으로 오늘날 산시성陝西省 바오지현寶鷄縣의 남동쪽을 흐른다. 태공 망 또는 여상呂尙이 낚시를 했던 강을 가리킨다. 여기서는 장소에 의탁해서 태공 망을 가리킨다.

이윤伊尹, 아형阿衡 : 이윤은 은나라 탕 임금에게 출사했던 공신. 아형은 이윤에 대한 존칭이다.

133磻溪伊尹

【李注】

『상서중후尙書中候』에서 말했다. "태공은 반계의 물가에 머물며 강가에서 낚시를 하다가 옥황玉璜(둥근 바퀴의 절반 모양으로 된 옥)을 얻었다. 그것에 새겨진 글을 보니 '희씨姬氏(주周 왕가王家의 성)가 천하를 다스릴 명령을 받고, 여씨呂氏가 그를 도울 것이다. 그래서 여씨는 영지를 받아서 제齊 지역에 있게 될 것이다'라고 되어 있었다." 반계는 강의 이름이다. 태공이 낚싯대를 드리우고 있던 장소이다.*

태공은 성이 강姜이고 이름이 자아子牙이다. 기주冀州(오늘날 허베이성과 산시성山西省을 아우르는 넓은 지역) 출신이다. 천성적으로 경서 배우기를 좋아했고 성격은 소박하고 솔직했다. 은나라 말기 커다란 혼란을 만나서 생계가 어느 것 하나 뜻대로 되지 않았다.

예컨대 시장에서 국수(밀가루)를 팔면 그날따라 세찬 바람이 부는 날씨를 만나고, 소를 잡으면 그 무렵에 푹푹 찌는 날씨를 만났다. 마시는 것을 팔 때는 날씨가 서늘해지고, 밥을 해서 팔 때는 그해에 풍년이 들었다. 무엇을 해도 잘 되는 때가 없었다. 그렇게 되자 아내 마씨馬氏는 마침내 태공에게서 떠나가 버렸다.

자아는 서쪽 주나라에 성인聖人이 있다는 소문을 듣고서, 드디어 살던 곳을 떠나 서쪽으로 길을 떠났다. 반계 계곡에 이르러 물고기를 낚으면서 살았다.

주의 문 임금이 사냥을 나왔을 때, 우연히 그 모습을 보고서 물었다. "낚시 바늘을 물에 던지면서 왜 낚시 바늘을 곧게 펴서 합니까? 그러면 어떻게 물고기를 낚을 수 있죠?" 자아가 대답했다. "천명에 거스르는 물고기를 낚으려고 합니다." 왕이 "노인장, 여기서 낚시를 한 지 얼마나 되었습니까?"라고 묻자, "지금까지 한 1년 정도 지났습니다"라고 대답했다.

또 "자제분들이 어떻게 됩니까?"하고 물으니, "아내도 자식도 없습니다. 아내와 자식이 없는 것은 걱정이 되지 않지만 나라에 참다운 왕이 없는 것이 걱정이 됩니다"라 대답했다. 문 임금이 말했다. "지금 주紂 임금(025弔民伐罪 · 026周發殷湯 이주 참조)께서 계시오. 어떻게 왕이 없다고 걱정하십니까?" 자아가 말했다. "주 임금은 참으로 무도한 왕일 뿐입니다."

문 임금은 그가 현인인 것을 알고 수레에 동승해서 도성으로 돌아가다 기주岐州(오늘날 산시성陝西省 평샹현鳳翔縣)에 이르러 그를 환단공桓檀公으로 분봉했다.

문 임금은 문득 꿈에 한 명의 여인이 태공 집의 문에 기대어 울면서 다음처럼 말하는 것을 보았다.** "저는 동해 용왕龍王(바다의 신)의 딸입니다. 서해 용왕의 아들에게 시집가서 그의 아내가 되고 싶지만, 남편 될 사람의 부모가 너무 엄격하고 심술이 고약합니다. 이제 저는 생각을 바꿔 동해로 돌아가려고 하는데, 그러자면 반드시 폭풍이 일고 호우가 내려서 사람들이 심어 놓은 농작물을 해치게 될 것입니다. 지금 이 지역을 지나가려면 환단공의 영지에 있는 농작물을 다치게 하지 않을까 걱정이 됩니다. 그래서 울고 있는 것입니다." 문 임금이 깜짝 놀라 눈을 뜨고 자아가 현인이라는 것을 다시금 깨닫고서 봉호封號를 고쳐 태공으로 부르고 한층 더 우대를 나타냈다.

문 임금이 죽은 뒤 무 임금(026周發殷湯 참조)이 즉위하고서 태공을 사師로 높이고 주 임금을 정벌할 때 선봉으로 삼았다. 무 임금은 그를 상보尙父로 불렀다. 천하를 손에 넣고서 그를 제후齊侯로 분봉했다.

태공은 제의 국경에 도착했을 때 한 명의 나이 든 여자가 길을 가면서 전 남편을 생각하며 울고 있는 것을 보았다. 태공이 물었다. "전 남편이 누구요?" 여자가 대답하길 "성은 강이고 이름은 자아입니다"라고 하자, 태공이 말했다. "내가 바로 그 사람이오." 여인이 기뻐하며 "다시 전처럼 부부가 될 수 있을까요?"라고 묻자, 태공이 말했다. "당신이 어디 가서 물을 한 잔 떠 오시오."

여인이 물을 가지고 돌아오자, 태공이 잔을 기울여 땅 위에 흐르도록 했다가 다시금 물을 주워 담으라고 했다. 여인이 대답했다. "물은 이미 땅속으로 스며들었으니 다시 주워 담기 어렵습니다." 공이 말했다. "애정이 있던 사이도 한 번 헤어지면 두 번 다시 합칠 수 없다오. 이 물과 같소."

그대로 태고太鼓를 치며 태공은 그 자리를 떠나갔다. 그 여인은 창피해 하고 후회하면서 길에서 죽었다. 길 가던 사람들이 시신을 그대로 두기 꺼림칙하여 조금씩 흙을 쌓다 보니 마침내 커다란 능이 되었다. 이를 두고 당시 사람들은 '무식한 마씨 여인의 무덤'(無知馬氏老女之塚)이라 불렀다.

이윤은 신莘나라(오늘날 허난성 천리우현陳留縣 북동쪽 지역) 출신이다. 어머니가 이윤을 뱄을 때, 홀연히 공중에서 신인이 알려 주었다. "내일 큰물이 들 것이다. 무조건 동쪽을 향해 달려가라. 그리고 절대 뒤를 돌아보지 마라." 사람들이 모두 그 말을 긴가민가하며 믿지 않았는데, 다음 날 과연 큰물이 밀어닥쳤다. 그래서 어머니는 동쪽으로 달렸고 마을 밖으로 십 리쯤 벗어나서 뒤를 돌아봤다. 바로 그때 몸이 마른 뽕나무로 변했고, 나무 속에서 어린아이의 울음소리가 났다.[2] 이에 사람들이 그 아이를 끄집어내서 길렀다. 커서 어른이 되자 현명한 덕을 지니게 되었다. 은의 탕 임금(026周發殷湯 참조)을 도와서 하의 걸 임금을 정벌하는 데 공로를 세웠다. 그 뒤에 승상이 되었다.***

【注解】

* 『상서중후』는 위서緯書의 하나다. 『상서(서경)』와 관련된 여러 가지 신비한 전승(예언 등등)을 기록하고 있다. 한 제국 시대에 쓰였지만 위진남북조 시대에 이미 부분적으로 없어지기 시작했고, 당 이후에는 여러 곳으로 흩어져 버리고 말았다. 이 문장은 『예문유취』 권10, 『태평어람』 권807 등에 인용되어 있지만 각각 내용이 조금씩 다르다.

** 문 임금이 한 명의 여인이 울고 있는 꿈을 꾸었다는 이야기는 『수신기』 권4에 보인다.

*** 이윤의 어머니가 마른 뽕나무(공상空桑)로 변했다는 이야기는 『여씨춘추』 권14 「본미本味」에 보인다.

134佐時阿衡

【李注】

좌佐는 돕는다는 뜻이다. 탕 임금은 이윤을 승상으로 했고 아형阿衡으로 높여서 불렀다. 아阿는 기대다, 의지하다는 뜻이고, 형衡은 평평하다, 평온하다는 뜻이다. 134佐時阿衡은 하의 걸 임금(026周發殷湯 이주 참조)을 정벌할 때 이윤의 도움을 받았다는 것을 말한다. 지금은 대신大臣의 도움에 의지해서 천하를 태평하게 다스린다는 것을 말한다.

1 조선 시대 유학자 유형원柳馨遠(1622~1673)의 호이기도 하다. 그는 원래 서울 출생이었지만 1653년(효종4) 부안군 우반동愚磻洞에 정착하였다. 이듬해 진사시에 합격하였으나 과거를 단념하고 학문 연구와 저술에 전심하면서 여러 차례 전국을 유람하였다. 훗날 그의 사유와 행적은 이른바 실학파들에게 많은 영향을 끼쳤다.

2 소돔과 고모라성이 유황불로 심판을 받을 때, 구원받은 롯과 그 아내 그리고 두 딸에게 천사가 뒤를 돌아보지 말라고 경고했는데 롯의 아내가 뒤돌아보다가 소금 기둥으로 변한 이야기와 같은 맥락이다. 「창세기」와 「누가복음」에 나온다. 058福緣善慶의 이주를 참조.

135 奄宅曲阜 곡부에 엄히 택하고
엄 택 곡 부

136 微旦孰營○ 단이 미라면 숙이 영하겠는가?
미 단 숙 영

(주공 단은) 오랫동안 곡부에 터를 다졌으니,

만약 주공 단이 없었더라면 누가 그 지역을 경영할 수 있었을까?

엄奄 : 오래 되다, 가리다(모든 것을 덮는다)는 뜻이다. 이주가 '보유하다'로 풀이하는 것은 『시경』 등에 '오랫동안 가지다'로 이어지는 구절이 많기 때문이다.[1]

곡부曲阜 : 춘추 · 전국 시대 노나라의 수도다. 오늘날의 산둥성 취푸현曲阜縣에 해당된다. 주공周公 단旦이 제후로 분봉되었던 장소다.

단旦 : 주공 단[2](성은 희姬, 이름은 단)이다. 주 문 임금의 아들이고 무 임금의 동생이다. 주周 지역을 다스렸기 때문에 주공으로 불렸다. 무 임금의 아들 성成 임금을 도와서 주왕조의 정치 · 문화 · 조직의 기초를 다졌다. 예악 제도를 창제한 것으로 이야기되고, 공자가 성인으로 우러러 받들었다. 『논어』 「술이」 5에서 말했다. "선생님이 고백했다. 심하구나, 나의 쇠퇴함이여! 오래되었구나, 내가 다시 꿈에서 주공을 뵌 지가!"(104東西二京 · 124路夾槐卿 · 211晝眠夕寐 이주 참조).

135奄宅曲阜 · 136微旦孰營

【李注】

엄奄은 보유하다는 뜻이고, 택宅은 머무르다(거처를 정하다)는 뜻이다. 미微는 없다는 뜻이고, 숙孰은 '누구'라는 뜻이다. 영營은 다스리다(조영하다)는 뜻이고, 곡부는 지명이다. 소호少昊(상고 시대의 제왕. 020鳥官人皇 참조)의 옛 땅으로 오늘날의 노성魯城이다. 단旦은 주공의 이름이다. 주공은 노魯 지역에 분봉되어 곡부 땅에 정착했다. 두 구는 이 곡부의 땅에 당시 만약 주공이 없었더라면, 누가 그 도읍을 조영할 수 있었겠는가라고 말한다.

1 실례를 찾아보면 「황의皇矣」 "엄유사방奄有四方", 「비궁閟宮」의 "엄유하국奄有下國", "엄유하토奄有下土", 「현조玄鳥」의 "엄유구유奄有九有" 등이 있다.

2 주공을 기리는 사당이 여러 곳에 있다. 대표적으로 산시성 기산성岐山城의 서북쪽 7.5킬로미터에 있는 봉황산鳳凰山 남쪽 기슭에 당 무덕武德 원년(618)에 세운 것이 있다. 이곳은 주공 이외에 소공과 태공을 기리는 건물도 있다. 취푸에도 취푸성의 동북쪽, 공묘孔廟로부터 약 1킬로미터 떨어진 곳에 있다.

137 桓★ 公 匡★ 合 환공은 광하고 합하여
환 공 광 합

138 濟 弱 扶 傾○ 약을 제하고 경을 부하다
제 약 부 경

(제의) 환공은 제후들을 불러 모아서 세상의 중심을 바로잡았고, 약자를 도와서 일으켜 주고 힘이 기운 자를 부축해 주었다.

환공桓公 : 춘추 시대 제齊나라의 군주로 이름은 소백小白이다. 춘추 시대의 오패五霸[1] 가운데 제일인자가 되었다(174鑑貌辯色 이주 참조). '桓'을 '齊'로 쓴 경우(《어서원행서천자문》 등)는 송의 흠종欽宗(재위 1125~1127, 북송의 마지막 황제)의 이름 '桓'을 피하기 위한 것이다(209紈扇員潔 · 229布射遼丸 참조).

광합匡合 : 광은 바로잡는다는 뜻이다. 제후들을 불러 모아서 천하를 바로잡았다. '匡'을 '보輔'로 쓴 것(《구간대자본》 등)은 송의 태조, 조광윤趙匡胤의 이름을 피하기 위한 것이다.

137桓公匡合 · 138濟弱扶傾

【李注】

광匡은 바로잡다, 합合은 모이다(모여서 하나로 뜻을 모으다)의 뜻이다. 두 구는 제 환공이 나라를 다스릴 때 제후들을 불러 모아서 천하를 하나로 뭉치게 바로잡고, 약자가 있으면 부축해서 굳세게 만들어 주고, 위기에 처하면 도와서 편안하게 해 주었다는 것을 말한다. 『논어』「헌문憲問」에서 "환공은 제후들을 구합九合했다(아홉 차례 회합하게 했다)",[2] "천하를 통일해서 안정시켰는데, 백성들이 오늘날까지 그의 음덕을 입고 있다"고 말했다.

1 오패는 다섯 명의 패자, 다섯 패권국이란 뜻으로 제 환공, 진 문공, 진 목공, 송 양공, 초 장왕 등을 가리킨다. 이 이외에도 누구 또는 어느 나라가 오패에 속하는지에 대해 여러 가지 주장이 있다. 이와 관련해서 반고, 신정근 옮김, 『백호통의』, 소명출판, 2005, 75-77쪽 「극존칭(號)」 참조.

2 구합과 관련해서 신정근 외 옮김, 『반논어』, 예문서원, 1996, 594-598쪽 참조.

139 **綺 廻 漢 惠** 기는 한의 혜를 회하고
기 회 한 혜

140 **說 感 武 丁**○ 열은 무정을 감하게 하다
열 감 무 정

기리계 등 네 명의 현인은 한 혜제가 태자의 자리를 되찾게 했고, 부열이란 사람은 은의 고종을 감동시켰다.

기 綺 : 기리계綺里季를 말한다. 자가 계季이고, 성은 주朱이고, 이름은 휘暉다. 사호四皓 가운데 한 사람으로, 기리계를 예로 들어 네 사람을 대표하게 했다(이주 참조).

회 廻 : 돌려놓는다는 뜻이다. 여기서는 혜제가 태자의 자리에서 폐위되려던 것을 막아서 복귀시킨 것을 가리킨다.

한혜 漢惠 : 한 제국의 혜제惠帝(재위 BC 195~188)를 말한다.

열 說 : 부열傅說을 가리킨다(이주 참조).[1]

무정 武丁 : 은殷의 고종高宗을 가리킨다.

139綺廻漢惠

【李注】

기綺는 기리계綺里季이다. 상산商山(『한서』에 의하면 상락商雒에 있는 깊은 산) '사호四皓'의 한 사람이다.

옛날에 진의 시황제는 무도하여 책을 불 지르고 유자儒者〔지식인〕를 구덩이에 묻었는데, 네 사람은 난難〔정치적 위기 상황〕을 피해서 홍농弘農(군郡 이름으로 오늘날 허난성 서쪽으로부터 산시성陝西省 동쪽에 이르는 지역)의 산에 은거했다. 그 무렵 나이가 많이 들어 살쩍과 머리카락이 하얗게 새자 당시 사람들은 그들을 '四皓'(皓는 하얗다는 뜻)로 불렀다.

한 명의 이름은 동원공東園公(『한서』에 의하면 원공園公), 두 번째 사람의 이름은 기리계, 세 번째 사람의 이름은 하황공夏黃公, 네 번째 사람의 이름은 각리角里 선생이었다.

한 고조는 이미 혜제를 세워 태자로 삼았는데, 뒤에 척戚부인을 총애해서 정해 놓은 태자를 내쫓고 대신에 조왕趙王 여의如意를 태자로 세우려고 했다. 조왕 여의는 척부인이 낳은 자식이었다.[2] 여러 신하들이 간언했지만 고조를 그만두게 할 수 없었다.

여후呂后(혜제의 어머니)가 장량에게 대응책을 묻자, 그가 자기 생각을 말했다. "이 일은 입씨름으로 다툴 문제가 아닙니다. 생각해 보면 주상이 마음대로 불러서 오게 할 수 없는 사람이 네 명 있습니다. 이 네 사람은 모두 황제가 다른 사람을 깔보고 업신여기기 때문에 세상으로부터 도망쳐서 산속에 숨어 지내고 있습니다.[3] 도의상 한의 신하가 되지 않겠다고 생각하고 있지만, 황제는 이 네 사람을 늘 존경해 마지않았습니다. [태후께서] 성심성의껏 금백金帛(황금과 비단)을 마련하고 태자로 하여금 편지를 쓰게 하여, 그것을 가지고 사자를 보내 말을 정중하게 하고 예에 따라 우대하여 네 사람을 초대하는 것입니다. 만약 이 네 사람을 오게 할 수 있다면 한 가지 커다란 도움이 될 것입니다."

그래서 여후는 장량이 일러준 대로 사자를 보내 그들을 맞이하게 했다. 놀랍게도 네 사람이 모두 찾아왔다. 때마침 여러 신하를 모아놓고 연회를 베풀며 술자리를 마련했는데, 태자도 황제 옆에 앉아 있었다. 네 사람은 태자를 시중들 듯 따랐다. 모두 나이 여든 살이 넘었고, 수염이며 눈썹이 하얗고, 입은 옷도 쓴 관도 모두 깔끔하고 아름다웠다. 황제가 괴이하게 생각해서 물으니 네 사람이 각각 성과 이름을 대답했다.

황제가 깜짝 놀라서 말했다. "내가 그대들을 찾자 나를 피해 은거하더니, 무슨 이유로 내 아이를 따르며 함께 어울리는 것인가요?" 네 사람이 대답했다. "폐하가 선비와 신하 등을 업신여겨서 우리는 도의상 욕보이는 것을 견디지 못했습니다. 지금 태자는 친절하고 효성스럽고 선비를 좋아하기 때문에 우리가 모두 함께 왔습니다. 그리고 들은 바에 따르면 폐하가 적자를 내치고 서자를 태자로 세우려고 한다는데, 우리는 이 일로 세상이 위태로워질까 두렵습니다. 태자를 위해 죽을 각오가 되어 있습니다."

황제가 말했다. "번거롭겠지만 그대들이 태자를 잘 이끌어 주고 지켜 주기 바랍니다." 네 사람은 오래 살기를 빌고, 말을 끝내자 빠른 걸음으로 자리를 떴다.

황제가 직접 배웅을 하고서 척부인을 불러 놓고 말했다. "내가 적자를 내치고 새로이 태자를 세우려고 생각했지만, 저 네 사람이 태자를 돕는다고 하니 보좌의 틀이 갖추어졌기 때문에 바꿀 이유가 없구려." 척부인이 울며 자리에 쓰러졌다.

황제가 말했다. "나를 위해 초나라 춤을 추시오. 나는 당신을 위해 초나라 노래를 부르겠소. 운운云云"* 마침내 태자를 바꾸지 않았고 이리하여 혜제가 즉위하게 되었다. 여기서 '회廻'는 기리계 등이 와서 황제의 생각을 돌려 세워서, 즉 형세를 한 번 바꾸어 황제가 혜제를 내치지 않도록 했던 것을 말한다.

【注解】

* 『사기』 「유후세가留候世家」(『한서』 「장량전」도 같다)에도 여기서 황제(한 고조)가 불렀던 초나라 노래 "기러기 높이 날아, 한 번 움직여 천리를……"이라는 여덟 구를 싣고 있다. 이주의 현행본은 이 노래를 생략했

기 때문에 '운운'이라 한 것이다.

140說感武丁

【李注】

열說은 부열傅說을 가리킨다. 무정武丁은 은殷의 고종高宗을 가리킨다. 부열은 사슬에 묶인 죄수로 바위산 자락에서 토목 공사를 하고 있었다. 뭔가를 느꼈던 날 저녁, 무정은 한 명의 현자가 자신을 보좌해서 함께 천하를 다스리는 꿈을 꾸었다. 잠에서 깨어난 뒤에도 그 생김새를 잊지 않고, 화공에게 그 모습을 그리게 해서 천하를 뒤져 그 사람을 찾았다.

부암傅岩(『서경』에 의하면 傅巖)까지 뒤졌더니 오직 부열만이 (그림과) 서로 닮았다. 그래서 그를 발탁해서 재상으로 삼았다. 고종은 양암諒闇(아버지의 상례를 치르는 기간)[4] 중에 3년 동안 아무 말〔지시〕을 하지 않았다. 모든 관리들이 스스로 책임을 지고, 정치는 총재冢宰(오늘날 총리. 여기서는 재상 부열을 가리키는 듯하다)의 지휘를 따랐다.*

【注解】

* "고종이 양암……" 이하의 원문은 "及高宗諒闇三年不言, 百官摠己以聽政於冢宰"로 되어 있다. 부열이 고종의 거상 기간 3년 동안 아무 말을 하지 않았다고 하면, '총재(부열)에게 듣는다'는 것이 성립될 수가 없다. 상복을 입고서 3년간 말하지 않았다는 것은 고종의 행동으로 유명하다. 여기서는 고종이 선제先帝의 상복을 입고 3년간 말하지 않고, 그 사이에 부열이 고종을 대리해서 정무를 지도한 것으로 해석했다.

그러나 『사기』 권3 「은본기殷本紀」와 『서경』 「열명상說命上」에 의하면, 고종이 상복을 입고서 말을 하지 않았던 3년 동안에 꿈에서 부열을 보았다고 한다. 결국 상복을 입었던 3년 동안에는 부열이 고종의 옆에 있지 않았던 것이다. 이주가 근거로 하는 자료가 무엇인지 알 수 없다(단순히 고종의 일화를 말미에 붙여놓은 것인지도 모르겠다).

『논어』「헌문」 40에서 말했다. "자장子張이 물었다. '『서경』에 보면 고종은 상복을 입은 3년 동안 말하지 않았습니다. 왜 그렇게 했나요?' 공자가 대답했다. '하필 고종만 그렇게 했겠는가? 옛날 사람은 모두 그렇게 했다. 군주가 죽으면 모든 관리들은 스스로 책임을 지고, 3년 동안 총재에게 정무를 지시받는다.'"

1 '說'은 음이 설, 열, 세 등이 있다. 설은 이야기하다, 열은 기쁘다, 세는 유세하다는 뜻을 나타낸다. '傅說'은 습관적으로 부설이 아니라 부열로 읽는다.

2 한 고조 유방은 알려진 다섯 명의 부인 사이에서 8남1녀를 두었다. 아들 다섯은 어머니가 알려져 있지만 세 명은 확실하지 않다. 고조와 여呂 황후 사이에 유영劉盈, 즉 한 혜제와 장녀 노원공주魯元公主가 태어났다. 고조와 박희薄姬 사이에 유항劉恒, 즉 문제文帝가 태어났다. 고조와 조부인曹夫人 사이에 장자 유비劉肥, 즉 제齊 도혜왕悼惠王이 태어났다. 고조와 척부인戚夫人 사이에 유여의劉如意, 즉 조왕趙王이 태어났다. 고조와 조희趙姬 사이에 유장劉長, 즉 회남려왕淮南厲王이 태어났다. 이밖에 어머니가 분명하지 않은 양왕梁王 유우劉友, 회양왕淮陽王 유회劉恢, 연왕燕王 유건劉建 등이 있다.

3 유방은 유자(지식인)를 가까이 하지 않았다. 심지어 유자들의 관에 오줌을 눌 정도로 말을 내세우는 지식인에 혐오감을 갖고 있었다. 물론 통일을 한 뒤 육가陸賈의 "말 위에서 천하를 얻을 수 있지만 다스릴 수는 없다"는 간언을 듣고서 태도가 바뀌었다.

4 이 용어는 표현이 다양하다. 【注解】에 나오는 『논어』「헌문」 40에는 양음諒陰으로 되어 있고, 또 흉려凶廬라고도 한다. 지역마다 비슷한 의례를 달리 불렀던 흔적으로 볼 수 있다.

141 俊乂密勿 준예밀물 — 준예는 밀물하듯 하고

142 多士寔寧○ 다사식녕 — 다의 사가 있으므로 식에 녕하다

재덕이 뛰어난 사람은 부지런히 일하고,
많은 인재가 있으므로 천하가 정말로 평안하다.

준예俊乂 : 재덕이 뛰어난 사람을 가리킨다.

밀물密勿 : 애쓰고 힘들이는 모습을 가리킨다. 국가의 기밀에 참여하는 대신을 가리킨다. 이주는 '친밀親密'로 풀이하는데, 천자와 준예가 친밀하다고 생각한 듯하다. 『음결』에서는 '바로잡다'로 풀이하여, 준예가 바로잡을 때 많은 사람들이 평안하게 된다고 한다. 《구간대자본》에서는 '밀물'을 '군주'를 '보좌하다'거나 '애쓰고 힘들이다'는 뜻으로 풀이했다.

식寔 : 참으로, 정말로의 뜻이다

영寧 : 평안하다, 평화롭다는 뜻이다.

141 俊乂密勿 · 142 多士寔寧

【李注】

준예俊乂는 현인賢人을 가리킨다. 밀물密勿은 친밀하다와 같다. 두 구는 천자가 현인과 서로 가깝게 지내면, 조정에는 군자가 많아지고 정말로 세상이 평안해진다는 것을 말한다. 『모시』「대아」의 「문왕文王」에서 말했다. "훌륭한 선비들이 넘치니 문 임금도 이에 힘입어 평안하다."[1]

1 전체 맥락을 확인하려면 김학주 옮김, 『시경』, 406쪽 참조.

143 晉 楚 更 霸 진과 초가 갱하여 패하고
진 초 갱 패

144 趙 魏 困 橫○ 조와 위가 횡으로 곤해지다
조 위 곤 횡

진과 초가 번갈아 가며 패자가 되고,

조와 위가 서쪽 진을 괴롭혔다.[1]

진晉, 초楚 : 춘추 시대의 나라 이름. 진의 문공, 초의 장왕은 각각 패자霸者가 되었다.

패霸 : 우두머리란 뜻이다. 覇가 본자이다.

조趙, 위魏 : 전국 시대의 나라 이름으로 둘 다 진의 동쪽에 자리하고 있었다.

곤횡困橫 : 횡은 가로, 동서 방향. 여기서는 이주에 따라 서쪽 나라, 즉 진秦을 가리키는 것으로 보고 '횡을 괴롭히다'로 푼다. 《구간대자본》에서는 조와 위(그리고 한)의 세력이 진晉의 땅을 빼앗아 나눈 뒤 자립한 것으로 풀이하고, 제후가 자나 깨나 전쟁을 벌이느라 인의仁義를 잊어버린 것을 '곤횡'으로 말했다고 본다. 《고안본》을 참조하고 『음결』의 또 다른 풀이를 고려하면, 곤횡은 '조와 위 두 나라가 진秦나라와 가까워서 매번 진에게 공격을 당했다'고 말하고 있기 때문에 '진나라에게 괴롭힘을 당하다'라고 풀이할 수 있을 듯하다.

143晉楚更霸

【李注】

오패五霸(춘추 시대 다섯 명의 패자 제 환공, 진 문공, 진 목공, 송 양공, 초 장왕) 가운데 진의 문공과 초의 장왕이 있다. 갱更은 번갈아의 뜻이다. 이 구는 진과 초 두 나라가 이어서 제후의 패자(우두머리)가 되었다는 것을 말한다.

진 문공은 이름이 중이重耳로, 계모 여희驪姬의 난(055空谷傳聲 이주 참조)을 만나 나라 밖으로 망명을 떠나서 초나라에 몸을 맡겼다. 초왕은 예를 다해서 그를 우대했다. 10년이 지나 진의 헌공이 죽자 여희의 아들 해제奚齊가 즉위해서 국군國君이 되었지만, 대부 이극李克(『좌전』에 의하면 里克)이 그를 살해했다. 중이는 이 소식을 듣고서 초를 떠나 조국으로 귀국하려고 했다.

초왕이 중이에게 말했다. "당신이 나라로 돌아가서 자립하여 국군이 된다면, 장차 어떻게 과인에게 보답하겠는가?" 중이가 대답했다. "귀국해서 왕이 된다면, 초와 송宋이 싸움을 벌일 때 초를 위해 세 차례 패배하는 것으로 은혜에 보답하고자 합니다."* 중이가 귀국하고서 자립하여 문공이 된 뒤에, 군사를 이끌고 송과 함께 싸울 때 초나라를 위해 세 차례 패배하여 물러나는 것으로 은혜에 보답했다.[2]

그러나 초왕은 거듭 싸우고자 했다. 문공은 군사를 필요한 만큼 투입하여 초군을 대패시켰다. 초왕이 탄식하며 말했다. "중이가 나를 위해 세 차례 퇴각하여 나의 은혜에 보답했다. 그런데도 지금 내가 거듭 싸움을 벌여 대패를 했으니, 이것은 과인의 잘못이다."[3]

【注解】

* 원문은 "爲之三敗"인데 이 패敗는 패주敗走하다는 뜻으로, 초나라와 송나라가 싸울 때 중이(진)가 송과 연합해서 초와 싸우게 되겠지만, 군대를 뒤로 물리는 것을 세 차례 되풀이하겠다는 것을 말한다. 『사기』 권39 「진세가晉世家」를 보면, 중이는 "만약 어쩔 수 없이 내가 병사와 수레를 이끌고 왕과 평원이나 넓은 습지에서 싸워야 한다면, 왕의 군대로부터 3사(90리) 정도 뒤로 물러나 있으려고 생각합니다"라고 말했다.

144 趙魏困橫

【李注】

관關(함곡관函谷關)의 서쪽이 가로 지역(연횡파連衡派의 나라들)이고,* 관의 동쪽이 세로 지역(합종파合從派의 나라들)이다. 진秦의 소왕昭王은 관서 지역에 자리 잡았는데 강성했다. 관동의 조 · 위 등 여섯 나라(제 · 초 · 연 · 한 · 조 · 위)는 모두 진을 두려워하여, 함께 모의해서 군대를 일으켜 합종책으로 진을 공격했다. 그 횡을 괴롭혔다는 것이다.**

【注解】

* 연횡連衡(횡橫) · 합종合從(종縱). 전국 시대 강대한 진秦에 대항하기 위해서 남북 방향의 국가들이 동맹했는데, 그 방책을 합종책合從策(종은 세로, 즉 남북의 뜻)이라고 했다. 그것에 맞서서 진은 여섯 나라가 연합해서 진에 협조하도록 했는데, 그 방책을 연횡책連衡策(형은 가로, 즉 동서의 뜻)이라 했다.[4]

** 이주에 의하면, '곤횡'은 진(연횡파의 나라)을 괴롭힌다는 뜻이다. 그러나 '횡에 괴롭힘을 당하다'로 읽어 '조와 위 등이 진(의 연횡책)에 괴롭힘을 당하다'로 풀이하는 설도 있다는 것은 이미 이야기했다.

1 춘추 시대 진晉의 정파들이 분리 독립하여 한韓·위魏·조趙나라가 탄생하였다. 역사적으로 진의 분열을 전국 시대의 시작으로 간주하기도 한다. 전국 시대 초기에는 한이 쇠뇌와 같은 무기 개발과 변법變法을 통해 정국의 주도권을 장악했고, 조와 위도 진의 동진을 가로막을 수 있었다. 이렇게 보면 곤횡을 '진晉을 괴롭히다'로 해석해도 무방하다. 전국 시대 중기 이후가 되면 진秦이 강대국으로 부상하면서부터 한·위·조, 특히 한와 위는 자주 진의 침략을 받아서 궁지에 몰린다. 이렇게 보면 곤횡은 '진秦에 의해 괴롭힘을 당하다'로 풀이하는 게 옳다. 하지만 시대 상황을 고려하면 둘 다 나름대로 타당성을 가지고 있으므로 둘 다 가능하다. 이민수(『천자문』)와 김근(『욕망하는 천자문』)은 모두 수동으로 풀이하고 있다.

2 이 부분은 『좌씨전』 희공 23년(BC 637) 기사를 보면 자세하게 나와 있다. 초나라의 왕은 성왕成王이다. 그의 물음에 중이는 '당신이 이미 갖가지 보물을 가지고 있으니 더 줄 게 없고, 중원 지역에서 진과 초가 맞붙는다면 진의 진영을 3사舍(1舍는 30리) 뒤로 물리겠다'고 대답했다. 신동준 옮김, 『춘추좌전』 1, 275쪽 참조.

3 이 부분은 노 희공 28년(BC 632)의 성복城濮 전쟁을 가리킨다. 성복은 당시 위나라 지역으로 오늘날 허난성 천리우현陳留縣에 해당된다(전쟁의 발단과 전개 그리고 결말과 관련해서는 신동준 옮김, 『춘추좌전』 1, 304-324쪽 참조). 애초에 초 성왕은 "상대가 진실로 합당하다면 싸우지 않고 돌아간다"(允當卽歸), "이기기 어렵다는 것을 알면 물러난다"(知難而退), "덕 있는 자와 대적할 수 없다"(有德不可敵)는 『군지軍志』의 병법을 말하며 퇴각을 생각했다가, 결국 전쟁을 벌여 참패를 당했다.

4 연횡은 가로 동맹, 합종은 세로 동맹이라고 할 수 있다. 소진蘇秦은 진을 제외한 여섯 나라의 단결을 주장하는 합종책을, 장의張儀는 여섯 나라가 진을 섬겨야 한다는 연횡책을 내세웠다. 이들을 종횡가縱橫家라고 한다. 이들의 활약상은 『전국책戰國策』에 잘 나타나 있다. 『사기』를 비롯해서 종래 역사서들은 종횡가들을 한갓 말재주로 한 나라와 수많은 인민의 목숨을 좌지우지하며 개인의 영달을 추구한 인물이라는 식으로 나쁘게 평가했다. 즉 이익에 민감하지만 진정성이 없는 영혼들로 보기 때문이다. 그들이 이익을 위해 움직인 것은 분명하더라도, 그들의 노력으로 말미암아 국제 정세의 긴장이 완화되고 무력 충돌이 외교 협상으로 전환되기도 했다. 오늘날로 보면 종횡가는 외교가, 국제 정세 분석가 등에 해당한다고 할 수 있다.

145 假 途 滅 虢 도를 가하여 괵을 멸하고
가 도 멸 괵

146 踐 土 會 盟○ 천토에 회하여 맹하다
천 토 회 맹

길을 빌어서 괵을 멸망시키고,

천토에 모여서 맹약을 맺었다.

145假途滅虢

【李注】

가假는 빌리다, 도途는 길, 멸滅은 정벌하다는 뜻이다. 괵虢은 나라 이름으로 그 나라는 우虞의 이웃에 있었다. 진晉의 헌공獻公은 괵을 공격하려고 생각했지만, 그렇게 하려면 반드시 우나라를 통과해야 했기 때문에 우에 길을 빌리려고 했다.[1] 우의 군주가 승낙하지 않을까 염려해서, 대부 순식荀息(067似蘭斯馨 이주 참조)은 헌공에게 말하길 우에 사자를 보내 천금에 해당하는 말과 벽옥을 통행료로 우공에게 주고 길을 사서 괵을 공격하자고 했다.

우공은 이 일을 허락했지만 대부 궁지기宮之奇는 우공에 간언했다. "진공이 보낸 말과 옥을 돌려보내야 합니다. 진의 군대가 통과하는 것을 허락하지 마십시오. 우와 괵은 입술과 이빨이 서로 의지하는 것과 같습니다. 입술이 없으면 이빨이 시리게 됩니다.[2] 만약 진의 군대를 지나가게 허가한다면, 괵을 공격하고 돌아갈 때 반드시 우를 공격할 것입니다." 우공은 궁지기의 말을 받아들이지 않고 진의 군대가 길을 지나도록 허락했다.

진은 괵을 정벌하고 돌아갈 때 과연 우를 공격했다. 궁지기가 말했다. "대왕이 보물을 욕심내다가 나라를 망하게 했다"(『춘추좌씨전』 희공 2년,

『사기』 권39 「진세가」).

146 踐土會盟

【李注】

천토踐土는 지명으로 정鄭나라의 땅(오늘날 허난성 신정현新鄭縣)에 속한다. 춘추 시대 노나라의 희공은 진의 문공과 함께 제후들을 소집해 천토에서 맹약을 맺었다(『춘추좌씨전』 희공 28년).

1 7년전쟁(일명 임진왜란壬辰倭亂)의 명분이 정명가도征明假道였다. '길을 빌린다'라는 말의 역사가 참으로 오래되었다는 것을 알 수 있다. 7년전쟁을 일본에서는 분로쿠文祿·게이초慶長의 역役, 중국에서는 만력萬曆의 역이라고 한다.

2 이와 관련된 고사가 '순망치한脣亡齒寒'이다.

147 **何 遵 約 法** 하는 약법을 준하고
하 준 약 법

148 **韓 弊 煩 刑**○ 한은 번형으로 폐하다
한 폐 번 형

소하는 (고조의) 약법 정신을 지키고,

한비는 번잡한 형벌을 시행해서 실패했다.

하何 : 소하蕭何(BC ?~193)를 가리킨다. 한 고조 밑에서 벼슬을 하여 승상이 되었다.

약법約法 : 법률을 간소하게 하는 것을 말한다.

한韓 : 한비韓非(BC 280?~233)를 가리킨다. 전국 시대 한나라의 귀족이다. 이사와 함께 순경荀卿(순자)에게 배웠고 『한비자』 등 많은 저술을 남겼다. 법가 사상의 대표자로 유명하다.

147何遵約法

【李注】

한 고조(064忠則盡命 이주 참조)는 진秦의 가혹한 정치를 교훈으로 삼아서 법률을 세 조목條目으로 간소화시켰다. 이를 약법삼장約法三章이라고 한다. 살인 · 상해 · 절도만을 범죄로 간주하고, 나머지는 모두 법률에서 제외시켰다. 소하는 승상이 되어 법률을 정하며 고조의 정신을 준수하고 실천했다.

148韓弊煩刑

【李注】

한자韓子는 이름이 비非이고 진秦의 대신이 되었다. (진의) 법령은 복잡하고 처벌이 무거웠는데, 상좌법相座法(연좌법)으로 걸고, 참이법參夷法(본인을 중심으로 위아래 한 세대씩 포함하는 3대를 연좌하는 법)을 만들고, 육형肉刑(신체를 손상시키는 형벌. 신체형)과 대벽大辟(사형)을 늘리고, 착전鑿顚(이마에 자자刺字하는 형)과 추협抽脇(갈비뼈의 심줄을 뽑는 형벌), 확팽鑊烹(죄인을 솥에 넣어 삶아 죽이는 형벌) 같은 형벌을 두었다. 시황제는 기분 내키는 대로 형벌을 주어서 자의赭衣(붉은 옷, 즉 죄수복)가 길에 넘쳐났고 감옥이 성시를 이룰 정도 북적거려서 천하가 극도로 혼란해졌다.

산동山東(효산崤山[1]과 함곡관의 동쪽 지역)의 여섯 나라는 자립해서 각자 왕이 되려고 했다. 승상 조고趙高(159 昆池碣石 이주 참조)도 자립하여 진왕秦王이 되려고 했는데, 사슴을 가리키며 말이라고 말해서[지록위마指鹿爲馬]* 이세황제를 속이고, 염락閻樂과 조성趙成 두 사람을 시켜 군대를 이끌도록 하고 자영子嬰(이세황제 형의 아들)을 추대해서 왕으로 세웠다. 경양涇陽의 종묘에 제단을 설치할 때, 틈을 타서 자영을 죽이려고 했다. 그래서 자영은 조고를 죽이고 한漢에 항복했다.

한왕漢王이 관대하게 일을 처리하고 법률을 세 조목으로 정리하자 천하가 한에 귀순했다. 진의 법률은 번잡하고 가혹했기 때문에 폐해가 너무 많았고 혼란의 원인이 되었다. 모두 한비가 주창한 정책의 결과다.**

【注解】

* 조고가 반란을 일으키기 전에, 군신들이 말하는 것을 들어보지 않으면 뭔가 빠진 듯하여 좀 꺼림칙하게 생각해서, 이세황제에게 사슴을 헌상하면서 '말입니다'라고 우기며 군신들을 의중을 떠보았던 일을 가리킨다. 그때 군신들은 조용히 입을 다문 채 아무 말도 하지 않았다(『사기』 권6 「진시황본기」).

** 『사기』 권63 「한비전」에 의하면, 한비는 한나라에 있을 때 한왕에게

중용되지 않자 발분해서 많은 저서를 지었다. 진의 시황제가 그 가운데서 두 책을 읽어 보고 감동을 해 먼저 한나라를 공격했다. 사자로서 한비가 진으로 왔기 때문에 시황제는 기뻐했지만 그가 과연 자신을 위해 일할지 신용하지 못했다. 그때 이사와 요가姚賈가 참언을 하자 시황제가 그를 취조하도록 했는데, 이사는 약을 보내 한비를 죽여 버렸다고 한다. 따라서 한비는 진의 정치에 직접 관여하지 못했다.

한비는 법률과 형벌을 중시하는 법가 사상의 지주였고, 그의 저서를 시황제가 좋아했기 때문에 진의 정책도 한비 사상에 의해 만들어졌는지도 모르겠다. 그렇더라도 진의 대신이 되었다는 이야기는 듣지 못했다. 『사기』에는 진의 시대에 자신이 만든 번쇄한 법률로 자신을 파멸시킨 인물로 상군商君(상앙商鞅)이 나온다(권68 「상군전」). 아마도 이주에 오해가 있는 듯하다. 그러나 『천자문』의 본뜻은 '한비는 자신이 지은 악업에 의해 망했다'고 하는 것이기 때문에, 어쩌면 주흥사周興嗣(『천자문』의 저자)도 오해했던 것인지 모른다.

1 효산은 허난성 서부에 자리 잡고 있는데, 링바오현靈寶縣과 산현陝縣 남부에 있다. 효산은 달리 삼효산三崤山 또는 이효산二崤山으로도 불린다. 『수경주水經注』에 따르면, "효산에는 반효盤崤, 석효石崤, 천효千崤의 산이 있으므로 삼효三崤로 부른다. 또 동효산東崤山과 서효산西崤山으로 나뉘기 때문에 이효二崤라고 한다." 주봉은 청강봉靑崗峰인데 해발 1903미터다.

149 起 翦 頗 牧 기 · 전 · 파 · 목은
기 전 파 목

150 用 軍 最 精○ 군을 용할 때 최로 정하다
용 군 최 정

백기 · 왕전 · 염파 · 이목 등의 명장은
군대를 지휘할 때 최고로 정교했다.

149 起翦頗牧

【李注】

기起는 성이 백白이고 이름이 기이며, 전翦은 성이 왕王이고 이름이 전이다. 두 사람은 모두 진秦의 장군이다. 파頗는 성이 염廉이고 이름이 파이며, 목牧은 성이 李이고 이름이 목이다. 두 사람은 모두 조趙의 장군이다. 네 사람은 모두 전국 시대의 명장이었다.

백기는 병사를 이끌고 동쪽 국경에서 조와 대적했다. 조는 염파로 하여금 군사를 거느리고 서쪽 국경을 지키며 진을 방비하도록 했다. 양측은 모두 감히 선제 공격을 하지 못했다. 이에 백기가 꾀를 내서 스스로 말했다. "진의 군사는 염파를 두려워하지 않는다. 오직 조괄趙括을 두려워할 뿐이다."

조의 왕이 (이 말을 전해 듣고) 조괄을 보내서 지구전을 벌이는 염파와 교체하였다. 조괄은 속전속결을 위해 군사를 이끌고 진을 공격했지만, (그들은) 백기에 의해 장평長平에서 포위되었다가 40만 명이 한꺼번에 함정에 걸려들었다. (백기는) 그들을 모두 산 채로 매장하고 조괄을 사살했다. 이것은 백기가 장군으로서 세운 공적이다.

왕전은 지략에 뛰어났다. 이사(진의 승상)는 진왕에게 의견을 아뢰었다. "관동關東의 여섯 나라를 병합하려고 하면, 보낼 만한 사람은 왕전뿐입니다." 왕이 즉시 전을 소환하자 그가 궁전으로 왔다. 왕의 곁에는 장군 이신李信이 있었다.

왕이 신에게 물었다. "여섯 나라를 병합하려고 하면 먼저 초를 쳐야할 텐데, 경은 해낼 수 있겠소?" 신이 대답했다. "저는 해낼 수 있습니다. 저에게 20만의 병사를 주신다면 소임을 잘 할 수 있습니다." 왕은 또 전에게 물었다. "지금 먼저 초를 치려고 하는데, 경은 그 일을 해낼 수 있겠소?" 전이 대답했다. "저도 해낼 수 있습니다. 바라건대 저에게 60만의 병사를 주신다면 초를 치러 갈 수 있습니다." 왕이 말했다. "전은 나이가 들어서 임무를 감당할 수 없다. 과인에게 60만의 병사를 요구했어." 전은 이 일로 병을 핑계 삼아서 집으로 돌아갔다.

마침내 진왕은 20만의 병사를 이신에게 주고 부장으로 몽염蒙恬(231恬筆倫紙 참조)을 보냈다. 두 사람이 협력해서 초를 공격했다. 초의 국경을 넘자마자 초의 군사에게 일격을 당했고, 계속되는 추격으로 20만 병사가 크게 타격을 입어 거의 다 죽었다. 진왕은 이 소식을 듣고 격노했다.

결국 자신이 직접 영양穎陽(『사기』에 의하면 빈양頻陽)으로 가서 왕전을 불렀지만, 전은 왕이 온 것을 알고서도 병을 핑계 대며 자리에서 일어나지 않으며 말했다. "다시 한 번 더 이신을 가게 하는 게 좋겠습니다." 왕이 "이미 이신은 나라를 욕되게 했소. 지금 듣자니 초왕은 나라 안의 병마를 총동원해서 우리나라로 쳐들어온다고 하오. 그대가 한번 나아가 대적하기를 바라오"라고 하자, 전이 대답했다. "저는 나이가 많고 병이 들어서 갈 수 없습니다. 바라건대 대왕께서 직접 군대에서 뛰어난 장수와 젊은 군사를 뽑아서 가시기 바랍니다."

왕이 지난날을 사과하며 "장군은 노숙할 터이니 과인을 다시 자극하지 않기 바라오"라고 하자, 전이 물었다. "만약 저를 보내려고 하신다면 60만이 필요한데, 그러실 수 있습니까?" 왕이 대답했다. "그 문제는 장군의 계획대로 하시오." 이에 전이 군사 60만을 이끌고 기남蘄南에 도착했을 때, 갑자기 길에서 초왕이 나라 안의 군사와 말을 총동원해서 진군해 오는 상황을 맞이했다.

전은 책략을 짜내서 교전을 벌여 초군을 대패시키고, 초왕을 생포하여 포박한 채 진으로 돌아왔다. 그리고 철수하는 중에 위魏를 공격하니 위왕이 직접 항복을 해 왔다. 3년이 지나지 않아 관동의 여섯 나라를 전부 병합했다. 진왕은 마침내 황제가 되었다. 이것은 모두 왕전이 세운 공적이다.

염파는 조 양왕襄王의 대장군이었다. 제齊를 정벌하고 위를 공격할 때, 그는 모두 큰 공을 세웠다. 용기 있기로 제후들 사이에 소문이 자자했다. 조왕은 그에게 관위官位를 주어 상경上卿으로 삼았다.

이목은 지혜와 책략이 뛰어났고 조의 도양왕悼襄王에게 출사했다. 대장이 되어서 북쪽의 국경을 지킨 10여 년간 흉노는 조의 국경 근처에 얼씬거리지도 못했다.

150 用軍最精

【李注】

이 네 사람은 모두 나라를 위해서 군대를 탁월하게 지휘한 공적이 있고, 세상에 그들을 두려워하지 않는 사람이 없었다.

151 宣威沙漠 위를 사막까지 선하고
선위사막

152 馳譽丹青○ 예를 단청으로 치하다
치예단청

명장들은 무위를 변경의 사막까지 떨쳤고,
그림으로 그려져 영예를 후세에 전했다.

선宣 : 널리 알리다, 보급시킨다는 뜻이다.
단청丹青 : 붉은색과 파란색의 물감 또는 그림을 말한다.

151宣威沙漠

【李注】

사막은 국경의 요새 바깥, 흉노족이 거주하는 멀리 떨어진 지역이다. 옛날의 명장은 사이四夷(주위의 이민족—동이東夷·서융西戎·남만南蠻·북적北狄)를 정벌하여 모두 커다란 공적을 세우고, 위엄 있는 이름을 변방의 황야까지 떨쳤다. 예를 들자면 조趙의 염파와 이목, 연燕의 악의樂毅, 전한에는 이광李廣(BC ?~119)·장건張騫(BC ?~114)·부개자傅介子·위청衛青(BC ?~106)·곽거병霍去病(BC 140~117)·금일제金日磾·조충국趙充國·진탕陳湯 등이 있었고, 후한에는 마원馬援(BC 14~AD 49)·두헌竇憲(131策功茂實·132勒碑刻銘 이주 참조)·반초班超가 있었다. 촉蜀에는 제갈량諸葛亮, 당唐에는 이정李靖·이적李勣·설인귀薛仁貴(613~683)·이광필李光弼·곽자의郭子儀·이성李成·마수馬燧·혼감渾瑊 등의 인물들이 있었다. 모두 주위의 이민족에게 위력을 떨쳐서 그 이름이 역사서에 뚜렷하게 기록된 사람들이다.[1]

152馳譽丹青

【李注】

예譽는 명예란 뜻이고, 단청丹青은 그림이란 뜻이다. 옛날에 명장이 공적을 세우면, 모두 그 형상을 그림으로 그려 두고 그 이름이 영원히 전해지게 했다. 예를 들자면 한의 무제가 기린각麒麟閣을 지어서 공신의 초상을 그려 걸어둔 것이라든지, 후한 명제明帝가 남궁南宮의 운대雲臺에 28명의 장군을 그려둔 것이라든지, 당 곽자의郭子儀(697~781)의 형상이 능연각凌烟閣에 그려지게 된 것과 같은 것이다.[2]

1 이 가운데 곽거병에 대해서 간략하게 알아보자. 그는 이광 · 위청과 함께 흉노 침공을 통해 한 제국의 팽창 정책을 실현했던 핵심 인물이다. 무제와 위청, 곽거병은 관계가 얽히고 얽혀 있다. 위청의 누이가 무제의 부인이 되므로 둘은 매부와 처남 관계다. 곽거병은 위청의 누이와 곽거병 부친의 연애로 태어났다. 곽거병은 18세부터 위청을 따라 전쟁터를 다니다가 삼촌 위청을 능가하는 젊은 장군이 되었다. 그는 정예 부대를 이끌고 흉노족의 배후까지 깊숙이 침투하는 전략으로 승리를 거두었다. 하지만 24세의 나이로 전쟁터에서 목숨을 잃자 무제는 자신의 무덤, 즉 무릉茂陵에다 곽거병의 묘소를 마련했다. 그곳에는 곽거병이 기련산祁連山(일명 천산天山)에서 거둔 승리를 형상으로 무덤을 짓고, 그 앞에 석마石馬가 발로 호胡(흉노)를 짓밟는 조상을 만들어 두었다. 오늘날 산시성 시안에 가서 무릉을 찾으면 '없어지지 않은 돌 세계' 속의 곽거병을 만날 수 있다. 이제 이런 전쟁 영웅을 문명의 확산이 아니라 제국의 그림자에서 보는 관점의 전환이 필요하다.

2 능연각은 당 제국 태종 때 아래와 같은 공신 24명의 초상을 그렸던 곳이다. 고사렴高士廉, 굴돌통屈突通, 당검唐儉, 두여회杜如晦, 단지현段志玄, 방원령房元齡, 소우蕭瑀, 우세남虞世南, 울지경덕尉遲敬德, 위징魏徵, 유정회劉政會, 유홍기劉弘基, 은개산殷開山, 이적李勣, 이정李靖, 장손무기長孫無忌, 장공근張公謹, 장손순덕長孫順德, 장량張亮, 정지절程知節, 진숙보秦叔寶, 하한왕河間王 효공孝恭, 허소許紹, 후군집侯君集이다.

153 九州禹跡 구주로 한 것은 우의 적이고
구 주 우 적

154 百郡秦幷○ 백군은 진에 의해 병되었다
백 군 진 병

중국을 아홉 개의 주로 나눈 것은 우이고,

백군의 (넓은) 중국을 통일한 것은 진이다.

우禹 : 태고 시대의 왕으로 성은 사姒이고 이름은 문명文命이다. 요와 순에 이어서 천하를 다스려 하 왕조를 세웠다.

백군百郡 : 1백 군을 넘긴 것은 한 제국 시대고, 진은 36군을 두었다. 여기서는 중국 전토를 가리킨다.

153 九州禹跡

【李注】

하의 우 임금은 치수 공사를 하고 국토를 정리하여 전국을 9주로 나누었다. 첫째 기주冀州, 둘째 연주兗州, 셋째 청주靑州, 넷째 서주徐州, 다섯째 양주揚州, 여섯째 형주荊州, 일곱째 예주豫州, 여덟째 양주梁州, 아홉째 옹주雍州이다.* 이 9주의 영토는 하나라 우 임금의 자취다.

【注解】

* 예주(오늘날 허난성 서부부터 산시성陝西省에 걸치는 지역)를 중심으로 해서, 북에는 기주, 서북에는 옹주, 서남에는 양주梁州, 남에는 형주, 동남에는 양주揚州, 동에는 서주, 동북에는 연주가 이어져 있고, 산동 반도에 청주가 있었다.

154 百郡秦并

【李注】

진의 시황제는 성이 영嬴, 이름이 정政으로 관서關西(144 趙魏困橫 이주 참조)에 있으면서 관동關東(144 趙魏困橫 이주 참조)을 다스렸다. 관동에는 여섯 나라가 있어 각자 패왕으로 자처했다. 시황제 12년에 초나라 출신 이사李斯(120 亦聚群英 · 149 起翦頗牧 · 159 昆池碣石 이주 참조)가 초를 배반하고 진을 섬기려고 했다.

진왕이 그를 받아들이지 않고 물었다. "그대는 초나라 사람이네. 초를 저버리고 우리나라를 섬긴다고 하지만, 어떻게 충직한 마음이 있을 수 있겠는가? 수고스럽게도 그대는 멀리서 왔지만 본국으로 돌아가는 게 좋겠소." 이사가 진왕에게 자신의 생각을 말했다. "옛날에 진秦의 목공穆公(043 知過必改 이주 참조)은 신도申屠와 백리해百里奚를 받아들여서 대신(승상)으로 삼았고, 진은 그들에게 힘입어서 강성해졌는데, 그들은 타국 사람이 아닌가요? 진의 효공孝公은 상앙(상군)을 받아들여서 승상으로 삼았습니다. 효공은 그에 힘입어 국력을 강성하게 했는데, 그도 타국 사람이었습니다. 진의 혜왕惠王(혜문군惠文君)은 장의張儀를 받아들여서 재상으로 삼았는데, 그 역시 타국 사람이었습니다. 진의 소왕昭王은 범저范雎를 받아들여서 재상으로 삼았는데, 그 역시 타국 사람이었습니다. 이처럼 이전의 네 임금은 모두 타국 사람을 받아들여 그들을 승상으로 삼아서 진이 마침내 강대해질 수 있었는데, 객(외부 인사)이 진에 무슨 피해를 끼쳤습니까? 지금 관동의 여섯 나라는 모두 진을 두려워하고 있습니다. 이 때문에 저는 서둘러 와서 대왕을 모시고자 했습니다. 대왕이 만약 저를 받아주신다면 큰일이 제대로 풀려서, 여섯 나라를 병합하는 일도 어렵지 않을 것입니다."

시황제는 비로소 이사를 받아들여 객경客卿(타국 출신의 대신)으로 삼았다. 이사가 의견을 아뢰었다. "제가 듣기로 강자가 약자를 정벌하는 것은 용사가 마당을 쓰는 것과 같아서 공적이 될 수 없습니다." 진왕이 물었다. "그대는 무슨 방책이라도 세운 게 있는 것이오?" 이사가 대답했다. "저에게 황금 만 근을 주시면 즉각 여섯 나라를 병합할 수 있습니다." 진왕이 마침내 금 만 근을 이사에게 주었다.

이사는 천하에서 지모가 뛰어난 자를 모집해서 계책을 세워 실행하게 한 뒤, 그들에게 두텁게 포상을 했다. 이때 왕전王翦(149起翦頗牧 참조)을 받아들여 그로 하여금 여섯 나라를 병합하여 진에 귀순하도록 했다. 천하가 비로소 통일이 되었다. 그래서 그 이후에 시황제는 전국을 나눠 1백 군으로 편성했다.*

【注解】

* 『사기』 권6 「진시황본기」에는 천하를 36군으로 나누고 있다. 『한서』 「지리지地理志」에 의하면, 전한 말에는 대략 130군으로 나눠게 된다.

찬도부음집주천자문중종纂圖附音集註千字文中終

155 嶽★ 宗 恒★ 岱　악은 항과 대를 종하고
악 종 항 대

156 禪 主 云 亭○　선은 운과 정에서 주한다
선 주 운 정

산은 항산과 태산을 귀중하게 취급하고,

선 제사는 운운산과 정정산에서 치른다.

항대恒岱 : 중국에서 높이 치는 오악五嶽 가운데 항산과 태산을 가리킨다. 이 밖에도 화산華山 · 형산衡山 · 숭산崇山을 더해서 오악이라 한다.[1] 이주는 대岱를 대주岱州로 풀이하고 있다. 항恒을 '태泰'로 쓴 것(《구간대자본》 등)은 송 진종眞宗의 이름(恒)을 피했던 것이다.

선禪 : 천자가 땅의 신에게 지내는 제사 의식이다.

운정云亭 : 운운산云云山과 정정산亭亭山을 말한다. 같이 선 제사를 올리는 곳이다. 이주는 운정산云亭山이라는 하나의 산이라 생각하고 있는 듯하다.

155嶽宗恒岱

【李注】

악岳(이주의 본문은 "岳宗恒岱"로 되어 있다. 岳은 嶽의 옛 글자)은 오악을 가리킨다. 종宗은 귀중하게 여긴다는 뜻이다. 항恒은 북악 항산이고, 대주岱州(아마 대주代州를 가리키는 듯하다. 오늘날 산시성山西省 다이현代縣)에 있다. 오악 중에 항산을 높이 친다. 그 산은 북쪽에 있고 남향인데, 군주가 남면하고서 나라를 다스리고 백성을 교화시키는 것을 연상시키기 때문이다.

岱(대, dài)의 음은 代(대, dài)이다.

156禪主云亭

【李注】

운云·정亭은 산의 이름이다.* 전한의 「교사지郊祀志」(『한서』 「교사지상」)에서 말했다. "옛날에 태산에서 봉封 제사, 즉 하늘 제사를 지내고, 양보梁父(태산과 이어진 산)에서 선禪 제사, 즉 토지 신 제사를 지낸 것으로 열두 제왕이 기록되어 있다.** 옛날에 무회씨無懷氏는 태산에 봉 제사를 지내고 운정에 선 제사를 지냈다." 정씨鄭氏의 주에서 말했다. "무회씨는 고대의 왕으로 복희(019龍師火帝·020鳥官人皇 참조)보다 앞선 시대의 인물이다. 운운은 양보의 동쪽에 있는 산 이름이다."*** 진작晉灼이 말했다. "운운산은 몽음현蒙陰縣(오늘날 산둥성 신타이현新泰縣 동남쪽) 고성의 동북쪽에 있고 산기슭에 운운정云云亭이 있다."

禪(선, shàn)의 음은 善(선, shàn)이다(禪은 거성 33선線, 善은 상성 28미獮로, 중고음中古音의 성조는 다르다).

【注解】

* 이주는 '운정'을 하나의 산으로 고려하고 있는 듯한 구절이 있고, 이하의 번역문 가운데 '운운云云'이라고 한 곳은 원문에 전부 '운정云亭'으로 되어 있다. 인용 문헌으로부터 생각해 보더라도 '운운'이 되어야 할 곳은 고쳐서 옮겼다. 《요메이문고본》에는 정확하게 '운운'이라고 되어 있다.

** 『한서』의 원문에는 "옛날에 태산에서 하늘 제사를 지내고 양보에서 토지 신 제사를 지낸 것은 72명의 제왕이고, 이오夷吾(이것을 말하고 있는 관중管仲 자신의 이름)가 기록하고 있는 것은 12명의 제왕이다"라고 되어 있다.

*** 정씨〔정현鄭玄〕의 주는 첫 문장뿐이고, '운운' 이하는 복건服虔[2]의 주다.

1 오악이라 해서 높은 줄 알지만 그렇게 높지는 않다. 각 산은 순서대로 2016.1미터, 1532.7미터, 2154.9미터, 1300.2미터, 1491.7미터다. 물론 '높다'는 것이 시대적 시각에 따라 다를 수 있고, 지역적 안배에 따른 것일 수도 있다. 나는 화산과 태산을 올라봤고, 항산은 오르지 못하고 아래서 올려다 본 적이 있다. 다들 악산嶽山이라 맨손으로 올라가기가 쉽지 않았다. 대부분 케이블카 시설이 있어서 짧은 시간에 둘러볼 수 있다. 이밖에 불교나 도교 등 종교 문화로 유명한 어메이산峨嵋山은 3079.3미터이고, 무협으로 유명한 우당산武當山은 1612.1미터이고, 기암괴석으로 동양화에 자주 등장하는 황산黃山은 1860미터이다.

2 복건은 동한 시대의 경학자로 초명이 중重, 한때 지祇로도 불리었고, 자가 자신子愼이다. 그의 생몰년은 확실치 않으나 중평中平(184~189) 말년에 구강태수九江太守를 역임한 걸로 활동 시기를 산정할 수 있다. 그는 고문경학古文經學을 신뢰하여 『춘추좌씨전해의春秋左氏傳解誼』를 남기는 등 『좌씨전』에 입각해서 금문 경학자 하휴何休를 비판했다. 위진남북조 시대에 북조에서 복건의 주석이 성행했다.

157 雁 門 紫 塞 안문과 자새가 있고
안 문 자 새

158 鷄 田 赤 城◦ 계전과 적성이 있다
계 전 적 성

안문산과 만리의 장성이 있고,

계전과 적성이 있다.

안문雁門 : 안문산雁門山을 가리킨다. 오늘날 산시성山西省 북쪽에 있다. 《구간대자본》에는 군郡의 이름으로 되어 있다.

자새紫塞 : 이주는 대주代州에 있었던 성으로 풀이했고, 『음결』의 독음에는 안문산에 있던 성으로 풀이하고 있다. 《구간대자본》은 만리萬里의 장성長城으로 풀었다. 포조鮑照는 「무성부蕪城賦」(『문선』 권11)에서 말했다. "북쪽 자새 · 안문으로 달린다."[1] 이선은 주에서 최표崔豹의 『고금주古今注』를 인용해서 풀이했다.[2] "진秦이 쌓았던 곳의 장성은 흙색이 모두 자줏빛이다. 한漢의 요새 또한 그러하다. 이 때문에 자새라고 일컫는다." 천자문의 편자는 이 포조의 문장을 인용해서 한 구를 지었으리라.

계전鷄田 : 이주 및 『음결』의 읽기에는 '연못의 이름'이라 했고, 《구간대자본》에는 기주冀州에 있는 역驛의 이름이라 했지만 상세한 내용은 불분명하다. 계전은 돌궐(투르크계 유목민)이 거주하던 서북 변경 지역의 이름으로 알려져 있다. 이 지역을 말하는지도 모르겠다.

적성赤城 : 이주에서는 진안현晉安縣에 있던 지명으로 본다. 또는 옹주雍州의 적수赤水(강 이름)를 가리킨다. 『음결』에서도 강 이름으로 간주하는 듯하다. 《구간대자본》에는 어복현魚腹(復)縣의 서북쪽에 있던 성의 이름으로 본다. 상세한 것은 분명하지 않다. 적성은 천태현天台縣에 있던 산 이름으로 유명하고, 그 지역을 가리키는 것이 아닐까 하는 생각이 든다.

157 雁門紫塞

【李注】

대산岱山(대주代州의 산)은 높고 험준하기 때문에 새가 날아서 넘어갈 수 없다. 단지 한 곳에만 산이 꺼진 곳이 있는데, 기러기들이 그곳으로 드나들었다. (그래서) 사람들은 '안문산雁門山'이라 불렀다.

(그곳은) 매가 잘 출몰하는 곳으로, 기러기가 지나갈 때 매에게 낚여서 잡아먹히는 일이 많았다. 기러기가 그곳을 지나가려 할 때 모두 기다렸다가 두 마리씩 나란히 가고, 부리에 갈대 하나를 물고서 산이 꺼진 곳을 지나갔다. 매가 갈대를 보고 놀라서 감히 기러기를 낚아채려고 하지 못했다.*

옛 시에서 읊었다. "갈대를 물고 대산의 고개를 넘으며, 다만 원앙하鴛鴦河를 바라본다." 대산 안문의 남쪽에 원앙천이 있다. 두 줄기의 물이 나란히 흐려다가 유속이 빨라질 때 두 강이 똑같이 급류로 변하고, 유속이 느려질 때 두 강이 똑같이 완만하게 흘렀다. 서로 호응하며 흐르기 때문에 '원앙천'이라고 한다.

자새紫塞라 함은, 대산에 자단(강)성紫壇(壃)城이 있고, 그 옆에 자새가 있다. 자라는 풀이 자주색이기 때문에 자새라고 한 것이다.

【注解】

* 『회남자』「수무훈修務訓」에는 기러기가 갈대를 물고 날아간 것은 증익矰弋(주살. 화살에다 실을 매달아 새를 쏘는 도구)처럼 보이기 위한 것이라고 한다.

158鷄田赤城

【李注】

계전鷄田은 연못의 이름이다. 성의 서쪽에 있다. 황하 (양안의) 천 리는 풀이 자라지 않는다. 당시 사람들은 그것을 "강의 여울 천 리에 물풀이 없구나!"라고 했다.

적성赤城은 곽하산霍河山(곽산霍山의 잘못일 것이다. 『사기』에서는 곽태산霍太山이라 부른다)의 북쪽 진안군晉安郡에 있다.* 또는 옹주雍州(오늘날 산시성陝西省 창안현長安縣)의 동쪽 2백 리쯤에 있는 적수赤水(산시성 이촨현宜川縣의 강)라고도 한다. 주나라 시대의 오래된 관문이 그것이다.

【注解】

* 진안군은 아마도 영안군永安郡의 잘못이다. 중국 북조北朝 무렵 영안군으로 불리던 곳은 오늘날 산시성山西省 훠현霍縣의 지역으로, 곽산은 그곳의 동남쪽에 있다.

1 「무성부」는 포조의 부 가운데 가장 널리 알려진 작품이다. 무성은 글자 그대로 황폐해진 성이란 뜻으로, 남북조 시대에 가장 번성했던 도시인 광릉廣陵(오늘날 양저우揚州)을 가리킨다. 광릉은 남북조 시대 북위北魏와 송宋이 벌이는 전쟁으로 10년 사이에 두 차례 전장이 되면서 크게 파괴되었다. 「무성부」는 포조가 대명大明 3년(459) 광릉을 지나다 지은 시다. 인용된 부분은 "지세가 넓고 광활한 광릉군, 남으로 창오와 남해로 통하고, 북으로 만리장성과 안문산으로 달린다"(瀰迤平原, 南馳蒼梧漲海, 北走紫塞雁門)로 시작되는 시의 도입부다.

2 최표는 진晉의 학자로 자가 정태正熊 또는 정능正能이다. 저작으로 『고금주古今注』가 있는데, 거기에서 그는 고대에서 자기 시대까지 자연, 제도, 풍속을 해설하고 있다. 책은 여복輿服·도읍都邑(이상 권상), 음악·조수鳥獸·어충魚蟲(권중), 초목草木·잡주雜注·문답석의問答釋義(권하)로 되어 있다.

159 昆 池 碣 石　　곤지와 갈석이 있고
곤 지 갈 석

160 鉅 野 洞 庭○　　거야와 동정이 있다
거 야 동 정

곤명지와 갈석산이 있고,

거야의 소택지와 동정호가 있다.

곤지昆池 : 곤명지昆明池를 가리키는데, 한의 무제가 장안長安에 만든 연못이다.[1]

갈석碣石 : 갈석산碣石山을 가리키는데, 소재지는 여러 설이 분분하여 일정하지 않다. 다만 동해東海를 바라보고 있는 듯하다. 《구간대자본》에는 항산恒山의 북쪽이라 한다.

거야鉅野 : 연못의 이름으로 오늘날 산둥성 북쪽에 있는 커다란 소택지를 말한다.

동정洞庭 : 동정호洞庭湖로 오늘날 후베이성湖北省과 후난성湖南省(이 두 성 이름의 기준이기도 하다)에 걸쳐 있는 큰 호수를 말한다.

159 昆池碣石

【李注】

장안성의 서쪽에 곤명지가 있다. 한 무제 때, 남쪽 이민족 가운데 곤명국昆明國이 있었다. 그들의 성과 굴堀은 둘레가 사방 3백 리나 되는 데다 물로 둘러싸여 있었고, 수전水戰에 뛰어났다. 무제는 매번 정복하려고 했지만 뜻을 이루지 못했다. 그래서 방책을 세워, 장안성의 서쪽 20리쯤에 연못을 하나 팠다. 사방 40리로 그 속에 물을 가득 채우고 배를 건조해서 수전을 훈련했다. 마침내 그 나라를 격파하고 그곳에 곤명주昆明州를 설치했다.* 그런 까닭으로 그 못에 이름 붙이길 (일종의 해군 기지에 해당되는) '곤명지'라 했던 것이다.

갈석碣石은 해변에 있는 산 이름이다. 진의 시황제는 전국을 둘러보다가 갈석산에 도착했다. 그곳에서 산에 올라 바다를 바라보니 세 개의 산이 눈에 들어왔다. 그는 주위 사람들에게 물었다. "저것은 무슨 이름의 산인가?" 서복徐福이 대답했다. "이 세 산의 이름은 봉래蓬萊 · 방장方丈 · 영주瀛州입니다. 그곳에 있는 마당바위는 둘레가 천 길이 되고 만 명이 앉을 수 있습니다. 그곳의 사람들은 모두 선약仙藥을 복용해서 장생불사를 누립니다."

진시황이 "누가 짐을 위해 그 선약을 가져올 수 있겠는가?"하고 묻자, 서복이 대답했다. "제가 저곳으로 갈 수 있습니다. 다만 어린 남녀 아이 각각 5백 명을 데리고 함께 가야 선약을 얻을 수 있습니다." 시황제는 포고령을 내려 어린 남녀 아이를 각각 5백 명 소집해서 서복과 함께 떠나게 했다. 약속 날짜가 되어도 (서복의 일행이) 돌아오지 않았다.

시황제는 늦어지는 것을 의아하게 여기고 사람을 보내 까닭을 알아보게 했다. 서복은 사자에게 설명했다. "교룡蛟龍 때문에 어려움을 겪었다." 그래서 시황제가 커다란 그물을 만들어 그것을 붙잡고 보니 길이가 30리나 되는 엄청난 교룡어蛟龍魚였다.

시황제는 잡은 교룡어를 죽인 뒤에 곧 병이 들었다. 도성으로 돌아가는 중 평원平原(오늘날 산둥성 핑위안현平原縣)에 도착했을 때 병세가 위중해졌고, 시황제는 자신이 함양咸陽(당시의 수도. 오늘날 산시성陝西省 시안시西安市의 서북쪽)에 돌아가지 못한다는 것을 느끼고, 거기서 유서를 작성해 낭장郎將(중랑장中郎將. 숙위宿衛를 맡은 관리) 조고趙高(148韓弊煩刑 이주 참조)에게 주면서 말했다. "짐이 죽은 뒤 유서를 가지고 북쪽 국경으로 가서 부소태자扶蘇太子(시황제의 맏아들)를 소환해서 천자에 오르게 하라. 그리고 짐을 여산驪山에다 장례 치르라."

조고가 유서를 받고 나서, 사구沙丘(오늘날 허베이성 핑샹현平鄕縣)까지 왔을 때 시황제가 죽었다. 승상 이사(120亦聚群英 · 149起翦頗牧 · 154百郡秦并 이주 참조)는 국상國喪을 발표하지 않은 채, 천하가 소란스러워지는 것을 두려워해서 온량거轀輬車(네 둘레에 막을 펼친 침대차)에 시황제를 싣고 매일 매일 이전과 똑같이 식사를 바쳤다. 단지 40여 명의 근신들만 이 사실을 알고 있었다.

며칠이 지나자 시황제의 시신에서 조금씩 악취가 나기 시작했다. 이사는 다른 사람이 사망 사실을 알고서 반란을 일으킬까 걱정하여, 포어鮑魚(소금에 절인 물고기. 고약한 냄새가 난다)와 젓갈(소금과 누룩 등으로 버무린 물고기. 고약한 냄새가 난다)을 가지고 와서 수레 뒤에 실어, 사람들에게는 다만 포어와 젓갈 냄새가 풍기는 것으로 생각하게 만들 심산이었다.

다시 며칠이 지났을 때 조고는 호해胡亥(시황제의 둘째 아들. 이세황제)에게 말했다. "폐하에게는 두 명의 아들이 있습니다만 대왕〔호해〕 한 분이 위대합니다. 전날 폐하는 유서를 써 두어 저에게 맡기시면서, 일이 생기면 북쪽 국경으로 가서 부소를 불러 도성으로 복귀시켜 천자에 오르게 하라고 말씀하셨습니다. 만약 부소가 천자가 된다면 대왕에게는 1척 1촌의 조그만 땅도 없게 됩니다. 승상 이사를 불러 이 일과 관련해서 조치를 취하셔야 합니다."

호해는 곧 이사를 가까이 불렀고, 이사가 오자 말했다. "폐하가 이미 돌아가셨네. 유언장을 조고에게 주시고 부소를 세워 천자로 삼도록 명령을 하셨어. 그렇게 되면 반드시 몽염蒙恬을 재상으로 삼을 거네. 승상의 생각은 어떤가? 유서대로 하는 것은 시황제의 유서를 위조해서 부소태자를 죽이는 것보다 못하지 않을까. 거기에다 몽염에게 자살하도록 하고 호해를 세워 천자로 삼는다면, (당신도) 재상의 자리를 잃지 않을 거야."

이사는 그 말대로 따라서, 마침내 부소를 살해한 이후에 비로소 시황제의 사망 사실을 발표하고서 여산에 장례를 치렀다. 이윽고 호해가 즉위해서 두 번째 황제가 되었다.

【注解】

* 이 지역이 곤명주로 불린 것은 아니다. 수隋·당唐 무렵에 곤주昆州가 설치되었다. 곤주 또는 곤명현의 잘못이리라.

160鉅野洞庭

【李注】

거야鉅野는 거록군鉅鹿郡(오늘날 허베이성 핑샹현)의 들판이다. 위魏나라에 속하는 땅이다.

동정洞庭은 팽려택彭蠡澤(오늘날 포양호鄱陽湖)으로, 일명 동정호라 한다. 『주례』「하관」의 「직방씨職方氏」에 "양주揚州(오늘날 장쑤성 장두현江都縣)에 있는 그 침浸(호수)이 오호五湖이다"라 했는데, 그 주석에 "태호太湖는 동서남북 사방이 5백 리다. 이 때문에 '오호'라고 말한다"고 되어 있다.* 『양주기揚州記』에서 말했다. "태호는 일명 진택震澤 또는 동정洞庭으로도 불린다. 파릉군巴陵郡의 악양현岳陽縣(오늘날 후난성 위엔양현岳陽縣. 동정호의 동쪽 기슭)에 있다. 군산君山이 그 속에 있다(군산은 호수 가운데 있다).[2] 사람들이 그것을 바라보고 '한 점의 푸르름'이라 불렀다."

【注解】

* 『주례』「직방씨」를 보면 여기에 인용된 주는 없다. 『태평어람』 권66에 인용된 『풍속통風俗通』에서 말했다. "살펴보면 진晉나라 장발張勃의 「오록

吳錄」에, 오호五湖는 태호의 다른 이름으로 그 둘레가 5백여 리가 되기 때문에 오호로 이름 지었다고 한다(고 되어 있다).” 이어서 인용한 『양주기』의 글도 같은 권에 보인다.

1 한의 곤명지는 송나라 때 없어졌고 지금은 유적지만 알려져 있다. '곤명의 호수'로는 베이징 이허위안頤和園에 청 제국 당시 만든 곤명호가 있고, 난징의 명나라 고성 안에 곤명지가 있는데, 현재 둘 다 호수로서 기능을 하고 있다.

2 쥔산君山은 8백 리 동정호 안에 있는 섬으로, 산 모양을 하고 있다. 동정산洞庭山, 상산湘山, 유연산有緣山으로도 불리는데, 천고에 걸친 유명한 누대 악양루岳陽樓와 상대를 이룬다.

161 曠 遠 綿 邈 광원하고 면막하며
광 원 면 막

162 巖★ 岫 杳 冥○ 암의 수가 묘명하다
암 수 묘 명

대지는 광대하여 아득할 만큼 넓고,

바위산의 굴은 깊고 어둑어둑하다.

광원曠遠 : 넓고 멀다, 아득하다.

면막綿邈 : 넓고 멀다, 아득한 모양이다.

암수巖岫 : 바위 굴. 『음결』은 산속의 동굴을 말한다.

묘명杳冥 : 어스레하거나 어둑어둑하여 분명하지 않은 모양이다.

161曠遠綿邈

【李注】

광曠은 넓어서 트인 것이다. 면綿 · 막邈은 둘 다 멀다는 뜻이다. 161曠遠綿邈은 거야 · 동정호가 모두 넓고 아득할 만치 멀다는 것이다.*

【注解】

* 이주는 앞 구를 이어받아서 이 두 구를 풀이하고 있지만, 특정한 토지나 지형을 설명하는 것은 아니고, 국토 전체와 관련해서 말하는 것으로 볼 수밖에 없다.

162巖岫杳冥

【李注】

산에 돌이 많은 것을 암巖이라 한다.* 산에 구멍이 난 것을 수岫라 한다. 묘杳는 멀다는 뜻이고, 명冥은 깊고 어둑어둑한 모양이어서 보려고 해도 볼 수 없다. 동정호의 군산은 멀어서 식별하기가 어렵다는 것을 말하고 있다.

【注解】

* 이주의 본문에는 "岩岫杳冥"으로 되어 있다. 또 "산에 돌이 많은 것을 암이라 한다"는 해석은 어디에 근거를 두고 있는지 분명하지 않다. 다음 '수' 자의 풀이는 『이아』「석산釋山」의 글이다.

163 治 本 於 農 치 본 어 농 — 치는 농어(농을) 본으로 삼고

164 務 兹 稼 穡● 무 자 가 색 — 자의 가색을 무하다

나라를 다스리는 것은 농업을 근본으로 삼고,
작물을 심고 거두는 데 힘쓴다.

자兹 : 조사. 이것, 이의 뜻이다.
가색稼穡 : 가는 작물은 심는 것이고, 색은 거두는 것이다.

163治本於農 · 164務兹稼穡

【李注】

나라를 다스리는 근본은 먼저 농업에 힘쓰는 것이다. 작물을 심어서 거두면 굶주리지 않는다. 이것을 본업(가장 중심으로 삼는 일)으로 하는 것이다. 『한서』에서 말했다. "농업은 천하의 커다란 근본이다." * 『진서晉書』에서 말했다. "심고 거두는 일은 나라의 커다란 근본이다. 서두르지 않을 수 없다." **

한 사람의 남자라도 농사짓지 않으면 배고픔으로 괴롭게 되고, 한 사람의 여자라도 옷감을 짜지 않으면 추위에 떨게 된다. 그래서 남자는 논밭에서 씨 뿌리고 김매는 데 힘쓰고, 여자는 실을 자아 옷을 만드는 데 힘쓴다. 입는 것과 먹는 것이 풍부해지면 영예와 부끄러움을 알게 된다. 천자가 직접 적전籍田(천자가 신에게 봉양하는 곡물을 기르기 위한 농토)에서 씨 뿌리고 김을 매고, 황후가 직접 누에를 친다.[1] 이것은 사람들이 본업에 열중하도록 권하기 위한 것이다.

【注解】

* 『한서』 권4 「문제기文帝紀」의 문제 2년 9월 조칙詔勅에 보이는 구절이다.

** 『진서』의 어느 권에 나오는지 분명하지 않다. 「식화지食貨志」를 포함해서 '지' 부분에는 이 구절이 보이지 않는다.

1 왕은 친경親耕 의식을, 왕비는 친잠親蠶 의식을 주관했다. 먹는 것과 입는 것은 생명을 유지하는 데 필수이기 때문이다. 조선 시대에는 태종 때 개성에 서적전西籍田을, 홍인문 밖 현재의 동대문구 제기동에는 선농단先農壇과 함께 동적전東籍田을 두었다. 친경은 동적전에서 거행했다. 『국역 친경친잠의궤』(박소동 옮김, 민족문화추진위원회, 1999)를 보면 행사의 전모를 파악할 수 있다. 오늘날에는 행정 책임자가 자연 재해나 중요한 시점에 생산 현장을 찾아서 노동자를 격려하거나 정당 관계자가 묘 심고 벼 베는 작업을 하면서 사진을 찍곤 한다. 뿌리를 캐 보면 친경 · 친참 의식의 퇴행적 유습이라고 할 수 있다.

165 俶 載 南 畝 숙에 남묘에서 재하고
숙 재 남 묘

166 我 藝 黍 稷● 아는 서와 직을 예하다
아 예 서 직

처음에 남쪽 밭에서 경작을 시작해,

나는 메기장과 찰기장을 심으리라.

숙재남묘俶載南畝 : "넓은 밭에 심을 것이 많다. 씨를 고르고 씨 뿌릴 준비를 하며 농기구를 갖추어서 농사일을 벌이네. 날카로운 쟁기로 남쪽 밭에서 경작을 시작하네. 온갖 곡물의 씨를 뿌리니 곧고 크게 자라네. 증손曾孫(주周의 성成 임금)은 (농번기에 노역을 부과해서) 농민의 작업 시기를 놓치게 하지 않네" (『시경』「소아」의 「대전大田」).[1]

『음결』은 '재載'를 '개간하다'로 본다.

아예서직我藝黍稷 : "더부룩하게 우거진 찔레나무, 그것을 뽑아내지만 옛날부터 왜 그와 같이 힘든 일을 했을까? 다름 아니라 나는 메기장과 찰기장을 심네. 나의 메기장도 무성하고 나의 찰기장도 우거지네. 나의 창고도 그득하고 나의 곳간도 가득 차네. 술과 음식을 마련해서 조상님에게 제사를 지내네. 신주를 안치하여 은혜를 갚으며 다시 큰 복을 내리시길 비네" (『시경』「소아」의 「초자楚茨」).[2]

165俶載南畝 · 166我藝黍稷

【李注】

숙俶은 처음이란 뜻이고, 재載는 일하다는 뜻이다. 남묘南畝는 밭을 말하고, 예藝는 씨 뿌리고 김매는 것이다. 서직黍稷은 기장 종류의 이름이다. 『맹자』「등문공상滕文公上」 4에서 말했다. "후직后稷(주나라의 시조)은 인민에게 가색稼穡(농업)을 가르치고 오곡을 심어서 기르게 했다."

옛날에 제곡帝嚳(고대의 제왕. 119旣集墳典 이주 참조)의 비妃 강원姜源은 외출했을 때 한 남자가 남긴 크기가 여섯 자나 되는 발자국을 보았다. 강원이 자신의 발로 그곳을 밟아 보니 엄지발가락의 크기에도 미치지 못했다. 갑자기 임신한 것을 느끼고는 곧 한 명의 아이를 낳았다.

아버지가 없는 것을 부끄럽게 여겨 아이를 길에다 버리고 소와 양에게 밟혀 죽기를 바랐지만 소와 양은 그 아이를 보고 길을 피해서 지나갔다. 이번에는 산의 골짜기로 데리고 가서 호랑이와 이리 등의 맹수에게 잡아먹히기를 바랐지만 커다란 호랑이가 나타나서 젖을 먹이며 길렀기에 역시 죽지 않았다. 또 차가운 얼음 위에 놓아서 얼어 죽게 하려고 했지만 봉황이 (춤추며 내려와서) 날개로 아이를 덮어 주었다.

강원은 그것을 보고 불가사의하게 생각해서 결국 아이를 데리고 와서 길렀다. 그래서 기棄(버린 아이)라고 이름 지었다. (기, 즉 후직은) 온 나라의 사람들에게 오곡을 심는 것, 봄·여름·가을·겨울에 걸쳐서 (오곡의) 생장을 아는 것, 가을에 수확하고 겨울에 보관하는 것 등을 가르쳤다.

요堯(023推位讓國·024有虞陶唐 참조)는 그의 공적을 알고 그를 위해 사직社稷의 묘廟(토지의 신과 오곡의 신을 제사 지내는 사당)를 지었고, 훗날 사람들도 그에게 풍성하게 제물로 제사를 지냈다(009雲騰致雨 이주 참조).*

【注解】

* 후직의 출생과 관련된 전설은 『시경』「대아」의 「생민生民」에 보인다.[3]

1 전체 맥락을 확인하려면 김학주 옮김, 『시경』, 367-368쪽 참조.

2 전체 맥락을 확인하려면 위의 책, 359-360쪽 참조.

3 강원이 들에서 발자국을 밟았다가 태기를 느껴 아이를 낳았다. 이것으로 과거에는 임신과 출산이 초월적 힘 또는 신의 개입으로 생긴다고 생각했다는 것을 알 수 있다. 그 결과 과거 영웅들은 임신만이 아니라 출생도 옆구리에서 태어나는 등 특이한 양상을 보인다. 하여간 후직은 동아시아의 농사신이 되었다. 시의 내용을 보려면 김학주 옮김, 『시경』, 431-432쪽 참조. 신화 · 전설로는 위앤커, 전인초 · 김선자 옮김, 『중국신화전설』 참조.

167 稅熟貢新 숙을 세하고 신을 공하며
세 숙 공 신

168 勸賞黜陟● 상으로 권하고 출척하다
권 상 출 척

그해 거둔 익은 곡물을 세금으로 내고,
부상을 줘서 (농업을) 권장하고, 공이 없는 이를 내쫓고 공이 있는 자를 승진시킨다.

숙熟 : 익다는 뜻이다.
신新 : 신곡新穀, 즉 햇곡식(그 해에 거둔 곡물)을 말한다.
권상勸賞 : 부상을 줘서 장려하는 것이다.
출척黜陟 : 공적의 유무를 따져서 관직을 내리고〔출〕 올리는〔척〕 것이다.

167稅熟貢新

【李注】
고대에 공전公田(국유지)은 상숙上熟일 때(풍년을 상중하로 나누고, 제일 나은 풍작을 거둔 때를 상숙이라 한다) 1묘畝당 세금은 3승升이고, 중숙中熟일 때 1묘당 1승으로, 먼저 군주에게 헌상해서 그것을 종묘(조상을 제사 지내는 사당)에 바치도록 한다. 그래서 "신곡을 공물로 바치다"라 말한다.*

【注解】
* 상중하上中下의 숙熟은 『한서』「식화지」에 보인다. 다만 『한서』에는 熟이 孰으로 쓰여 있지만 둘은 서로 통용된다.[1]

【李注】

출黜은 내쫓다, 물러나게 하다는 뜻이고, 척陟은 올려 주다는 뜻이다. 사람들에게 농업과 양잠을 장려하여 때에 맞게 거두고, 씨를 뿌려서 소득을 거두도록 한다. 천자는 매년 사자를 보내 순찰을 돌게 하여 그 해의 풍흉을 살핀다. 만약 사람들에게 농업과 양잠을 장려하고 지역의 인심이 안정되고 서민의 살림살이가 여유 있다면, 책임자에게 관직과 작위의 은전을 베푼다. 만약 제대로 농사를 권장하지도 않고 관할 지역이 안정되지 않으면, 관직을 빼앗고 작위를 몰수해서 물러나게 한다.

후한의 노공魯恭[2]이 중모中牟(현 이름. 오늘날 허난성 정저우시鄭州市의 동쪽)의 영令(장관)이 되자 메뚜기 떼가 영내에 나타나지 않았다. 전임자는 덕이 없었기 때문에 사람들이 호랑이에게 물려 다치는 일이 빈번했었다. 하지만 노공이 부임하자 그 호랑이가 자식을 등에 업고 강을 건너가 버렸다. 한의 황제는 그 이야기를 듣고서 기회를 봐서 그를 홍농弘農(군 이름. 지금 허난성 서쪽에서부터 산시성陝西省 동쪽에 이르는 지역)의 태수(장관)로 임명하고, 황금 5백 근을 상으로 주었다(『후한서』 권25 「노공전」). 이처럼 상을 줘서 장려했던 것이다.

1 「식화지」의 번역문은 박기수 외 옮김, 『사료로 읽는 중국 고대 사회경제사』, 청어람미디어, 2005 참조.

2 노공은 후한 시대의 정치가이자 『노시魯詩』의 전문가다. 어린 나이에 아버지를 여의었지만 각고의 노력으로 학문적 성취를 이루었다.

169 孟 軻 敦 素　　맹가는 소를 돈하고
맹　가　돈　소

170 史 魚 秉 直●　　사어는 직을 병하다
사　어　병　직

맹가는 순수한 본성을 소중하게 여기고,

사어는 올곧은 마음을 지켰다.

맹가孟軻 : 맹자(BC 372?~289?)를 말한다. 전국 시대의 인물로 성선설性善說을 주장하고 인의仁義의 도덕을 설파했다. 『맹자』에 그의 언행이 기록되어 있다.

돈敦 : 얄팍하지 않고 성실한 것. 소중하게 여기다는 뜻이다.

소素 : 사람이 본래 가지고 태어나는 것을 말한다. 《고안본》은 돈소를 솔직함으로 본다.

사어史魚 : 춘추 시대의 인물로 이름 추鰌이고 자는 자어子魚이다.

병秉 : 잡다, 단단히 꼭 지킨다는 뜻이다.

169孟軻敦素

【李注】

맹자는 이름이 가軻이다. 사람됨이 돈후하고 소박하여 꾸밈이 없으면 사람들이 모두 그를 우러러보게 된다. 맹자의 어머니는 세 차례 이사를 해서라도 환경이 좋은 곳을 골랐는데, 이리하여 아들이 덕을 몸에 익히도록 했다.[1] 열두 폭幅(폭은 베의 폭을 재는 단위)의 커다란 이부자리를 만들어 군자를 초대하여 좋은(도움이 되는) 말을 듣게 했다.

가가 어렸을 적에 문 앞에서 놀다가 동쪽 이웃집에서 돼지 잡는 것을 보고 집으로 돌아왔을 때, 어머니가 가에게 말했다. "동쪽 이웃집에서 돼지를 잡았나 보다. 돼지고기를 가지고 와서 너를 먹도록 해 주마." 가는 그 말을 듣고 밖으로 나갔다. 어머니는 사실 농담으로 한 것이지만 그 말을 입 밖에 내고 나서 후회를 했다. 자식이 자라서 자신이 하는 말을 믿지 않을지 모른다는 생각이 들자 덜컥 겁이 났다. 그래서 몰래 동쪽 이웃집으로 가서 고기를 사다가 가에게 먹였다. 그것에 의해 그이의 말은 믿음을 잃지 않았다.*

【注解】

* 맹자 어머니의 이야기는 『한시외전』 권9에 보인다.

170 史魚秉直

【李注】

사어는 위衛의 대부로 사람됨이 충실하고 정직했다. 당시 거백옥蘧伯玉이라는 뛰어난 현자가 있었지만, 그는 (위의) 군주〔영공靈公, BC 534~493〕가 무도한 것을 보고 벼슬살이를 하려고 하지 않았다. 사어가 그것에 관해 질문을 하면 백옥이 대답했다. "나라에 원칙이 존중되면 저는 모습을 드러내고, 나라에 원칙이 무시되면 모습을 숨깁니다." 사어가 말했다. "저는 나라에 원칙이 존중되더라도 화살처럼 곧고, 나라에게 원칙이 무시되더라도 화살처럼 곧습니다."*

사어는 늘 위의 군주에게 간언하며 백옥을 추천했지만, 그는 백옥을 쓰지 않고 미자하彌子瑕를 총애했다. 자하가 복숭아 하나를 따다가 먼저 반쯤 베어 먹고서 남은 반쪽을 위의 군주에게 건네서 먹게 했다. 사어가 "자하는 윗사람과 아랫사람 사이에 지켜야 할 예를 무시했습니다. 먼저 복숭아를 먹은 다음 대왕에게 건넨 것입니다"라고 하자, 위군이 대답했다. "자하는 충심으로 한 일이다."[2]

위군이 수레 한 대를 만들고서 칙령을 내렸다. "이것을 타는 사람이 있으면 누구라도 참형에 처하라." 자하는 몰래 그것을 타고 집으로 돌아가서 어머니 병문안을 했다. 사어가 "자하는 명을 어기고 몰래 대왕의 수레를 탔습니다"라고 하자, 위군이 또 말했다. "자하는 효성스럽다. 짐의 명에 개의치 않고 수레를 타고 병문안을 했다."

훗날 사어는 병이 위중해지자 집안사람들에게 말했다. "내가 죽거든 시신을 집안에 안치하지 말고 화장실에 안치하라. 나는 자하의 악행을 눈감아 준 셈이고, 백옥이 현인이지만 나는 군주에게 간언해서 그를 등용하도록 하지 못했다. 이것은 나의 과오다." 사어가 죽자 시신을 그의 말대로 화장실에다 안치했다.[3]

위군은 사자를 보내 사어의 집에 조문하게 했다. 사자가 돌아와서 이 사실을 보고했다. 그때서야 위군은 급하게 시신을 집안에 안치하도록 명령을 내리고 미자하를 꾸짖으며 말했다. "너는 복숭아를 먹고 나머지 반을 과인에게 주었으니, 이것이 첫 번째 불충이다. 과인의 명을 어기고 과인의 수레를 탔으니, 이것이 두 번째 불충이다. 거백옥을 경상卿相(천자를 도와서 정치를 행하는 대신)에 등용하도록 권하지 않았으니, 이것이 세 번째 불충이다."**

공자가 말했다. "어질구나, 사어여! 죽어서도 군주의 잘못을 간언하다니."***

【注解】

* 『논어』「위령공」7에서 말했다. "선생님이 말했다. 올곧구나, 사어여! 나라에 원칙(도)이 존중될 때도 화살과 같고, 나라에 원칙이 무시될 때도 화살과 같구나! 군자이구나, 거백옥은! 나라에 원칙이 존중되면 벼슬에

나서고, 나라에 원칙이 무시되면 관심을 거두어들이고 원칙을 소중히 간직한다."

** 이상 사어의 말은 『한시외전』 권7에 보인다.

*** 『공자가어』「곤서困誓」에 대체로 이런 의미의 공자 말이 있다.

1 이것은 '맹모삼천孟母三遷'의 고사를 가리킨다. 한국 사회에서 맹모삼천은 좋은 학교가 아니라 좋은 학원이 있는 곳으로 이사를 가거나 조기 유학을 보내는 것으로 받아들여지고 있다.

2 이것은 '여도지죄餘桃之罪', '여도담군餘桃啗君'의 고사를 가리킨다. 이 고사는 『한비자』「세난說難」에도 나온다.

3 이것은 '사어시간史魚尸諫'이란 고사를 말한다.

171 庶 幾 中 庸 중용을 서기하고
서 기 중 용

172 勞 謙 謹 勅● 로로 겸하며 근하고 칙하다
로 겸 근 칙

중용(의 올바른 도리에 도달하는 것)을 원하고,

애써서 겸손하고 삼가고 조심한다.*

서기庶幾 : 그렇게 되기를 바라는 것이다.

중용中庸 : 치우치지 않는, '중정中正의 상도'(『예기』「중용」 정현의 주석. 이주 참조).

【注解】

* 『음결』은 "노겸근칙勞謙謹勅"을 타동사와 목적어 구문으로 보지만, 여기서는 이주에 따른다. 또 이주는 두 구를 맹가와 사어와 관련해서 풀이하고 있지만, 이것은 일반론을 말하고 있으므로 맹가와 사어로 한정시킬 필요가 없다.

171庶幾中庸 · 172勞謙謹勅

【李注】

중용中庸은 중정中正하고(치우치지 않고 공정하고) 평상적인 도이다. "중니仲尼(공자의 자)가 말했다. '군자는 중용에 따라 살고 소인은 중용에 반대로 산다'"(『예기』「중용」).

노겸勞謙은 힘들여 일하고 겸손하게 행동하는 것이다. 『역경』「겸괘謙卦」〔구삼九三의 효사爻辭〕에서 말했다. "애쓰고 겸손한 군자는 끝맺음을 잘하여 행운이 있으리라."[1] 칙勅은 바로잡다는 뜻이다. 이 두 구는 맹자와 사어 두 사람이 중용에 따르고, 애쓰고 겸손한 군자가 되기를 바라면서 조심하고 삼가면서 스스로 바로잡았던 것을 말한다.

공자가 외출해서 느긋하게 길을 가다가 말을 타고 오는 사람을 만났다. 공자는 수레를 피하도록 해서 계속 나아갔다. 안연(045罔談彼短 이주 참조)이 물었다. "듣건대 말 탄 쪽이 수레를 피하는 것이라고 하는데, 어째서 수레를 타고서 말을 피하시는가요?" 공자가 대답했다. "나의 행동이 겸허의 도리에 맞기를 바란다. 상대의 신분이 높은지 낮은지 상관없이 늘 그렇게 한다."

1 맥락을 확인하려면 이기동 옮김, 『주역강설』 상, 215쪽 참조.

173 聆 音 察 理　음을 령하고 리를 찰하며
령 음 찰 리

174 鑑 貌 辯 色●　모를 감하고 색을 변하다
감 모 변 색

소리를 듣고 도리를 이해하고,

표정을 보고서 심리를 헤아린다.

변辯 : 구별하여 분명하게 하는 것이다. '변辨'과 통용된다.

173聆音察理

【李注】

영聆은 듣다는 뜻이고, 찰察은 살피다는 뜻이다. 말을 듣고 그 도리의 핵심을 이해하는 것이다.

옛날에, 채옹蔡邕(후한 사람, 132~192)은 자가 백개伯喈인데, 유학을 떠났다가 집으로 돌아왔다.[1] 이웃사람들이 곧 음식 자리를 마련해서 옹을 상석에 앉혔다. 먼저 한 사람이 금琴을 타다가 나무 위를 바라보니, 매미가 울고 있고 그 아래 사마귀가 있는데, 사마귀가 뒤로 살금살금 다가가서 매미를 덮치려고 하는 장면이 눈에 들어왔다.

금을 타고 있던 사람은 사마귀가 매미를 잡아먹는 것이 아닐까 신경이 쓰여서 사마귀를 죽이고 싶다고 생각했다. 그가 타던 금의 음에도 살기가 깃들게 되었다. 옹은 금의 음에 살기가 깃든 것을 듣고서 자리를 떠나려고 했다. 주인이 말렸다. "당신이 멀리 떠났다가 돌아왔기 때문에 이 자리를 마련해서 사람들을 초대했는데, 어떻게 금방 집으로 돌아갈 수 있습니까?" 옹이 말했다. "금의 음에 살기가 서려 있기 때문에 떠나려고 했던 것입니다." 금을 타던 사람이 웃으며 말했다. "참으로 신통하십니다. 손끝으로 연주하는 음을 듣고서 사람 마음을 아시다니." 그래서 "소리를 듣고 도리를 이해한다"고 말하는 것이다(『후한서』 권60하 「채옹전」).

옛날에 공자가 여러 제자들을 거느리고 초나라로 갔다. 초왕이 써 주지 않았기 때문에 발길을 돌려 넓은 들판에 들어섰을 때, 공자는 제자들에게 말했다. "나는 목이 몹시 마르구나. 나를 위해 물 한 잔을 길어 와서 마시게 해줄 수 있겠느냐?" 제자들이 말했다. "주위를 둘러봐도 물이 있을 곳이 없습니다." 공자가 머리를 들어서 살펴보니 동북쪽에 물이 보였다. 그가 자로子路(222顧答審詳 이주 참조)에게 말했다. "자네가 가서 나를 위해 물을 떠올 수 있겠는가?"

자로가 물 있는 곳에 갔을 때 호랑이 한 마리를 만났다. 자로는 호랑이의 창자를 쑥 뽑고 꼬리를 베어서 가슴에 품은 채, 물을 길어 와서 공자에게 건넸다. 그리곤 공자에게 말했다. "천하에 혼자서 호랑이를 죽일 수 있는 사람이 있을까요?" 공자가 말했다. "누구도 혼자서 호랑이를 잡을 수 있다. 하지만 호랑이를 잡는 지혜에는 세 등급이 있다. 상지上智의 사람(가장 뛰어난 지혜의 소유자)은 반드시 먼저 호랑이의 머리를 밴다. 중지中智의 사람(보통 지혜의 소유자)은 호랑이의 배를 자른다. 하지下智의 사람(지혜가 떨어지는 사람)은 호랑이의 꼬리를 자른다."

자로는 부끄러워 감히 호랑이의 꼬리를 내보일 수 없었다. 그래서 풀이 난 곳으로 가 거기서 돌멩이 하나를 주워 가슴에 품고서, 공자를 때리려고 생각하면서 물었다. "천하에 사람이 혼자서 사람을 죽일 수 있을까요?" 공자가 대답했다. "누구라도 한 사람이 혼자서 사람을 죽일 수 있다. 그러나 사람을 죽이는 데도 세 등급의 지혜가 있다. 상지의 사람은 사람을 죽이기 위해 계략을 쓰고, 중지의 사람은 붓을 쓰고, 하지의 사람은 가슴에 돌을 숨긴다. 자신의 힘만을 믿으려고 하니, 그 어리석음은 누구에게도 지지 않는다."

자로가 너무나도 부끄러워서 마침내 돌멩이를 버리고 공자에게 물었다. "성스런(신통한) 지혜는 어떤 것입니까?" 공자가 대답했다. "나는 성인도 아니고 지혜가 뛰어난 것도 아니다. 소리의 여운을 잘 듣고 또 그 이치를 살필 수 있을 뿐이다"(『태평어람』 권892에 인용된 『금루자金樓子』에 보인다).

174鑑貌辯色

【李注】

감鑑은 들여다보다는 뜻이다. 그 용모를 바라보고서 안색을 판단하는 것이다.

옛날에 제齊 환공桓公(137桓公匡合 참조)이 제후들을 소집했을 때, (제후들이) 모두 제때 도착했지만 위후衛侯가 오지 않았다. 환공이 관중管仲(제의 재상. 자는 이오夷吾)에게 말했다. "제후들이 모두 도착했는데, 위후만이 도착하지 않았소. 왕법王法(제왕이 정한 규칙)에는 친한 이(와 그렇지 않은 이)를 구별하지 않는다 합니다. 내일 그대에게 그를 처벌할 명령을 내리겠으니, 다른 사람에게 말하지 마세요."

관중은 궁정에서 물러나고 환공은 침전으로 들어갔다. 위비衛妃(위나라 출신의 환공 부인)는 환공이 들어오는 것을 보고 곧 위후를 죽이려 한다는 낌새를 차리고, 비녀를 뽑고 허리에 장식하는 옥을 내려놓으며 남편의 발아래 넙죽 엎드리며 말했다. "대왕이시여, 위후의 죄를 용서해 주시기 바랍니다."

환공이 말했다. "과인은 아침에 나가서 저녁에 돌아올 때까지 다른 말을 하지 않았소. 부인은 어떻게 위후를 처벌한다는 것을 아시는가?" 부인이 대답했다. "저는 군주에게 세 가지 표정이 있는 것을 보았습니다. 신나고 즐거운 표정, 그 표정은 기뻐서 즐거움이 나타날 때입니다. 잔치를 할 때의 표정, 그때의 표정은 편안하고 느긋해 보이십니다. 전쟁을 앞둘 때의 표정, 그때의 표정은 장엄하고 비장하십니다. 왕의 표정을 보고서 위후를 처벌하리라는 것을 알았습니다."

마침내 환공은 위후를 용서하고 처벌하지 않기로 했다. 다음날 관중이 입궐하여 환공을 만나 뵙고 위후의 죄를 용서한 것에 사의를 표했다. 환공이 물었다. "과인은 아무 말도 하지 않았는데, 그대는 어떻게 아는가요?" 관중이 대답했다. "저는 대왕의 말(억양)이 약하고 멋쩍어 하는 빛이 있는 것을 보고서 위후의 죄를 용서하리라는 것을 알았습니다." 환공이 말했다. "안에는 위부인이 있고 밖에는 관중 같은 대신이 있으니, 무엇 때문에 나라 일을 걱정하겠는가?"

1 채옹은 젊어서부터 박학하기로 이름이 높았고 문장에 뛰어났다. 170년 영제靈帝의 낭중郎中이 되어 동관東觀에서 서지 교정에 종사하였으며, 175년 여러 경서의 문자 교정을 주장하여 그 결과를 돌에 새겨 태학太學의 문밖에 세웠다. 이것이 희평석경熹平石經이다. 189년 동탁董卓에게 발탁되어 고위직까지 올랐으나 그의 몰락과 더불어 투옥되어 옥중에서 사망하였다. 저서로는 조정의 제도와 칭호에 대하여 기록한 『독단獨斷』, 시문집 『채중랑집蔡中郎集』이 있다. 또 비백체飛白體를 창시하여 후대 서예에 많은 영향을 끼쳤다. 후한 시대 최고의 여류 문인으로 여겨지는 채문희蔡文姬의 아버지이기도 하다.

175 **貽 厥 嘉 猷** 궐의 가유를 이하고
이 궐 가 유

176 **勉 其 祗 植●** 기의 지식을 면하다
면 기 지 식

올바른 도를 자손에 남기고,

삼가 그것이 오랫동안 수립되도록 노력하라.

이궐가유貽厥嘉猷 : 이 네 자는 『시경』「대아」의 「문왕유성文王有聲」에 보이는, "그 자손에게 지혜를 남겨 주어서 자손이 편안해지도록 도왔다"(詒厥孫謀, 以燕翼子)는 글을 인용한 것이리라.[1] 이詒는 이貽와 동음으로 통용된다. 유猷는 모謀와 동의어이다. '가유嘉猷'는 훌륭한 계책이란 뜻이다.

면勉 : 애쓰다, 노력하다는 뜻이다.

지식祗植 : 이 두 글자는 관용어이겠지만 출전이 분명하지 않다. 《구간대자본》의 주에 "말하는 뜻은 대신이 마땅히 부지런하게 공경하는 자세로 선도善道의 뿌리를 내려서 자손들에게 남겨줘야 한다"는 것으로 풀이했다. 지祗는 (조상의 영령을) 정성껏 섬기는 것, 삼가서 조심스러워 하는 것이고, 식植은 종식種植과 같이 씨 뿌리는 것으로 풀이되고 있다. 지식 두 자는 선한 행실(선도)의 씨앗을 심어서 자손에 남겨 전해 준다는 뜻일 것이다.

이 '종식선도種植善道'(선도의 씨앗을 심는다)와 비슷한 뜻의 말로는 『춘추좌씨전』 양공 31년 기사에 보이는 '수선樹善'(선을 심는다)이랑 애공 원년 기사 등에 보이는 '수덕樹德'(덕을 심는다)이 있다. 후자는 지금의 『서경』「태서하泰誓下」에도 보이는데, "덕을 심는 것은 자라나는 것에 힘쓴다"는 것이다. 그 고주古注(공안국의 전傳)에는 "덕을 세우는 데는 자라는 것을 힘쓴다"고 풀이하고, 신주新注[채침蔡沈(1167~1230)[2]의 『집전集傳』]에는 "덕을 심는 데는 그것의 자라나는 것을 힘쓴다"고 풀이했다. 결국 식植·수樹·립立은 동사로서 거의 같은 의미를 가지고 있다. 이주(《고활자본》 등)에는 "식植은 치置다"로 풀이하는데, 이 '치置'는 많은 중국의 고전에서 '세우다'로 풀이되기 때문에 역시 '두다', '세우다'로 봐야 하므로, 깊이 뿌리를 내려서는 것을 말한다.

"치란 세우다는 뜻이다"(置, 立也) 같은 주는《고안본》에도 있는데,《고활자본》등의 계통이 고주의 원문을 비교적 잘 전달하고 있는 한 예일 것이다. 또한 청 왕소윤汪嘯尹 등의 주에서 "식植은 입立이다"는 풀이에 따라 읽고,[3] 그 입立 자를 '몸을 세우는 것'(몸을 어디에 두는 것으로 읽는다)으로 보는 것은 저자(주홍사)의 의도로부터 조금 벗나간 것으로 생각된다. 〈175〉 "이궐가유貽厥嘉猷" 구의 '이貽'가 『시경』이 말하는 것처럼 '자손에게 남긴다'는 뜻이기 때문이다.

175貽厥嘉猷

【李注】

이貽는 남긴다는 뜻이고, 궐厥은 '그것'이란 뜻이다. 가嘉는 좋다, 아름답다는 뜻이고, 유猷는 도道의 뜻이다. 이 구는 군자가 올바른 도에 따라서 사람과 만나는 것을 말한다.

176勉其祗植

【李注】

면勉은 부지런히 하다는 뜻이고, 지祗는 공경하다는 뜻이고, 식植은 세운다는 뜻이다. 군자다운 사람은 좋은 길로 가도록 서로 이끌어 주며, 공경하고 삼가는 자세로 행동하며, 충효의 마음을 품도록 한다.

1 전체 맥락을 확인하려면 김학주 옮김, 『시경』, 428-429쪽 참조.
2 채침은 남송 시대 성리학자로 자가 중묵仲默이고 구봉선생九峰先生으로 불리었다. 그는 벼슬길을 단념하고 학문 연마에 몰두하여, 젊었을 적부터 주희를 스승으로 모셨다. 주희의 부탁으로 장기간에 걸쳐서 『서경』의 주석 『서집전書集傳』을 저술했다.
3 주석은 『천자문석의千字文釋義』(汪嘯尹 輯, 孫謙益 注)를 가리킨다.

177 **省 躬 譏 誡** 궁을 성하여 기하고 계하며
성 궁 기 계

178 **寵 增 抗 極●** 총이 증하면 항하고 극하다
총 증 항 극

자신을 뒤돌아보아 스스로 나무라고 스스로 경계해서,

총애가 깊어지면 오만이 극에 도달한다.

기계譏誡 : 나무라는 것과 잡도리하는 것이다.

항抗 : 들다, 오르다는 뜻에서 전화되어 뻐기다, 뽐내다는 뜻으로 쓰인다.

177省躬譏誡

【李注】

성省은 살피다는 뜻이고, 궁躬은 '몸'(자신)의 뜻이다. 계誡라는 것은 경계하다는 것과 비슷한 뜻이다. 군자다운 사람은 불의가 자신의 몸에 미치지 않도록 하므로 스스로 늘 반성하는 것이다. 『논어』「학이」4에서 "증자가 말했다. '나는 매일 세 차례(자주 또는 기회가 되는 대로란 뜻으로 보는 것이 자연스럽다) 나 자신을 살펴본다'" 고 한 것이 바로 여기에 해당된다.

178寵增抗極 · 179殆辱近恥

【李注】

항抗은 뻐기다, 뽐내다는 뜻이다. 소인은 총애를 받으면 뽐내는 상태가 지나쳐서 그쳐야 하는데도 그러지 않고, 한도와 만족해야 하는 정도를 모른다.* 세력을 부려서 주위 사람을 능멸하면 반드시 치욕을 부르게 된다.

옛날에 제齊의 경공景公에게는 세 명의 용맹한 무사가 있었다. 진개강陳開强(『안자춘추』 권2에 의하면 전개강田開疆), 고야자顧冶子(『안자춘추』에 따르면 고야자古冶子), 공손첩公孫捷(『안자춘추』에 따르면 공손접公孫接)이 그들이다. 세 사람은 모두 나라에 공적을 세웠기에 경공이 그들을 총애했다. 세 사람이 자신들의 세력을 믿고서 위아래의 예절을 차리지 않았다.

대부 안자晏子(제의 재상. 안영晏嬰)가 입궐할 때, 세 사람은 대전 아래서 주사위 노름을 하면서도 그를 보고 일어나지조차 않았다. 안자가 말했다. "당신 세 사람은 어떻게 위아래의 예절을 차리지 않는가요?" 세 사람이 대답했다. "우리들은 나라에 공적을 세웠네. 그대 같은 이를 소인으로 보는데, 우리가 뭣 하러 일어나나?"

안자가 경공에게 의견을 말했다. "제가 듣건대 군주와 신하의 예절이 무너지면 반드시 나라를 위험하게 만드는 걱정거리가 생긴다고 합니다. 제가 조금 전 입궐할 때, 진개광 · 고야자 · 공손첩 등이 대궐 아래서 주사위 노름을 하면서 저를 보고 일어나지도 않는 등 위아래의 예절을 차리지 않았습니다. 공께서는 어떻게 생각하십니까?" 공이 대답했다. "과인에게도 그들 하는 짓이 오랫동안 골칫거리였다오. 하지만 이 세 사람은 힘으로 감당할 수 있는 게 아니잖소?" 영이 대답했다. "제가 한 가지 계책을 쓰면 촌병척환寸兵尺丸(한 치의 무기와 한 자루의 칼)을 쓰지 않고도 〔털끝도 움직이지 않고〕 세 사람을 자살하게 할 수 있습니다."

공이 물었다. "어떤 계책이요?" 영이 대답했다. "대왕께서는 맛있는 복숭아 세 개를 마련해서 탁자 위에 올려놓고 세 사람을 불러서, 그들이 오면 이렇게 말하십시오. '외국에서 이 세 개의 복숭아를 진상했는데 아주 달아요. 과인이 하나를 먹고 나머지는 그대들에게 남겨주겠소.' 세 사람에게 각자 세운 공이 얼마나 높은지 말하고 공이 큰 자부터 하나씩 집을 수 있도록 명령하면, 복숭아를 집지 못한 나머지 한 사람이 반드시 자살할 것입니다."

공이 진언에 따라 세 개의 복숭아를 앞에 놓고 세 사람을 불러서 말했다. "외국에서 이 복숭아 세 개를 진상했는데 맛이 아주 달아요. 과인이 하나를 먹고 두 개를 남겨둘 터이니, 그대들 세 사람이 각자 세운 큰 공적을 말하고 하나씩 먹으시오. [단] 복숭아를 쪼갤 수는 없소."

진개광은 손으로 칼자루를 만지며 앞으로 나가서 말했다. "옛날에 제가 대왕을 따라서 사냥을 나갔을 때, 대왕께서는 호랑이와 들개에 둘러싸여서 벗어날 길을 찾지 못하셨습니다. 제가 활을 쏘아서 거꾸러뜨리고 칼로 베서 죽인 것이 이루 다 셀 수 없습니다. 상황이 수습된 뒤, 대왕은 그놈들의 고기를 씹으시고 또 가죽을 벗겨 의자에 까셨습니다. 이것으로 저의 공이 가장 큰 셈입니다. 당연히 복숭아를 먹을 만합니다." 이어서 하나를 집었다.

고야자가 손으로 칼자루를 만지며 앞으로 나가서 말했다. "대왕께서 옛날에 동쪽 바다로 나가셨을 때, 교룡蛟龍이 대왕의 배를 공격하고 하백河伯(강의 신)이 대왕의 말을 끌고 갔습니다. 그때 제가 힘껏 달려[헤엄쳐서] 해안으로 나가 대왕의 목숨을 구했습니다. 저의 공이 크고 높으니 복숭아를 먹을 만합니다." 또 하나를 집어서 먹었다.

공손첩은 복숭아를 먹지 못한 채 손으로 칼자루를 만지며 앞으로 나와 왕에게 말했다. "대왕께서 옛날에 초나라와 전쟁을 벌이실 때, 백만의 군사에 포위되어 도망칠 길을 찾지 못하셨습니다. 제가 칼을 뽑고 창을 가지고 좌충우돌하여 적을 베고 죽이니, 초의 군대가 패해 도망을 가서 대왕을 구할 수 있었습니다. 저의 공이 가장 큰데도 불구하고 복숭아를 먹지 못했습니다." 이윽고 칼을 뽑아 스스로 목을 베서 죽었다.

진개광과 고야자 둘은 "듣고 보니 우리 두 사람의 공이 적은데도 복숭아를 먹었습니다. 부끄러워서 주상을 뵐 낯이 없습니다"라 하더니, 각자 칼을 뽑아서 목을 베 죽었다. 눈 깜짝 할 사이에 촌병척환을 쓰지도 않고 세 사람이 대전에서 스스로 목숨을 끊었다. 이 때문에 "태욕근치殆辱近恥"라고 하는 것이다.**

【注解】

* 『노자』 제44장에서 말했다. "어느 정도 만족할 줄 알면 굴욕을 당하지 않고, 어디에 머물 줄을 알면 위험에 빠지지 않는다."

** 이 이주는 178寵增抗極 만의 주가 아니고, 179殆辱近恥의 주이기도 하다. 이주에서는 이 두 구를 하나의 짝으로 여겨 위와 같은 주를 달고 있다.

179 殆 辱 近 恥　　욕을 태하고 치를 근하면
태 욕 근 치

180 林 皐★ 幸★ 卽●　　림과 고가 즉하기에 행하다
림 고 행 즉

치욕스런 일을 당하게 될 때면,

(사람이 살 만한) 숲이나 연못으로 가는 것이 다행이다.*

태殆 : 가깝다, 위태롭다는 뜻이다.

욕辱 : 창피를 주다, 욕보이다는 뜻이다.

임고林皐 : 수풀과 연못을 가리킨다. 이주는 林皋(皐)로 쓰고 인명으로 보지만, 林皋라는 인물은 미상이다(이주 끝의 주 참조). '皐'는 원래 '皋'의 속자.

행幸 : 다행, 행복의 뜻이다.

즉卽 : 가까이 오다, 다가온다는 뜻이다.

【注解】

* 『음결』은 "태욕이 치에 가까운데 임고가 즉에 행하다"로 읽지만 여기서는 이주에 따라 〈179〉는 "욕을 태하고 치를 근하다"로 읽고 〈180〉은 문맥에 따라 "림과 고가 즉하기에 행하다"로 읽는다. 《구간대자본》은 "임고(임과 고)로 가서 은거해 천도를 지킬 만하다"로 해석하고 있다. 《고안본》이 '행幸'을 '죄辠(罪)'로 적어서 '죄를 짓다'로 읽는 것은 의심스럽다.

또 구라다 준노스케는 「천자문에 관해」(74쪽 참조)에서 〈180〉의 '즉卽'자를 『예기』「단궁상」의 "하우씨즉주夏后氏堲周"의 '즉堲'('卽'으로 된 판본도 있는 듯)과 같은 것으로 보고서, "즉은 촛불의 재"(『경전석문經典釋文』 권11「예기음의禮記音義」1)처럼 '타다 남은 것'이란 뜻이지만 '나머지의 뜻으로 쓰여서', 여기서는 만년을 뜻하여 '임고의 땅이 만년을 행복하게 해

줄 것이다'라고 해석해야 한다고 말하고 있다.

179殆辱近恥

【李注】

(“태욕근치”의 이주는 앞 구의 이주에 포함되어 있다. 279쪽 참조)

180林皐幸卽

【李注】

임고는 조趙의 대신이고 아홉 명의 자식을 낳았는데, 모두 하나같이 어질었다. 나라 사람들이 말했다. “구덕九德의 아버지와 십덕十德의 가문이다.” 조의 왕이 그 소식을 듣고 질투해 그들을 죽이려고 생각했다. 그래서 칙령을 내렸다. “여러 정원을 돌아보려고 하니까 수목 가운데 열매가 많이 달린 것은 베어 내거라.”

자식들이 아버지에게 물었다. “조왕이 수목 가운데 열매가 많이 달린 것을 베라고 하는데, 왜 그런 것일까요?” 임고가 말했다. “조왕은 우리 부자를 죽이려고 하는 것이다. 나무의 자식이 많은 것을 베라고 하는데, 하물며 사람의 경우는 말할 것도 없다.” 부자는 손에 손을 잡고 백운산白雲山으로 들어가서 죽을 때까지 나오지 않았다. 왕은 그것을 듣고 탄식하며 말했다. “현신이란 저 임고 부자였구나!”*

【注解】

* 『태평어람』 권964에 인용된 『부자符子』에는 아홉 명의 아들을 가진 사람을 조趙의 상相, 임씨라고만 말하고 그 이름을 적지 않고 있다.

181 兩 疏 見 機　　량의 소는 기를 견하여
량 소 견 기

182 解 組 誰 逼●　　조를 해했으니, 수가 핍하리오?
해 조 수 핍

(소광과 소수) 두 사람의 소씨는 시기를 알아보고,

관끈을 풀고 사직했다. 누가 두 사람을 탓할 수 있으랴?

양소兩疏 : 전한의 소광疏廣(BC ?~45)과 소수疏受(BC ?~48)를 말한다.[1] 소수는 소광의 조카다. 두 사람은 함께 무제에게 벼슬살이했다.

기機 : 시기(조짐)의 뜻이다. 『음결』은 '기틀(계기)'로 읽지만 두 사람이 사직할 때 기틀 같은 것이 될 만한 일이 있었다는 이야기는 보이지 않는다(『한서』 권 71).

조組 : 관을 묶는 끈이다.

핍逼 : 몰아넣는다는 뜻이지만, 여기서는 힐문하다, 즉 질책하다는 뜻이다.

181兩疏見機 · 182解組誰逼

【李注】

한 제국 시대에 소광은 대부大傅(여기는 '태자태부太子太傅'로 황태자를 가르치는 자리)가 되고, 아들 소수(『한서』에 의하면 광의 형의 아들, 즉 조카)는 소부少傅(대부를 돕는 관리)가 되었다. 광은 수에게 말했다. "내가 듣건대 만족할 줄 알면 위험해지지 않고 언제까지 편안하다고 한다."* 수도 말했다. "제가 듣기로 출세해서 이름을 날리면 물러나는 것이 하늘의 도라고 합니다."*

그래서 부자는 병을 핑계로 인수印綬(도장의 끈)를 풀어 놓고, 관冠을 동도문東都門(장안長安 도성의 동문) 위에 걸어 두었다(사직했다). 천자는 황금

30근을 하사했고, 태자는 50근을 하사했다. 공경公卿(삼공三公과 구경九卿. 고위 관리들)과 친구들이 동도문 밖에서 송별의 잔치를 벌였는데, 전송하러 온 사람이 탄 수레가 백 량 이상이었다. (두 사람은) 고향으로 돌아와 황금을 고향 사람과 친족들에게 나누어 주었다. 사람들은 하나같이 감탄하며 말했다. "참으로 훌륭하구나, 두 대부는!"[2]

【注解】

* 둘 다 『노자』의 말이다. 전자는 "만족할 줄 알면 위험해지지 않는다. 그로써 오래갈 수 있다"(44장). 후자는 "공이 이루어지면 물러나는 것이 하늘의 길이다(9장. 이 문장은 『회남자』「도응훈道應訓」에 인용된 『노자』에 따른다).

1 소광은 자가 중옹仲翁이고, 소수는 자가 공자公子다. 두 사람의 처신은 훗날 유교 소양을 지닌 지식인이 정치에 참여할 때 진퇴進退의 전형으로 여겨졌다. 두 사람은 '영읍이소寧邑二疏'로 불린다. 두 사람의 사후에 고향 사람들은 영읍을 동소東疏와 서소로 나누어 불렀다. 3백 년 뒤, 도잠陶潛이 그곳을 지나다가 「영이소咏二疏」를 지어서 두 사람을 기렸다. "위대한 하늘의 상은 네 계절로 돌고 돌며 공을 이루면 스스로 떠나가는구나. 묻노니 주 왕조의 말엽 이후로 몇 사람이나 그 뜻을 터득했을까? 한나라 조정 안으로 눈을 돌리니 두 소씨가 이 일 되살렸도다! ……"(大象轉四時, 功成者自去. 借問衰周來, 幾人得其趣 游睚漢庭中, 二疏復此擧!……).

2 이 이야기의 출처는 『한서』「이소전」이다.

183 索居閒處 한의 처에 색거하니
색 거 한 처

184 沈默寂寥○ 침묵으로 적료하다
침 묵 적 료

한가한 곳에 혼자 조용히 사니,
아무 말 없이 고요하게 세월을 보낸다.*

색거 索居 : "나는 친구들을 떠나 혼자 조용히 산 지 오래되었구나!"(『예기』「단궁상」).

【注解】

* 이주는 두 구를 소광 · 소수의 은퇴 뒤 생활로 풀이하지만, 여기서는 일반론이므로 반드시 두 소씨의 사례로 볼 필요는 없다. 다만 181兩疏見機 · 182解組誰逼에 현직 시절의 마음가짐 이야기가 끝나고 〈183〉 이하는 그 뒤 은퇴 시절의 마음가짐과 관련이 되므로, 의미상으로는 연관이 있다(369쪽 참조).

183索居閒處 · 184沈默寂寥

【李注】

색거索居는 사는 곳이 고즈넉하다는 뜻이다. 두 소씨는 이미 관끈을 풀고 (사직하고 고향으로) 돌아왔으므로 조용하고 아늑한 곳에서 홀로 살게 되었다. 이 구절은 아무 할 일이 없다(한가한 몸이 되다)는 것을 말한다.

침沈은 깊다는 뜻, 묵默은 말이 없다는 뜻이다. 적료寂寥는 고요하고 한가하다는 뜻이다. 〈184〉는 고즈넉한 곳에 혼자 살 때의 정취가 이와 같다는 것을 말한다.

185 求 古 尋 論　고를 구하고 론을 심하며
구 고 심 론

186 散 慮 逍 遙○　려를 산하여 소요하다
산 려 소 요

옛 도를 찾고 현인들의 논의를 물으며,

마음의 걱정을 걷어 내고 자유롭게 만족하며 세월을 보낸다.

심론尋論 : 옛 현인의 의론議論을 탐구하는 것이다.

산려散慮 : 마음의 걱정, 거치적거림을 떨쳐 버리는 것이다.

소요逍遙 : 자유롭고 만족스런 모양. 또는 자유롭게 발길 닿는 대로 어슬렁거리는 것이다.

185求古尋論 · 186散慮逍遙

【李注】

은거하여 해야 할 급한 일이 없어지면, 옛 현인들의 의론을 들추며 음미한다. 기분이 후련하고 거치적거리는 것이 없어, 저절로 자유롭게 만족스런 생활을 즐기게 된다.

187 欣 奏 累 遣　　흔이 주하면 루가 견하고
흔 주 루 견

188 慼 謝 歡 招○　　척이 사하면 환이 초하다
척 사 환 초

기쁨이 모여들면 번거로움은 물러나고,

슬픔이 멀어지면 즐거움이 달려온다.*

주奏 : 주湊와 동의어로, 모이다는 뜻이다.

루累 : 번거로움을 가리킨다.

척慼 : 슬픔을 말한다.

사謝 : 가버리다, 쇠퇴하다는 뜻이다.

【注解】

* 《구간대자본》은 두 구에 다음과 같이 주석을 붙였다. "신하가 임금을 섬기면서, 기뻐할 때 할 말을 아뢰고, 슬퍼할 때 할 말을 조심한다. 임금이 신하를 부리더라도, 번거로울 때 시킬 일을 제쳐 놓고, 즐거울 때 불러들인다."

187欣奏累遣 · 188慼謝歡招

【李注】

흔欣과 환歡은 모두 기쁘고 즐거운 것이고, 척慼은 슬픈 것이다. 사謝는 가버리다, 초招는 오다는 뜻이다. 두 구는 슬픔이 가면 즐거움이 생긴다는 것을 말한다.

189 渠 荷 的 歷　　거의 하가 적력하고
거 하 적 력

190 園 莽 抽 條°　　원의 망이 조를 추하다
원 망 추 조

개천의 연꽃이 산뜻하게 피고,

정원의 풀은 줄기(가지)를 뻗친다.

거渠 : 개천, 도랑이다. 이주는 '거蕖'(연꽃)로 풀이하지만, 구句의 구조를 고려해서 여기서는 『음결』의 읽기에 따라 구溝(도랑)로 본다. 《고안본》의 주에도 구거溝渠로 본 것 같다. 《구간대자본》에 "거渠는 연꽃의 열매"로 풀이한 것은 잘못이다.

하荷 : 연꽃이다. 이주는 '잎'으로 풀이하지만(《구간대자본》도 같다), 『이아』「석초釋草」에는 "하荷는 부거芙渠다"로 되어 있는데, 연꽃의 총칭이다. 거渠와 마찬가지로 『음결』을 따른다.

원망園莽 : 원은 정원, 망은 풀이다.

추抽 : 초목의 싹이 나는 것이다. 여기는 가지가 뻗치는 것이다.

189渠荷的歷 · 190園莽抽條

【李注】

거渠는 부거芙渠 · 연화蓮華(모두 '연꽃'이란 뜻)다. 하荷는 (연꽃의) 잎이다. 적력的歷은 뚜렷하고 맑고 깨끗한 모양이다. 망莽은 풀이고, 추抽는 펴지다, 자라다는 뜻이다. 정원의 풀들이 줄기를 뻗치며 자라는 것이다.

191 枇 杷 晩 翠 비파는 만에도 취하고
비 파 만 취

192 梧 桐 早 彫★○ 오동은 조에 조하다
오 동 조 조

비파는 겨울이 되어도 푸른 상태를 유지하고,*

오동은 가을에 일찍 잎이 떨어진다.

만취晩翠 : 겨울까지 잎이 푸른 채로 있는 것이다.

조조早彫 : 일찍 잎이 떨어지는 것이다. 조彫는 『음결』 등에 보이는 '조凋'와 같다.

【注解】

* 《구간대자본》에는 비파가 열매를 맺는 것이 다른 과수보다 늦기 때문에 '만취'라고 한다고 풀이했다.

191枇杷晩翠 · 192梧桐早彫

【李注】

비파는 과실나무의 이름이다. 그 잎은 추위를 견디어 내어 떨어지지 않는다. 그래서 '만취(늦게까지 푸르다)'라 한 것이다.

오동은 나무 이름이다. 그 잎이 떨어지는 것은 다른 나무보다 빠르다. 『회남자』에서 말했다. "오동나무 한 잎 떨어지면 세상은 가을이 온 줄 안다."*

【注解】

* 『회남자』 「설산훈說山訓」에서 말했다. "나뭇잎 하나가 떨어지는 것을 보고 한 해가 바야흐로 저물어 간다는 것을 안다." 오동 두 자는 들어 있지 않다.

193 陳 根 委 翳 진근은 위하여 예하고
진 근 위 예

194 落 葉 飄 颻○ 락엽은 표요하다
락 엽 표 요

묵은 뿌리는 쇠약해서 쓰러지고,

낙엽은 바람에 춤추듯 흩날린다.

위예 委翳 : 시들거나 쇠약해지는 모양이다. 예翳는 수목이 스스로 쓰러져서 그 가지와 잎이 땅바닥을 덮게 되는 모양이다.

표요 飄颻 : 바람이 날려서 나부끼는 모양이다.

193陳根委翳 · 194落葉飄颻

【李注】

진陳은 오래되다, 낡다는 뜻이다. 나무뿌리가 오래되면 모두 시들어서 (나무가 쓰러져) 땅바닥을 뒤덮고, (여기저기 널린 뿌리는) 다시 땅에서 새로 나는 것과 뒤엉키게 된다.*

나무의 잎이 떨어질 때, 바람에 따라 나부끼는 것이 마치 춤추는 것과 비슷하다.

【注解】

* 원문이 "樹木之根旣久, 皆委翳地, 盤生於地"로 되어 있는데, '반생어지盤生於地'의 넉 자에 아마 오탈자가 있는 듯하다. 《구간대자본》에는 "진근陳根은 초목의 오래된 뿌리로 아직 새싹이 나지 않는 것을 말한다. 곧 땅에 방치되어서 여러 겹으로 쌓여 있는 것이다"라 풀이되어 있다.

195 遊鵾獨運 유한 곤은 독히 운하고
유 곤 독 운

196 凌摩絳霄○ 강한 소를 릉마하다
릉 마 강 소

한가롭게 지내는 곤새(봉황)는 홀로 노닐다가,

붉은 하늘을 뛰어넘을 듯한 기세로 박차고 나선다.*

곤鵾 : 곤鶤(곤계鶤鷄)과 같고, 『회남자』「남명훈覽冥訓」의 주에 의하면 봉황의 다른 이름이라 한다.

능마凌摩 : 능은 훨씬 넘어서다, 넘어가다. 마는 다가오다, 가까워지다. 여기서는 날아오르는 것이 마치 바싹 다가선다는 뜻이다.

강소絳霄 : 강은 짙은 빨간색, 소는 하늘을 가리킨다.

【注解】

* 구라다 준노스케는 「천자문에 관해」(74쪽 참조)에서 이 두 구의 출전으로 『문선』 권13에 보이는 장화張華(232~300, 자는 무선茂先)의 「초료부鷦鷯賦」 가운데 "저 수리 · 징경이 · 곤鶤 · 기러기 · 공작 · 물총새 등은 혹은 붉은 구름까지 날아오르고, 혹은 머나먼 땅의 끝을 넘어간다"는 문장을 들고 있다.[1]

다카오카 히데나리는 『천자문고증』에서 『회남자』「인간훈人間訓」의 구절을 들고 있다. "기러기나 고니와 같은 큰 새는 …… 그 근육과 골격이 갖추어져 있어, 날개가 돋아나 힘이 세지면, 날개를 힘차게 퍼덕이고 바람을 세차게 가르며 뜬 구름 위로 날아올라, 등에 파란 하늘을 지고 가슴에는 붉은 구름을 안으며, 끝없이 넓은 하늘을 훨훨 날아 무지개 사이에서 한가로이 노닌다."[2]

【李注】

소霄는 하늘이고 강絳은 붉다는 뜻이다. 곤鵾은 큰 물고기가 변해서 붕조鵬鳥(상상의 큰 새)가 된 것이다. 『장자』「소요유逍遙遊」에서 말했다. "북명北溟(북쪽의 바다)에 물고기가 있었는데, 그 이름을 곤鵾(『장자』 원문에는 곤鯤)이라 불렀다. 몸이 변해서 새가 되었다. 그 이름을 붕鵬이라 불렀다. 회오리바람에 날갯짓을 하며 위로 오르면 9만 리를 갔다. 그 날개가 하늘을 드리운 구름(하늘의 끝까지 한 면을 드리우는 넓이의 구름)과 같았다." 두 구는 곤이 변신하고 날아올라 천상으로 날갯짓해 간다는 것을 말한다.

1 장화는 서진西晉 시대 문인, 시인이자 정치가이다. 서진이 조위曹魏를 붕괴시킨 뒤, 정치적으로 불안한 세월을 보내다 혜제惠帝 때 사마륜司馬倫에 의해 피살되었다. 그의 시는 지금 32수가 전해지고 있다.

2 맥락을 확인하려면 안길환 옮김, 『회남자』 하, 명문당, 2001, 190쪽 참조.

197 耽讀翫市 독에 탐하여 시에서 완하고
탐 독 완 시

198 寓目囊箱○ 목을 낭이나 상에 우하다
우 목 낭 상

책 읽기에 빠져서 시장에서 책을 걸신들린 듯 정신없이 읽고,

(서적을 넣은) 자루나 상자에 눈이 모인다.

탐耽 : 열중하다, 빠지다. 한도를 넘어서 좋아하는 것.

완翫 : 늘 손에 가지고 있다는 뜻이 바뀌어 익숙하다는 뜻이 되었다.

우목寓目 : 눈길이 가다, 눈길을 붙들어 매다.

낭상囊箱 : 낭은 여기서 서낭書囊(책을 담은 베 또는 자루)을 말한다. 상도 아마 서상書箱(책 상자)을 말하는 것 같다. 육조 시대의 사람들은 서록書簏이라 불렀다.

197耽讀翫市 · 198寓目囊箱

【李注】

탐耽은 아끼고 자꾸 생각하는 것이다. 한 제국 시대 왕충王充(27~97?)[1]은 집이 가난해서 읽을 책이 없었다. 늘 낙양의 시장에 가서 파는 책을 읽었고, 한 번 보기만 하면 곧 줄줄 외워서 잊어 먹지 않았다. 그래서 '시장에 노닐 때 늘 책의 포대기나 책의 상자에 눈을 붙들어 맸다'고 하는 것이다(『후한서』 권49 「왕충전」).[2]

1 왕충은 자가 중임仲任이고 회계會稽 출신으로 관료로서는 평생 불우했다. 낙양洛陽에 유학하여 저명한 역사가 반고班固의 부친 반표班彪에게 사사하였다. 저서로는 당시 모든 논의를 저울질한다는 뜻의 『논형論衡』이 있다.

2 왕충의 사례는 옛날 고학苦學과 관련해서 즐겨 이야기된다. 이 이외에도 『몽구蒙求』에 나오는 '형설지공螢雪之功'의 고사가 있다. 손강孫康은 집이 가난하여 기름을 살 돈이 없었다. 그는 늘 눈빛에 책을 비추어 글을 읽었다. 나중에 그는 어사대부御史大夫까지 벼슬이 올랐다. 또 진晉나라의 차윤車胤이란 사람은 기름을 구할 수가 없어 여름이면 수십 마리의 반딧불을 주머니에 담아 그 빛으로 밤을 새우며 책을 읽어 마침내 이부상서吏部尙書가 되었다고 한다. 이 고사에서 비롯되어 어려운 처지에서 공부하는 것을 형설지공 또는 단순히 형설이라고 한다. 또 공부하는 서재를 형창설안螢窓雪案이라고도 한다. 이 고사를 듣고, 손강이 눈 없는 여름에는 어떻게 공부했고, 차윤이 반딧불 없는 겨울에는 어떻게 공부했는지 묻지 않기로 하자.

199 易 輶 攸 畏 이한 유는 외한 유이고
이 유 유 외

200 屬 耳 垣 墻○ 이를 원장에 속하다
속 이 원 장

안이하고 경솔한 행동은 더욱 조심해야 하고,

귀를 벽에 바짝 갖다 대(주위에 주의를 기울여)라.*

이유易輶 : 안이한 것과 경솔한 것이다. 이주는 '유輶'를 조심하다로 본다.

유攸 : 소所와 같다.

외畏 : 두려워하다, 주의하다는 뜻이다.

속屬 : 붙이다, 갖다 대다는 뜻이다.

원장垣墻 : 벽, 담을 가리킨다.

【注解】

* 두 구는 『시경』「소아」의 「소변小弁」에 나오는 "군자는 쉽게 말을 내뱉지 않으니, 귀가 담에 붙어 있다네"라는 문장을 인용한 것이리라. 정현의 전箋에는 "왕은 가볍게 참소하는 사람의 말을 받아들이지 않고, 사람은 틀림없이 귀를 벽에 갖다 대서 듣는 자가 있다"고 풀이했다.[1]

199 易輶攸畏 · 200 屬耳垣墻

【李注】

이易는 간략하다, 유輶는 조심하다는 뜻이다. 유攸는 소所와 같다. 두 구는 군자가 두려워하고 조심해야 할 것이 있는데, 경솔하게 말하지 말고, 늘 담 밖의 동태에 귀를 기울이라는 것이다. 슬픈 일이나 재앙이 자신에게 닥치지 않도록 두려워하는 것이다.[2]

1 전체 맥락을 확인하려면 김학주 옮김, 『시경』, 334쪽 참조.

2 이와 관련해서 우리나라 속담에는 '낮 말은 새가 듣고 밤 말은 쥐가 듣는다'는 것이 있고, 영어 속담에는 'Walls have ears'가 있다. 동서를 막론하고 말이 새어나가는 것을 경계하는 심리는 비슷한가 보다.

201 具 膳 飡★ 飯　선을 구하고 반을 손할 때
구 선 손 반

202 適 口 充 腸○　구에 적하고 장에 충하다
적 구 충 장

음식을 마련해서 식사를 할 때,

입에 맞고 배부르면 그것으로 좋다.

선膳 : 요리, 요리한 음식을 가리킨다.

손飡 : 먹는 것, 음식물을 말하며 찬餐과 같다.

적구適口 : 맛있어 입에 맞다는 뜻이다.

201 具膳飡飯 · 202 適口充腸

【李注】

구具는 갖추다, 마련하다는 뜻이고, 선膳은 요리, 음식물이란 뜻이다. 두 구는 식사란 단지 입맛에 맞고 배부르게 하기 위한 것으로, 한 번의 식사로 만족하면 그만이다라는 것을 말하고 있다. (요리의 수가) 많다고 하더라도 어디에 쓰겠는가?

203 飽 飫 亨* 宰　　포하면 팽재에도 어하고
포 어 팽 재

204 饑 厭 糟 糠　　기하면 조강에도 염하다
기 염 조 강

배가 가득 차면 아무리 맛 좋은 것도 싫증나고,*

굶주릴 때는 거친 식사도 입에 맞다〔달다〕.

어飫 : 싫증나다, 물린다는 뜻이다.

팽재亨宰 : 식물의 요리. 썰어서 삶는 요리를 가리킨다. 『음결』에는 '팽烹'으로 되어 있지만, 亨과 烹은 서로 통용되고 발음을 고려해서 亨으로 고쳤다.

염厭 : 맞다, 적합하다는 뜻이다.

조강糟糠 : 지게미와 쌀겨를 가리키며, 맛없는 음식을 뜻한다.

【注解】

* 『음결』은 〈203〉을 "포해도 어하지 않는 팽재"(배불리 먹어도 물리지 않는 익힌 요리, 버무린 요리)로 읽지만, 《고안본》의 "포하면 팽재에도 어하다"는 독법에 따른다.

203飽飫亨宰

【李注】

팽亨은 익힌 것이고, 재宰는 썰어 만든 것이다(이주의 본문은 '팽재烹宰'로 되어 있다). 요리가 많이 있어도 먹어서 이미 배가 부르다면, 질려서 더 이상 먹을 수 없는 것이다.

204 饑厭糟糠

【李注】

가난해서 굶주린 사람은 (지게미와 쌀겨를) 먹더라도 배불리 먹지 못할까 걱정한다.

옛날에 한신韓信(한의 고조에게 출사. 회음淮陰 출신. 123 府羅將相 이주 참조)이 관직에 나아가지 못했을 때, 현미로 지은 밥조차도 배불리 먹을 수 없었다. 이 때문에 회음(오늘날 장쑤성 화이인현淮陰縣)에서 다른 사람의 오리를 훔쳐 먹다가, 주인에게 붙잡혀서 싫컷 욕을 먹고 벌로 그이의 가랑이 사이를 기어갔다. 그 이전에 (신은) 하비下邳(오늘날 장쑤성 피현邳縣)에서 물고기를 낚고 있었다. 빨래하던 아낙네가 그를 보고 애처롭게 여기고 집으로 데리고 가서 밥을 먹여 주었다.

뒤에 신이 관직을 얻고서, 오리를 팔던 자를 원망하여 그를 불러들여 옛날과 반대로 (신의) 가랑이 사이를 세 차례 기게 했다. (또) 빨래하던 아낙네를 불러서 백금을 주고 그 은혜에 보답했다(『한서』 권34 「한신전」에 기록된 내용과 조금 다르다).

205 **親 戚 故 舊** 친척과 고구가 있으면
친 척 고 구

206 **老 少 異 糧**○ 로와 소는 량을 이한다
로 소 이 량

친척과 친구가 있으면,

노인과 젊은이는 각각 음식을 달리한다.

친척親戚 :『음결』의 '야카라'는 '일족', '친족'을 뜻하는 고어다.

이량異糧 : "쉰이면 장粻을 달리하고, 예순이면 고기를 재워 두고(전날 저녁부터 고기를 준비해서 언제라도 먹게끔 하다), 일흔이면 이선貳膳(부식)이 마련되고, 여든이면 늘 진미(진귀하고 맛있는 것)가 있고, 아흔이면 음식이 침상에서 떠나지 않는다(침상의 곁에 늘 준비해 둔다). 식사는 노인이 있는 곳 어디에서나 준비하는 것이 좋다"(『예기』「왕제王制」). (정현은) "장粻은 양糧이다"로 주를 달았다.

또『공자가어』「상노相魯」에서 말했다. "공자가 처음에 벼슬살이하여 중도中都의 재상이 되어서 산 사람을 봉양하고 죽은 이를 장례 치르는 틀을 정했다. 연장자와 연하자는 음식을 달리하고, 힘이 센 이와 약한 이는 일을 달리하고, ……." '이량異粮'으로 된 문헌도 있지만 '粮'은 '糧'의 속자다.

205 親戚故舊

【李注】

가장 가까운 친족을 '친親'이라 하고, 방계의 친족을 '척戚'이라 한다. 형제는 친이고, 고모와 이모(아버지의 여자 형제와 어머니의 자매)는 척이라 한다. 옛날부터 알고 지내는 사이를 고구故舊라 한다. 자신이 부귀할 때도, 다른 이가 아직 가난한 생활을 보내더라도 그런 친척과 친구를 잊지 않는다.*

【注解】

*《구간대자본》에는 "동성同姓의 친(친족)을 '친'이라 하고, 이성異姓의 친(친족)을 '척'이라 한다"고 되어 있다. 이어서 "친척 사이에 마땅히 고구를 잊어서는 안 된다"고 하여 '고구'를 친척끼리 사이에 한정되는 것으로 풀이하고 있다.

206 老少異糧

【李注】

나이 든 사람은 곱게 빻은 쌀(곡식)을 먹고, 젊은 사람은 까끌까끌한 현미를 먹는다.

채순蔡順(후한 사람. 자는 군중君仲)은 열두 살의 나이에 혼자서 어머니를 봉양했는데, 왕망王莽(전한 말의 장군, 황제를 죽이고 제위에 올랐다) 시절 온 세상에 흉년이 들어 사람들이 모두 굶주림으로 고생했다. 그때 적미赤眉의 무리(전한 말 나타난 눈썹을 붉게 칠한 민란 집단)가 출몰해서 사람을 잡아먹었다.

순은 밭에서 뽕나무 열매를 따다가 검은 것(잘 익은 것)을 한 곳에 담고, 붉은 것은 다른 곳에 담았다. (돌아오는) 길에서 적미 무리를 만났다. 무리는 뽕나무 열매를 가득 담은 두 그릇을 보고 그 까닭을 물었다. 순이 대답했다. "검은 것은 나이 드신 어머니에게 드릴 것이고, 붉은 것은 제가 먹을 것입니다."

무리는 서로 "이 아이는 참으로 효자구나!"라고 하며 마침내 그를 풀어 주었다. 그 다음에 쌀 다섯 말과 소 다리 하나를 주며 어머니를 봉양하라고 했다. 무리는 "이 마을은 효자가 사는 곳이다"라 말하며 서로 경계를 하며 그 마을로 들어가지 않았다.*1

【注解】

* 채순이 효자라는 이야기는 『후한서』 권39 「채순전」에 보인다. 뽕나무 열매 이야기는 『태평어람』 권95에 인용된 『동관한기東觀漢記』에 기록되어 있다.

1 채순의 이야기는 역사적으로 유명한 효자를 모아 놓은 『이십사효二十四孝』에 '채순습심공모蔡順拾椹供母'(채순이 오디를 주워서 어머니를 봉양하다) 또는 '습심공친拾椹供親'이라는 제목으로 삽화와 글이 실려 있다.

207 妾 御 績 紡　첩어는 적방하고
첩 어 적 방

208 侍 巾 帷 房○　건으로 유방에서 시하다
시 건 유 방

여자의 일은 실을 잣는 것이고,

(아내가 되면) 침실에서 남편을 거든다.

첩어妾御 : 첩이다. 여기서는 여성 일반을 가리킨다. 『음결』은 '어御'를 동사로 보아 '길쌈을 힘써 하다'로 풀이하고 있다.

적방績紡 : 실을 뽑는 것이다.

시건侍巾 : 수건과 빗을 가지고 남편을 모신다는 뜻이다.

유방帷房 : 유帷는 휘장, 늘어뜨리는 장막(커튼)을 가리킨다. 장막이 쳐진 방, 부인의 거실을 말한다.

207妾御績紡

【李注】

부인은 실을 잣는 일을 한다.

옛날에 강시姜詩(후한 사람)는 대단한 효자로 어머니를 잘 봉양했다. 어머니는 양자강揚子江의 물을 마시길 좋아했고 (또) 활어 회를 즐겨 먹었다. 시는 매일 6, 7리나 떨어진 양자강까지 가서 물을 길어 와 어머니에게 드리는데, 거르는 일이 없었다.

자신의 아내에게 물을 길어오게 했는데, 어느 날은 늦게 집으로 돌아왔다. 시는 이 일로 아내를 나무라고, 결국 이혼을 해서 친정으로 돌아가게 했다. 하지만 아내는 친정으로 가지 않고 이웃집에 붙어살면서, 실을 자아 돈을 벌면 생선을 사다가 회를 떠, 이웃집 주부에게 부탁해 그것을 시댁으로 가지고 가서 시어머니에게 드리도록 했다.

시의 어머니는 매일 회를 가지고 오는 것을 괴이하게 여겨서 이웃의 주부에게 물었다. 이웃집 주부가 대답했다. "할머니, 신부가 우리 집에 있는데, 실을 자아 돈을 벌면 매일 생선을 사다가 회를 뜹니다. 가지고 와서 나더러 할머니에게 드려 잡수시도록 하라고 합니다." 시어머니가 말했다. "이 얘는 참으로 효부구나!"

마침내 며느리를 불러서 집으로 돌아오도록 했다. (아내가) 시어머니의 방 앞에서 시어머니를 향해 엎드려 절을 할 때 갑자기 집 앞의 연못에서 물이 솟구쳤는데, (그 물의) 맛이 양자강의 물맛 그대로였고, 매일 한 쌍의 물고기가 나왔다. 아내는 (그것을) 회로 떠서 시어머니의 상에 올렸다(『후한서』 권84 「열녀전」).[1]

208 侍巾帷房

【李注】

부인이 남편을 모실 때는 낯을 닦고 머리를 빗기는 예절을 차린다. 유帷는 장막(커튼), 방房은 거실이다.

포선鮑宣(한 제국 인물. 자는 자도子都)은 집이 가난해서 늘 소군少君의 집에 가서 책을 읽었다. 소군은 선이 어진 사람이고 덕이 있는 것을 알고서, 딸을 그에게 시집가도록 했다. 선이 아내에게 말했다. "그대는 부귀한 집안에 살아서 응석받이로 자라고 화려한 것이 몸에 배여 있소. 지금 이처럼 가난한 집으로 온다고 하니, 어떻게 감당할 수 있겠소?" 아내가 대답했다. "대인(아버님)께서 당신이 현명하고 덕이 있는 것을 보고, 저를 군자에게 시집보내고 싶어 하십니다. 남편을 모시는 아내의 도리를 다하는 것이 마땅합니다. 무엇 때문에 어울리지 않을 거라 생각하십니까?"*

【注解】

* 『후한서』 권84 「열녀전」에 의하면 소군은 〔환씨桓氏의 딸로서〕 포선의 아내되는 이의 자이다. 또 선은 소군의 아버지 밑에서 책을 읽었다고 되어 있다.

1 강시와 아내 방씨龐氏 모두 『이십사효二十四孝』 「용천약리涌泉躍鯉」(우물이 솟구치고 잉어가 뛰어나왔다)의 주인공이다. 여기서는 아내가 늦은 이유가 나오지 않지만, '대풍大風'을 만나서 늦었다고 한다. 두 사람은 또 '강시출부姜詩出婦'(강시가 아내를 내쫓다)라는 이야기에도 등장한다.

209 紈★ 扇 員★ 潔　　환선은 원하고 결하며
환 선 원 결

210 銀 燭 煒★ 煌○　　은의 촉은 위황하다
은 촉 위 황

하얗게 누인 명주 부채는 둥글고 깨끗하며,

은의 촛대는 빛나고 빛난다.

환紈 : 하얗게 누인 명주를 말한다. 이 글자가 '단團'으로 된 것(《어서원행서천자문》 등)은 송 흠종欽宗의 이름, 환桓을 피하기 위한 것이다(137桓公匡合 · 229布射遼丸 참조).

원결員潔 : 원은 '圓'과 음이 같고 뜻이 통용된다. 결과 관련해서는 041女慕貞絜 주석 참조.

위황煒煌 : 빛이 나는 모양이다.

209紈扇員潔

【李注】

제齊 지역에서 환소紈素(하얀 명주)를 생산한다. 그것으로 부채를 만들 수 있다. 『문선』 권27에 실린 반첩여班婕妤(BC 48~6)의 시, 「원가행怨歌行」에서 읊었다. "새로 제나라의 명주를 자르니 희고 깨끗하여 서리와 눈 내린 것 같네. 이걸 마름질하여 합환선合歡扇을 만드니 둥글둥글하여 저 밝은 보름달과 같네."[1]

210銀燭煒煌

【李注】

위황煒煌은 촛대의 빛이다. 『진서晉書』를 보면 부함傅咸(239~294)[2]이 촛불의 부, 「촉부燭賦」에서 읊었다. "한가로이 방에서 촛불을 피우니 반짝반짝 붉은 빛이 감돌고 붉은 빛이 환하게 타올라 그윽한 밤을 낮처럼 밝히네." *

【注解】

* 『예문유취』 권80 「화부火部」의 「촉燭」에 나오는 부함의 「촉부」 구절. 이 주에 『진서』라 했지만, 이것은 "진나라 부함의 부"의 잘못이리라(『진서』에는 「촉부」가 없다).

1 첩여는 중국 한나라 때 궁녀의 관명이다. 반첩여는 반황班況의 딸이자 『한서』를 지은 반고班固(32~92)의 고모할머니가 된다. 반첩여는 어려서부터 재주가 뛰어났는데, 효성제孝成帝 즉위년에 후궁으로 들어갔다. 처음 소사少使가 되었다가 곧 대행大幸이 되고 나중에 첩여가 되었다. 「원가행」은 원망하는 노래라는 뜻으로, 가을날의 부채에 자신의 처지를 빗댄 시다. 원문은 아래와 같다.

新裂齊紈素 제나라 고운 비단 새롭게 자르니
鮮潔如霜雪 희고 깨끗하여 서리나 눈 내린 것 같네.

裁爲合歡扇 마름지어 합환선을 만드니
團圓似明月 둥글둥글하여 저 밝은 보름달과 같네.

出入君懷袖 님이 출입할 때 소매 속에 드나들며
動搖微風發 흔들흔들 시원한 미풍을 일으켰지만,

常恐秋節至 항상 두려운 것은 가을철이 되면
涼飈奪炎熱 서늘한 바람이 더위를 앗아가듯,

棄捐篋笥中 대나무 상자 안에 부채가 버려지듯
恩情中道絶 은혜로운 사랑이 도중에 끊어질까 함이네.

2 부함은 서진西晉의 문인이다. 자는 장우長虞이고, 부현傅玄의 아들이다.

211 晝 眠 夕 寐　주의 면이나 석의 매할 때
주 면 석 매

212 藍 笋 象 床○　람의 순과 상의 상이 있다
람 순 상 상

낮잠 잘 때와 밤에 잠자리에 들 때는

남색의 죽세공품과 상아로 꾸민 침대가 있다.

면眠 : 특히 낮잠을 가리킨다.

매寐 : 밤에 자다, 푹 자다는 뜻이다.

남순藍笋 : 순笋은 순筍과 같다. 남색의 대나무. 여기서는 파란 대나무로 만든 죽세공품(대자리 등)을 가리킨다.

상상象床 : 상아로 장식한 침상을 가리킨다. 床은 牀의 속자이다.

211晝眠夕寐

【李注】

변소邊韶(후한 사람)[1]는 자가 효선孝先으로 일찍이 제자들을 가르치다가 낮잠을 잔 일이 있었다. 제자들은 이 일을 비웃으며 말했다. "변효선은 뒤룩뒤룩 뱃살만 찌고 책 읽기에는 게으르고 잠만 자려고 한다." 소가 대답하길, "변이 성이고 효선은 자인데, 뒤룩뒤룩한 배에는 오경(『역경』·『서경』·『시경』·『예기』·『춘추』)이 들어 있다네. 누워서는 꿈자리에서 주공周公(주공 단. 135奄宅曲阜·136微旦孰營 참조)과 뜻을 통하고, 앉아서는 공자(053德建名立 이주 참조)와 의견의 일치를 본다네. 그런 나를 스승으로 삼으면서 비웃음거리로 삼으니, 무슨 근거에 의한 것인가?"라고 하니, 제자들은 대꾸할 말이 없었다(『후한서』 권80 「변소전」).

212藍笋象床

【李注】

남순藍笋은 죽순으로, 진귀한 맛이 있어 먹기에 좋다. 초楚는 상아로 만든 침대를 맹상군孟嘗君[2](BC ?~279?, 전국시대 제나라 사람. 성은 전田, 이름은 문文이다)에 선물로 바쳤다.*

【注解】

* 초가 상아 침대를 맹상군에게 선물로 준 이야기는 『전국책』「제책하齊策下」에 보이지만, 맹상군은 공손술公孫戌의 간언을 받아들여 결국 그 침대를 받지 않았다.

1 변소는 환제桓帝에게 출사한 인물로 생몰년이 분명하지 않다.
2 맹상군은 전문의 시호 또는 봉호封號라고도 한다. 제나라 선왕宣王의 서제庶弟였던 정곽군靖郭君 전영田嬰의 아들로 태어났다. 막하에 세상의 인재들을 모아 후하게 대접하여, 제후 행세를 할 정도로 그 명성과 실력을 과시하였다. 진秦나라 소양왕昭襄王의 초빙으로 진에 갔으나 의심을 받아 살해 위기에 처했을 때, 좀도둑질과 닭 울음소리를 잘 내는 식객들의 도움으로 위기를 모면하였다. 이것이 '계명구도鷄鳴狗盜'의 고사다.

213 絃 歌 酒 讌　현하고 가하며 주로 연할 때
현 가 주 연

214 接 杯 擧 觴○　배를 접하고 상을 거하다
접 배 거 상

금을 타고 노래를 부르며 술잔치를 벌이고,

술을 권하며 잔을 든다.

연讌 : 술잔치를 말한다.

상觴 : 술잔을 가리킨다.

213絃歌酒讌

【李注】

술잔치 때, 금琴을 타고 노래를 불러서 즐거움을 더한다.

214接杯擧觴

【李注】

배杯도 상觴도 모두 술잔이다. 술잔치 때 잔을 들어서 서로 술을 권하는 것이다.

215 矯* 手 頓 足　　수를 교하고 족을 돈하며
교 수 돈 족

216 悅 豫 且 康○　　열하고 예하며 차에 강하다
열 예 차 강

손을 들고 발을 구르니,

즐겁고 기쁘며, 또 마음이 편안하다.

교矯 : 높이 들다. 『음결』과 《이주본》에 '撟'로 되어 있지만 잘못 전해진 것이리라.

돈족頓足 : 발을 쿵쿵 구르다.

열애悅豫 : 기쁘고 즐겁다.

215矯手頓足

【李注】

손을 들고 발을 구르는 모양이다.

矯(교, jiǎo)는 古(고, gǔ)와 沼(소, zhǎo)의 반절이다(상성). 이주의 본문은 "撟手頓足"으로 되어 있는데, 矯와 撟는 음이 같다.

216悅豫且康

【李注】

열悅은 즐겁다는 뜻이고, 예豫는 온화하고 잔잔하다는 뜻이다. 강康은 편안하다는 뜻이다. 술잔치 때 부드럽고 즐거움이 이와 같다는 것이다.

217 嫡 後 嗣 續 — 적의 후는 사하고 속하며
적 후 사 속

218 祭 祀 蒸★ 嘗○ — 제사로 증과 상을 지내다
제 사 증 상

적자는 부모의 뒤를 물려받고 가계를 이으며,

증이랑 상 등의 사계절 제사를 지낸다.

적후嫡後 : 적은 적처의 아들로 부모의 뒤를 잇는 자식을 말한다. 후는 『음결』의 독법에 따르면, 적자 이외의 서자 또는 적자 이후 여러 세대의 자식으로 생각하고 있는 듯하다. 여기서는 이주에 따라 부모의 뒤를 잇는 것으로 풀이한다.

증상蒸嘗 : 증은 烝으로 쓰는 경우가 많은데 겨울 제사의 이름이고, 상은 가을 제사의 이름이다. "천자와 제후가 종묘에 지내는 제사는 봄 제사를 약礿(禴과 같다)이라 하고, 여름 제사를 체禘라 하고, 가을 제사를 상이라 하고, 겨울 제사를 증이라 한다"(『예기』「왕제」). 여기서는 사계절의 제사를 대표한다.

『음결』이 '제사祭祀'를 '봄의 제사'로 말하는 것은 '약礿'과 '사祀'를 혼동한 탓이리라. 또는 『예기』「왕제」의 정현 주석에 "주나라의 제도에 의하면 봄의 제사를 사祠라고 한다"는 말과 혼동했으리라(봄을 약, 여름을 체, 가을을 상, 겨울을 증이라고 하는 것은 하와 은의 제사 이름이라고 한다).

217嫡後嗣續

【李注】

적嫡은 장자이고, 후後는 부모의 뒤를 물려받는 것이다. 사嗣는 후사를 잇는 것이다. 속續은 상속해서 끊어지지 않는 것이다.

218 祭祀蒸嘗

【李注】

네 계절마다 선조에게 제사를 지내지 않으면 안 된다. 약禴·사祠·증蒸·상嘗은 네 계절에 지내는 제사의 이름이다.* 봄의 약은 작물의 싹이 돋는 것을 바라고, 여름의 사는 작물의 성장을 빌고, 가을의 상은 작물이 익는 것을 바라고, 겨울의 증은 결실의 은혜에 보답하는 것이다.

【注解】

* '사祠'는 원문대로다. 祠는 주나라의 제도로 "봄의 제사다"(정현의 주). 여기서는 '체禘'의 잘못이 아닐까?

219 稽顙再拜 상을 계하며 재배하고
계 상 재 배

220 悚懼恐惶○ 송구하고 공황하다
송 구 공 황

제사를 지낼 때 이마를 바닥에 대며 두 차례 절을 하고,

두려워하고 공손해 한다.

계상稽顙 : 무릎을 꿇고 이마를 바닥에 닿게 하는 중요한 예절이다. 계수稽首와 같다.
송구悚懼 : 두려워하다.
공황恐惶 : 공손해하다.

219稽顙再拜 · 220悚懼恐惶

【李注】

계상稽顙은 절해서 머리를 바닥에 닿게 하는 것이다. "송구공황悚懼恐惶"은 조심하고 공손하게 하는 것이다. 두 구는 제사 지낼 때 경의를 나타내는 것이 이와 같다는 것을 말한다.

221 牋 牒 簡 要 전과 첩은 간요하고
전 첩 간 요

222 顧 答 審 詳○ 고답은 심상하다
고 답 심 상

편지와 글은 간단하게 요점을 적고,

주위를 훑어보고서 대답할 때는 자세하고 이해하기 쉽게 말한다.

전첩牋牒 : 전과 첩은 모두 표찰, 문서란 뜻이지만 전은 개인의 서간, 첩은 관청의 공문서란 뜻으로 쓰이는 경우가 많다.

간요簡要 : 『음결』은 문서의 하나로 간주하고 있지만, 이주는 정확하게 "간결하게 요점만을 적다"로 풀이하고 있다.

고답顧答 : 주위를 둘러보고서 답하는 것이다. 물음에 대해서 곧바로 답하는 것이 아니고, 주위 사람들의 모습을 본 다음에 대답을 하는 겸손한 태도를 말한다. "군자를 옆에서 모실 때 군자가 무엇을 물으면 주위를 돌아보지 않고 재빨리 대답하는 것은 예에 어긋나는 것이다"(『예기』「곡례하曲禮下」).

221牋牒簡要 · 222顧答審詳

【李注】

전첩牋牒은 계표啓表(편지와 상소)의 한 종류이다. 문장을 쓸 때는 되도록 요점을 간단하게 제시하고, 답을 할 때에는 자세하고 확실하게 말해야 한다.

공자가 제자들과 함께 노산魯山을 오르고서, 주위를 둘러보며 탄식하며 말했다. "내가 죽고 난 다음에 누가 뒤를 이어서 천하를 다스릴 수 있을까?" 자로(173聆音察理 이주 참조)가 대답했다. "새해 아침에 전국의 사람들이 모여서 수탉을 제물로 삼아 호戶〔지게문〕(의 신)에 제사 지내고, 암

닭을 제물로 삼아 문門(의 신)에 제사 지냅니다. 큰 집은 열 마리를 쓰고 작은 집은 다섯 마리를 씁니다. 이 때문에 전국에 살아있는 닭이 없는 것처럼 말하지만, 다음 날이면 닭 울음이 예전처럼 들립니다. 그런데 선생님은 스스로 제 한 몸을 다스릴 줄 모르시면서, 뭐하려 천하를 다스릴 사람이 없을까 염려하십니까?" 공자가 대답했다. "아주 급작스럽게 스스로 자신의 잘못을 고칠 수 있게 되었네. 〔후생가외後生可畏〕 젊은이들(의 미래)이야말로 참으로 두려워해야 하는구나!"*

【注解】

* 공자가 한 말 끄트머리의 '후생가외'가 『논어』「자한」 23에 보인다. 그 아래에 "어떻게 미래의 사람이 오늘날의 사람보다 못할 것이라 생각할 수 있겠는가!"라는 내용이 이어지고 있다.

223 骸 垢 想 浴 해가 구하면 욕을 상하고
해 구 상 욕

224 執 熱 願 涼○ 열을 집하고 량을 원하다
집 열 원 량

몸에 때가 끼면 목욕하고 싶은 생각이 들고,

뜨거운 것을 손에 잡으면 시원한 물로 씻기를 바란다.

집열執熱 : 뜨거운 것을 손으로 잡는 것이다. 『시경』 「대아」의 「상유桑柔」에서 읊었다. "누가 뜨거운 것을 잡고서 달려가 씻지 않겠는가?"[1]

223骸垢想浴 · 224執熱願涼

【李注】

해骸는 몸이란 뜻이고, 구垢는 때란 뜻이다. 〈223〉은 몸에 먼지나 때가 끼면 꼭 목욕을 해서 깨끗하게 하려 한다는 것을 말한다. 몸이 뜨거운 것과 가까이 있으면 빨리 시원해지고 싶어 한다. 이것은 인정상 누구나 그러하다.

1 전체 맥락을 확인하려면 김학주 옮김, 『시경』, 464-467쪽 참조.

225 驢騾犢特 려랑 라, 독이랑 특 등이
려 라 독 특

226 駭躍超驤○ 해약하고 초양하다
해 약 초 양

당나귀와 노새, 송아지와 수소는

놀라서 뛰고, 훌쩍 뛰며 돌아다닌다.

여라驢騾 : 여는 당나귀이고, 나는 노새다. 여기서는 말 전체를 대표한다.

독특犢特 : 독은 송아지이고, 특은 수소다. 여기서는 소 전체를 대표한다.

해駭 : 놀라서 허둥대다.

초양超驤 : 초는 훌쩍 뛰어넘다, 양은 머리를 들고 달리다, 놀라거나 기뻐서 펄쩍 뛰어오르다는 뜻이다.

225驢騾犢特 · 226駭躍超驤

【李注】

여라驢騾는 말 종류이고, 독특犢特은 소 종류이다. "해약초양駭躍超驤"은 몹시 바쁘게 돌아다니고, 놀라서 뛰어다니는 모양이다. 두 구는 사람이 그치게 하려고 해도 그치게 하기 어렵다는 점을 말하고 있다.

227 誅 斬 賊 盜 적과 도를 주하고 참하며
주 참 적 도

228 捕 獲 叛 亡○ 반과 망을 포하고 획하다
포 획 반 망

살상과 절도는 죄를 물어 목을 베어 죽이고,

배반하고 도망간 자를 붙잡는다.

주참誅斬 : 죄를 물어 사형에 처하다.

반망叛亡 : 저버리고 도망가다.

227誅斬賊盜 · 228捕獲叛亡

【李注】

적賊 · 도盜 · 반叛 · 망亡은 모두 그 죄를 용서할 수 없는 경우다. 그렇기 때문에 (사람을) 다치게 하거나 (물건을) 훔치는 경우 반드시 그 죄를 물어 사형에 처한다. 배반했다거나 도망간 경우 반드시 붙잡는다. 악행을 징계하고 선행을 권장하기 때문이다.

229 **布射遼丸**★ 포는 사, 료는 환을 잘하고
포 사 료 환

230 **嵇琴阮嘯**● 혜는 금, 완은 소를 잘하다
혜 금 완 소

여포는 궁술, 선료는 구슬[방울]을 가지고 노는 기술의 달인이고, 혜강은 금을 타고, 완적은 휘파람을 잘 불었다

포布 : 여포呂布(?~198). 후한의 무장이고 자는 봉선奉先이다.[1]

요遼 : 웅의료熊宜僚(전국 시대 초나라 사람). 『장자』「서무귀徐無鬼」에서 말했다. "시남市南의 의료는 구슬을 가지고 놀아 두 집안의 어려움을 해결했다." 『경전석문』에 인용된 사마표司馬彪의 주석에 이 일이 조금 자세하게 풀이되어 있다. 『좌씨전』 애공 16년 기사와 『장자』 등에는 '요僚'로 되어 있어, 『천자문』의 여러 판본이 모두 '요遼'로 되어 있는 것과 일치하지 않지만, 『회남자』「주술훈主術訓」에는 확실히 "市南宜遼弄丸"으로 되어 있다. 또한 헤이안平安 초기 일본 한화사전漢和辭典 『화명유취초和名類聚抄』「잡예류雜藝類」의 '농환弄丸' 항목에 "양나라 무제 『천자문』의 주"라는 말로 이 이주의 일절을 인용하고 있다.

환丸 : 구슬을 말한다. '丸'을 '탄彈'으로 한 판본(《어서원행서천자문》 등)은 송나라 흠종의 이름, 즉 항桓과 같은 음의 글자를 피하려고 했기 때문이다(137 **桓公匡合** · 209 **紈扇員潔** 참조).

혜嵇 : 혜강嵇康(223~262)[2]은 삼국 시대 위나라 인물로 죽림칠현竹林七賢[3]의 한 사람이다.

완阮 : 완적阮籍(210~263)[4]은 삼국 시대 위나라 인물로 죽림칠현의 한 사람이다.

소嘯 : 휘파람을 불다. 소리를 내서 노래 부르는 것. 위진 이후 도가 지식인 사이에 일종의 예술로 여겨졌다.

229 布射遼丸

【李注】

포布는 성이 여呂, 이름이 포이다. 말을 타고 좌우로 화살을 잘 쏘았다. 예컨대 백 걸음 떨어진 곳에 걸려 있는 버드나무의 잎을 쏘면 백발백중이어서 화살을 하나도 헛되이 하지 않았다. 양유기養由基(춘추 시대 초나라 대부)도 또한 활솜씨가 뛰어났다. 예컨대 투구를 쏘면 아홉 겹까지 꿰뚫었다. 활을 높이 쳐들면 기러기가 저절로 떨어졌다. 또 요의 시대에 예羿(고대 전설상의 명궁수)가 있었는데, 활솜씨가 뛰어나서 한 번 쏘아 아홉 마리의 새를 맞추었다.

환丸은 방울이다. 요遼는 성이 의宜이고 이름이 요이다. 아홉 개의 방울을 마음대로 가지고 놀 때, 여덟 개는 늘 공중에 있고 하나만 손에 있었다. 초와 송이 싸울 때, 초왕이 대패했다. 의료는 가슴을 풀어헤치고 칼날을 마주하면서 송나라 군대의 코앞에서 방울 묘기를 부렸다. 온 군대가 모두 다 싸움을 멈추고 그것을 구경했다. 이 틈을 타서 초왕은 어려움을 벗어날 수 있었다.

230 嵇琴阮嘯

【李注】

진晉의 시대, 혜강은 자가 숙야叔夜이고, 북산北山에서 도사道士(도교의 성직자, 은자) 손등孫登(자는 공화公和, 『주역』을 좋아하고 일현금一絃琴을 연주했다)으로부터 금琴을 배웠다. 3년이 지나서 손등은 그에게 가르치기를 그만두며 말했다. "자네에게는 사람들을 능가하는 재주가 있구려. 꼭 시장에서 죽게 될 것이네." 강은 마침내 작별을 고했고, 손등은 구름을 타고 하늘로 올라갔다.

강은 남쪽으로 가서 회계會稽(오늘날 저장성浙江省 샤오싱시紹興市) 왕백통王伯通의 집에 이르러 숙소를 잡았다. 백통은 여관 한 채를 지은 지 겨우 3년도 지나지 않았지만, 항상 여관에 묵는 사람이 있으면 날이 밝기 전에 죽었다. 백통은 이 불길한 사건을 겪고서는 마침내 여관을 걸어 잠그고 사람을 묵게 하지 않았다.

혜강은 일단 여관의 문 앞을 빌려서 묵었다. 일경一更(일몰에서 일출까지 5등분 할 때 제일 첫째 부분)이 지났지만 강은 금을 꺼내서 연주를 했다. 이경이 되었을 때 여덟 명의 귀신이 여관 뒤쪽에서부터 나타나는 것이 보였다. 강은 겁이 났지만 마음속으로 주문을 외웠다. "건원형리정乾元亨利正"(건은 큰 것에 통하고 올바름에 이롭다).* 5

세 차례 되풀이하고 귀신들에게 물었다. "왕백통이 이 여관을 지은 이래로 아직 3년이 차지 않았다고 하네. 매번 묵는 사람이 있으면 밤마다 늘 죽는다는데, 이 모두 여덟 귀신이 죽인 것인가?" 귀신들이 대답했다. "우리들은 사람을 죽이는 귀신이 아닙니다. 우리들은 순舜(023推位讓國·024有虞陶唐 참조) 때 음악을 관장하던 관리로, 여덟 형제는 '영윤伶倫(황제의 신하로 해곡嶰谷의 대나무로 악기를 만들었다)'으로 불리었습니다. 순이 영신佞臣(아첨하는 신하)의 말을 참으로 믿고서 아무 죄도 없는 우리 형제를 죽여 이곳에 묻히게 되었습니다. 주인 왕백통은 여관을 지을 때, 사정을 모른 채 우리가 누운 곳 위에다 담장을 쌓아서 우리를 내리눌러 괴롭히고 있습니다. 우리는 여관에 묵는 사람이 있는 것을 보고 나타나서 이런 사정을 호소하려고 했습니다. 하지만 그들은 우리를 보자마자 스스로 겁을 집어먹고 죽어버린 것입니다. 요컨대 우리들이 손님을 직접 죽인 것은 아닙니다. 오늘 선생에게 부탁하니, 주인을 설득해서 우리의 해골을 잘 수습해 다른 곳에 매장하도록 해 주십시오. 그렇게 하면 반년 뒤에 주인이 이곳의 태수에 임명될 것입니다. 지금 선생에게 세상에서 더 말할 나위 없이 교묘한 「광릉곡廣陵曲」 한 곡을 선사해드리겠습니다.” 강은 그것을 듣고 너무나도 기뻐서 마침내 금을 잡고 귀신과 함께 탔다. 귀신이 강을 가르치면서 한 차례 타면, 곧 (강이) 연주하여 밤이 깊어 갔다.

왕백통은 집안에 있다가 갑자기 밖에서 나는 아름다운 금의 소리를 듣고서 옷을 입고 일어나 앉아 금의 소리에 귀를 기울였다. 점차로 소리를 괴이하게 생각해서 강에게 물었다. 강이 대답했다. “주인장의 여관에서 사람을 죽인 귀신을 내가 보았소.” 백통이 “도대체 뭘 봤다는 거요?”라고 묻자, 강이 대답했다. “밤에 여덟 명의 귀신이 찾아와서 말했다오. ‘주인장이 여관을 지을 때 우리가 누운 곳 위에 담장을 쌓아서 우리를 내리눌러 괴롭혔소. 묵는 손님이 있는 날 밤에 매번 이 사정을 호소하려고 했지만, (우리를) 본 자들은 스스로 겁을 집어먹고 죽었소. 우리가 사람을 죽인 게 아니오. 주인장이 우리의 유골을 수습해서 다른 곳으로 이장해 주기를 바라오. 그렇게 하면 주인장이 이곳의 태수가 되도록 하겠소.’ 이윽고 나에게 「광릉곡」 한 곡을 가르쳐 주었소.”

다음 날 백통이 사람을 시켜 땅을 파 보니, 과연 여덟 구의 해골이 있는 것을 확인하였다. 마침내 관을 짜서 청결한 장소로 이장을 했다.** 그 뒤 진제晉帝 때 백통은 과연 약속대로 태수가 되었고, 강은 중산대부中散大夫(『후한서』 「백관지百官志」에 의하면 광록훈光祿勳의 속관으로 시종관이다)가 되었다.

천자는 강을 북면北面하게 하고 명령을 내려 궁정의 사람들에게 악곡을 가르치도록 했지만 강은 가르치려고 하지 않았다. 위의 무제武帝는 영신佞臣의 의견을 받아들여서 강을 시장에서 죽였는데, 강은 금을 끌어안은 채로 죽었다.***

완적은 자가 사종嗣宗이고 진晉 때의 사람이다. 보병교위步兵校尉(궁성을 지키는 무관)가 되었고, 술을 좋아해서 늘 녹차鹿車(작은 수레)에 술을 싣고 다니면서 도중에 몇 번이고 술을 꺼내 마셨다.**** 휘파람 불기〔소嘯〕에 뛰어났는데, 이것에 감명해서 봉황이 내려앉았고 모든 새들도 함께 와서 버드나무의 가지가 무게에 못 이겨 꺾여 버렸다.

【注解】

* '건원형리정'은 『역경』「건괘」의 괘사卦辭이다. '건의 도는 큰 것에 통하고, 아울러 올바르게 된다.' 이 다섯 글자는 도교의 주문에 쓰였다.

** 『진서』 권49 「혜강전」에 의하면 강이 낙양의 서쪽, 화양정華陽亭에 숙소를 정했을 때, '고인古人'이라 일컫는 손님이 찾아와서 강과 더불어 음악과 도리를 이야기하고, 그때 「광릉산廣陵散」 한 곡을 주었다고 한다.

*** 혜강은 위의 원제元帝(진류왕陳留王) 경원景元 3년(262)에 죽었다. 따라서 여기는 위의 마지막 황제, 원제가 되어야 한다.

**** 완적이 술을 좋아했던 것은 『진서』의 여러 곳에 묘사되고 있지만(권49 「완적전」 등), 녹차에 술을 싣고 다녔다는 것은 역시 술꾼이었고 죽림칠현의 한 사람이었던 유령劉伶의 일화로 보인다(권49 「유령전」).

1 여포는 활쏘기와 말 타기에 능했다. 그는 후한 말의 무장으로 동탁과 싸우다가 귀순했으나 소외되자 사도 왕윤王允과 결탁하여 동탁을 살해했다. 조조, 원술, 유비를 공격했으나 조조에게 붙잡혀 죽었다.

2 혜강은 자가 숙야叔夜이고 삼국 시대 위나라의 철학가이자 시인이자 음악가였다. 저서로 「양생론養生論」, 「성무애락론聲無哀樂論」 등이 있는 『혜강집』이 있다. 그는 전통적 유교사상과 인생관을 통렬하게 비판하고, 인간 본래의 진실성을 키워야 한다고 주장했다. 혜강의 사상을 엿보려면 한흥섭 옮김, 『혜강집』, 소명출판, 2006 참조.

3 죽림칠현은 중국 위나라 말기 실세였던 사마씨司馬氏 일족들이 국정을 장악하고 전횡을 일삼자 이에 등을 돌리고 노장老莊의 무위자연 사상에 심취했던 지식인들을 일컫는다. 그 가운데 유명한 일곱 사람을 죽림칠현으로 부르는데, 열거하면 완적 · 혜강 · 산도山濤 · 향수向秀 · 유영劉伶 · 완함阮咸 · 왕융王戎 등이 있다.

4 완적은 자가 사종嗣宗이다. 아버지는 후한 말의 명사이자 건안칠자建安七子의 한 사람인 완우阮瑀이다. 그는 보병교위步兵校尉를 지냈기 때문에 완보병으로도 불린다. 위나라 말기의 정치적 위기 속에서 강한 개성과 자아 및 반예교적 사상을 관철하기 위하여 술과 기행으로 자신을 위장하고 살았다.

5 이 구의 해석은 아주 다양하다. 이기동 옮김, 『주역 강설』 상, 52-53쪽 참조.

231 恬 筆 倫 紙 넘은 필, 륜은 지를 만들고
념 필 륜 지

232 鈞 巧 任 釣● 균은 교하고 임은 조하다
균 교 임 조

몽염은 붓을 만들고 채륜은 종이를 만들었고,

마균은 공예의 기술이 뛰어났고 임공자는 낚시를 잘했다.

염恬 : 몽염蒙恬으로, 제나라 출신. 진나라의 장군(149起翦頗牧 · 159昆池碣石 이주 참조)〔으로 만리장성을 처음으로 쌓는 등 천하 통일에 혁혁한 공을 세웠다〕.

윤倫 : 채륜蔡倫(?~121?)[1] 으로, 후한의 계양桂陽 사람이고 자는 경중敬仲이다.

균鈞 : 마균馬鈞으로, 삼국 시대의 위나라 박사博士로 부풍扶風 출신이다.

임任 : 임공자任公子로, 선진 시대의 사람이다.

231恬筆倫紙

【李注】

몽염은 진시황제 시대의 장군이다. 60만의 군사를 이끌고 만 리의 장성을 쌓았다. 토끼의 털을 묶어서 붓을 만들어 글씨를 썼는데, 그것이 세상에 널리 전파되었다(몽염이 처음으로 토끼의 털로 붓을 만들었다는 속설이 나오는 곳은 진晉 최표의 『고금주』다).

채륜은 한(후한) 시대에 장작태감將作太監(궁정의 토목 공사를 맡아보던 관청의 장)이 되었다. 삼베옷의 조각을 빻아서 종이를 만들어 그것으로 비단을 대신하게 하였고, 오늘날에 이르기까지 전해지고 있다(채륜의 이야기는 『후한서』「환자전宦者傳」에 보인다).

232 鈞巧任釣

【李注】

성은 마馬이고 이름은 균鈞이다. 위의 무제 시대에 지남거指南車(나침반을 부착한 수레)를 만들었는데, 오늘날에도 전해지고 있다. 나무를 깎아서 인형을 만들어 오채五綵(다섯 색깔의 명주 천)로 옷을 입혔다. (인형은) 혼자서 춤을 추는데 사람과 차이가 없고, 문을 열기도 하고 (곡식을) 찧어서 까불 수도 있었다. 수레 한 대를 만들어 왼쪽 바퀴통 위에 절구를 부착하고 오른쪽 바퀴통 위에도 절구를 부착해서, 10리를 가는 사이에 〔자동으로〕 보리를 빻아서 보리 가루를 만들고, 쌀을 찧어서 백미를 만들어 사람이 힘을 들이지 않게 했다. 그의 기술이 정밀하고 교묘한 것이 이와 같았다(마균이 지남거를 만든 것도 『고금주』에 보인다).

임공任公(임공자)은 낚시를 잘했다. 동쪽의 바다에서 길이 10리가 되는 물고기를 낚았다. 끌어올리니 바닷물이 크게 출렁였고, 놀란 신인神人(신통력을 가진 사람, 선인仙人)이 달아났다. 창오蒼梧 지역(오늘날 광시좡족자치구廣西壯族自治區 창우현蒼梧縣)은 3년 동안 어육을 배불리 먹었다. 사람들은 먹어 보고서 그것을 맛있고 진귀한 것으로 여겼다(이 이야기는 『장자』 「외물外物」에 보인다).[2]

1 채륜은 후한 중기의 환관 출신으로 나무껍질, 베옷 등을 분쇄하여 만든 채후지蔡侯紙라는 종이를 발명하여 기존의 제지법을 한층 발달시켰다.

2 자세한 내용을 확인하려면 안동림 옮김, 『장자』, 현암사, 1999, 657-658쪽 참조.

233 釋紛利俗 분을 석하고 속을 리하고
석 분 리 속

234 並皆佳妙● 병하게 개가 가묘하다
병 개 가 묘

어지러운 것을 풀어내 민중에게 이익을 가져다주고,

모두 훌륭하고 멋진 사람들이다.

분紛 : 흐트러지다, 뒤섞여 헷갈리다.

233釋紛利俗 · 234並皆佳妙

【李注】

석釋은 풀다, 분紛은 혼란스럽다는 뜻이다. 이利는 인민이 편리하게 하다는 뜻이다. 예를 들면 주나 현(의 장관)이 믿고 쓸 만한 사람을 얻어서 정치를 맡겨, 안정을 도모하고 혼란을 해결하고 번거로운 것을 없애 민중에게 이익을 줄 수 있다면, 모두 아름답고 멋들어진 일이다.

절임折任은* 강주江州(오늘날 장쑤성과 허베이성의 일부 지방)의 태수(장관)가 되어 선정을 펼쳐서 민중의 생활을 안정시키고, 수로를 파고 제방을 쌓아 3백만 경頃의 농토를 개간하여 모든 인민들이 그 음덕을 누렸다. 또 오고五袴〔다섯 벌의 바지〕의 노래로** 칭찬받는 염범廉范(후한 시대 경조京兆 두릉杜陵의 사람. 자는 숙도叔度) 같은 이도 모든 사람들의 생활을 편하게 해 주었던 인물이다.

【注解】

* 원문 '억임抑任'을 《요메이문고본》과 《고활자본》에 따라 고쳤다. 하지

만 '절임'이 어떤 사람인지 확실하지 않다.

** 염범의 촉군蜀郡 태수 시절, 그 선정을 칭찬하며 성도成都 사람들이 다음처럼 노래했다. "염숙도가 왜 이렇게 늦게 왔는가? 밤에 불 피우는 것을 금지하지 않았기에 민중들은 서슴지 않고 일을 할 수 있었네. 지금까지 속옷조차 없었지만 이제 다섯 벌의 바지를 가지게 되었네(『후한서』 권 31).[1]

1 성도 시내의 집들이 다닥다닥 붙어 있어 한 번 불이 나면 도시가 전소되는 재앙의 위기에 직면했다. 궁여지책으로 화재 예방을 위해 밤에 불을 피우지 못하게 했는데, 염범이 부임해서 그 금령을 해제했다. 그래서 사람들이 밤에 불을 피워 놓고 옷을 만들 수 있게 되자 과거와 현재를 대비하며 노래를 불렀다. 원문은 다음과 같다. "廉叔度來何暮, 不禁火民安作, 平生無襦今五袴."

235 毛 施 淑 姿　　모와 시는 숙자하고
모 시 숙 자

236 工 嚬 姸★ 咲★●　　공하게 빈하고 연소하다
공 빈 연 소

모장과 서시는 맑고 아름다웠고,

묘하게 미간을 찡그리고 예쁘게 웃는다.

모毛 : 모장毛嬙을 가리키는데, 춘추 시대의 사람으로 월왕越王의 궁전에 있던 미녀다. 미인으로 서시와 나란히 일컬어진다. 이주에는 이름이 타녀吒女로 되어 있지만 확실하지 않다.

시施 : 서시西施를 가리키는데, 춘추 시대의 사람으로 오왕吳王 부차夫差의 비다. 미녀로 모장과 나란히 거론된다. "모장과 서시는 사람들이 미인으로 여기는 대상이다"라는 말이 『장자』「제물론」에 있다(『경전석문』에 인용된 최선崔譔의 판본에 따른다).[1]

빈嚬 : 미간을 찌푸리다.

연姸 : 예쁘다, 품위 있고 아름답다. 《진적본》·《관중본》은 '연硏'으로 되어 있지만, 硏은 姸과 같은 음이어서 가차假借로 쓰인다. 여기서는 『음결』과 《이주본》에 따른다.

235毛施淑姿

【李注】

모毛는 오나라 미녀다. 이름이 타녀咤女다. 용모가 단정하여 그이의 아름다움은 비길 대상이 없었다.

시施는 서시인데 월나라의 여성이다. 단정한 아름다움은 역시 비길 대상이 없었다. 가슴에 통증이 생기면 문가에서 가슴을 손으로 바치며 미간을 한쪽으로 모으고 서 있었다. 그 모습이 한층 더 예뻐서, 그 모습을 쳐다보는 이가 문 앞에 떼 지어 모여들 정도였다. 이웃집에 못생긴 여자가 한 명 있었다. 그이도 서시를 흉내 내 가슴이 아프다며 거짓말을 하고서, 문에 기댄 채 가슴을 껴안고 미간을 찌푸리며 서 있었다. 그것을 본 사람이 얼굴을 가리고 침을 뱉었다(거의 같은 내용의 이야기가 『장자』 「천운天運」에 있다).[2]

숙淑은 좋다, 자姿는 아양 떠는 것(아양을 떨어 요염한 모양)이다. 〈235〉는 두 사람의 미모를 말하고 있다.

236 工嚬姸咲

【李注】

공工은 교묘하다, 빈嚬은 미간을 찌푸린다는 뜻이다. 이것은 미인이 아리땁게 아양 떠는 것을 말한다. 연姸은 곱다는 뜻이다. 이 구는 두 사람의 미모가 천태만상, 갖가지 꼴을 띠는데, 얼굴을 찌푸려도 아름답고 웃으면 한결 더 예쁘다는 것을 말한다.

1 서시 대신에 여희麗姬로 된 판본이 있다. 전체 맥락을 확인하려면 안동림 옮김, 『장자』, 76쪽 참조.

2 서시와 관련된 고사로 빈축嚬蹙과 효빈效嚬이 있다. 빈축은 원래 미간을 찌푸리다, 즉 눈살을 오므리고 얼굴을 찡그리는 것을 뜻하는데, 점차 남들로부터 받는 비난이나 미움을 뜻하는 말로 쓰이게 되었다. 효빈은 빈축을 흉내 내다, 즉 무작정 남을 흉내 내는 것을 가리킨다. 장자의 경우 안동림 옮김, 『장자』, 381-382쪽 참조.

237 年 矢 每 催 　넌시는 매양 최하고
넌 시 매 최

238 羲★ 暉 朗★ 曜★● 　희휘가 랑요하다
희 휘 랑 요

시간은 늘 사람을 볶아 대고,

태양의 빛은 아름답게 빛난다.

연시年矢 : 세월. 여기서는 세월의 경과가 빠른 것을 화살에 비유하고 있다.

매每 : 늘, 항상의 뜻이다.

희휘羲暉 : 태양이 반짝이는 것이다. 희는 원래 태양신을 가리키지만 희화羲和(태양의 운행을 맡은 신) 등 태양과 관련된 고대의 사람 이름에 쓰이는 경우가 많다. 『음결』을 비롯해서 《고안본》·《고활자본》에 '희曦(태양의 빛)'로 되어 있는 것처럼, 여기서도 태양의 빛이란 뜻으로 쓰이고 있는 듯하다. 휘는 눈부시게 빛나다는 뜻이다. 이주는 휘를 달빛으로 보지만 달빛은 240晦魄環照에 나오기 때문에, 여기서는 '희휘' 두 글자로 태양의 빛을 가리키는 것으로 풀이했다.

낭요朗曜 : (빛이) 환히 밝게 빛나는 모양이다. 황요晃曜와 같은 뜻이다. 낭을 '황晃' 또는 '황晄'으로 한 것은, 송의 시조 조현랑趙玄朗의 이름을 피하기 위한 것이다(001天地玄黃 참조).

237 年矢每催

【李注】

시矢는 화살이다. 일월日月(이 가는 것)이 빨라서, 해가 가는 것이 화살과 같아 사람을 볶아 대고 쉽게 늙게 만든다는 것이다.

238 羲暉朗曜

【李注】

희曦는 태양의 빛이다. 휘暉는 달빛이다. 황요晃曜(이주의 본문은 "曦暉晃耀"로 되어 있다)는 빛이다. 해와 달이 차례차례 옮겨 다니며 아래 세상을 비추고,* 빛을 뿜어내고서는 곧바로 지나가 버린다.

【注解】

* 원문은 "照臨下土" 인데, 『시경』 「패풍邶風」의 「일월日月」에 나오는 구절이다.[1]

1 전체 내용을 확인하려면 김학주 옮김, 『시경』, 74쪽 참조.

239 琁★璣 懸★斡 　선기가 현한 채 알하고
선 기 현 알

240 晦 魄 環 照● 　회와 백이 환하게 조하다
회 백 환 조

옥과 같은 별이 공중에 매달려 돌고 있고,

그믐달과 초승달이 번갈아 가며 비춘다.

선기 琁璣 : 선은 옥의 일종이고, 또 북두칠성의 두 번째 별이다. 기도 둥글지 않은 옥으로 북두칠성의 세 번째 별이다. '선기'는 旋璣 · 璿璣 · 璇璣 등으로도 쓰이고, 천문 관측 도구의 이름이면서 북두칠성을 가리키지만, 여기서는 앞뒤 구절의 맥락으로 보아 북두칠성의 두 번째, 세 번째 별이란 뜻과 통하므로, 별 일반을 가리키는 것으로 풀이한다.

현알 懸斡 : 현은 공중에 매달려 있다, 알은 돌다, 회전하다는 뜻이다. 현을 '천遷'으로 한 것(《어서원행서천자문》)은 송의 시조 조현랑趙玄朗의 玄과 같음 음을 피하기 위한 것이다(001天地玄黃 · 238羲暉朗曜 참조).

회백 晦魄 : 한 달의 마지막 날에 보이지 않은 달을 말한다. 회는 그 달의 제일 마지막 날이다. 백은 달에서 빛이 없는 부분이다.

환 環 : 돌다, 둘러싸다.

239 琁璣懸斡

【李注】

선琁은 아름다운 옥이다. 기형璣衡(천체를 관측하는 도구, 선기옥형璇璣玉衡이라고도 한다)은 왕이 우주의 현상을 조사하는 기계로, 뱅뱅 돌아갈 수 있다. 그래서 '천알遷斡'(이주의 본문은 "천기현알遷璣懸斡"로 되어 있다)이라고 한다. 『상서』「순전舜典」에서 말했다. "선기옥형을 보고서 칠정七政을 가지런하게 한다." 기璣는 아름다운 옥으로 만든 것이고, 칠정은 해와 달 그리고 오성五星(목성 · 화성 · 금성 · 수성 · 토성)이다.

240晦魄環照

【李注】

회晦는 (음력으로) 한 달의 서른 번째 날이다. 그것은 한 달이 끝나고 (달이) 캄캄하게 된 것을 뜻한다. 달이 보이기 시작하는 것을 백魄이라고 한다. 달은 음의 정기이기 때문에 백이라 한다.* 달마다 회와 백이 늘 서로 바뀌며, 순환하는 것처럼 교대하면서 빛난다.

【注解】

* 사람의 정신을 맡은 양의 생기 '혼魂'에 대해서 육체를 맡은 음의 생기를 '백魄'이라 한다. 그래서 "달은 음의 정기이기 때문에 백이라 한다"고 말한다.

241 **指 薪 脩★ 祐** 신을 지하고 우를 수하여
지 신 수 우

242 **永 綏 吉 劭★●** 영히 수하고 길하며 소하리라
영 수 길 소

땔감을 가리켰던 고사를 생각해서 신의 보살핌을 자신의 것으로 한다면, 길이 마음이 편안해지고 행복하며 덕이 높아질 것이다.

지신 指薪 : 노자가 죽을 때, 친구 진실秦失(일佚로도 쓴다)이 했던 말을 이른다. 체를 땔감에, 불을 생명에 비유해서 생명의 불멸을 말했다. "다해서 끝나 버리는 것을 〔불씨를 옮겨가며〕 땔나무를 지피는 것에 비유하고 있으므로, 불은 뒤에 남아 전해진다. 결국 불은 없어지는 것이 아니다"(『장자』「양생주養生主」).[1]

수우 脩祐 : 화복생사禍福生死 등, 하늘이 지배하는 것을 자신의 것으로 거둠이다. '수'는 손에 넣다는 뜻이다. '우'는 하늘의 보살핌을 말한다.

수 綏 : 안심하다, 만족하다. 『시경』「주남周南」의 「규목樛木」에서 읊었다. "즐거운 군자여! 복리福履에 편안해 하네"〔樂只君子, 福履綏之〕 여기서도 복리(복록福祿)에 만족하며 지낸다는 뜻이다.[2]

소 劭 : 아름답다, 또 덕이 높다는 뜻이다.

241指薪脩祐 · 242永綏吉劭

【李注】

비유하자면, 땔감이 불을 전해 가는 것과 같다. (땔감은 바뀌더라도) 불은 소멸하지 않는다. 사람이 복福을 제대로 몸에 익혀서 선을 행할 수 있으면, 복이 끝나지 않고 길이 편안하게 행복을 누린다. 만약 복을 제대로 몸에 익히지 못한다면, 불길한 일이 생긴다.

1 이 구절은 진일이 노자를 문상 가서 제자와 나눈 이야기 다음에 실려 있다. 안동림 옮김, 『장자』, 98-100쪽 참조.

2 전체 내용을 확인하려면 김학주 옮김, 『시경』, 40-41쪽 참조.

243 矩 步 引 領 구보하고 인령하며
구 보 인 령

244 俯 仰 廊 廟● 랑묘에서 부앙하다
부 앙 랑 묘

규칙에 따라 걷고, 고개를 들고(자세를 바르게 하고) 기다리며, 궁중에서는 (궁정에 어울리는 태도로) 행동한다.

구보矩步 : 규칙에 따른 걸음걸이다. 구는 정규定規로, 직선을 긋는 데 쓰는 도구다.
인령引領 : 고개를 빼고 기다리는 것이다. 여기서는 자세를 바르게 한다는 뜻이다.
부앙俯仰 : 고개를 숙이고 드는 것인데, 여기서는 일상생활에서의 움직임을 말한다.
낭묘廊廟 : 낭은 궁전 둘레의 복도, 회랑을 말한다. 묘는 조상의 혼령을 모시고 제사지내는 사당이다. 두 곳 모두 제왕이 대신과 함께 정무를 논의하던 장소로, 조정을 가리킨다.

243矩步引領 · 244俯仰廊廟

【李注】

걸을 때는 반드시 규칙에 맞게 (똑바로) 걷고, 움직일 때도 예법이 있다. '고개를 빼는 것'은 고개를 똑바로 드는 것이다. 부앙俯仰의 사이(고개를 숙이고 드는 짧은 순간)에도 늘 궁중에 있을 때처럼 주의하는 것이다. 낭묘廊廟는 천자의 궁전이다.

245 **束 帶 矜 莊** 속대하여 긍장하고
속 대 긍 장

246 **徘 徊 瞻 眺●** 배회하며 첨조하다
배 회 첨 조

(조정에서는) 곱게 차려입고 조심성이 많고 엄숙하지만,

이리저리 돌아다니며 위를 우러러보고, 또 사방을 둘러본다.

긍장矜莊 : 조심성이 많고 엄숙한 모양이다.

배회徘徊 : 이리저리 돌아다니다. 가기 싫은 모습이다.

첨瞻 : 우러러보다.

조眺 : 먼 곳을 바라보다.

245 束帶矜莊 · 246 徘徊瞻眺

【李注】

『논어』「공야장」8에서 말했다. "예복을 차려입고 조정에서 빈객을 접대하는 것이 뛰어나다."* 사람이 예복을 차려입고 의관을 쓴 모양이 단정하다면, 반드시 정중하고 엄숙할 것이다. 엄숙하다면, 사람들이 그이를 멀리서 보고서도 두려워한다.

배회徘徊는 절선折旋의 예禮(곧바로 갔다가 다시금 옆으로 가는 걸음걸이의 예법)[1]이고, 첨조瞻眺는 가까운 곳과 먼 곳을 바라보는 것이다.

【注解】

* 『논어』「공야장」8에서 공자가 제자 공서화公西華를 품평한 말이다.

1 절선의 예법은 원래 『예기』 「옥조玉藻」에 나오는데, 훗날 주희가 편집한 『소학小學』 「경신敬身」에 나온다. "한 바퀴 돌아서 제자리로 올 때 규에 맞게 둥글게 하고, 꺾어서 돌 때는 구에 맞게 각을 이룬다"[周還(旋)中規, 折還(旋)中矩]. 『소학』에서 주희는 '절선'을 "곧바로 갔다가 다시 가로로 꺾어서 가는 것이다. 가로로 도는 것이 각이 져서 구와 같게 되기를 바란다"(是直去了復橫去, 其橫轉處, 欲其方如矩也)로 풀이했다.

247 孤 陋 寡 聞　고루하고 문에 과한 이에게
고 루 과 문

248 愚 蒙 等 誚●　우몽까지 등하게 초하다
초 우 몽 초

외롭고 완고한 사람이랑 견문이 좁은 사람에 대해서는,
어리석고 물정을 모르는 사람까지도 다른 사람들과 마찬가지로 비난할 것이다.*

고루孤陋 : 외롭고 완고한 것이다.
과문寡聞 : 보고 들은 것이 적은 것이다.
우몽愚蒙 : 어리석고 무지한 것이다.
초誚 : 꾸짖다, 따지다는 뜻이다.

【注解】

* 〈247〉을 『음결』은 "외롭고 완고한 때는 견문이 좁아진다"로 풀이하고 있지만, 여기서는 고루와 과문을 병렬시켜 해석했다. 〈248〉은 "어리석은 것도 똑같이 욕을 먹는다"로 읽고 있지만, 여기는 이주에 따라 "어리석은 사람도 똑같이 욕을 한다"로 읽는다. 《구간대자본》은 두 구를, 주흥사가 스스로 겸손해 하는 말, 즉 "나는 고루하고 과문하기 때문에 (내가 지은 『천자문』을 보고서) 어리석은 사람조차도 (다른 사람들과) 마찬가지로 비난할 것이다"라고 풀이하고 있다.

247孤陋寡聞 · 248愚蒙等誚

【李注】

『예기』「학기學記」에서 말했다. "혼자 배우고 친구가 없으면, 고루하고 과문하게 된다." 두 구는 고독한 데다가 완고하기까지 하면 반드시 보고 들어서 지식을 넓히는 것도 적어서, 어리석고 무지한 사람까지도 모두 그것을 꾸짖고 나무랄 것이란 말이다.

249 謂 語 助 者● 어조로 위하는 자는
위 어 조 자

250 焉 哉 乎 也● 언 · 재 · 호 · 야다
언 재 호 야

조사라는 것은

언 · 재 · 호 · 야 등이다.

어조語助 : 조사助辭. 실질적인 개념이 아닌, 글의 어세나 주관적 판단을 나타내는 말. 〈250〉의 네 글자는 모두 구句의 끝에 쓰이는 조사의 실례를 열거하고 있다고 생각된다. '언焉' 자도 『옥편玉篇』에 "말(語)이 끝나는 말(辭)"로 되어 있는데, 구의 끝에 조사로 쓰이고 있다.

249謂語助者 · 250焉哉乎也

【李注】

언焉 · 재哉 · 호乎 · 야也 네 글자는 조사라고 하더라도, 언은 반어(에도 쓰이고 있고), 재는 감탄, 호는 한탄, 야는 글을 끝마치는 어감을 나타낸다.

옛날에 양梁의 무제武帝가 시중侍中(남조南朝에서는 문하성門下省의 장관으로 백관의 상주문과 황제의 칙지를 검토하던 관리) 주흥사周興嗣(자는 사찬思纂. 「해설」 참조)에게 명령해서 (이 『천자문』을 엮어서) 운을 맞추도록 했을 때, 다만 두 구가 부족했기 때문에 조사로 보충한 것이다.

진晉의 무제武帝는 위魏나라를 이어서 천하를 차지할 무렵, 노주성路州城(소재지 미상)에 있었다. 대부 종요鍾繇(삼국 시대, 위나라 정치가. 서예에 뛰어났다)는 이 글(천자문)을 완성해서 천자에게 바쳤는데, 황제는 그것을 소중하게 여겨 자신의 곁에서 떨어지지 않게 했다.

진(의 천자)은 송宋의 문제文帝에 쫓겨서 단양丹陽(오늘날 장쑤성 단양시丹

陽市)으로 이동하여 위기를 피했다.* 이 『천자문』을 수레 안에 보관했는데, 도중에 비를 만나 수레에 비가 스며들었던 탓에 『천자문』도 젖고 말았다. 하지만 여정을 계속해서 단양에 도착하여 서협書篋(책 상자)에 간수해 두었다. 진이 천하를 다스린 것은 열다섯 황제를 합쳐서 150년이었다.

송의 문황제文皇帝 유유劉裕가 제위에 올라 천하를 다스리게 되었을 때, 진나라 천자의 서고를 열고서 이 천자문을 보자, 비를 맞은 탓에 훼손되고 순서도 어지럽게 되어서 우장군 왕희지王羲之(진의 서예가. 자는 일소逸少)에게 운을 맞추게 했지만 제대로 할 수 없었다. 송의 여덟 황제가 천하를 다스린 것은 대체로 60년이었다. 제齊가 〔천자의 자리를〕 이었을 때 단양을 도읍으로 했는데, 역시 운을 제대로 맞추는 사람이 없었다. 제의 일곱 황제가 30년간 세상을 다스린 뒤 양의 무제가 즉위했을 때, 처음으로 주홍사에게 운을 맞추고 문장을 정리하게 하여 『천자문』이 제 모습을 갖추게 되었다.

【注解】

* 이 이야기는 역사서에 보이지 않는다.

주천자문서註千字文序

양나라 대부 내사마內司馬 이섬李暹

종요鍾繇의 『천자문』 책*은 마치 아득한 구름 위를 날아오르는 고니가 창공에 노닐고, 붕새의 무리가 바다를 가로질러 나는 것과 같다. 사람의 세계는 사람이랑 사물이 오밀조밀하게 있는데, (이 책과) 참으로 어울린다. 왕희지의 글씨는 글꼴의 흐름이 웅건하여 용이 연못 입구에서 뛰어오르고, 호랑이가 훌륭한 누각에 엎드리고 있는 것과 비슷하다. 그리하여 대대로 그것을 보물로 여기고 전승하며 서예의 가르침으로 삼으며 비부秘府에 수장해 왔다.

영가永嘉 연간**에 이르러 (조정은) 근거지를 잃고 단양丹陽(오늘날 장쑤성 단양시)으로 옮겨 갔다.*** 그러나 뱃길 여정이 곤란하고 강산(장강과

---

* 《고안본》에는 제일 처음에 "천자문은 위의 태위 종요가 지은 것이다. 양梁의 소릉왕邵陵王 소蕭가 논평한 글에서 말한다"라고 되어 있고, "종요의 서는 ……"으로 이어지고 있다. 《고안본》의 글 내용으로 보면 종요와 왕희지의 글에 대한 평가는 소릉왕 소보유蕭寶攸(남제南齊 명제明帝의 아홉 번째 아들-『남제서』 권50)의 것이란 말이 되는데, 그 글은 원앙袁昂의 「고금서평古今書評」으로 일컬어지는 것 가운데 보인다(『법서요록法書要錄』 권2). 원앙은 우군右軍 소릉왕의 장사長史(사무장)가 된 적이 있고(『양서』 권31 「원앙전」), 《고안본》에는 어쩌면 '梁邵陵王蕭'의 아래에 예컨대 '長史, 袁昂' 등의 탈문이 있을 것이다. 다만 원앙의 평에는 이 서문의 '왕희지의 글'이 '소사화蕭思話의 글'로 되어 있다. 소사화(406~455)는 왕희지보다 거의 백 년 뒤의 사람이다. 평하는 글은 "호와풍각虎臥風閣"(호랑이가 바람 부는 누각에 누워 있는 듯하다)까지다. 다만 '풍각'이 《고안본》에 '봉각鳳閣'으로 되어 있는 것 등에서 조금 차이가 있다.

산들)이 넓고도 험했다. 그것에 덧붙여 석륵石勒(후조後趙의 건국자. 오늘날의 산둥성에 영토가 있었다)이 추격해 와서, 줄곧 쫓겨 다니느라 한시라도 편하지 못했다. 게다가 더위와 비를 만나 (수레에) 실었던 전적이 이때부터 썩기 시작하여 『천자문』도 거의 흩어져서 일부가 없어졌다.

진晉의 중종中宗 원황제元皇帝*4는 그것이 절멸될까 염려해서 칙령을 내려, 우장군 왕희지에게 그 문장을 깨끗하게 쓰게 해 그것을 교육에 사용토록 했다. 하지만 문장의 흐름이 이어지지 않고 운도 맞지 않아 그것(학생의 지식)을 장려하고 인도하는 것이 매우 어려웠다. 양梁 무제武帝가 천명을 받아서(정권을 장악하고서) 원외산기시랑員外散騎侍郎(원외는 상서성尙書省 장관의 보좌역, 산기는 천자의 탈것에 배속된 관리, 시랑은 성의 차관) 주흥사에게 그 내용을 도리에 맞게끔 정리하고 운에 맞는 글로 짓게 했다.*5

무릇 학문은 몸을 세우는 근본이고, 문장은 관직 세계에 들어서는 기초다. 이 때문에 먼저 하늘을 열고, 땅을 세운다. 〔세 가지 발광체〕 삼요三曜(해 · 달 · 별)는 그것으로부터 생겨난다. 이의二儀(하늘과 땅)가 생겨난 뒤 네 계절의 순서도 정해진다. 상고 시대는 소박해서 분전墳典(복희 · 신

** 영가는 서진西晉 회제懷帝의 연호(307~312). 그 무렵 흉노족 등의 침입으로 진은 낙양의 도읍을 잃고, 이윽고 강남의 건강建康(오늘날 난징시南京市)으로 옮겨 회제의 재종형제 사마예司馬睿가 제위에 오른다. 즉 원제元帝(재위 317~322)가 된다. 그 이후는 동진東晉으로 불린다(249謂語助者 · 250焉哉乎也 이주 참조).

*** 오늘날 난징시로 옮긴 것을 가리킨다. 진대에 건강현建康縣(난징)은 단양군丹陽郡에 속했다(『진서』「지리지」). 《고안본》은 '丹楊'으로 표기하는데, 『진서』도 '丹楊'으로 적는 것과 일치한다.

*4 즉 사마예. 주 2 참조

*5 여기까지는 글의 첫머리를 제외하고(주 1 참조) 《고안본》의 서문과 거의 같다. 이하 천자문 내용을 총괄하는 곳부터 끝까지는 《고안본》의 서문과 완전히 다르다.

농 · 황제의 글)의 가르침은 아직 널리 퍼지지 않고, 후세에 이르러 조금 문장이 갖추어졌고, 구색丘索의 글(八索九丘의 줄임말. 팔괘八卦의 설과 구주九州의 지리에 관한 책을 말한다)이 출현했다. 그 때문에 오경과 제자諸子(『노자』와 『장자』 등의 책)의 두루마리〔책〕가 몹시 많아졌다. 오랜 기간에 걸쳐 학습을 쌓더라도 가까스로 그 문지방이나 창문을 엿볼 수 있을 정도였다.

『천자문』(의 내용)을 요약하면 삼재三才(하늘 · 땅 · 사람)를 모두 포괄하고, 백가百家를 두루 망라하는데, 게다가 그 의도는 짧게 압축되어 있다. 위로는 천지를 논하고 아래로는 인륜에 관해 서술하고, 그 도리는 구주九州(중국 전토)에 미치고 널리 오악五岳과 해 · 달 · 별자리의 질서를 의론하고, 건국의 명왕明王, 삼황三皇(천황 · 지황 · 인황)과 봉선封禪(천자가 실행하는 제사. 봉은 하늘에, 선은 땅에 제사 지낸다)의 글 등도 그 가운데 들어 있다. 전한 · 후한의 사실史實도 차례대로 상세하게 논의되고, 진시황제가 석비에 새긴 공훈도 여기서 풀이되고 있다.

그런데 왕희지의 판본에는 여분의 문자가 있고, 그것이 세상에 전해져서 일반 사람들은 그것을 모범으로 삼았다. 소왕蕭王(양나라 무제. 무제의 성은 소蕭이고, 이름은 연衍이다)이 주흥사에게 운을 맞추도록 하여 『천자문』이 생겨났다. 의미가 깊은 곳은 그 오의奧義를 알기가 어렵다. 만약 해석할 수 없다면 깨달음을 얻을 수 없다.

내(적寂)*6가 똑똑하지 않더라도 이전에는 학문의 세계에 몸담고 있었다. 여러 가지 서적에 의거해서 감히 이 주석을 쓴다. 뜻〔정신〕이 얕지만

---

*6 '적'은 '나'란 뜻이겠지만, 저자의 이름인지 또는 일반적인 승려의 자칭인지 확정하기 어렵다.

의미는 깊다. 더러는 아직 충분하지 않는 곳이 있으면 억견臆見으로 설명해 두었지만, 만에 하나라도 옳은 것이 있지 않을까! 조금 알고 있는 것을 들어서 어리석은 사람을 일깨우고자 했다. 뛰어난 지자智者가 있다면 다시 손을 덧보태 고쳐 주기를 간절히 바란다.

註千字文序

梁大夫 内司馬 李暹*

鍾繇千字文(千字文者, 魏太尉鍾繇之所作也. 梁邵**陵王蕭論評書曰, 鍾繇之書***) 如雲鵠遊*4天, 群鴻戯海, 人間茂密, 實亦難遇. 王羲之書, 字勢雄強*5, 如龍躍淵門, 虎臥鳳*6閣. 故歷代寶之, 傳以爲訓, 藏諸秘府. 逮于永嘉年, 失據遷移丹陽. 然*7川途重*8阻, 江山遐險, 兼爲石勒逼逐驅馳不安,*9 又逢暑雨, 所載典籍, 從玆靡爛. 千字文幾將湮沒. 晉中宗*10元皇帝, 恐其絶滅, 遂

* 원문에 '邏'로 된 것을 고쳤다.
** 원문에 '郤'으로 된 것을 이본에 써 있는 '邵'에 따라 고쳤다.
*** 괄호 안의 내용은 《고안본》. 번역문의 주 1을 참조.
*4 '遊天' 두 자는 원문에 '遊飛天'으로 된 것을 《고안본》에 따라 '飛' 자를 뺐다.
*5 '強' 자는 《고안본》에 따라서 보충했다.
*6 '鳳' 자는 원문에 '風'으로 된 것을 《고안본》에 따라 고쳤다.
*7 '然' 자는 원문에 '紫'로 된 것을 《고안본》에 따라 고쳤다.
*8 '重' 자는 《고안본》에 따라서 보충했다.
*9 '不安' 두 자는 《고안본》에 따라서 보충했다.
*10 '中宗' 두 자는 원문에 '末宋'으로 된 것을 《고안본》에 따라 고쳤다.

勑*11右將軍, 王羲之繕寫其文, 用爲教授, 但文勢不次, 音韻不屬, 及其獎導, 頗以爲難. 至梁武帝受命, 令員外散騎侍郎, 周興嗣推其理致*12爲之次韻.

夫學者蓋立身之本, 文者乃入官之始也. 是以開天立地, 三曜於是生焉. 二儀旣立, 四節以之由序. 上古玄朴, 墳典之誥未弘. 下代稍文, 丘索之書乃著. 故五經諸子*13卷軸弘多. 積載累功, 用闚其户牖耳. 千字文簡要略, 義括三才, 包覽百家, 意存省約. 上論天地, 下次人倫. 義及九州, 汎論五岳. 日月星辰之度, 建首明王, 三皇 · 封禪之書, 亦在其内. 前漢 · 後漢之事, 次第俱論. 秦始刻碑之勳, 於斯辨釋. 然王羲之本有餘文, 傳通世俗, 以爲法軌. 蕭王乃令周興嗣, 次韻正之焉, 得千字文. 慳義奧詮者難尋, 若不解釋, 無以得悟. 寂雖不敏, 曾在學門, 依據諸處, 敢註斯記. 意淺義深. 如或未周, 輒率己情, 萬無一是! 上纔其所見, 以曉愚蒙. 若有智者, 望垂更爲潤色焉.

---

*11 '遂勑' 두 자는 원문에 '勑遂令'으로 된 것을 《고안본》에 따라 고쳤다.

*12 '致' 자는 《고안본》에 따라서 보충했다.

*13 '子' 자는 《고안본》에 '字'로 된 것을 도요문고 소장 《무간기본》에 따라 고쳤다.

천자문음결병서千字文音決幷序

대략을 말하면, 안지추顔之推(남북조 시대의 학자, 자는 개介. 이하 인용은 『안씨가훈顔氏家訓』「음사音辭」[1] 로부터)가 한 말이 있다.

"구주九州(중국 전토) 사람의 말은 똑같지 않다. 고어와 현대어는 특히 차이가 많다. 경輕·중重·청淸·탁濁*은 아직 분명하지 않은 데다가, 외언外言·내언內言·급언急言·서언徐言·독약讀若** 등을 사용하고 있어서 한층 더 사람을 혼란스럽게 만든다.

손숙연孫叔然(삼국 시대의 위나라 학자. 이름은 염炎, 자는 숙연叔然. 『안씨가훈』

---

* 경·중·청·탁은 문맥에 따라 의미가 달라지지만, 주로 머리 자음의 유성·무성의 차이(청탁) 또는 그것에 연유하는 성조의 차이(경중)를 말한다.

** 외언·내언·급언·서언은 주조모周祖謨(1914~1995)의 「안씨가훈음사편주보顔氏家訓音辭篇注補」(『문학집問學集』 상)에 의하면, 외언과 내언은 모음의 좁고 넓음의 차이(외는 좁고, 내는 넓다)다. 급언과 서언은 두 가지 해석이 가능한데, 하나로 급언은 평성이고 서언은 측성을 가리키는 성조의 차이로 본다. 다른 하나로 급언은 모음이 좁고(또는 모음의 앞에 i라는 음이 덧보태진다) 서언은 모음이 넓다(또는 모음의 앞에 i음이 없다)는 것을 가리킨다고 말한다. 독약은 같은 음의 한자를 예로 들어 그 한자와 같이 읽는다는 뜻으로, '讀若~'이라고 주기注記해서 한 가지 한자의 음을 보여주는 방법을 취한다.

*** 石(석, shí)은 常(상, cháng)과 隻(척, zhī)의 반절이고 入二十二昔(禪母·三等)에 해당된다. 射(사, shè)는 食(식, shí)과 亦(역, yì)의 반절이고 入二十二昔(牀母·三等)에 해당된다. 두 자는 본래 머리 자음이 다른데, 남쪽 방언에서는 구별하지 않았다는 것을 말한다.

에는 숙언叔言이라고 쓰여 있다)은 『이아음의爾雅音義』을 지었다. 요컨대 한말漢末의 사람들만이 반어反語(반절反折의 방법—29쪽 【注解】 참조)를 이해하고 있었다. 위魏의 세상이 된 뒤 반절은 굉장히 성행하게 되었다. 그 이후로부터 음운의 서책이 줄지어 나타났지만, 각자 지역마다 사투리가 있어서 서로를 비난하며 비웃었다.

황제의 도성을 중심으로 각 지역의 언어를 비교 검토하고, 고금의 차이를 철저하게 연구하여 그것을 종합적으로 살펴볼 때, 그것을 헤아리는 기준이 되는 것은 금릉金陵(오늘날 장쑤성 난징시)과 낙하洛下(낙양. 오늘날 하남성 뤄양현의 서쪽)뿐이다. 남쪽 지역은 그 음성이 맑기 때문에 어조가 높은 편이고, 경박한 데 결점이 있다. 이 지역의 언어는 비속한 요소가 많다. 북쪽 지역은 그 음성이 무겁고 둔하다. 단순하고 솔직한 데 좋은 점이 있고, 그 언어에는 고어가 많다. 예를 들면 남쪽의 사람은 石을 射로 발음하고,*** 是를 舐로 발음한다.*4 북쪽 사람들은 庶를 戌로 발음하고,*5 如를 儒로 발음한다.*6 두 지역의 차이와 각각의 문제점이 대단히 심하다."

지금 안황문顏黃門[안지추는 황문시랑黃門侍郎(천자의 시종직)이었기 때문에 이렇게 부른다]이 말한 의미를 따져 보면, 특히 금릉과 낙하를 기준으로

*4 是(시, shì)는 承(승, chéng)과 紙(지, zhǐ)의 반절이고 上四紙(禪母 · 三等)에 해당된다. 舐(지, shì)는 神(신, shén)과 紙(지, zhǐ)의 반절이고 上四紙(牀母 · 三等)에 해당된다. 위의 ***과 마찬가지로 머리 자음을 달리한다.

*5 庶(서, shù)는 商(상, shāng)과 署(서, shǔ)의 반절이고 去九御(審母 · 三等)에 해당된다. 戌(술, xū)은 傷(상, shāng)과 遇(우, yù)의 반절이고 去十遇(審母 · 三等)에 해당된다. 두 자는 모음에 차이가 있는데, 북쪽 방언에서는 구별하지 않았다는 것을 말한다.

*6 如(여, rú)는 人(인, rén)과 諸(저, zhǔ)의 반절이고 上平九魚(日母)에 해당된다. 儒(유, rú)는 人(인, rén)과 朱(주, zhǔ)의 반절이고 上平十虞(日母)에 해당된다. 위의 *5와 마찬가지로 모음을 달리한다.

하여 그 외 지역은 여기 저기 모두 과오가 있고, 장애가 되는 것이 많다는 것이다. 지금 성명聖明한 군주가 세상을 통치하고 있고, 풍속이 다른 민족까지도 그 덕의 감화를 바라고 있다. 만약 이때를 맞이하여 (자음字音을) 바로잡으려고 하지 않는다면, 제멋대로 내키는 대로 하고 올바른 사리를 놓치지 않을까 염려된다. 그래서 천학淺學을 돌아보지 않고 감히 『천자문음결千字文音決』을 짓게 되었다.

그것과 관련해서 『운전韻銓』(당 무현지武玄之가 편찬한 운서韻書. 일서佚書)의 자음 분류에 따르고, 내외의 구별*7을 분명하게 했다. 다만 음이 미묘한 것은 반드시 구전口傳에 의거해야 한다. 그래서 적게나마 붉은 점을 붙여서 입술과 혀 등에 따른 음운의 구별을 표시하는 걸 대신했다.*8 바라건대 어리석은 사람들을 가르쳐서 인도하고, 초학자에게 도움이 되었으면 하고 생각한다. 짧은 두레박줄로 깊은 우물의 물을 길을 수 없는 것처럼,[2] 심오하고 매우 어려운 것일지라도, (이 주석에서) 작은 것이나마 취할 것이 있다면 다행으로 생각한다.[3]

때는 섭제攝提의 해(호랑이해) 유빈蕤賓의 달(오월)

---

*7 내외는 모음 넓이의 차이를 말한다.

*8 중국에는 발음 부위에 따라 음을 다섯 가지 종류(脣·舌·牙·齒·喉)로 나누었다. 여기서 입술(脣)과 혀(舌) 두 가지를 예로 들고서 다섯 가지 전체를 대표하고, 붉은 점으로 발음법을 표시해서 음운의 차이를 나타내는 것을 말한다.

千字文音決幷序

略曰, 顔之推有言, "九州之言語不同, 古語與今殊別. 輕重淸濁未曉, 加以外言·內言·急言·徐言·讀若之類, 益使人疑. 孫叔*然創爾雅音義, 是漢末人獨知反語. 至于魏世, 此事大行. 自玆厥後, 音韻鋒出, 各有土風, 遞相非唉. 共以帝王都邑, 參校方俗, 考覈古今, 爲之折衷, 推而量之, 獨金陵與洛下耳. 南方其音淸擧而切詣, 失在浮淺, 其辭多鄙俗. 北方其音沈濁而訛鈍, 得在質直, 其辭多古語. 則南人以石爲射, 以是**爲舐. 北人以庶爲戍, 以如***爲儒. 兩失甚多也."

今按顔黃門之意, 特以金陵·洛下爲准的, 自餘觸處訛謬, 爲弊多矣. 當今聖明御曆, 殊俗仰化. 若當此時, 不加釐正, 恐流宕*4忘歸. 是以不測管穴, 輒著千字文音決. 則沿韻銓之字類, 辨內外之殊別. 唯音之精微, 必待口傳, 故聊以丹色代脣舌. 庶提撕愚蒙, 有裨幼學, 雖短綆難汲, 冀小道可觀.

于時攝提之年, 蕤賓之月也.

---

* '叔' 자는 원문에 '○'로 되어 있는데, 『안씨가훈』에 따라 보충한다.
** '是' 자는 원문에 '足'으로 되어 있다.
*** '如' 자는 원문에 '始'로 된 것을 『안씨가훈』에 따라 고친다.
*4 '宕' 자는 원문에 '宏'으로 된 것을 글의 뜻에 따라 고친다.

1 우리나라 말로 『안씨가훈』이 번역되어 있다. 유동환 옮김, 홍익출판사, 1999(2005 개정판) ; 임동석 옮김, 고즈윈, 2004 ; 김종환 옮김, 푸른역사, 2007. 『안씨가훈』은 모두 20편으로 되어 있는데, 번역본 가운데 유동환의 경우 제17편 「서증書證」, 제18편 「음사音辭」를 번역하지 않고 있다.

2 이 부분은 '단경난급短綆難汲'을 옮긴 말이다. 이 말은 원래 『순자』 「영욕榮辱」의 "그러므로 짧은 두레박줄로 깊은 우물의 물을 길을 수 없고, 식견의 차이가 멀면 성인의 말씀을 함께 논의할 수 없다고 한다"(故曰短綆不可以汲深井之泉, 知不幾者不可與及聖人之言)는 말에 기원을 두고 있다. 이를 줄인 "短綆不可以汲深"이란 표현은 『회남자』 「설림훈說林訓」에도 나온다. 이후 이 말은 "短綆難汲深井之水, 淺水難負載重之舟"의 대구로 즐겨 사용된다.

3 이 부분은 『논어』 「자장」 4의 "자하가 말했다. 비록 하찮게 여기는 기술이라도 거기에는 반드시 살펴볼 만한 것이 있다. 하지만 원대한 일을 이루는 데에 방해가 될 수 있기 때문에 군자는 그런 일에 관심을 두지 않는다"(子夏曰 : 雖小道, 必有可觀者焉, 致遠恐泥, 是以君子不爲也)는 구절을 압축해서 만든 표현이다.

천자문음결오서千字文音決奧書

여기에 이 「천자문음결병서」의 고본을 얻어 보매 그것을 베껴서 써 둔다. 죠에이貞永 · 덴부쿠天福 무렵(1232~1233)의 필사본이다. 아직 어떤 사람이 썼는지를 알지 못한다. 가장 뛰어난 본이다.

겐로쿠元祿 7년(1694) 윤 오월 삭일.

茲是千字文音決幷序, 得見古本, 謄寫之. 貞永 · 天福之比手書也. 未知誰人. 最殊勝之本也.
元祿七年閏五月朔日.

운문으로 본『천자문』

오가와 다마키小川環樹

제1단락 【하평십양下平十陽 · 하평십일당下平十一唐(동용同用)[1]】

〔1a〕 [황黃(唐), 황荒(唐), 장張(陽), 장藏(唐), 양陽(陽), 상霜(陽), 강崗(唐), 광光(唐), 강薑(陽), 상翔(陽)[2]]

중국의 시는 각운脚韻[3]을 쓰고, 그 운이 바뀌는 곳에서 글 내용을 바꾸는 것을 상례로 한다. 결국 운이 바뀌는 지점에서 단락을 이루는 것이다. 이 『천자문』도 일종의 시로 본다면, 운이 바뀌는 곳이 여덟 군데 있기 때문에 글 전체를 아홉 단락으로 나눌 수 있다.

다만 제1단락(하평십양下平十陽 · 십일당十一唐의 운을 쓴다. 이 두 가지 운은 당송唐宋 이후에도 같이 쓰인다)은 〈001〉의 천지현황天地玄黃에서 시작해서, 〈050〉의 시찬고양詩讚羔羊에 이르기까지 모두 쉰 구로 가장 길다. 이 단락에서 압운이 이어지고 있더라도, 다시 세 절로 구별해서 글 흐름의 줄거리를 설명해 보고자 한다.

〈001〉부터 〈018〉 인잠우상鱗潛羽翔까지는 이 세계의 자연 현상과 관련해서 중요한 것을 열거하고 있다. 처음 두 구에서 하늘과 땅 사이, 즉 우주(공간과 시간)의 무한한 넓이를 보여주고, 이하 〈010〉의 로결위상露結爲

霜까지는 하늘의 천체, 즉 태양과 달 및 별자리가 늘어서 있는 모양부터 시작해서, 네 계절이 갈마드는 것과 윤달을 두어 해의 길이를 조정하는 것 등을 설명하고, 구름과 비, 이슬과 서리 현상을 언급하고 있다. 이상은 전부 하늘에 속하는 여러 현상들인데, 〈010〉의 이슬과 서리는 하늘로부터 내려온다고 생각한 탓에 하늘과 관련된 사안 가운데 제일 마지막에 놓인 것이리라.

이 두 가지는 지상에서 응결하는 것이므로, 다음의 〈011〉 금생려수金生麗水 이하의 여덟 구에서 말하는 여러 가지 사물이 모두 대지에서 생기는 것임을 암시하고 있다. 마찬가지로 그 여덟 구의 끝 〈018〉의 린잠우상은 앞의 〈017〉 해함하담海鹹河淡을 이어서, 먼저 물속의 산물(어류와 조개류)을 인鱗, 즉 비늘이 있는 동물로 부르고, 그것에 대해서 하늘을 나는 사물을 우羽, 즉 날개가 있는 동물로 부르고 있는데, 이 구는 다음 제2절 룡사龍師(〈019〉)와 조관鳥官(〈020〉) 두 구를 끌어내는 역할을 하고 있다. 용은 비늘이 있는 동물의 우두머리이고, 새는 날개가 있는 동물의 대표이기 때문이다. 이상을 제1단락의 제1절(1a)로 한다.

〔1b〕 [황皇(唐), 상裳(陽), 당唐(唐), 탕湯(唐), 장章(陽), 강羌(陽), 왕王(陽), 장場(陽), 방方(陽)][4]

〈019〉 룡사화제龍師火帝로부터 〈026〉 주발은탕周發殷湯까지 여덟 구는 복희伏犧(伏羲)씨와 신농씨 등 태고의 제왕으로부터 시작해서 각 성인이 이룬 공적을 이야기한 뒤에 주발周發, 즉 주의 무 임금과 은탕殷湯, 즉 은의 탕 임금을 언급하고 있다. 이 두 사람은 이상적인 임금이고, 또 성인으로 간주되는 인물들이다.

〈027〉 좌조문도坐朝問道로부터 〈036〉 뢰급만방賴及萬方까지 열 구는 앞부분을 이어서 임금이 다스리는 태평한 세상의 존재 양상을 이야기하고 있다. 그것은 고대 임금들의 덕화德化 사례를 열거하는 것이지만, 실제로는 작자가 살던 시대(남조南朝의 양梁)의 황제의 통치가 고대 성왕聖王이 이루었던 것과 진배없음을 말하고 있으리라. 결국 고사를 이용해 작자가 섬기고 있는 제왕의 풍부한 덕을 칭찬한 것이고, 다른 각도에서 보자면 그와 같은 태평한 세상이 되기를 희망하고 있는 것으로 생각된다. 이상 열여덟 구를 제1단락의 제2절(1b)로 한다.

〔1c〕 [상常(陽), 상傷(陽), 량良(陽), 망忘(陽), 장長(陽), 량量(陽), 양羊(陽)]

〈037〉 개차신발蓋此身髮로부터 〈050〉 시찬고양詩讚羔羊까지 열네 구는 내용이 한 번 바뀌어서, 사람이 걸어가야 하는 길, 즉 개인의 도덕과 관련해서 이야기하고 있다. 처음의 여섯 구(〈042〉 남효재량男效才良까지)에서는 유교의 기본적 덕목, 즉 오상五常(인의예지신仁義禮智信)으로부터 시작해서, 특히 효도를 설명하고, 또 남성과 여성에게 각각 요구되는 윤리 기준이 다르다는 점을 언급하고, 〈043〉 지과필개知過必改 이하는 일상에서 조심해야 행실을 거론하고 있다. 〈049〉 묵자의 고사와 〈050〉 『시경』으로부터 인용하는 것으로 이 한 절, 즉 제1단락 제3절(1c)을 매듭짓고 있다.

다음 제2단락의 제일 첫 구, 즉 〈051〉의 경행景行 두 글자 또한 『시경』에 보이는 말이다. 제1단락이 하평십양下平十陽 · 십일당十一唐(『광운廣韻』—송나라 초, 1008년 간행—에는 동용同用, 즉 하나의 운처럼 쓰였다)의 운을 쭉 써왔던 것에 비해서, 〈051〉 이하는 다른 운을 달고 있으므로, 이곳은 커다란 단락이 구분되는 곳이다. 한 단락의 앞뒤에 같은 고전(『시경』)의 말을 인용함으로써 작자는 서술이 계속 이어지고 있음을 보여주려고 했던 것이다.

제2단락 【거성사십삼영去聲四十三映 · 거성사십오경去聲四十五勁 · 거성사십육경去聲四十六徑(영映 · 경勁 동용同用, 영映 · 경徑 합운合韻, 경徑 · 경勁 합운合韻)】[5]

[2a] [성聖(勁), 정正(勁), 청聽(徑), 경慶(映), 경競(映), 경敬(映), 명命(映), 청淸(勁), 성盛(映)]

〈051〉 경행유현景行維賢부터 〈080〉 거이익영去而益詠까지 서른 구는 거성사십삼영去聲四十三映 · 사십오경四十五勁 · 사십육경四十六徑의 운을 쓰고 있기 때문에, 그것을 하나의 단락(제2단락)으로 묶는다. 그것의 운이 『광운』에서는 세 가지로 나뉘고, 사십육경四十六徑에 속하는 글자를 영映과 경勁에 속하는 글자와 함께 압운하는 것을 허용하지 않는데, 남조南朝 시인의 운문에는 하나의 운으로 여겨져서 같이 쓰이는 것이 가능했다.

이 단락은 전부 교훈적인 말만으로 되어 있는데, 〈051〉 경행유현景行維賢으로부터 〈060〉 촌음시경寸陰是競까지는, 현인과 성인처럼 덕이 있는 사람은 그 덕이 드러나서 행동거지도 단정하다는 것(〈051〉~〈054〉)으로부터 시작해서, 짧은 시간도 소중히 해야 한다(〈060〉)고 훈계하고 있다.

〈061〉 자부사군資父事君 이하 네 구에서는 앞의 단락에서 이미 이야기했던 부모에 대한 효행이 군주에 대한 충절과 표리일체를 이룬다는 것을 강조한다. 이 한 단락에서 이야기하고 있는 사람들의 덕행과 그 수양법이 여러 가지일지라도, 그것의 요점이 되는 것은 충과 효다.

그래서 〈065〉 림심리박臨深履薄부터 〈068〉 여송지성如松之盛까지 네 구에서는 효자가 늘 유념해야 하는 일을 구체적으로 기술하고, 그런 덕의 높음을 난의 향기에 비유하고 의지의 굳셈을 늘푸른 소나무에 비유하고 있다. 이상 열여덟 구를 제2단락의 제1절(2a)로 하자.

〔2b〕 [영映(映), 정定(徑), 령令(勁), 경竟(映), 정政(勁), 영詠(映)]

〈069〉 천류불식川流不息부터 〈080〉 거이익영去而益詠까지를 제2단락의 제2절(2b)로 하자. 제일 먼저 〈069〉 천류川流와 〈070〉 연징淵澄 두 구를 다음의 〈071〉 용지容止와 〈072〉 언사言辭 두 구와 연결시켜 검토해 보면, 윗구는 강물이 끊이지 않고 흘러서 그칠 때가 없는 것처럼 항상 학문과 수양을 쌓아 나가는 노력하는 모습을 말하는 것으로 풀이함이 적절하다. 아랫구는 그와 같이 노력하는 사람의 정신이 심오하고 번득이는 것을 말함이리라. 그것을 맑은 연못에 비유하고 있기 때문에, 다음의 〈071〉과 〈072〉 두 구에서 군자는 행동이며 말을 침착하고 냉정히 해야 한다는 훈계로 이어진다.

〈073〉 독초篤初와 〈074〉 신종愼終 두 구는 그런 훈계를 되풀이하고, 어떤 일도 끝까지 신중히 해야 한다고 말한다. 〈075〉 영업榮業은 〈069〉부터 일러 온 게으름 피우지 않고 하는 노력이 위대한 공적의 기초가 된다는 것을 말하고, 〈076〉 자심藉甚은 또 그것을 이어서 그러한 공적을 세웠던 인물의 명성은 그 사람이 살아있던 때뿐만 아니라 사후에도 영원히 계속된다는 것을 말한다.

그러한 명성의 구체적인 실례가 〈079〉·〈080〉의 감당甘棠 나무 고사인데, 그 고사는 지방관(지사, 태수 등)의 뛰어난 치적을 칭찬하는 말로 자주 쓰이고 있다. 감당의 두 구 앞에 〈077〉 학우學優와 〈078〉 섭직攝職 두 구가 끼어 있는 것은 그 때문이리라.

전체적으로 각 연은 두 구가 대가 되도록 긴밀하게 서로 엮여져 있지만, 앞뒤 연과의 관계는 느슨해서 글 내용의 연결이 꼭 분명하지는 않기 때문에 조금 설명을 보탰다.

앞에서 설명했듯이, 제2단락은 압운에 거성사십삼영去聲四十三映·사십오경四十五勁·사십육경四十六徑의 세 가지 운을 혼용한 것에 주의해야 하고, 후세(북송 이후)의 규정에 의하면 사십육경의 운만은 '독용獨用'되면서 앞의 두 운과 혼용되는 것이 허용되지 않았다(4a 참조).

제3단락 【상평오지上平五支】(비卑, 수隨, 의儀, 아兒, 지枝, 규規, 리離, 휴虧, 피疲, 이移, 미縻)

〈081〉 악수귀천樂殊貴賤, 〈082〉 례별존비禮別尊卑의 연으로부터 〈102〉 호작자미好爵自縻까지 스물두 구는, 또 운이 바뀌어서 상평오지上平五支의 운을 단다. 당 제국 이후에는 육지六脂·칠지七之의 두 운과 함께 쓰였지만(동용同用), 『천자문』이—특히 이 제3단락에서—그 두 가지 운자를 혼용하지 않는 것에 주의해야 한다. 이것은 남조(양) 시대에 만들어진 모습을 그대로 간직하고 있다는 증거가 된다.

이 단락은 서로 다른 신분에 걸맞은 각기 다른 음악이 있어야 하듯이 자신의 신분에 어울리는 예절을 지켜야 한다는 것을 말하는 두 구에서 시작해, 먼저 부부·형제(종형제)가 모두 화목하게 지내는 것, 즉 가족 안에 애정이 필요함을 말하고 있다. 〈091〉 교우交友, 〈092〉 절마切磨의 두 구에 이르러서, 동족이 아닌 친구와 교제할 때도 도의를 잊지 말고 연마를 게을리 하지 말 것을 훈계하고 있다.

이상 열두 구가 제3단락의 전반부를 이루고 있고, 그것에 이어서 후반부 〈093〉 인자은측仁慈隱惻 이하 열 구에서는 사이가 가까운 이들은 서로 자애롭지 않으면 안 되고, 동시에 그 행동은 정의를 벗어나지 않고 청결한 마음을 간직해서 이욕利慾의 유혹을 물리쳐야 하며, 그것은 곧 마음의 평정을 어지럽히지 않도록 굳은 의지를 단단히 지키는 일이라는 것이다. 그 조건이 충족된다면 〈102〉 호작好爵, 즉 높은 관직이 "저절로 걸려든다"는 말로 마무리 짓고 있다.

제4단락 【하평십이경下平十二庚 · 하평십사청下平十四淸 · 하평십오청下平十五靑(경庚 · 청靑 합운, 경庚 · 청淸 동용, 청靑 · 청淸 합운)】

〔4a〕 [경京(庚), 경涇(靑), 경驚(庚), 령靈(靑), 영楹(淸), 생笙(庚), 성星(靑), 명明(庚), 영英(庚), 경經(靑)]

〈103〉 도읍화하都邑華夏에서 시작해서 〈162〉 암수묘명巖岫杳冥까지 제4단락의 예순 구는 하평십이경下平十二庚 · 십사청十四淸 및 십오청十五靑의 운을 단다. 십오청에 속하는 글자는 당 제국 이후에 '독용獨用'하고, 십이경(및 십삼경) · 십사청의 세 가지 운에 소속하는 글자와 함께 압운하는 것이 허용되지 않았다. 그러나 남조에서는 이 『천자문』에서처럼, 이들 하평下平의 네 가지 운에 대응하는 거성去聲의 사십삼영四十三映(사십사쟁四十四諍) · 사십오경四十五勁 · 사십육경四十六徑의 네 운이 혼용되는 예가 있다

(이미 2b에서 설명했다. 362쪽). 이 세 가지 운(또는 네 가지 운)의 글자를 혼용한 것이 남조의 운문(특히 「부賦」)에서는 드문 일이 아니다(왕리王力, 「南北朝詩人用韻考」, 『漢語史論文集』, 33쪽 참조).

이 제4단락의 내용은 세 절로 나눌 수 있다. 제1절은 첫머리의 〈103〉·〈104〉 두 구에서 말하는 것처럼, 〈103〉 화하華夏 문명의 나라(중국)의 오랜 수도인 〈104〉 동서東西의 이경二京, 즉 낙양洛陽과 장안長安의 지세로부터 시작해서, 거기에 들어선 궁전의 장엄하고 화려한 모습을 서술하고 있다.

이어서 그 궁정의 의식에 참가한 관리들의 옷차림에서부터, 서술은 정전에 가까이 있는 비각秘閣(도서관으로 양梁 시대에는 비서성秘書省에 속했다)에 소장된 다수의 고적인 〈119〉 분전墳典과 〈120〉 군영群英 등 거기에 모여 있는 영재들을 언급하는 방향으로 옮겨가고 있다.

〈121〉 두고종례杜稾鍾隷의 구는 앞 구의 군영을 이어, 재주가 뛰어난 그들 지식인이 지은 문장이 더러는 초서체로 더러는 해서체로, 지난날의 대가인 두도杜度와 종요鍾繇에 뒤지지 않는 명필로 쓰였다고 말하는데, 그들 글자체의 기원으로 거슬러 올라가면 〈122〉 칠서漆書, 즉 옻칠로 썼던 전국 시대의 문자(고문)나 공자의 옛집에서 발견되었다고 하는 벽경壁經(벽속에서 나온 경서)도 같은 서체였다는 것을 부기하고 있다. 이상 스물두 구를 제1절(4a)로 한다.

〔4b〕 [경卿(庚), 병兵(庚), 영纓(淸), 경輕(淸), 명銘(靑), 형衡(庚), 영營(淸), 경傾(淸), 정丁(靑), 녕寧(靑)]

제4단락의 제2절은 〈123〉 부라장상府羅將相에서 〈130〉 거가비경車駕肥輕

까지의 여덟 구로, 도성의 대로에 자리 잡은 장군과 대신들의 저택, 그 영지의 광대함, 위풍당당히 거마를 늘어세운 호사스런 생활을 묘사하고 있다.

이어서 〈131〉 책공策功, 〈132〉 륵비勒碑의 두 구는 그런 사람들의 공훈이 석비에 새겨져서 영원히 전해지는 것을 말하고, 〈133〉 반계磻溪 이하의 열 구에는 이처럼 뛰어난 공적을 세웠던 위대한 재상으로 〈133〉 태공太公 망望, 은의 이윤伊尹, 주의 주공周公[〈136〉 미단微旦(단이 없었더라면)] 등이 거론되고 있다.

〈137〉·〈138〉 두 구에서는 제나라 환공의 이름을 내세우고 있을지라도, 저자의 의도는 아마도 환공을 도와서 세력이 기울어져 가던 주 왕실을 지탱하고 다시 일으켜 세운 제의 재상 관중管仲의 공을 칭찬하는 것이리라.

〈139〉 기회綺廻, 〈140〉 열감說感 두 구는 재상 이야기에서 방향을 조금 바꾸어, 남의 눈에 띄지 않게 세월을 보내던 은자가 갑자기 나타났던 (상산商山 사호四皓의) 고사 그리고 우연히 군주의 눈에 들었던 (은나라 부열傅說의) 고사를 인용했고, 〈141〉 준예俊乂, 〈142〉 다사多士 두 구는 그 옛사람들에 비길 정도로 뛰어난 인재의 힘으로 천하를 편안하게 다스리는 것을 말하며 이 일절을 매듭짓고 있다.

[4c] [횡橫(庚), 맹盟(庚), 형刑(青), 정精(清), 청青(青), 병幷(清), 정亭(青), 성城(清), 정庭(青), 명冥(青)]

제3절(〈143〉~〈162〉 스무 구)은 〈143〉 진초갱패晉楚更覇로 시작하는 전반부 열 구에서, 먼저 춘추 시대에 벌어진 나라끼리의 전쟁을 서술하고,

〈149〉에서는 전국 말의 장수 백기白起 · 왕전王翦 · 염파廉頗 · 이목李牧 네 사람의 이름을 열거하고, 〈151〉 선위宣威, 〈152〉 치예馳譽 두 구에서는 명장의 무력이 멀리 사막 밖으로 미치고, 그 영예는 단청丹青의 색채가 선명한 초상화로 그려져 역시 영구히 칭찬받는다고 말한다.

이 열 구는 거의 무장들의 고사로 엮여 있지만, 다만 중간쯤에 끼어져 있는 〈147〉 하준何遵, 〈148〉 한폐韓弊 두 구만은 명재상 소하蕭何와 법가의 변설가 한비韓非의 고사를 끌어들이고 있다. 저자는 어쩌면 이 두 사람이 행한 문치의 성공과 실패가 명장들의 무공 못지않게 커다란 영향을 끼쳤다고 말하려 했는지도 모르겠다. 소하는 한 초기의 공신이고, 한비는 진나라에서 살해되었기 때문에, 역사상의 순서는 앞뒤가 뒤바뀌어 있다. 이것은 번형煩刑 두 자로 운을 맞추기 위해서 바꾼 것에 지나지 않는다.

뒷부분 〈153〉 구주우적九州禹跡 이하 열 구에서는 분열되었던 중국의 전역을 통일하고서 등장한 진秦 제국의 광대한 크기를, 영토 안의 명산과 대택(호수)을 통해 보여주고, 〈161〉 광원曠遠, 〈162〉 암수巖岫 두 구에서 심산의 어떠한 깊숙한 곳까지도 황제의 힘(권력)이 미치지 않는 곳이 없다는 뜻을 드러내고서 이 단락을 매듭짓는다.

제5단락 【입성이십사직入聲二十四職】(색穡, 직稷, 척陟, 직直, 칙勅, 색色, 식植, 극極, 즉卽, 핍逼)

〈163〉 치본어농治本於農 이하 스무 구를 제5단락으로 한다. 〈164〉 무자가색務茲稼穡의 구에서 운이 바뀌어, 입성入聲의 이십사직二十四職 한 운을 쭉 쓴다. 제일 앞의 네 구는 나라를 다스리는 근본인 농업에 관해서 서술하고 있다.

〈167〉 세숙공신稅熟貢新의 구에서 농사 수확물을 나라에 냄을 말하는 것은 〈168〉 권상출척勸賞黜陟의 구와 연결되지 않는 것처럼 보인다. 하지만 윗구가 공물을 내는 인민을 말하는 것에 대해 〈168〉에서는 공 있는 자에게 상을 주고 공 없는 자를 내쫓는 것을 말하니, 이는 위에 있는 위정자의 일로서 하위자와 상위자의 대립이 두 구를 묶어 주고 있는 듯하다.

다음의 〈169〉·〈170〉 두 구는 상줄 만한 사람의 모범으로서 맹가孟軻(맹자孟子)와 사어史魚 두 사람의 고사를 인용한다. 〈171〉 서기중용庶幾中庸 이하의 네 구는 정무에 관계하는 선비가 유의해야 할 마음가짐이나 각오가 어떠해야 하는가를 문제로 삼고 있다.

〈175〉 이궐貽厥 이하의 네 구에서는 선비가 개인으로서 자손에게 남겨줘야 할 유산은 가유嘉猷, 즉 좋은 가풍이지 물질적 재산은 아니라는 것을 말하고 있다. 또 부귀하게 되면 될수록 정말로 몸가짐을 조심하라 하고, 〈178〉 총증항극寵增抗極의 구에서는 천자의 은총이 늘어나고 영화의 극점에 이른 이는 머지않아 기울어지게 됨을 알려준다.

그 구는 바로 〈179〉 태욕근치殆辱近恥(치욕에 가까이 하다)의 구에 이어지고, 그 치욕을 벗어나기 위해서는 〈180〉 림고林皐, 즉 산림으로 숨는 것이 좋고, 한의 량소兩疏(〈181〉)와 같이 위험의 조짐이 보이면 먼저 몸을 빼내 누구에게도 핍박받지 않을 때(〈182〉) 해조解組, 즉 인수(벼슬자리의 상징)를 끄르고 관직을 버려야 한다고 말하면서, 이 단락을 매듭짓고 있다.

제6단락 【하평삼소下平三蕭 · 하평사소下平四宵(동용同用)】 [료寥(蕭), 요遙(宵), 초招(宵), 조條(蕭), 조彫(蕭), 요飄(宵), 소霄(宵)]

〈183〉 색거한처索居閑處부터 〈196〉 릉마강소凌摩絳霄까지 열네 구가 제6단락이 된다. 〈184〉 침묵적료沈默寂寥의 구에서 운이 바뀌어 하평삼소下平三蕭 · 사소四宵 두 운을 쓴다(이 두 운은 당 이후에도 '동용'이 허용되었다).

처음의 〈183〉 · 〈184〉 두 구에서는 앞선 제5단락의 마지막 네 구에 이어서, 산림에 은거해서 사는 사람의 한가로운 일상을 서술하는데, 〈185〉 구고심론求古尋論 이하의 네 구는 그러한 은둔자의 즐거움은 옛 사람의 도道를 추구하며 그 이치를 깊이 연구하는 것이고, 그것에 의해서 근심이 개이고 기쁨이 모여든다는 것을 말한다.

한가한 생활 중에 눈을 즐겁게 하는 것들 가운데는 〈189〉 거하渠荷 이하의 여섯 구에서 이야기되는 정원의 초목이 있고, 〈195〉 유곤遊鵾 두 구에서는 하늘 높이 비상하는 새를 언급하고 있다. 이러한 풍경과 사물의 묘사가 실은 만물이 그 본성대로 살며 각자 마땅한 자리를 얻는 것을 말하지만, 특별히 〈195〉 · 〈196〉의 '노니는 곤새'의 이미지는 생각한 대로 마음껏 날아다니는 새의 거칠 것 없는 자유를 이상으로 하는 도가 철학을 근거로 하고 있다고 생각된다.

그로 미루어 본다면 '곤鵾'은 『장자』의 책을 펼치면 제일 먼저 나오는 거대한 어류—곤鯤—가 변한 것인 커다란 새 붕鵬이리라. 그래서 앞으로 돌아가 보면, 〈186〉의 소요逍遙는 단지 아무런 정처 없이 어슬렁어슬렁 산보하는 것이 아니고, 『장자』 제1편의 주제인 '소요유逍遙遊', 즉 어디에도 얽매이지 않는 절대적으로 자유로운 인간 생활을 뜻함이 틀림없다. 유곤遊鵾의 두 구로 이 단락을 매듭짓는다.

제7단락 【하평십양下平十陽 · 하평십일당下平十一唐(동용同用)】

〔7a〕 [상箱(陽), 장牆(陽), 장腸(陽), 강糠(唐), 량糧(陽), 방房(陽), 황煌(唐), 상床(陽), 상觴(陽), 강康(庚)]

〈197〉 탐독완시耽讀翫市부터 〈228〉 포획반망捕獲叛亡까지 스물두 구가 제7단락이 된다. 운은 제1단락과 같은 하평下平의 십양十陽 · 십일당十一唐의 운을 재차 쓰고 있다.

그 전반부는 후한의 왕충王充이 시장의 서점에서 책읽기에 빠졌던 고사에서 시작해(한편 이 일화는 책을 사지 않고 서서 읽는 가장 오래된 기록이다) 〈199〉 이유易輶, 〈200〉 속이屬耳의 두 구에서 내용이 변해, '가볍게 입을 놀리지 마라 벽에도 귀가 있다'고 한 『시경』을 인용하여 주의를 주고 있다.

이하는 극히 일상적인 가정의 자질구레한 일과 관련되지만, 〈201〉 구선具膳부터 〈204〉 기염飢厭까지의 네 구에서 식사는 충장充腸, 즉 배를 채우면 된다고 말하며 간소히 생활하는 것을 권하고 있는 듯하다. 그러나 다음의 〈205〉 친척親戚, 〈206〉 로소이량老少異糧 두 구에서 노인에게는 고기 등의 맛있는 음식을 드려 소중히 모실 것을 말한다.

장유長幼의 질서를 중요하게 여기는 것으로부터 가정 안의 질서로 관심을 돌려, 〈207〉 첩어妾御, 〈208〉 시건侍巾의 두 구에서 여성의 의무를 말하고, 그로부터 여자의 방, 유방帷房의 정경을 〈209〉 환선紈扇 이하의 네 구에서 그리고 있다. 그로부터 더 나아가 〈213〉 현가絃歌 이하의 주연酒讌, 즉 술자리의 즐거움을 설명하는 네 구가 이어지면서 전반부(a)의 절을 마친다.

〔7b〕 [상嘗(陽), 황惶(唐), 상詳(陽), 량涼(陽), 양驤(陽), 망亡(陽)]

〈217〉 적후嫡後, 〈218〉 제사祭祀 이하의 네 구는 전반부의 끝인 술자리 이야기가 불러일으키는 연상으로부터 조상을 제사 지낼 때의 엄숙한 모습을 이야기한다. 제사는 집안의 뒤를 잇는 아들에 의해서 차례차례로 전해지고, 조상의 영전에 가족 모두 공손하게 절하는 예절로부터 〈219〉 계상재배稽顙再拜의 구가 나온다. 그 네 자는 편지글에 쓰이는 말이고, 〈220〉의 송구공황悚懼恐惶도 그렇다. 거기서 〈221〉 전첩牋牒, 〈222〉 고답顧答의 두 구가 나온다. 전도 첩도 모두 편지글이란 뜻이 있기 때문이다.

그 다음에 〈223〉 해구骸垢의 구가 이어지는 이유를 생각해 보면, 윗구의 고답심상顧答審詳에서 안부를 물은 것에 대해 자신의 신변과 관련해 자세하게 적어서 회답하는 뜻도 있고, 그로부터 몸을 맑게 한다는 뜻을 나타낸 것이리라. 그 구에 〈224〉 집열執熱의 구가 이어지는 것은 자연스러운데, 그것과 〈225〉 려라驢騾의 구와의 연결은 해명하기 어렵다.

그러나 〈225〉~〈228〉의 네 구는 서로 연관이 있다. 〈226〉에 해약초양駭躍超驤이라 한 것은 윗구를 이어서 말의 원기가 좋은 것을 말하는데, 말이 발로 차면서 뛰어오르는 모습으로부터 〈227〉 적도賊盜가 날뛰는 모양이 연상되고, 그 도적을 잡는 것을 〈228〉 포획捕獲의 구에서 말하며 이 단락을 끝맺고 있다.

제8단락【거성삼십사소去聲三十四嘯, 거성삼이오소去聲三十五笑(동용同用)】[소嘯(嘯), 조釣(嘯), 묘妙(笑), 소咲(笑), 요曜(笑), 조照(笑), 소劭(笑), 묘廟(笑), 조眺(嘯), 초誚(笑). (府) 상성삼십오마上聲三十五馬. 자者(馬), 야也(馬)]

〈229〉 포사료환布射遼丸부터 〈248〉 우몽등초愚蒙等誚까지 스무 구는 거성去聲의 삼십사소三十四嘯·삼십오소三十五笑의 운을 단다. 제일 마지막 2구(249謂語助者·250焉哉乎也)만은 운이 바뀌어 상성上聲 삼십오마三十五馬에 속하는 자를 쓰고 있지만, 이 제8단락에 넣어 두자.

처음의 두 구는 앞의 단락과 이어지지 않고, 이야기를 바꿔서 포사布射 이하 네 구에서 특수한 기예에 뛰어났던 사람들의 고사를 나열하고 있다. 〈233〉 석분釋紛의 두 구는 그들 능력을 가진 이들이 때로는 세상의 갈등을 풀어 내고, 또 세상 사람들에게 커다란 공헌을 했던 것은 훌륭한 일, 즉 가묘佳妙(〈234〉)였다고 칭송한다.

그 '가묘' 두 자로부터 가인佳人, 즉 미인에 대한 연상이 〈235〉 모시毛施—모장毛嬙과 서시西施—두 사람의 숙자淑姿(어여쁜 생김새)로 이어지고, 그 서시가 〈236〉 공빈工嚬—미간을 찡그렸던 고사와 연결된다. 글의 흐름은 거기서 일단 끊어지는 듯 보이는데, 다음 〈237〉 년시매최年矢每催의 구에서는 미인도 늙기 쉽다는 것에서 시간의 흐름이 빠르다는 데 생각이 미칠 것이다.

이리하여 〈238〉 희휘羲暉 이하에서는 태양이 빛나는 것과 별의 운행 그리고 달의 차고 이지러짐을 서술해 간다. 〈241〉 지신指薪(땔나무를 가리킨다) 두 자는 아마도 앞의 〈240〉 환조環照(닳고 닳은 그릇 손잡이처럼 빛난다)의 환(순환, 순환 운동)의 연상을 통해 『장자』의 비유를 사용해서, 땔감을 계속 넣어 주기만 한다면 불은 언제까지라도 꺼지지 않는 것처럼, 선한 행위를 쌓아 가다 보면 〈242〉 영수永綏—나이가 들면 들수록 덕이 높아지고 사람들로부터 존경받게 됨을 말하는 것이리라.

〈245〉 속대束帶의 두 구는 그러한 높은 덕의 사람이 조정에 서 있는 장중한 모습을 그리고 있다. 여기서도 은근히 저자가 살던 시대의 누군가—원로 인물—를 가리키는지도 모르겠다. 이어서 〈247〉 고루孤陋, 〈248〉 우몽愚蒙의 두 구는 앞에서 설명한 현인들, 원로들만이 아니고 여태까지 이름을 거론했던 현인들과 비교해서 두드러지게 대조가 되는 어리석은 사람들을 말하고 있는데, 《구간대자본》의 주가 말하는 것처럼 저자 자신을 낮추고 겸손해 하는 말이리라.

마지막 〈249〉·〈250〉 두 구는 이른바 '어조語助'—조사—의 실례를 들고 있는 것에 지나지 않는데, 그 실례로 〈250〉의 언재호야焉哉乎也 네 자는 모두 구의 끝(및 문장의 끝)에 많이 쓰이는 조사이다. "이것을 써서 (전체 글의) 끝을 냈다"고 《구간대자본》의 주가 말하고 있는 것은 이런 연유다. 이 단락은 유난히 문맥의 연결 방식이 명백하지 않는 곳이 많기 때문에, 조금 상세하게 설명을 덧보탰다.

「해설」에서 설명했듯이, 이 『천자문』의 편집을 맡았던 주흥사周興嗣가 이용했던 재료가 (왕희지王羲之 필적의 단편으로) 여기저기 흩어져 있는 글자들을 그러모은 것이었다면, 그것을 수미일관된 운문으로 정리하여 완성시키는 작업은 결코 쉬운 일이 아니었을 것이다. 어떻게 해도 정리가 되지 않는 구절이 생겨나는 것이 전혀 이상하지 않다. 또 글의 흐름에 우여곡절이 적지 않은 것도 당연하다. 그럼에도 불구하고 주흥사가 주어진 재료를 사용하여—버리고 쓰지 않은 글자가 어느 정도 있었다 하더라도—전부 대구對句로 만들고, 운을 붙여서 배열을 가지런하게 한 기량은 발군의 능력이라고 말하지 않을 수 없다.

1 하평은 하평성下平聲을 가리키는 말로, 고대 한어漢語의 발음에 나타나는 평성平聲(상평上平과 하평下平으로 나뉨)·상성上聲·거성去聲·입성入聲이라는 네 가지 성조 가운데 하나다. 현대 한어를 보면 상평·하평·상성·거성은 차례대로 1성·2성·3성·4성에 해당되고 입성은 없어졌다. 한시는 비슷하거나 같은 음의 글자를 반복적으로 사용하여 리듬감을 지니고 있다. 따라서 시를 지을 때 운자韻字를 아는 것이 필수적이다. 이처럼 운자를 다루는 책을 운서韻書라 한다. 『광운廣韻』은 운자를 평성 57운(상평 28, 하평 29), 상성 55운, 거성 60운, 입성 34운으로 분류하고 있다. 위의 '하평십양'은 하평성의 29개 운자 가운데 10번째 운자라는 뜻이다. 하평십일당은 하평성의 29개의 운자 가운데 11번째 운자라는 것이다. 원래 운이 다르면 함께 쓰이지 못하지만, '동용'의 경우는 두 가지 운자가 혼용된 사례를 나타내는 말이다. 『광운』의 206운이 복잡하다고 해서 훗날 106운의 평수운平水韻이 널리 쓰였다. 하지만 오가와 다마키는 여기서 평수운이 아니라 『광운』의 운자 분류를 따르고 있다.

2 黃은 〈001〉 천지현황天地玄黃의 황이다. 이 황이 운자로 사용되고 있다는 것을 말한다. 두 번째 荒은 〈002〉 우주홍황宇宙洪荒의 황이고, 세 번째 張은 〈004〉 진수렬장辰宿列張의 장이다. 괄호 안의 양陽과 당唐은 『광운』에 하평성 10번째와 11번째의 대표 운자로 분류된 것을 가리킨다. 즉 천지현황의 황은 하평성 11번째 당운에 속하는 운자라는 것이고, 진수렬장의 장은 하평성 10번째 양운에 속하는 운자라는 것이다. 이처럼 A(B)에서 A는 네 자씩 한 구로 되어 있는 『천자문』에 실제로 쓰인 운자를 가리키고, B는 『광운』에 분류된 사성의 대표 운자를 가리킨다.

3 압운押韻은 시詩와 같은 운문에서 행의 처음이나 끝, 또는 행 사이의 쉬는 곳 등에 비슷한 음이나 같은 음을 반복해서 문장을 정비하는 수사법이다. 행의 처음에 운이 쓰이면 두운이라고 하고, 끝에 쓰이면 각운이라고 한다.

4 주 2의 설명과 같이 皇은 〈020〉 조관인황鳥官人皇의 황을 가리키는데, 그 황은 하평성 11번째 대표 운자 당唐과 같은 운에 속한다. 裳은 〈022〉 내복의상乃服衣裳의 상을 가리키고, 그 상은 하평성 10번째 대표 운자 양陽과 같은 운에 속한다.

5 거성사십삼영은 거성의 운자 60개 가운데 43번째가 영映의 운자라는 것을 나타낸다.

해설

오가와 다마키小川環樹

1

『천자문』은 오랫동안 중국의 어린이가 문자를 배우는 첫 번째 교과서로 사용되어 왔다. 『천자문』은 중국의 이웃에 있는 한자 문화권의 여러 나라, 그러니까 조선〔한국〕과 일본에서 널리 쓰이고 있을 뿐만 아니라(몽골어 번역본도 있다), 근세에는 유럽의 여러 나라에서 영어 · 독일어 · 프랑스어 · 이탈리아어 · 라틴어 등으로 번역되었다.

『천자문』은 사언四言(네 글자 구句)의 운문으로 이어진 천 개의 각각 다른 문자의 집합으로, 그 운문의 작자는 양나라 주흥사周興嗣다(작자와 관련한 이설에 대해서는 나중에 설명한다). 주흥사는 양나라 보통普通 2년(521)에 죽었는데, 유송劉宋 말기인 470년 전후에 태어난 걸로 추정된다. 주씨는 진군陳郡 항현項縣(오늘날 허난성 샹청현項城縣)을 본적지로 하지만, 남조에 벼슬했던 까닭으로 고숙姑熟(오늘날 안후이성 당투현當塗縣)에 집이 있었다. 13세 때 도성(오늘날 난징)으로 가서 학문을 배운 지 10여 년 뒤인 남제南齊 융창隆昌 원년(494) 수재秀才의 자격을 얻어 관료의 길에 들어섰다.

양나라 무제武帝가 즉위했던 천감天監 원년(502) 「휴평부休平賦」라는 운문 작품을 바쳐서 크게 칭찬을 받았다. 이로부터 그는 승진을 계속해서 먼저 원외산기시랑員外散騎侍郎이 되었다. 무제는 자주 명령을 내려 여러 가지 문장을 짓게 했다. 한때 지방으로 나갔던 적이 있지만, 17년(518) 다시 급사중給事中에 임명되어 중앙으로 돌아왔다. 그것이 아마 마지막 관직일 것이다.

문집 10권 외에 역사 등의 저술 백여 권이 있다고 한다(『양서梁書』 권72 「문학전文學傳」). 이상은 정사正史(국정 역사서)에 알려진 사실인데, 이것으로 우리는 주흥사가 문학 재능을 높이 평가받던 사람이라는 것을 알 수 있다. 그가 중앙 권부의 요직에 있었던 것은 조칙詔勅 등의 초안을 맡았던 까닭이리라. 그의 문장은 단지 여러 서적에 인용되고 있는 단편이 남아 있을 뿐이다.

그러나 그가 『천자문』을 편집했던 일은 정사의 열전에 명기되어 있다. "「동표명銅表銘」, 「책당갈柵塘碣」, 「북벌격北伐檄」" 등의 글과 함께 "「차운왕희지서천자次韻王羲之書千字」(왕희지가 쓴 천 개의 글에 운을 달다, 즉 「천자문」)"를 지으면서 "(양나라 무제는) 모두 홍사를 시켜서 문장을 짓게 했다"고 한다(『양서』. 『남사南史』 권72에도 같은 기록이 있다).[1]

이 기록은 간단해서 자세한 내용은 알 수 없지만, 당의 이작李綽(9세기 후반 사람)은 『상서고실尙書故實』에 다음과 같이 기록했다. 양의 무제는 왕자들에게 글자를 익히게 하기 위해서 왕희지의 필적 가운데 중복되지 않게 문자 천 자의 모본模本을 만들게 했는데, 한 자씩 종잇조각에 쓰였는데 뒤죽박죽이어서 두서가 없었다. 무제는 주흥사를 불러서 "이것을 운문이 되도록 생각해 보라"고 말했다. 그래서 주흥사는 하룻밤 걸려 천 자를 이용해 정연한 운문 한 편을 만들어 무제에게 바쳤는데, 고심했던 탓에 머리카락이 모두 하얗게 되었다고 한다. [대중大中 10년(856)의 서가 있는] 위현韋絢(9세기 중반 활약)의 『유빈객가화록劉賓客嘉話錄』에도 같은 이야기가 보인다.

하룻밤 사이에 백발이 되었다고 과장하는 부분이 있지만, 위의 기사는 『천자문』이 처음부터 습자용 책으로 만들어졌다는 점을 시사한다는 데 주의해야 한다. 그래서 『양서』(『남사』도 같다)에는 왕희지의 필적 모본을 만들었던 인물의 이름이 기록되어 있지 않지만, 위의 두 책은 그것이 은철석殷鐵石이라고 한다.

또 다른 설은, 무제가 먼저 주흥사에게 명해 『천자문』을 짓게 했고, 그 다음에 은철석에게 명해 왕희지의 필적에서 해당하는 글자의 모사본을 만들어 그것을 여덟 명의 황자들에게 나누어 주었다고 한다. 당 무평일武平一의 『서씨법서기徐氏法書記』(8세기 전반의 저작)에 보인다(『법서요록法書要錄』 권3).

이작과 위현은 이어서 당의 승려 지영智永이 이 『천자문』을 "스스로 베껴 쓴 것이 8백 권이다"라고 기록했다. 지영은 왕희지의 자손으로 알려진 사람이다. '스스로 베껴 썼다'고 한 이상, 왕희지가 썼던 원본이 있고 지영은 그것을 임서臨書했던 것으로 생각된다. 이씨랑 위현의 기록을 읽은 사람은 그렇게 이해하리라. 실은 그 원본이 왕희지의 필적 그 자체는 아니고, 은철석 등이 모사했던 종잇조각의 집합이었다.

그것은 결국 당 태종의 「성교서聖敎序」[2]와 같이 당연히 '집자集字'이다(그 문장을 지은 것은 태종 황제이지만, 지금 서안에 남아 있는 석비는 홍복사弘福寺의 승려 회인懷仁이 한 자씩 전부 왕희지의 필적을 임모臨模했던 것을 모아서 새긴 것이다). 무평일의 설은 운문의 제작과 개별 글자의 모사, 이 둘의 순서가 반대로 되어 있지만, 그것은 「성교서」 말고도 당 제국에서 많이 이루어진 왕희지 필적의 집자로부터 유추한 것인지도 모르겠다.

이처럼 『천자문』을 습자용 글씨본으로 볼 때는 누가 쓴 글씨인지가 문제가 된다. 나는 앞에서 들었던 『양서』 이하 여러 책의 설이 믿을 만하다고 생각하지만, 그것에는 이설이 있다. 송 태종 황제(997년 사망)의 말로 전해지고 있는 것에 따르면, 석비에 새겨진 위나라 종요鍾繇(151~230)의 필적을 수습하여 주흥사에게 명령해 그 글자로 운문으로 짓게 한 것은 양 무제였다. 그렇게 말하며 태종이 하사했던 것이 『초서천자문草書千字文』이라고 한다(『송사』「이지전李至傳」). 태종은 997년에 죽었다.

같은 이야기는 승려 문형文瑩의 『옥호청화玉壺淸話』(1078년에 완성된다)에 보이고, 남송 왕응린王應麟(1223~1296)의 『옥해玉海』 권45에도 보이고, 송 제국 때 상당히 널리 퍼진 설이었다. 송 제국 때만은 아니고, 둔황敦煌 출토의 사본寫本 『잡초雜抄』(당 제국 때 만들어진 통속적 자전字典)도 『천자문』의 이름을 거론하고서, "종요 지음, 이섬 주석, 주흥사 차운"으로 주를 달고 있다. 이 설은 당 제국 말에 생겨났던 것이리라.

이섬의 주석과 관련해서 후술하겠지만, 우리나라〔일본〕에 전해졌던 고사본古寫本의 서문은 첫머리에 "위나라 태위 종요가 지은 것이다"라고 분명히 말하고 있다[고안弘安 10년(1287)의 오서奧書가 있는 사본에 의거한다.[3] 이하 《고안본》으로 부른다]. 서문은 또 말하길, 종요의 필적은 서진西晉 말까지 낙양洛陽 도성의 궁중에 비밀스럽게 소장되어 있었지만, 이른바 영가永嘉의 난으로 수도가 오늘날의 난징으로 옮겨갈 때, 그 전적들도 운반되던 도중에 '더위와 비'로 훼손이 되어 너덜너덜하게 되었다.

그래서 동진東晉 원제元帝(재위 317~322)는 왕희지에게 명령해서 '그 문장(천자문)'을 달리 옮겨 쓰게 했지만, 파손으로 인해 문장이 이어지지 않았고 운도 맞지 않았다. 양 무제 때 주흥사에게 명령해서 문의가 일관되게 하고, 또 운이 맞게끔 정리하도록 했다. 이상이 《고안본》 이서李序에 따른 설의 대략이다. 이에 따르면 『천자문』의 원작자는 위의 종요

(230년 사망)이고, 진의 왕희지(321~379?)는 그 사본의 필자이고, 그 문자를 조합해서 별도의 운문으로 만든 것이 주흥사가 된다. 결국 그는 개작자가 된다.

위와 같이 설명한 이섬이란 사람은(그의 전기 자료와 관련해서는 뒤에 조금 논의하겠지만) 대체로 북위 말(동위)로부터 북주 말경까지 생존한, 대략 6세기 후반의 학자다. 그의 서를 믿는다면 종요를 『천자문』의 원작자(또는 원필자)로 하는 전설은 일찍부터 생겨났던 것이다.

그 설을 뒷받침하는 듯이 "위 태위 종요의 천자문, 우군장군 왕희지가 왕명을 받들어 쓰다"라고 표제했던 것이 명 왕긍당王肯堂(1549~1613)의 『울강재묵묘鬱岡齋墨妙』(권4)라는 법첩法帖에 새겨져 있고, 그 진적이라는 책마저 있다(중화민국 초 상하이의 요우정서국有正書局에서 영인했던 책 등). 그것의 문구는 오늘날 (주흥사 차운으로 제목이 달린) 보통의 『천자문』이 "천지현황天地玄黃, 우주홍황宇宙洪荒"으로 시작하는 것과 달리 "이의일월二儀日月, 운로엄상雲露嚴霜"의 두 구로 시작하고, 그것에 이어서 "부정부결夫貞婦絜, 군성신량君聖臣良"의 두 구도 오늘날의 보통 판본과 조금 다르다. 하지만 한 자 한 자 떼어 놓고 보면 대부분의 문자가 오늘날 『천자문』에 보이고, 그 순서를 달리한 것일 뿐이다. 그 전문全文은 오가타 히로야스尾形裕康 박사가 쓴 『우리나라에 있어서 천자문의 교육사적 연구我が國における千字文の教育史的研究』 본편(東京 : 校倉書房, 1966)의 72쪽 이하에 실려 있는 내용을 참조해 보라. 오가타는 이 판본을 『고천자문古千字文』이라 부르고, 보통의 판본과 같거나 다른 점을 자세하게 기술하고 있다.

이 『고천자문』이란 옛 제목을 믿는다면, 아무래도 종요가 지은 글이 먼저이고 뒤에 그 글을 왕희지가 필사했던 것으로 보인다. 그리고 주흥사는 그것을 바탕으로 문자의 배열을 바꾸었을 뿐이라고 생각된다. 과연 그런 것일까? 오가타는 다니카와 고토스가谷川士清, 구리하라 노부미쓰栗原信充 및 구로카와 마요리黑川眞賴 등의 학자를 좇아 『고천자문』의 존재를 역설하고 있을지라도, 나는 오가타를 인용하고 있는 나카 미치요那珂通世, 시마다 시게노리島田重禮 등과 같은 이들의 위작설이 올바르다고 생각한다. '왕희지가 쓴 위나라 종요의 천자문'이라는 책이, 송 휘종徽宗 황제(재위 1100~1125)의 『선화화보宣和書譜』(권15)에 기록되어 있다. 하지만 『선화화보』 자체가 의심스러운 책이어서 왕희지의 필적이라는 것도 매우 의심스러운데, 이 점은 일찍이 펠리오가 논의한 대로다(Paul Pelliot, *Le Ts'ien Tseu Wen ou 《Livre des mille mots》*, *T'oung Pao* 通報, vol.XXIV, 1926 참조).

이것과 달리 『천자문』의 기원이 한 제국에 있다는 설이 있다. 북송(11세기)의 구양수歐陽修(1007~1072)는 『천자문』 가운데 백 자 정도가 한의 장제章帝(재위 76~88)의 글을 그대로 사용했다고 말했고(『집고록발미集古錄跋尾』 권4 「진陳의 지영이 쓴 천자문」 조항), 남송의 유극장劉克莊(1187~1269)[4]도 그것에 동의하여 말했다. "『천자문』은 (세상 사람들에 의해) 양나라 주흥사가 지은 것으로 간주된다. 하지만 법첩 중에 한의 장제가 이미 일찍이 이 문장을 썼다고 하니, 거의 양나라 사람의 저작이 아니게 된다"(『후촌선생대전집後村先生大全集』 권103, 「제발題跋」의 「고종高宗의 신한宸翰」 4).

과연 북송 순화淳化 3년(992)에 새겨진 『순화각첩淳化閣帖』[5](제1)의 책 첫머리에 한 제국 장제의 글로 일컬어지는 『천자문』의 단편(9행 84자)이 수록되어 있다. 진수렬장辰宿列張 등 오늘날 『천자문』의 자구 일색이다. 장제는 종요보다도 훨씬 이른 시기의 사람이다. 이른바 장초章草라는 글씨체로 쓰여 있다. 장초는 보통 초서의 원형이 되는 것으로, 기원은 한나라로 거슬러 올라갈 것이다. 장초라는 이름에서 연상되겠지만, 장제가 이

서체를 창안했다는 전설도 있다. 하지만 그렇다고 하더라도 『순화각첩』에 실려 있는 이 『천자문』이 장제의 진적(의 모각模刻)이라고 단정할 만한 증거는 되지 않는다.

게다가 이 84자는 모두 오늘날의 『천자문』으로부터 발췌해서 쓴 것이라는 의심을 할 수밖에 없으며, 송 제국 학자들도 그의 필적이라고 믿지 않는 사람이 많았다. 황정견黃庭堅[6](1045~1105, 『산곡제발山谷題跋』「장초의 천자문에 발문을 쓰다」)은 "집서가集書家들이 무리하게 한漢의 초서로 간주하는 것은 잘못이다. …… 장제 시절에 그것이 있었을 리 없다"고 말하고, 명 · 청 학자들도 그를 따르는 사람이 많았다. 요컨대 『천자문』이 양나라의 시대(6세기) 이전에 지어졌다고 할 확실한 근거가 없다고 할 수밖에 없다.

실은 양나라 주흥사보다 앞서 「천자문」이라는 1편의 글이 존재했을 것이라고 하는 상상은, 다분히 '주흥사 차운'이라는 표제를 오해한 데서 생겨난 것이리라. 보통 차운이라고 하면, 어떤 시인의 작품에 압운으로 쓰이고 있는 글자만을 다른 시인이 그대로 사용해서 완전히 다른 한 편을 짓는다는 뜻이므로, 차운해서 지은 문장에는 반드시 그것의 원작이 있을 것이라는 추론이 생긴다.

그런데 위에서처럼 다른 시의 압운으로 쓰인 글자만을 사용해서 새로운 시를 짓고, 그것을 '차운한다'고 부르는 것은 중당中唐(8세기 말부터 9세기 중엽에 걸친 시기) 시인 원진元稹(779~831)[7]과 백거이白居易(772~846, 백낙천白樂天)[8] 등으로부터 시작되고, 그 이후로 유행하였다. 8세기 이전에는 그런 예가 없고, 또 그러한 방법을 '차운'으로 부른 일이 없었다. '주흥사 차운'의 다섯 글자는, 앞에서 설명했듯이 '뒤죽박죽이 된 문자를 운문이 되게끔(운이 맞게끔) 배열을 바꾸었다'고 풀이해야 한다(먼저 인용했던 이섬의 서문에도 이런 해석은 틀림이 없다).

『천자문』의 저자와 관련해서 또 한 가지의 이설이 있다. 양나라 소자범蕭子範(487~550)[9]은 남평왕南平王(소위蕭偉, 무제의 동생)의 속관이었을 때(532년 무렵) 왕의 명령에 의해 『천자문』을 지었는데, "그 말들이 매우 아름다웠기" 때문에 왕은 기실記室(비서관)의 채원蔡薳에게 명령해 그것에 주석을 달게 했다고 한다(『양서』 권35 및 『남사』 권40 「소자범전」). 소자범은 뛰어난 문인이었다. 당 제국의 궁중 장서 목록(721년 무렵)에 의거해서 쓴 『구당서舊唐書』 「경적지經籍志」를 보면 경부經部 소학류小學類에 저록된 『천자문』 2종이 있는데, 그 하나는 "천자문 1권, 소자범 찬撰[지음]"이라고 표제가 달려 있어 앞서 정사가 전한 바와 일치한다(같은 서목에 의거했으리라 생각된다).

이 두 가지 (정사에 실렸던) 서목보다 조금 오래된 목록(656년 무렵)을 사용했던 『수서隋書』 「경적지」에는 "천자문 1권, 양나라 국자좨주國子祭酒 소자운蕭子雲 주注"로 기재되어 있다. 소자운(487~549)[10]은 소자범의 동생으로, 서예가로서 유명했던 것은 정사의 전기(앞서 인용했던 『양서』와 『남사』)에 보인다. 어쩌면 그가 주석을 단 자필의 『천자문』이 있었는지도 모르겠다. 그러나 이상 삼지三志(『수서』 「경적지」, 『구당서』 「예문지」, 『신당서』 「예문지」) 모두 소씨의 『천자문』 이외에 '주흥사 찬' 또는 '주흥사 차운'으로 표제가 달린 책을 저록하고 있다. 그것이 통설이었던 것이다.

그리고 『진서』 권18 「심중전沈衆傳」에는 "양나라 무제가 「천자시千字詩」를 짓다. (심)중이 그것에 주해를 달았다"고 되어 있다(『남사』 권57 「심중전」에는 "천문시千文詩를 지었다"로 되어 있는데, 어느 쪽이나 「천자문」을 가리키기 때문에, '시'나 '문'은 이 경우 동의어로 운문이란 뜻이다). 이는 양나라 무제가 저자인 듯이 들리지만 실은 무제가 (주흥사에게) 명해서 짓게 했다는 것을 말하는 것이리라.

그러나 『화명유취초和名類聚抄』[11] 「잡예류雜藝類」에 "양나라 무제의 천자문 주"라는 책을 인용한 곳이 있는 것은 (그것도 뒤에 설명하겠지만) 보통의 『천자문』에 있는 어떤 주를 인용한 것이다. 『화명초和名抄』의 저자 미나모토노 시타고源順 등은 『천자문』의 본문을 무제가 지었다고 생각했는지도 모르겠다.

작자와 관련해서 앞에서 든 세 가지 이설(소자범, 소자운, 양나라 무제)의 공통점은 작자(또는 주석자)가 모두 양나라 시대의 사람이라는 것이다. 그것은 양나라 이전의 원본(오가타가 말한 『고천자문』)이 있었다고 하는 설이 남조에서는 유행하지 않았다는 생각이 들게 한다(앞서 인용했던 이섬은 북조에서 벼슬했던 사람이다). 역시 『수서』「경적지」에 주석서로 또 하나의 "천자문 1권, 호숙胡肅 주"가 저록되어 있다. 호숙이 어느 시대, 어느 지역의 인물인지 분명하지 않지만, 아마도 남북조 시대의 저술일 것이다(『구당서』와 『신당서』에는 이 주석의 이름이 보이지 않는다).

2

『천자문』의 내용 및 그 형식에 대해 조금 설명해 보자. 이미 말했던 것처럼, 한 자도 중복되지 않는 천 자를 네 자씩 한 구로 해서 모두 250구의 운문을 지었다. 그 압운 방법은, 첫 두 구와 마지막 두 구를 제외하고 격구운隔句韻, 다시 말해 한 구 걸러서 각운을 단다(다만 처음 두 구 천지현황天地玄黃과 우주홍황宇宙洪荒에서 황黃과 황荒 그리고 마지막 두 구 위어조자謂語助者와 언재호야焉哉乎也의 자者와 야也는 각각 압운으로 쓰이기 때문에, 그 네 구는 매구운每句韻이다). 다만 네 구의 압운에도 드러나듯이 같은 운을 계속하는

'일운도저一韻到底'[12]의 격식은 아니고, 운을 바꾸는 곳이 있다(이른바 '환운換韻'의 격식).

이렇게 바뀌는 것을 한 단락으로 치면 모두 여덟 단락이지만, 마지막 두 구를 독립된 한 단락으로 치면 모두 아홉 단락이 된다. 이처럼 장편의 운문은 보통 운이 바뀔 때 문맥의 전환도 이루어진다. 각각의 단락 안에서 문맥이 이어지는 방법에 관해서는 이 책의 역주에서 간략하게 설명했지만(「운문으로 본 『천자문』」으로 정리했다—기다 아키요시의 주), 그 내용은 천지성진天地星辰으로 시작해서 인간을 둘러싼 환경인 자연을 기술하다가 차츰 사람의 생활 방식을 다룬다.

근세 중국에서 나온 『천자문』의 주석(및 그것들에 의거한 근대 일본의 주석자들)이 이 책의 윤리를 설명하는 측면을 강조하는 것은 북송 이래 유학자(이른바 도학자)의 관념에 영향을 받은 탓이리라. 남송 이후 『천자문』과 나란히 널리 사용된 어린이용 교과서 『삼자경三字經』과 같은 것은 도학道學[13]의 분위기가 한층 더 강하다. 그 시작의 "사람의 처음은 성性이 본래 선하다. 성은 서로 비슷하지만 습관으로 서로 멀어진다"[14]는 네 구를 보는 것만으로도 사상 경향을 알 수 있을 듯하다.

물론 이 책 『천자문』 원작자의 의중에 도덕적 훈계를 담으려는 듯한 의사가 어느 정도 있었을지라도, 작자의 태도는 송 이후의 엄격한 도학자와 비교해서 아주 너그럽고 느긋하다. 『천자문』의 수사修辭에 쓰이고 있는 고사와 성어의 출전을 조사해 보면 유가의 경서에 근거한 어구가 물론 많지만, 『노자』와 『장자』 등의 도가 저서로부터 끌어온 말(성어와 고사)도 적지 않고 그것들의 사상을 이단으로 공격하는 자세는 전혀 보이지 않는다. 그 점에서도 이 책은 남조 귀족 출신 문인의 저작에 어울리는 사상과 분위기가 가득 차 있다.

글자를 익히는 교과서로서 본다면, 그 천 자가 상용자를 전부 포괄한다고는 아무래도 말하기 어렵다. 숫자를 예로 보더라도 1부터 10까지 모두 나오는 것이 아니고, 방위의 경우 동·서·남 세 글자는 있지만 북이 없다. 이런 식으로 필요하다고 생각되는 상용자가 빠져 있는 것은 아마 작자에게 주어진 재료(왕희지의 필적) 가운데 마침 그 글자가 없었기 때문이리라. 작자는 그것을 보충하려고 하지 않았다. 그것은 또 이 책의 목적이 원래 습자를 위한 글씨본이었다는 점을 보여준다. 단순히 글자를 익히는 교과서로 만들어졌다고 한다면, 이 책은 아주 불완전하다고 밖에 말할 수 없다. 작자는 그러한 것보다도 주어진 재료를 이용해 운을 단 미문美文을 구성하는 데 최대한 노력을 기울였던 것이다.

그러나 쓰인 글자가 다방면에 걸쳐 있을 뿐만 아니라 고사나 옛사람의 일화 등이 독자들의 흥미를 자아냈기에 낭독하여 암기하기에 적합하다.[15] 그러기에 만들어지고 얼마 되지 않아 어린이의 초학 독본으로도 쓰이다가 점점 널리 퍼져나갔다. 먼저 인용했던 『양서』의 기록에 의하면 『천자문』의 주석은 무제 시대에 이미 만들어졌다. 그것은 이 책이 이미 독본이 되었기 때문임이 틀림없다.

글자를 익히는 교과서는 아무래도 『천자문』이 처음은 아니다. 옛날 한 제국 이전부터 있었고, 자서字書로 불리었다. 가장 유명한 것은 진나라 재상 이사李斯가 편집했다고 알려진 『창힐편倉頡篇』인데, 그 속편을 지은 사람이 몇 명 더 있고 그것을 집성한 것도 있었지만 어느 것이나 할 것 없이 일찍 없어져 버렸고, 다만 한 가지, 자서로부터 약 2천 자가 안 되는 글자를 가려 뽑아서 사유史游가 편집한 『급취편急就篇』(『급취장急就章』으로도 불린다)만이 오늘날까지 전해지고 있다. 사유는 전한 원제元帝(재위 BC 48~33) 때의 인물이다. 그것은 본래 자서(즉 글자를 익히는 교과서)로 만들어졌기 때문에 역시 운문으로 되어 있다(칠언, 즉 일곱 자로 된 구를 위주로 하지만 삼언으로 된 부분도 있다). 그리고 원래 예서로 써졌지만 뒤에 초서(장초章草)의 글씨본으로 쓰여서 어린이의 교육에는 사용되지 않았다.

그럼에도 불구하고 『급취편』은 북조에서 매우 유행했다. 북위의 최호崔浩(381~450)와 같이 이 책을 백 번이나 베껴 써 백 권의 사본을 만들었다고 하는 학자가 있을 정도였다(『북사北史』 권22). 같은 북위의 유자 유란劉蘭과 이현李鉉의 전기에도 "처음에 소학에 들어가서 『급취편』을 글로 적었다"고 되어 있는 것(『북사』 「유림전」)을 보면 그것이 어린이가 처음으로 배웠던 것임을 알 수 있고, 북제 이회李繪의 전기에도 같은 기록이 있다(『북제서北齊書』 권29). 그 주석을 지었던 사람도 최호를 시작으로 해서 북조에 많이 있었다. 유명한 학자로는 안지추顔之推(531~591?)의 주석이 있었다고 말하고(『구당서』 「경적지」), 그의 손자로 당나라 초의 안사고顔師古(581~645)가 지은 주석은 아마 조부의 책을 증보한 것이리라(안사고의 주만이 현존한다). 결국 당 초기까지는 북조의 학문과 교육 기풍이 이어지고 있었던 것이다.

이처럼 중국 북쪽에서는 『급취편』이 자서로서 오랫동안 널리 사용되고 있었지만, 남쪽에서는 새롭게 만들어진 『천자문』이 이윽고 그 자리를 빼앗게 되었다. 앞서 언급했던 이섬은 북조에서 벼슬살이를 했고 만년에는 장안長安(오늘날 시안시西安市)에 살았던 사람이므로, 그가 『천자문』의 주석을 지었다는 것은 이미 북방에도 이 책이 널리 퍼졌다는 것을 알려준다. 결국 『천자문』 쪽이 『급취편』과 경쟁에서 승리하였다. 그 원인은 위에서 말했던 것처럼 무엇보다도 미문으로서 뛰어났던 점에 있다. 『급취편』도 운문으로 되어 있었지만 같은 종류의 글자를 어수선하게 나열해 놓은 분류 어휘집과 같았기 때문에(그 점은 일본의 『정훈왕래庭訓往來』[16]

와 비슷하다) 맛이 없는 건조한 문체이고, 전고典故가 있는 말로 교묘하게 엮은 『천자문』에는 아무래도 미치지 못했다.

만약 또 다른 한 가지 원인을 찾는다면 서풍書風의 변화에 있다. 『급취편』은 초서(장초체)의 모범이었다. 그것은 또한 예서의 필의筆意를 잃지 않는 것이다. 그런데 동진 이후 완만한 초서의 새로운 바람이 일어나서, 사람들이 앞 다투어 이 새로운 서체를 배웠다. 왕희지는 이 서체의 명인으로 초성草聖으로 불리었다. 처음에 말했던 『양서』의 설이 정확하다면 『천자문』은 왕희지의 필적을 모은 것이기 때문에 초서의 글씨본으로 높이 취급되었고, 오래된 서풍의 책이 주목받지 못하게 되는 것은 자연스런 일이었다. 청의 고염무顧炎武(1613~1682)[17]는 『급취편』과 관련해서, "당 제국 이후로 그 배움이 점점 미약해졌다"고 말했다(『일지록日知錄』 권22). 당의 태종 황제는 왕희지 서체의 열렬한 애호가였다. 그 이후로 『천자문』의 우세는 결정적인 것이 되었다.

3

당 제국에 들어서 『천자문』의 보급은 속도를 더했고, 그 유행은 이윽고 바다를 넘어서 일본에도 미쳤다. 다만 이 책의 최초 도래 연대가 의문이 되고 있다. 『고사기古事記』(중권)에 백제의 화이和邇(왕인王仁으로도 적혀 있다)가 찾아와서 『논어』 10권과 『천자문』 1권 모두 11권을 바쳤다고 하고, 『일본서기日本書紀』(권10)에 의하면 오진천황應神天皇 16년의 일이다. 우리 고사古史의 기년紀年을 무조건적으로 믿는다면 285년, 서진 무제의 태강太康 6년에 해당된다. 그해는 『천자문』의 작자 주흥사의 사망보다도 260년 이상 앞서게 된다.

이렇게 어긋난 것을 어떻게 생각해야 할까? 에도江戸 말기 이래로 두 가지 해석이 있었다. 하나는 이미 설명했듯이, 양나라 무제보다 앞선 시기부터 『천자문』의 원형이 존재했다는 설, 즉 오가타가 말한 『고천자문』이 실존했음을 믿는 것이다. 다른 하나는, 『천자문』으로 기록돼 있는 것은 『고사기』 편자의 잘못이고, 사실 좀 더 이전에 중국에서 만들어진 같은 종류의 자서인 『급취편』 또는 『창힐편』이 도래했다고 보는 설이다.

후자는 메이지明治 시대(1868~1911) 학자들 사이에서 꽤나 힘을 얻었다(다이쇼大正 이후에도 이 설을 지지한 사람이 있었다—오카이 신고岡井愼吾 등이다). 하지만 실은 간단한 것으로, 우리나라 고사의 기년이 고의로 초기 천황의 치세 기간을 잡아 늘인 결과 연대가 크게 어긋나는 일이 생겨난 것이다. 그 사이의 사정은 간다 기이치로神田喜一郞 박사가 논의했던 대로다. 상세한 것은 박사의 「아스카·나라 시대의 문물 제도飛鳥奈良時代の文物制度」(羽田亨 編, 『飛鳥·奈良時代の文化』, 1955)를 참조하기 바란다.

왕희지 필적의 『천자문』을 글씨본으로 해서 세상에 널리 퍼지도록 힘을 쓴 이는 앞서 말했던 6세기 후반(남조의 진陳으로부터 수隋에 걸친 시기)의 승려 지영이었다. 지영은 왕희지의 7대손으로 이야기되는데, 자신의 형과 함께 출가해서 회계會稽(오늘날 저장성 샤오싱현紹興縣)의 어떤 절에 머물렀다고 한다. 또 뒤에 오흥吳興(저장성의 현)으로 옮겼고, 마지막으로 장안(오늘날 시안시)의 절에 있었다고도 한다.

회계는 왕희지 일족이 묘가 있는 곳으로, 당나라 초의 유명한 서예가 우세남虞世南(558~638)[18]의 전기에 "같은 군郡의 스님 지영은 왕희지의 글씨를 잘 썼는데, 세남도 그것을 본으로 삼았다"고 하는데(『구당서』 권72), 세남은 회계 사람이다. 지영은 『천자문』의 사본을 많이 만들었다. 그가 절의 "누대에 올라서 내려오지 않는 지 40여 년"이라고 했는데, 그 누대에 틀어박혀서 "임서한 『진초천자문眞草千字文』 가운데 좋은 것이 8백여 권이었다"고 한다(하연지何延之의 「난정기蘭亭記」에 보인다).

그가 단지 베끼기만 하지 않고 글씨를 배우는 사람들의 글씨본으로 나눠 주었던 것은 앞서 말했듯이 북위 최호가 썼던 『급취편』의 경우와 같다. 지영의 서풍은 '구체拘滯'하다는 평가를 받았다(당 서호徐浩의 평어). 구체란 필법의 규범에 지나치게 얽매어 자유로움이 없다는 뜻이지만, 그 평어는 그의 『천자문』이 왕희지의 필적을 그대로, 점 하나 획 하나도 소홀히 하지 않고 임서했다는 생각이 들게 한다.

또 그가 쓴 무수한 사본이 『진초천자문』이었다고 이야기되는 점에 주의해야 한다. 그렇기에 왕희지의 글씨로 전해졌던 『천자문』 판본들은 모두 지영이 쓴 책(또는 그것을 다시 모사했던 책)이라 생각할 수 있다. 다음에 설명할, 일찍이 일본에 전래된 책도 이런 종류이리라.

『동대사헌물장東大寺獻物帳』은 덴표쇼호天平勝寶 8년(756년, 당의 지덕至德 원년에 해당된다)에 들여왔던 물품의 목록이지만, 그 속에 "『천자문』 1권"이란 이름이 보이니, 세이무聖武 천황의 치세까지 도래했던 책이 적지 않다는 생각이 들게 한다. 그 판본은 일찍이 오가와 간사이小川簡齋가 소장했던(지금도 그 집안에서 소장하고 있다) 이른바 《진적본眞蹟本》과 아마 같은 종류일 것이다. 오가와 본은 책의 첫머리에 2, 3행 정도가 빠져 있을지라도 본문의 전부를 제대로 갖추고 있고, 그것의 행수는 『헌물장』의 기록과도 일치한다.

『헌물장』에는 '서법書法' 20권 안에 포함되어 있는데, 그 맨 앞에 "탑진우장군왕희지서搨晉右將軍王羲之書"라는 제목이 달려 있다. 이 한 권은 "동희지서同羲之書 제51권"으로 "진초천자문眞草千字文 이백삼행二百三行"이란 주가 달려 있다. '탑搨' 자는 모사의 의미로, 이 권이 왕희지 필적의 모본으로 전해졌으리라는 것을 알 수 있다. 이 기록은 『양서』의 설을 뒷받침하는 것으로, 실은 지영의 임서에 기초를 두고 쓰여진 것으로 생각된다.※

그 '탑본'이 동대사에 헌납되었을 때보다 조금 이른 덴표天平 14년(742) 무렵의 책으로 추정되는 단간斷簡 두 편이 정창원正倉院 문서 속에 있다. 그 가운데 하나는 "천자문千字文 칙원외산기시랑勅員外散騎侍郎 주흥사차운周興嗣次韻"과 천지현황天地玄黃 이하 진수렬장辰宿列張에 이르는 두 행에 지나지 않지만, 나이토 겐키치內藤乾吉는 당시 사경寫經을 맡았던 가라쿠니 히토나리辛國人成의 필적일 것으로 보고, "지영의 글씨를 익혔음에 의문의 여지가 없다"고 단언했다. 이 단간은 오가타에 의하면 "우리나라에서 필사된 가장 오래된 천자문"이다(이상은 앞의 『우리나라에 있어서 천자문의 교육사적 연구』, 88쪽 이하에 보인다).

그런데 근래에 이르러, 나라奈良의 헤이죠궁平城宮 유적에서 출토된 다수의 목간 가운데 『천자문』의 자구를 적은 단편이 발견되었다. 그것과 함께 출토된 목간에 와도和銅 6년(713)에서 요로養老 7년(723)에 이르는 연기年紀를 가진 것이 있으므로, 그 시대의 것이 틀림없다. 그래서 후지와라궁藤原宮의 유적으로부터 출토된 목간 가운데 있는 산려소요散慮逍遙의 구(『천자문』 〈186〉)를 썼다고 여겨지는 단편은, 지토持統 천황 8년(694)에서 와도 3년(710) 사이의 것으로 추정되었다(이상 岸俊男, 『宮都と木簡』, 東京 : 吉川弘文館, 1977에 따른다). 그것들은 정창원 문서보다도 한층 더 시기가 앞선다. 결국 우리나라에서도 7세기 초에는 이 책이 한자를 배우기 위해 널리 쓰였다는 것이다.

이야기는 중국으로 돌아가서, 당 제국 때 『천자문』이 얼마나 유행했던가는 중국 서북 변경, 둔황의 천불동千佛洞에서 발견된 문서 가운데 그 사본이 적지 않게 존재하는 것을 보면 알 수 있다. 오늘날 파리의 국립도서관에 소장되어 있는 펠리오P. Pelliot 수집품만도 45권이라는 많은 양에 이른다고 한다(姜亮夫, 『敦煌－偉大的文化寶藏』, 上海, 1956에 따른다).

런던의 대영박물관 소장품[스타인A. Stein 수집] 가운데도 대략 20권 이상이 있을 것이다. 내가 사진을 볼 수 있었던 것은 몇 권에 지나지 않지만, 흥미 있는 것은 『천자문』의 글자를 몇 번이고 베껴 적은 단편이 존재한다는 것이다(Stein No. 5787). 예를 들자면 필筆 자를 서른 번씩 두 줄로 쓰고 이어서 윤倫 자를 같은 꼴로 쓰는 식으로, 『천자문』의 서너 구, 열 몇 자를 쓴 연습용 종이에 지나지 않지만(류밍수劉銘恕가 편집한 목록에는 '아동습자'로 부른다), 당나라 사람들이 열심히 이 글씨를 연습했던 모습을 상상해 보라.

『천자문』 그 자체는 아니고, 그 구를 이리저리 하나로 묶어 만든 문장이 있다. 예를 들어 『신합천문황제감사新合千文皇帝感辭』(Stein No. 5780, Pelliot No. 3910)가 그것인데, 그것은 "천보성주명삼교天寶聖主明三教"라든가 "어주효경御注孝經□□□"이라든가 하는 구가 있는 것으로 보아 현종玄宗 황제를 기리는 글인 듯하다. 그 글은 대체로 "천지현황변청탁天地玄黃弁淸濁", "주칭야광사보은珠稱夜光蛇報恩"처럼 천자문의 한 구를 그대로 구 가운데 집어넣고 그것에 석 자를 덧붙여 칠언의 구를 만들고 있다.

또 『신육합자천문新合六字千文』(Stein No. 5961)처럼 "천지이의현황天地二宜玄黃"(의宜는 의儀의 잘못이다), "우주육합홍황宇宙六合洪荒" 등 육언의 구로 만든 것도 있다. 그것들은 매우 속된 문장이다. 청나라 조익趙翼(1727~1814)은 『태평광기太平廣記』가 인용한 『계안록啓顏錄』이라는 오래된 소화집笑話集(우스개 이야기의 모음집. 수隨 후백侯白이 편찬했는데, 당 제국에서 증보가 이루어졌다) 속에 있는 사제社祭에서 기원을 올리는 말과 『천자문』의 구(40여 구)를 이리저리 엮어서 만든 글을 보여준다. 또 당 초기에 우승상이 되었던 염립본閻立本(601?~673)이 화가로서 명성이 높았기 때문에, 전공戰功으로 좌승상이 되었던 강각姜恪과 비교해 그를 놀리는 말로 "좌상은 '위세를 변경의 사막에까지 떨치고', 우상은 '영예를 그림으로 그려서 후세에 전한다'"고 말했던(『구당서』 권77) 것을 들고 있다(『해여총고陔餘叢考』 권22).

선위사막宣威沙漠과 치예단청馳譽丹青 두 구는 『구당서』가 말하듯이 "천자문의 말을 사용했던" 것이다. 이것들은 모두 『천자문』을 누구라도 숙지하고 있었다는 것을 나타내고, 이 서책이 얼마나 널리 퍼져 있었는가를 보여는 증거다. 그 밖에도 당 제국에 널리 퍼졌던 통속적인 교훈서의 하나인 『태공가교太公家教』의 사본이 둔황 문서 가운데 몇 개가 들어 있다. 이 책에 역시 『천자문』의 구를 그대로 쓰고 있는 부분이 있으므로, 이것도 하나의 증거가 될 것이다. 이 책은 중당中唐(8세기) 이전에 쓰여진 것으로 추측된다(왕궈웨이王國維, 『관당집림觀堂集林』 권17).

게다가 파리의 펠리오 수집 문서 가운데 유명한 장한대음藏漢對音의 『천자문』이 있다(Pelliot No. 3419). 이것은 『천자문』 사본(해서)의 한자 왼쪽에 티베트 문자로 그 발음(중국어의 자음)을 병기하고 있는데, 〈083〉 (상)화하목(上)和下睦에서부터 〈219〉 계상재(배)稽顙再(拜)까지(일부 파손된 곳이 있다) 약 5백 자의 음주音注가 있다. 하네다 도오루羽田亨 선생(1882~1955)은 티베트족 사람들이 한자를 배우기 위해서 썼던 것일 거라고 말했다(「漢蕃對音千字文殘卷」 序說, 『敦煌遺書』 第1集, 1926). 그렇다고 하면 이 책은 한민족漢民族만이 아니라 서방의 이민족 사이에도 학습용으로 쓰였던 것이다.

그것보다 이전에 만들어진 책으로 『범어천자문梵語千字文』이 있다. 당나라 초의 승려 의정義淨(635~713)이 편찬자로 이야기된다(『대정신수대장경大正新修大藏經』 권54). 그 서문에 "서국西國(인도를 가리킨다)으로 향하고자 하는 사람을 위해 언어를 배우는 틀을 만드느라, 범어 음 아래에 한자를 달았다. …… 다만 이것을 배우기만 하면, 다른 말은 모두 통한다. 옛날의 『천자문』과 같지 않다"고 말하고 있다. 그 본문은 각기 다른 천 개의 한자로 되어 있고, 각각의 한자 오른쪽에 글자의 뜻에 해당하는 범어(산스크리트어)를 실담자悉曇字(범어의 자모)로 써넣고 있기에, 결국 범한대역梵漢對譯의 어휘집이 된다. 이 한자들이 사언四言(넉 자로 된 구)을 주로 하는 운문을 이루고 있음은 분명히 주흥사의 『천자문』을 흉내 낸 것이다. 첫째 단락을 예로 들면, 1~4 "천지일월天地日月, 음양원구陰陽圓矩, 주야명암晝夜明暗, 뢰전풍우雷電風雨"로 시작해서, 17~20 "산정폐헌개山庭蔽軒蓋, 정야표화주淨野標華柱, 미소경천추美素竟千秋, 가성전만고嘉聲傳萬古"의 오언사구五言四句로 그 단락을 끝내고, 운이 바뀐다. 스무 구씩 열 단락으로 이루어져 있다. 한자 학습이 아니라 외국어 습득을 위한 것이지만, 같은 형식이 쓰이고 있는 것을 보더라도 『천자문』의 영향이 크다는 것과 얼마나 널리 퍼졌는가를 알 수 있다.

※ 펠리오가 수집해서 현재 파리 국립도서관에 소장된 둔황 문서 가운데, 이 오가와 소장본과 아주 흡사한 『진초천자문』의 잔권이 있다(Pelliot Chinois No. 3561). 나는 최근에 처음으로 그 영인본(『敦煌書法叢刊』 第18卷, 東京 : 二玄社, 1983)을 볼 수 있었다. 〈208〉의 유방帷房 두 글자를 시작으로 해서, 끝 구인 〈250〉 언재호야焉哉乎也에 이르기까지 170자가 남아 있고, 말미에 "정관貞觀 15년 7월, 이 책을 임서했다. 장선진蔣善進이 기록하다"는 오서奧書에 의해 641년에 필사된 것을 알 수 있다. 아마도 현존하는 『천자문』 가운데 가장 오래된 사본이다.

4

송 제국 이후 『천자문』이 점점 보급의 속도를 더해 간 것은 더 말할 것도 없다. 지영의 필적인 『진초천자문』의 석각이 장안에 세워졌던 것은 대관大觀 3년(1109)이었다. 그 석비는—뒤에 다시 새겼다고도 이야기되고 있지만 오늘날까지도—시안의 비림碑林에 남아 있다.[19] 그 외에도 당 제국 이래 서예가로서 이름이 높은 사람들의 필적으로 구양순歐陽詢(557~641)의 『행서천자문』, 『초서천자문』을 위시하여(그것의 일부분이 『書道藝術』 第3卷, 中央公論社, 1975에 수록되어 있다) 정말 셀 수 없이 많고, 여러 가지의 법첩에 새겨서 전해지고 있다. 그것들은 물론 습자를 위한 글씨본으로 써진 것이겠지만 뛰어난 예술 작품으로 감상해 온 까닭에 지금까지 전해지고 있는데, 이 책은 문자 학습의 수단인 동시에 예술 교육의 자료로서 이중의 역할을 한다고 할 만하다.

다수의 물품에 번호를 붙여야 할 때 이 『천자문』의 글자를 사용한 일이 있다. 불교의 『대장경』은 권질이 너무나 많기 때문에, 송판宋版 이래로 이 방법으로 구별했다. 예를 들자면 천지현황天地玄黃의 천을 1, 지를 2, 현을 3, 황을 4의 대용으로 쓰는 것이다. 또 문관 임용 시험 수험자의 좌석 번호에도 쓰였다. 그래서 맨 처음을 나타내는 일본어 '이노이치반イの一番'이라고 하는 것을, 중국인은 '천자제일호天字第一號'라고 했던 것이다. 결국 일본의 이로하우타伊呂波歌[20]처럼 쓰이고 있다.

천자문은 이로하伊呂波보다 훨씬 더 글자가 많은데도 그것으로 충분하지 않다고 생각해 『속천자문續千字文』을 지었던 송의 시기위侍其瑋(1022~1104)라는 사람이 있다. 11세기의 일이다. 그 서문에서 천하의 관청과 상인의 장부 등에 천자문을 번호 대신 사용한 지가 오래되었다고 하는 것을 보면, 당시에는 이미 아주 흔한 일이었으리라. 이 속편과 본래 『천자문』을 합쳐서 2천 자가 되었는데, 그 글자를 두 자씩 조합하면 2백만까지 숫자를 나타내는 기호가 만들어진다고 저자는 말한다. 이 간본이 전하고는 있지만, 과연 이것을 이용했던 실례가 있는지 어떤지 모르겠다. 더욱이 이 시기위의 책에 대한 속편을 지은 사람도 있다. 남송 갈강정葛剛正의 『삼속천자문三續千字文』이 그것이다.

이것보다 훨씬 이전에 『만자문萬字文』을 지은 사람은 수隨의 반휘潘徽였다(『수서』 권76 「문학전」). 이것은 그가 진秦 효왕孝王 양준楊俊(수 문제의 황자)의 학사로 있을 때 왕의 명령을 받들어 지었다고 하는데, 진왕은 어쩌면 주흥사에 맞서게 하려고 했던 것이리라. 주흥사가 죽은 지 아직 70년이 되지 않은 때였다.

그리고 또 천자문의 글자를 그대로 사용하되 그 순서만을 바꾸거나 완전히 별개의 글자를 골라서, 역시 무슨 무슨 천자문이라고 이름 붙인 책이 있다. 송나라 호인胡寅(1098~1156)의 『서고천자문敍古千字文』과 명나라 초 하태화夏太和의 『성리천자문性理千字文』은 후자의 예고, 명나라 강란江瀾의 『천자재집千字再集』과 탁가월卓珂月의 『집천자문集千字文』은 전자의 예다.

주적周逖이 지은 『천보응도천자문天寶應道千字文』도 전자에 속한다. 이것을 본 어떤 대신이 (주홍사 원작 〈191〉의) 비파枇杷 두 글자는 어떻게 했냐고 물었고, 저자가 "그 두 자를 계속해서 사용합니다"라 대답했다. "그러면 새로운 문장이라 할 수 없다"는 답이 돌아오자 황제에게 바치려던 것을 단념했다는 일화가 있다(8세기 말에 쓰여진 『봉씨견문기封氏見聞記』 권10에 보인다).

탁가월은 비파 두 자를 따로 떼어내 다른 구를 만드는 솜씨를 보이고 있다. 탁 씨의 책은 명나라 말, 17세기의 작품이다. 청조에도 이러한 종류의 저작을 시도한 사람이 있는데, 이것들은 장해붕張海鵬이 편집한 『천자문췌千字文萃』에 수록되어 있다.

일본에도 『속천자문』을 지은 학자가 있다. 헤이안 시대의 산박사算博士,[21] 미요시 다메야스三善爲康(1048~1139)로, 『군서유종群書類從』 권135에 수록된 이 책에는 자구가 빠진 곳이 약간 있다. 이 밖에도 『의가천자문醫家千字文』(1293년 완성)을 지은 고레무네 도키토시惟宗時俊가 있다. 의학자들의 용어를 역시 사언의 운문에 맞춘 것이다(『속군서유종續群書類從』 권899). 그 이후 일본에서 있었던 『천자문』의 유행과 보급 상황과 관련해서는 앞서 소개한 오가타의 저서에 상세하게 나오므로 여기서는 설명하지 않는다.

5

여기서는 『천자문』의 주석서에 대해 대략을 적고자 한다. 이미 설명한 바와 같이 양나라 시대에 이미 소자운의 주가 있었고, 그 외에 연대 불명인 호숙의 주도 있다. 둘은 함께 『수서』「경적지」(이하 『수지』로 부른다)에 저록되었다. 역시 (저자 불명의) 『연천자문演千字文』 5권이 『수지』에 보인다. 그것도 일종의 주석인지 모르겠다.

『구당서』「경적지」(이하 『구지』로 부른다)와 『신당서』「예문지」(이하 『신지』라 부른다)는 어느 것이나 당의 궁중 장서 목록에 근거하고 있으므로, 『천자문』에 관한 한 그 기록이 완전히 같다. 『신지』를 예로 들자면, 소자범 『천자문』 1권, 주흥사 차운 『천자문』 1권, 『전서천자문篆書千字文』 1권, 『연천자문』 5권 다섯 종을 기록하고 있는데 『수지』와 거의 같다. 다만 호숙의 주가 없는 것과 소자범의 책을 수록한 점만이 다르다.

소자범의 책은 이미 설명했다. 『양서』「소자범전」에 "그 문장이 매우 아름답다. 왕이 기록과 문서를 담당하던 채원蔡薳에게 명령해서 그것을 주석하게 했다"고 말하는 것으로 보아 주홍사가 지은 것과 다른 글인 듯하다. 그런데 다음에 설명할 우리나라 후지와라 스케요藤原佐世의 『일본국견재서목록日本國見在書目錄』[22]에 '『천자문』 양나라 국자좨주 소자운 주'라고 저록된 것은 『수지』와 합치한다. 스케요는 간표寬平 3년(891)에 56세로 죽었다(『대일본사大日本史』 권131).

스케요의 『견재서목』에는 그 이외에 이섬 · 동타고東駝固 · 송지달宋志達 · 정첨丁覘 등 네 사람의 주석을 저록했다. 그 가운데 동타고의 '동'은 아마도 '진陳'의 잘못이리라. 같은 『견재서목』에 『절운切韻』 이본異本(증보본)의 저자 15명을 기재하면서 '진도고찬陳道固撰'이라 한 것이 있다. '타고駝固' 또한 어쩌면 '도고道固'로 써야 하는지도 모르겠다(小長谷惠吉, 『日本國見在書目錄解說稿』, 東京 : くにたち本の會, 1936~1937 참조). 그 주석가 다섯 명의 책도 이섬의 주를 제외하고는 대부분 흩어져 없어졌다. 다만 다음에 설명할 《우에노본上野本(고안본)》 등에는 그들의 주 가운데 어떤 것인가 뒤섞여 들어갔는지도 모르겠다.

이섬의 주는 중국에서는 이미 실전되었고, 우리나라〔일본〕에만 남아 있다고 여겨진다. 핫토리 우노키치服部宇之吉, 나가사와 기쿠야長澤規矩也 두 사람(『佚存書目』, 東京, 1933)에 의하면, 우리나라 남북조(및 무로마치 시대)의 《구간본舊刊本》(이른바 《오산판五山版》), 《고활자인본古活字印本》[게이초慶長(1596~1615)~겐와元和(1615~1624) 연간, 17세기 초엽]과 《통행본通行本》(에도 시대 초기, 즉 17세기 중엽의 정판본整版本) 이외에 《구초본舊鈔本》(고사본古寫本) 몇 종이 있다. 그런데 사견으로는 이것들을 두 가지 계통으로 대별

할 수 있다. 한 가지는 이섬의 서가 있는 것으로, 이 계통의 《고활자본》 및 《통행본》의 표제에 '고주古注' 두 글자가 있기 때문에 편의상 그것을 '고주'로 부르고자 한다. 다른 한 가지는 이섬의 서가 없는 《구간본》(본서의 역주에는 《구간대자본》으로 부른다) 계통으로, 이 계통을 '신주新注'로 부르고자 한다(그 이유는 다음에 설명한다).

필사본은 다수가 있는데, 그 내용은 《구간본》 또는 《고활자본》과 거의 같은 것이 대부분이고, 앞서 약간 언급했던 고안 10년(1287)에 쓴 오서奧書가 있는 권자본卷子本[23]이 있는데, 현재 오사카의 우에노上野가 소장하고 있는 까닭에 구로다 아키라黑田彰는 그것을 《우에노본》이라 불렀다. 그것은 이 계통 『주천자문注千字文』의 최고最古 필사본이다. 그 전모는 구로다의 「우에노본 『주천자문』(上野本 『注千字文』)」(『國文學』 第59號, 吹田市 : 關西大學國文學會)의 논문에 부기되어 있는 영인본에서 확인할 수 있다[현재는 『上野本注千字文注解』(黑田彰 · 後藤昭雄 · 東野治之 · 三木雅博, 大阪 : 和泉書院, 1989)에서 영인과 주해를 볼 수 있다—기다 아키요시의 주].

이 권자본(이하 《고안본》으로 부른다)의 첫머리에 "천자문千字文 조□인섬이서주趙□人暹李序注" 열 자의 표제를 달고 있는데, 그 가운데 다섯 번째 자(趙 다음 글자)는 '䩐'로 쓰여 있을지라도, 아마 군郡 자(옛날에는 郡으로 썼다)의 잘못이리라. 중국 북조의 역사 『북사北史』 등을 보면, 조군趙郡(오늘날 허베이성 자오현趙縣)의 이씨李氏 가문은 명문으로 적지 않은 학자를 배출했다. '暹李'의 두 자는 '李暹' 두 자의 도치일 것이다. 즉 趙 이하의 일곱 글자는 "조군 사람 이섬의 서와 주"(趙郡人李暹序注)로 읽어야 한다.

일본에 전해진 『천자문』의 주석서 가운데 '이라주李邏注'로 표제가 달린 간행본 및 필사본이 몇 개 있는데, 모두 이섬의 오기가 틀림이 없다(무로마치 시대의 필사본인 교토대학京都大學 도서관의 《다니무라문고본谷村文庫本》

과 같이 서序의 제목에 "다른 판본에 섬暹으로 되어 있다"는 뜻을 써넣은 것이 있다). 그 내용이 앞서 말한 나가사와의 이른바 《통행본》 및 게이초 무렵의 《고활자본》과는 커다란 차이가 있을지라도, 그 서序의 전반은 《통행본》 등에 실린 것과 거의 일치한다. 《고안본》에는 서의 뒷부분에 이섬의 경력을 알려 주는 기사가 있는데, 그 대강을 앞에서 설명했다. 그런 점으로부터 판단하면 현존하는 《통행본》 등은 이러한 이섬 주의 계통을 끌어다 쓴 것일 게다.

통행본과 같은 계통 주석서의 잔권殘卷으로 생각되는 것이 둔황 사본(런던 대영박물관 소장) 가운데 있다(Stein No. 5471). 『천자문』의 〈015〉 과진리내菓珍李柰부터 〈049〉 묵비사념墨悲絲念까지만 주가 있어 앞부분과 뒷부분을 빠트리고 있을지라도, 주의 문장은 우리의 《통행본》과 비교해 매우 비슷하다(《고안본》과는 다른 곳이 적지 않다). 또한 앞서 말한 미나모토노 시타고의 『화명유취초』 가운데 권2 「잡예류雜藝類」 '농환弄丸'의 조항에 보이는 "양나라 무제 『천자문』의 주"라고 일컬은 인용은 역시 이섬의 주일 것이다. 내용이 《통행본》에 가깝기 때문이다. 그 이외에 『유취명의초類聚名義抄』(즈쇼료본圖書寮本)[24]의 두 곳에 『천자문주千字文註』를 인용하는 것은 이전부터 알려져 있었지만, 그것의 문장도 《고안본》보다는 《통행본》에 가까운 점으로 보아 역시 이섬의 주일 것이다.

이상에서 설명한 이섬 주의 《통행본》으로 일컬어지는 것은 '찬도부음증광고주천자문纂圖附音增廣古注千字文', '칙원외산기시랑주흥사차운勅員外散騎侍郎周興嗣次韻' 두 줄의 표제가 있고, (상중하) 세 권으로 나누어져 있다(이 첫째 줄의 표제가 각 권의 끝에는 '찬도부음집주천자문纂圖附音集註千字文'으로 기록되었다). 《고활자본》(내가 본 것은 《겐와 3년 간행본》 및 《무간기본》으로 도요문고東洋文庫에 소장되어 있다)은 그 점에서 완전히 같다. 필사본에도 앞의 두 책과 같은 내용으로, 똑같이 이섬의 서序를 가진 《삼권본三卷本》(예컨대 교토의 요메이문고陽明文庫에 소장된 책)이 있고, 표제도 같다(또한 교토대 도서관의 다니무라문고에도 같은 종류의 사본이 있지만 자세히 비교와 검토를 해보지 못한 것이 유감이다). 이상 이 계통의 책을 《찬도본纂圖本》으로 부르고자 한다.

그것들보다 오래된 《구간본》(《오산판》)은 앞의 《찬도본》과 비교해 보면 주의 내용이 다를 뿐만 아니라 이섬의 서가 없다. 《구간본》에는 2종이 있는데, 그 가운데 하나는 (예컨대 《도요문고 소장본》) '신판대자부음석문천자문주新板大字附音釋文千字文註'로 표제가 달려 있고, 다른 한 가지는 (《나이카쿠문고內閣文庫 소장본》과 같이) '신판증광부음석문천자문新板增廣附音釋文千字文'으로 표제가 달려 있다. 행관行款(행수와 한 행의 자수)이 완전히 같고 판심版心 각공刻工의 이름('仲')도 똑같아 같은 판본으로 보일지라도, 기다 아키요시의 조사에 의하면 서로 다른 문장이 있을 때는 거의 전부 후자 쪽이 올바르다. 결국 후자 《증광본增廣本》 쪽이 후대의 간행본으로, 전자의 오류를 바로잡고 보각補刻한 것으로 보아야 한다. 하여간 앞에서 설명한 《구간본》의 두 가지는 표제를 달리하고 있을 뿐 그 내용은 거의 같고, 앞의 《찬도본》과는 다르다. 또한 이 《구간본》과 내용이 같고 표제도 똑같은 필사본이 몇 개 있다(예를 들면 《세이카도문고靜嘉堂文庫 소장본》은 '신판대자부음석문천자문주'라고 표제를 단 한 권으로 이루어져 있다). 이것들은 아마 간행본을 전사傳寫한 것이리라.

또한 《찬도본》(《통행본》과 《고활자본》 등)에서는 저자의 이름을 이라李邏 또는 이라李羅로 쓰지만 이섬이 올바르다는 것은 앞서 설명한 대로이고, 그것은 『견재서목』 및 둔황 사본 가운데 하나인 『잡초』(파리 국립도서관 펠리오 수집 Pelliot No. 272)의 기사에 의해서도 알 수 있다(앞에서 인용한 논문에 의거한다). 다만 일본의 간행본(《찬도본》)의 서에 "양나라 대부 내사마內司馬"라고 그의 관직명이 기록되어 있는 것을 근거로 오대五代의 양(후량後梁) 시기(10세기 초) 사람으로 보는 것은 잘못이다.

이섬은 그 이외에 『문자文子』의 주를 지었다(이 책은 『신당서』 및 『송사』의 「예문지」 자부子部 도가류道家類에 저록되어 있는데, "이섬훈문자주李暹訓文子注 12권"이라 되어 있다). 남송의 조공무晁公武(1105~1180)[25]는 "이섬은 승려 반야류지般若流支에게 사사했다. 생각건대 원위元魏(북위北魏) 사람일 것이다"라 말했다(『군재독서지郡齋讀書志』 권3하). 반야류지[26]는 인도(남천축南天竺)의 승려로 북위 희평熙平 원년(516)부터 동위東魏 흥화興和 말년(542)까지 업성鄴城(동위의 도성)에 살면서 많은 경론을 번역했다(『속고승전續高僧傳』 권1).

그렇다면 그 제자인 이섬도 6세기 사람임에는 틀림이 없다. 그것은 앞서 인용한 《고안본》 이섬의 서 후반의 서술과 일치한다. 그러면 《찬도본》 등에서 '양나라 대부 운운'하는 말의 양은 후량(오대의 양)이 아니고 남조의 양(소량蕭梁)을 가리키는 것이다. 《고안본》에 의하면 이섬은 북제北齊에 벼슬했지만 남조의 양에 사신으로 갔던 적이 있는데, 그때 억류되었다고 하므로 일시적으로 양에 벼슬했던 것인지도 모르겠다.

그런데 일본에 남아 있는 《찬도본》은 이섬 주의 원형을 그대로 전하고 있지 않고, 당·송 이후에 덧보탠 부분이 적지 않다. 예컨대 『문중자文中子』(〈035〉 화피초목化被草木의 주 등)와 『당서唐書』(〈073〉·〈074〉의 주 등)를 주에서 인용했는데, 전자는 수나라 왕통王通(618년 사망)의 저서를 가리키지만 실제로는 좀 더 뒤에 지어진 것이고, 후자는 구양수 등이 1060년에 편찬해서 헌상한 것이다. 그래서 《둔황본》의 잔권(앞서 말한 Stein No. 5471)은 〈035〉의 주에 『문중자』를 인용하지 않고, 《고안본》도 인용하지 않는다. 그러나 〈039〉 공유국양恭惟鞠養의 주에 《찬도본》이 인용한 장례張禮(연대 미상)의 효행 이야기와 거의 같은 글이 《둔황본》에도 들어 있다. 《고안본》의 주에는 실려 있지 않다. 〈027〉 좌조문도坐朝問道의 주에 《찬도본》이 인용한 한 문제가 하상공河上公에게 도를 묻는 이야기(대개 『노자』 하상공 주의 서에 근거한다)는 《둔황본》에도 실려 있는데, 그 앞에 "일해운一解云"이라는 석 자가 있는 것으로 보건대, 아마 다른 사람의 주석을 받아들인 것이리라. 《고안본》은 역시 그 이야기를 주에 싣지 않았다. 이상은 세 가지 책의 같고 다른 점 가운데 일부분에 지나지 않지만, 대체로 《둔황본》과 《찬도본》은 같은 계통에 속한다고 생각된다. 《찬도본》 쪽이 뒷날 덧보탠 것이 한층 더 많을 뿐이다.

《고안본》과 《찬도본》은 이섬의 서를 가지고 있는 점이 같을지라도 본문의 주에는 상당한 차이가 있다. 특히 《찬도본》은 특색 있게 아주 많은 고사와 설화를 인용하는데, 그 부분은 속어를 뒤섞은 문체로 되어 있다. 이에 비해서 《고안본》은 고사·설화를 인용한 것이 적고, 그 부분의 문체도 속어와 다른 상위점이 드러난다. 그리고 《고안본》도 책 끄트머리에 이섬 이외 다른 누군가의 저술로 생각되는 두 가지 서문을 부기하고 있을 뿐만 아니라, 본문의 주에 "중리重理의 설에서 말한다"(〈162〉의 주) 등과 같이 인용하는 것을 보면 다른 주로부터 채록해서 덧붙인 곳이 있을 것이다. 그러나 그 주된 부분은 아마도 이섬의 주를 따른 것이라 여겨진다. 결국 위에서 설명한 세 가지 책(《둔황본》, 《고안본》, 《찬도본》)은 모두 이섬의 주를 기본으로 해서 다른 주석가의 설을 덧보탰다고 말할 수 있다. 이런 종류의 판본들을 '고주古注'라고 일컫는 까닭이다.

일본의 《구간본》 2종(즉 '신주新注')은 내용이 같다. 고사의 설화를 실은 것이 적은 점은 《고안본》과 비슷하다 하더라도 구의 의미를 해설하는 방법은 '고주'와 다르다. 〈045〉·〈046〉 망담피단罔談彼短, 미시기장靡恃己長(다른 사람의 잘잘못을 끄집어내지 말고, 자기의 장점을 떠벌리지 마라)의 두 구에 달린 주 끝에 "상채上蔡 사선생謝先生" 운운한 것과 송의 사량좌謝良佐(1050~1103)의 말을 인용한 것은 남송 이후 증보가 있었다는 증거다. 이 책의 주석 방식에서 송 제국 이후 도학자의 사상적 영향이 강하게 느껴지는 것은 당연하다. 이 '신주'도 이섬의 주 또는 '고주'를 참조해서 쓰여진 곳이 있다. 하지만 도가道家 철학서 『문자文子』에 주를 달고, 반야류지를 따르며 아마 불교의 학문도 공부했을 남북조 시대 이섬이란 사람의 사상과는 상당히 차이가 난 해석이 되는 것을 피할 수 없었다. 하여간 앞의 세 책과는 다른 계통으로 인정해야 할 것이다.

앞의 두 판본(《구간본》)과 밀접한 관련이 있다고 생각되는 것은 '삼주고사三註故事'로 일컬어지는 명판明版 《삼권본三卷本》(나이카쿠문고 소장)이다. 권1은 『천자문』, 권2는 당 제국 시인 호증胡曾의 「영사시詠史詩」, 권3은 당 제국 이한李翰의 『몽구蒙求』로 모두 간단한 주를 달고 있다. 각 권 첫머리의 표제는 "신간대자교정석문삼주고사新刊大字校正釋文三註故事"로 되어 있지만, 권1(『천자문』)만은 표제 다음에 "보전창계莆田滄溪 주실부周實夫 교정校正, 여릉廬陵 후학後學 호원실胡元質 주석注釋, 서림죽상書林竹莊 유렴劉濂 정해正解"의 3행이 있다.

나가사와 기쿠야는 일찍이 "명본배자증광부음석문삼주明本排字增廣附音釋文三註"라는 전체 제목을 가진 간행본(?)이 우리나라[일본]에 존재한다고 말했다(다만 나가사와는 '호증의 「영사시」'에 주목하여 『천자문』은 거의 살펴보지 않은 까닭이지만), 그 표제에서 말하는 '명본明本'은 "《명주본明州本》(명주明州, 즉 오늘날 저장성 닝보시寧波市 부근의 간행본—오가와 다마키의 주)의 뜻으로, 아마도 복건福建에서 번각했던 원판을 저본으로 했던 것일 것이다"라고 추정했다. 그래서 이 명판(『삼주고사』)은 그 인쇄 "형식을 고려하면 복건의 간행본임이 틀림없다"고 단언했다(「本邦舊傳古版の千字文」, 『書苑』 第3卷 第1號, 東京, 1939). 즉 중국 명 제국 간행본의 저본이 된 원판이 있고, 그것을 일본에서 번각했던 것이 앞에서 든 《구간본》(?) '명본배자明本排字……삼주三註'가 되는 것이다.

앞에서 든 《구간본》 두 종(그 가운데 하나의 표제에서 두 자를 따 《대자본》이라 부르기로 한다)을 이 명판 『삼주고사』와 비교해 보면, 주注의 문장은 명판 쪽이 간략하더라도 대략적인 뜻은 거의 비슷하다. 특히 〈104〉 동서이경東西二京의 주에, 《대자본》은 "동경은 낙양洛陽을 말하는데, 즉 오늘날 하남부河南府다", "서경은 장안을 말하는데, 즉 오늘날 경조부京兆府다"라 말하는데, 『삼주고사』에도 거의 같은 주가 있다.

중국의 지지地誌에 의하면 장안長安(오늘날 시안시)의 주변 지역을 '경조부'로 부른 것은 당 제국의 개원開元 원년(713)부터였다. 그 뒤 송 제국 및 금 제국을 거쳐, 원의 지원至元 16년(1279)에 안서로安西路로 개칭하기까지 줄곧 그 이름으로 불리었다(『가경중수일통지嘉慶重修一統志』 권227). 그렇다면 이 주는 원의 초기(13세기) 이전에 쓰였을 가능성이 있다. 명판의 주석을 달았던 이는 그 무렵의 사람인지도 모르겠다. 가와세川瀨는 《구간본》(남북조 시대) 「호증(영사)시주」의 저자로 명기되어 있는 호원질을 송 제국의 사람으로 간주했다(『五山版の研究』).

호원질의 약전略傳은 남송의 지지 『오군지吳郡志』(권27)에 보이는데, 자는 장문長文, 장주長洲(오늘날 장쑤성 쑤저우시蘇州市) 사람으로 소흥紹興 18년(1148)에 진사가 되었고, 부문각敷文閣 학사學士[27]로서 벼슬을 마쳤기 때문에 대신 급의 지위에 있었던 사람이다. 『송사』 「예문지」에는 『서한자류西漢字類』 5권(경부 소학류小學類)와 『총효방總效方』 10권(자부 의가류醫家類)

이 호원질의 저작으로 기록되어 있다. 《'삼주'본》 주注의 '여릉의 호원질'이 『오군지』에 보이는 사람과 동일 인물인지 아닌지는 알 수 없다. 적어도 본적지는 일치하지 않는다(여릉은 오늘날 장시성 지안시吉安市다). 그렇다 해도 명판과 우리 《구간본》인 『천자문주』의 저자는 남송 이후의 사람일 것으로 생각된다. 내가 임시로 '신주'로 불렀던 것은 이 같은 이유에서였다.

요컨대 일본의 가마쿠라, 무로마치, 에도 초기(13~17세기)까지 『천자문주』 다수의 간행본과 필사본은 '고주'와 '신주'의 두 계열로 대별할 수 있는데, 인쇄해서 간행된 것으로는 '신주' 쪽이 빠르고, '고주'의 인쇄는 약간 늦다. 그래서 '고주'의 활자본 등은 '찬도纂圖……'라는 표제를 볼 때 결국 중국(송 제국 이후)의 간행본을 번각했던 것이리라. '찬도' 또는 '찬도호주纂圖互注' 등의 글자를 표제 앞에 덧붙인 것은 송원宋元 시대 서방書坊의 각본刻本에서 많이 볼 수 있기에 이와 같이 추측한 것이다. '고주'의 사본도 대부분 같은 표제를 가지고 있기 때문에 중국 또는 일본의 각본을 전사한 것으로 생각한다. 그것들의 간행본은 없고, 당 제국 이래 우리나라〔일본〕에 전해졌던 필사본으로부터 직접적으로 나왔다고 생각되는 것은 《고안본》뿐이다. 그 《고안본》이 《찬도본》과 내용을 달리하는 곳이 많은 것은 당연하지만, 이섬의 서문을 책 첫머리에 둔 점은 공통되니 같은 계통에 속하는 것으로 생각된다.

「일러두기」에서 썼던 것처럼, 우리들의 역주는 앞서 말한 고주 계통의 《찬도본》(에도 초기의 정판整版 간행본)을 저본으로 삼고, 그것의 필사본(교토 요메이문고 소장, '찬도부음집주천자문'이라 제목이 달린 《삼권본》) 및 《고활자본》(도요문고 소장의 《겐와간본》과 《무간기본》)을 가지고 교정했던 것을 현대어로 번역했다. 그것들 '고주'의 최종 편집자는 분명하지 않기 때문에, 번역문에 덧보탠 주에는 편의상 '이섬주' 또는 '이주'로 부르는 식으로 했다. 그래도 이섬의 서문만은《고안본》과 같고, 다른 점을 주로 표시해서 부기했다.

6

이리하여 에도 초기까지는 이섬 주 계통의 '고주'가 가장 널리 유포되었지만, 그 '고주' 등을 오류가 많다고 비판하는 데 그치지 않고 완전히 다른 주석을 새롭게 단 학자가 나타났다. 아마도 한 사람에 그치지 않겠지만, 내가 볼 수 있었던 것은 다카오카 히데나리高岡秀成의 저작이다. 『주흥사차운천자문고증周興嗣次韻千字文考證』이란 제목을 달고 간세이寬政 2년(1790)에 간행되었다[이치노 메이안市野迷庵(1765~1826)의 발문이 있다]. 이 책은 구주舊注(이주李注, 즉 '고주' 등)가 글자 뜻을 풀이한 것에 지나지 않고 쓸데없이 길어서 잘못이 많다고 한탄하고, 되도록 각 구의 출전을 분명히 하는 데 힘을 쏟음으로써 에도 후기 고증학의 학풍을 보여주고 있다. 그 범례에는 이주 외에 명 왕이성汪以成의 주와 청 손여길孫呂吉의 주에 관해서 평하고 있다.

손여길의 주는 교토대학 인문과학연구소(마쓰모토문고松本文庫) 소장본으로 한 번 본 적이 있다. 강희康熙 24년(1685)의 간행본 『성조성현백체천문聖朝聖賢百體千文』에 합각되어 있으므로 손여길은 그 무렵의 사람이지 않을까? 그 표제에 의하면 손여길은 자가 겸익謙益으로 항주杭州 사람이다. 또 그 책에서는 '왕소윤汪嘯尹 찬집纂輯'이라고도 하는데, 그것이 다카오카가 말한 왕이성인지 아닌지 분명하지 않다.

그 다음에 이 간행본에 부각附刻되어 있는 『청서천자문淸書千字文』은 진귀한 것으로 여기기에 충분하다. '청서'는 만주 문자(청 제국에서는 '국서國書'라고 불렀다)로, 『천자문』에 실린 모든 한자의 음을 그 문자(표음 문자)를 써서 나타내고 있다. 전술한 둔황 사본 『장한대음천자문藏漢對音千字文』의 티베트 문자에 의한 음역이 당 제국 말엽(9세기 무렵)의 중국어 음을 알려 준다면, 이 책은 청나라 초기(17세기)의 중국어 음을 기록했던 것이다. (하네다 선생의 설에 따르면) 전자는 티베트 사람이 한자의 음을 배우기 위해 만든 것이지만, 이와 달리 후자에는 청 제국 치하의 한민족漢民族 사람들에게 만주 문자를 배우게 하려는 의도가 있었던 것인지도 모른다. 이 『청서천자문』은 그 뒤에 곧 일본에서도 번각되었다. 오가타에 의하면 겐로쿠 11년(1698)과 쇼토쿠 5년(1715) 두 가지 판본이 있다(오가타의 『연구』 자료편 No. 60과 No. 77). 그것들은 앞서 말한 청 제국 손여길의 주와 합각했던 것도 《원간본元刊本》(《강희간본》)과 같다.

손여길의 주는 청 말까지 아주 널리 유포되었다고 생각되며, 그 간행본도 매우 많았다. 앞에서 설명했듯이 일본에도 일찍 전해졌을 뿐만 아니라, 메이지 이후에도 이 책을 읽었던 학자들이 적지 않았다. 한두 가지 실례를 들자면, "손여길의 원주元注를 산정刪定했다"고 하는 치하라 도가쿠茅原東學의 『천자문고정千字文考正』(1936년 간행)이 있고,[28] 다카다 다다치카高田忠周(1881~1946)의 『육체천자문六體千字文』(1938년 간행)에 붙어 있는 『천자문교자석의千字文校字釋義』는 본문 각 구의 해석과 관련해서 주로 손씨의 주에 의거하고 있다(1974년의 영인본에 따른다).[29] 다만 다카다는 '고주' 또한 참고했다고 말하고, 특히 본문의 "방음방훈傍音傍訓은 대개 고주 천자문에 의거한다"고 말했다. '고주'도 이처럼 근래까지 잊혀지지 않았던 것이다.

이제 하나 더 덧붙여 말하지 않으면 안 되는 것이 『천자문음결千字文音決』에 대한 것이다. 「일러두기」에서 이야기했던 것처럼, 우리들의 역주에서 본문을 훈독하며 써내려 가는 글을 지을 때 주로 이 『음결』의 훈점訓點과 후리가나(한자 옆에 읽는 법을 가나로 단 것)에 의거했기 때문이다. 고노에 이에히로近衛家熙의 필사본을 소장하고 있는 요메이문고 이외에 이 책의 다른 소장자가 있다는 것을 듣지 못했다. 이에히로가 겐로쿠 7년(1694)에 쓴 오서奧書에 "죠에이貞永(1232~1233) · 덴부쿠天福(1233~1234) 무렵의 필사이고, 누가 했는지 알지 못한다"고 되어 있으므로, 그 원본은 가마쿠라鎌倉 시대(1232년 전후)의 사본이었다. 이에히로의 사본을 보면, 『천자문』의 전문全文(후리가나를 붙이고 사성점을 더했다) 뒤에 "천자문음결, 병서"라고 표제가 된 문장을 적고 있다(그 번역문을 본서에 부록으로 실었다). 그 서문의 끝에 "섭제攝提의 해, 유빈蕤賓의 달"이란 구절이 있어서 호랑이해(寅年)의 음력 오월에 썼다는 것을 알 수 있을 뿐 저자의 이름은 분명하지 않다.

그러나 서문의 한문은 잘 갖추어진 전아한 문체인데다가 『운전韻銓』에 근거해서 자음字音의 종류를 구별했다는 점이 주의를 끈다. 『운전』은 당 제국 무현지武玄之(8세기 무렵)가 지은 운서韻書(운을 분류한 자서字書)로, 후지와라의 『견재서목』에도 저록되어 있지만 일찍이 없어졌다. 이 점을 생각하면 이 『음결』은 아마도 헤이안 무렵에 쓰인 우리나라〔일본〕 학자의 저술일 것이다. 『음결』이라는 서명이 대단히 고풍스럽고, 중국에서도 당 제국에서는 이 두 자를 표제로 단 책이 적지 않았다 하더라도, 송 제국 이후에는 쓰이지 않았기 때문이다.

다만 이에히로의 필사본 또는 그 원본이 그 『음결』을 완전하게 전하고 있는가 어떤가는 의문이 든다. '음결'이란 이름을 가진 책은, 예를 들면 당나라 공손라公孫羅의 『문선음결文選音決』처럼 반절을 써서 자음을 표기하는 것이 보통이었다. 그런데 이 책에는 그런 식의 표기가 전혀 보이지 않는다. 나는 이전부터 이것과 관련해서 의문을 느끼고 있었는데, 최근 구로다가 영인한 《우에노본》(《고안본》) 『천자문주』를 보면서 한층 의심을 굳혔다.

이 《고안본》은 권자본으로 그 종이 뒷면에 본문 〈028〉 수공평장垂拱平章 이하 223구에 관하여 그 글자의 음을 반절로 표기하고 있다. 예컨대 '是爲'로 된 것은 '垂'자의 반절인데, 간온漢音이라면 '스이'로 읽어야 함을, '居悚'으로 된 것은 '拱' 자를 '쿄우'로 읽어야 한다는 것을 보여주고 있다.

이렇게 종이 뒷면에 쓰여 있는 음주音注의 반절 표기법을 자세하게 조사했던 우에다 다다시上田正는 그것들의 반절이 대개 스가와라 고레요시菅原是善(812~880)가 편집했다고 하는 『동궁절운東宮切韻』에 근거한 것이라고 지적하고 있다. 그렇다면 《고안본》의 종이 뒷면에 쓰여진 음주는 9세기 이후 일본 학자가 덧붙인 것이 된다. 그로부터 유추하면 『천자문음결』 또한 음주(반절)를 종이 뒷면에 써 두었던 것은 아니었을까?

또한 『음결』의 본문(천자문)은 방훈의 훈점이 좌우 양쪽에 달려 있고, 음독과 훈독을 같이 하는 이른바 '문선독文選讀'으로 되어 있다. 책 첫머리의 두 구를 예로 들면, 원본은 다음과 같다.

텐	치노	켄	쿠와우토	우	치우노	코우	쿠와우토
天	地	玄	黃	宇	宙	洪	荒
아메	쓰치와	구로쿠	키나리	오우	소라와	오오이나	오호키나리

그 중 가나(カナ) 부분은 다음처럼 읽어야 한다. "텐치(天地)노 아메쓰치와, 겐코우(玄黃)토쿠로쿠, 키나리", "오쵸우(宇宙)노오오조라와, 코우코

우(洪荒)토오오이니, 오오키나리." 우리들은 될 수 있는 한 원본(《요메이문고본》)을 충실하게 옮기려고 애를 썼다. 원문의 한자 네 모서리에 붙어 있는 붉은 점(한음의 사성을 표시하는 것)을 생략한 것 이외에, 원문을 옮겨 적은 방법에 대해서는 「일러두기」를 참조해 주기 바란다.

추기

이 역주와 해설의 교정을 거의 끝낼 무렵에 다음 두 가지 논문이 있다는 것을 알았다. 그 가운데 하나는 도노 하루유키東野治之의 「『논어』·『천자문』과 후지와라궁의 목간(『論語』『千字文』と藤原宮木簡)」(『正倉院文書と木簡の研究』, 塙書房, 1977), 두 번째는 야마자키 마코토山崎誠의 「일본 구전 『주천자문』고(本邦舊傳注千字文攷)」(『平安文學研究』 第69集, 平安文學會, 1983)이다. 둘 모두 매우 면밀하게 고증하고 있어서 배울 바가 많다.

특히 이주(『찬도부음증광고주천자문纂圖附音增廣古注千字文』)에 보이는 많은 설화의 출전 가운데 우리들이 조사해서 찾지 못한 것이 적지 않은데, 두 사람의 논고에 의해 분명하게 된 것이 있다(예를 들면 둔황 사본의 『태공가교太公家敎』 등). 그 경우 가능한 한 역주에 보충했지만 하나하나 미리 양해를 구할 여유가 없었는데, 이 지면을 빌려 두 분에게 깊은 사의를 나타내는 바다.

1 주홍사의 열전은 『양서』 권49 「열전」 제43(문학상文學上)과 『남사』 권72 「열전」 제62(문학文學)에 수록되어 있다. 두 곳의 내용이 거의 같은데, 『양서』의 「북벌격」이 『남사』에는 「격위문檄魏文」으로 되어있다.

2 「성교서」는 태종이 현장玄奘에게 명령하여 불전을 번역하도록 했을 때 지은 서문을 말한다. 중요한 것은 서문의 내용이 아니라, 회인懷仁이 20여 년에 걸쳐 왕희지의 필적 가운데서 글씨를 골라 모아 비석에 새겼는데, 이때 글씨본이 왕희지의 행서를 집자한 것이다. 이것은 왕희지의 글씨로 전해지는 것 가운데 가장 믿을 만하다고 널리 알려져 있다.

3 오서는 기재 사항이 틀림없음을 증명하기 위하여 서류의 맨 끝에 쓰는 글을 가리킨다.

4 유극장은 남송의 시인, 평론가이다. 자는 잠부潛夫이고, 호는 후촌后村이다.

5 『순화각첩』은 『각첩閣帖』 또는 『순화비각법첩淳化秘閣法帖』이라고도 한다. 송의 태종이 내부內府에서 소장하고 있던 역대의 묵적墨蹟을 한림시서翰林侍書 왕저王著에게 명하여 모각模刻하게 하고, 징심당지澄心堂紙에 이정규李廷珪가 먹을 사용하여 박아서 편찬한 것이다. 내용은 1권이 역대제왕법첩歷代帝王法帖, 2~4권이 역대명신법첩歷代名臣法帖, 5권이 제가고법첩諸家古法帖, 6~8권이 왕희지, 9~10권이 왕헌지王獻之 글씨로 되어 있다. 'Naver 백과사전' 참조.

6 황정견은 자가 노직魯直이고 호가 산곡山谷으로, 스승 소식蘇軾과 나란히 북송을 대표하는 시인으로 꼽힌다. 그의 시는 고전주의적인 작풍을 지녔으며, 학식에 의한 전고典故를 강조하여 강서파江西派의 시조로 꼽힌다. 글씨는 단정하지만 일종의 억양抑揚을 지녔으며, 활력 있는 행초서行草書에 뛰어났다. 'Naver 백과사전' 참조.

7 원진은 자가 미지微之이고 또 위명威明으로 불리는데, 당 제국 시인으로 낙양 출신이다. 그는 일찍부터 백거이와 함께 '신악부新樂府'를 제창했는데, 세상 사람들은 그를

늘 백거이와 함께 '원백元白'으로 불렀다.

8 백거이는 당 제국의 대표적인 시인으로 동아시아 문인에게 많은 영향을 끼쳤다. 그의 자는 낙천樂天이고 자호는 취음선생醉吟先生, 향산거사香山居士로 불렀다. 그는 원진과 함께 '원백元白'으로 불리고, 또 유우석劉禹錫과 함께 '유백劉白'으로 불리었다.

9 소자범은 남조 양梁나라 문인으로 자가 경칙景則이다. 그는 제齊 예장왕豫章王의 여섯째 아들로 소자현蕭子顯, 소자운蕭子雲의 형제와 함께 '삼소三蕭'로 불리었다.

10 소자운은 남조 양의 사학자이자 문인으로 자는 경제景齊이다. 그는 26세에 『진서晉書』를 집필했다. 그는 초서와 예서에 뛰어났는데, 종요와 왕희지의 서체를 모방하고 조금 변형시켜서 나름의 독특한 세계를 일구었다. 그의 명성이 높아서 백제에서 사신을 파견해 그의 작품을 구매해 갔다고 한다.

11 『화명유취초』, 즉 『와묘루이쥬쇼』는 미나모토노 시타고(911~983)가 쓴 헤이안平安 중기의 한화漢和 사전으로 10권본과 20권본이 있다. 934년 무렵 쓰여졌다. 고대 한어의 의의意義를 분류하고 출전을 제시하며 의미와 해설을 부기하고 있다. 달리 『화명초和名抄』, 『왜명초倭名鈔』, 『왜명유취초倭名類聚鈔』 등으로 불린다. '일본 Yahoo! 사전' 참조.

12 일운도저는 중국 한시에서 쓰던 압운의 원칙을 가리킨다. 고체시는 운을 바꿀 수 있지만, 반면 근체시는 처음부터 끝까지 같은 운을 지켜 써야 했다.

13 오늘날 북송에서 시작해서 남송 주희에 의해 집대성된 신유학을 성리학 또는 송명이학理學으로 부른다. 당시 학자들은 자신들의 학문 활동을 도학道學으로 불렀고, 그것을 연구하는 사람을 도학자道學者라고 했다.

14 원문은 "人之初, 性本善. 性相近, 習相遠"이다. 앞부분은 맹자의 사고에, 후반부는 공자의 말에 근거를 두고 있다.

15 이런 뜻에서 우리나라의 경우 「한국을 빛낸 100명의 위인들」이란 노래가 『천자문』과 성격이 비슷하다고 할 수 있다. "아름다운 이 땅에 금수강산에 단군 할아버지가 터 잡으시고/ 홍익인간 뜻으로 나라 세우니 대대손손 훌륭한 인물도 많아/ 고구려 세운 동명왕 백제 온조왕 알에서 나온 혁거세/ 만주 벌판 달려라 광개토대왕 신라 장군 이사부 …… 별 헤는 밤 윤동주 종두 지석영 삼십삼인 손병희/ 만세 만세 유관순 도산 안창호 어린이날 방정환/ 이수일과 심순애 장군의 아들 김두한/ 날자꾸나 이상 황소 그림 중섭 역사는 흐른다."

16 『정훈왕래』, 즉 『데이킨오라이』는 무로마치室町 시대의 초보적인 교과서로 한 권으로 되어 있다. 겐에玄惠의 저작으로 알려지지만 확실하지 않고, 오에이應永 연간(1394~1427)에 만들어졌다. 한 해 동안 각 달에 주고받는 편지글을 모아 놓은 초학자용의 편지글 본보기다. 한문체를 빌어서 쓰였고, 무사와 서민의 생활에 필요한 용어를 망라하고 있다. '일본 Yahoo! 사전' 참조.

17 고염무는 자가 영인寧人이고 호가 정림亭林으로, 명말 · 청초의 사상가이다. 명나라 말기 양명학이 공리공론을 일삼는 데 환멸을 느끼고 경세치용經世致用의 실학을 제창했다. 대표 저서로 『일지록』, 『천하군국이병서天下郡國利病書』 등이 있다.

18 우세남은 자가 백시伯施로 당 제국의 서예가다. 그는 왕희지의 서법을 익혀, 구양순歐陽詢·저수량褚遂良과 함께 당나라 초의 3대가로 일컬어졌고, 특히 해서楷書에 뛰어났다. 「공자묘당비孔子廟堂碑」가 유명하며, 행서로는 「여남공주묘지고汝南公主墓誌稿」가 있다.

19 시안 비림은 시안시 삼학가三學街(청 제국의 장안학長安學, 부학府學, 함녕학咸寧學이 모두 이곳에 세워졌다는 연유로 이렇게 이름 지어졌다)에 있다. 그것은 북송 1078년에 『개성석경開成石經』을 보관하기 위해서 세워졌다. 현재 여섯 곳의 비랑碑廊, 일곱 채의 비실碑室, 여덟 곳의 비정碑亭이 있는데, 모두 1087개의 비석碑石이 소장되어 있다. 그 가운데 뛰어난 것으로 「석경石經」이나 서성書聖 왕희지와 화성畵聖 오도자吳道子 작품이 남아 있다. 시안비림박물관 누리집(http://www.beilin-museum.com/)에서 비림의 일단을 엿볼 수 있다.

20 일본어 히라가나 47자를 한 자도 중복하지 않고 의미 있게 나열한 7·5조의 노래다. '이로하伊呂波'는 47자의 첫 세 글자로 한국어의 '가나다', 영어의 'ABC'에 해당한다고 할 수 있다.

21 산박사, 즉 산하카세는 율령제에서 중앙 정부의 관료를 양성하고 사무를 맡아보던 대학료大學寮의 직책으로 수학을 가르쳤다.

22 『日本國見在書目錄－宮內廳書陵部所藏室生寺本』, 東京:名著刊行會, 1996.

23 권자본은 두루마리로 된 책자. 또는 그렇게 서적을 장정하는 방법을 말한다. 종이의 한쪽 끝에는 둥근 막대기 모양의 권축卷軸을 달고 다른 한쪽에는 대나무 따위를 덧대고 끈을 달아서 권축에 보관할 때에는 둥글게 말아 두었다가 읽을 때는 풀어 보도록 되어 있다.

24 『유취명의초』, 즉 『루이쥬묘기쇼』는 11세기 말부터 12세기 무렵 일본에서 만들어진 한자 자전이다. 불佛, 법法, 승僧의 3부로 나뉘어 있다. 편집자는 분명하지 않지만 법상종法相宗의 학승으로 추정된다. 줄여서 『묘기쇼名義抄』라 말한다. 이 책의 판본은 즈쇼료본, 간지잉본觀智院本 등 네 가지가 있다.

25 조공무는 남송의 관료이자 장서가로 유명한데 자는 자지子止이다. 그의 집에는 7대조 조형晁逈 이래로 소장하던 책이 많았는데, 모두 2만 4500여 권에 달했다. 그는 서적의 이동異同을 교정하고 감수한 뒤에 책의 요지를 정리해서 『군재독서지』를 편찬해 냈다. 이 책은 송 제국 이래 작성된 목록학의 유명한 저작이다. 또 정부가 아니라 개인이 소장한 서적의 목록을 만든 것으로 의의가 크다.

26 반야류지는 구담瞿曇 반야루지의 약칭이고 가우타마 프라갸루치의 음역이다.

27 부문각은 소흥 10년(1140) 휘종徽宗의 작품을 보관하기 위해 세운 건물이다. 이 작업을 위해 학사學士, 직학사直學士, 시제侍制 등의 관리를 두었다. 그러므로 부문각 학사는 부문각에 소속된 학사라고 할 수 있다.

28 茅原東學 編, 『千字文考正』, 東京:東學社, 1936.

29 高田忠周 著, 『六體千字文』, 東京:富山房, 1938.

문고판에 붙여

이 문고판의 모태가 된 것은 1984년에 간행된 『주해천자문注解千字文』(東京 : 岩波書店)이다(이하 '구판'으로 부른다).

문고판을 만들며 최소한도로 수정을 했지만, 크게 바뀐 점은 『천자문음결千字文音決』(이하 『음결』로 부른다)에 근거해서 만든 '문선독文選讀' 부분이다. 오서奧書에 따르면 『음결』은 13세기 무렵의 필사본을 17세기 말에 옮겨 적은 것으로 보이지만, 한자를 가나로 음독·훈독하는 것이 상당히 혼란하고 역사적 가나 표기법으로 된 부분과 당시의 가나 표기법으로 된 부분이 혼재되어 있다. 어떠한 형식으로든 통일시켜야 했기에 구판에서는 현대 가나 표기법으로 표시하고, 그 뒤에 역사적 가나 표기법을 괄호에 묶어서 통일을 꾀했다.

이 책에서는 지면의 관계도 있어 현대 가나 표기법을 생략하고 역사적 가나 표기법으로 통일시켰다. 다만 『음결』의 자음에서 고온吳音을 쓰고 있는 곳과 특수한 음이 토로 달려 있는 경우 등은 그대로 두고, 글자 풀이 부분에서 설명을 하였다. 또 훈독문도 역사적 가나 표기법에 의거했지만, 양자 모두 주로 헤이안平安 중기 무렵의 훈독문과 자음의 가나 표기법을 기준으로 했다.

구판에서는 본문의 단락이 나뉘는 곳에 오가와 선생이 『천자문』 문장의 흐름에 관한 해설을 두었다. 문고판에서는 여기저기 흩어져 있던 이 글을 한 곳에 모아서 「운문으로 본 『천자문』」이란 제목으로 오가와 선생의 「해설」 앞에 두었다.

문선독[1]

문선독文選讀[2]은, 천지현황天地玄黃의 경우라면 "텐치노아메쓰치와テンチのあめつちは, 쿠엔쿠와우토쿠로쿠・키나리クエンクワウとくろく・きなり"[3]처럼 한자를 먼저 음독하고 다음에 그것을 훈독하여 읽는 방법을 말한다. 쓰키시마 히로시築島裕는 「문선독文選讀」(『平安時代の漢文訓讀語に就きての硏究』, 東京 : 東大出版會, 1963)에서, 이 읽기 방법은 나라 시대 가장 말기부터 헤이안 시대 가장 초기의 문헌에서 볼 수 있으므로, 아마도 남도南都(나라奈良)의 승려들에 의해 시작된 것은 아닐까라고 말하고 있다.

문선독의 실례도 단편적인 것밖에 존재하지 않고, 과연 이 읽기 방법이 훈독 중에 어느 정도나 쓰였는가는 확실하게 알 수가 없다. 하지만 원리로부터 생각해 보면, 천지현황天地玄黃의 경우 天地와 같은 간단한 한자는 '텐치テンチ'라고 배우는 것만으로도 좋은 듯 보이지만, 玄黃은 '쿠엔쿠와우クエンクワウ'라는 음과 동시에 '검고 누렇다くろく・きなり'는 뜻을 덧붙이는 방법, 즉 훈독을 덧붙이는 방법이 玄黃이라는 한자를 이해하는 데 유용하다.

또한 〈168〉의 출척黜陟 등은 '추쓰쵸쿠チユツチヨク'라는 음만으로 뜻을 이해하기 어렵다. '물러나게 하고 올리다しりぞけ・あぐ'는 의미를 덧붙이는 것으로 한자를 충분히 이해할 수 있게 된다. 이러한 점을 고려하면 이 문선독은 새로운 한자를 배울 때 꽤나 유용한 방법이 되리라 생각할 수 있다.

『천자문』이 한자 학습을 위한 초학자의 책으로 이용되었다는 것을 고려하면 『음결』처럼 이 문선독이 덧붙여진 것을 쉽게 이해할 수 있다. 아마도 초학자가 한문 · 한자를 배울 때 이런 방법을 쓰는 경우가 많았을 것이라 생각된다. 이것은 초학자만이 아니고 어느 정도 한문 지식이 있는 사람이더라도 어려운 한자를 배울 때 음과 훈을 한꺼번에 익힐 수 있는 방법으로 유용하다.

쓰키시마 히로시의 책에서 거론되었던 예로 말하면, '위葳-유蕤'라는 한자 등은 '이스이토사카(ㄴ)나리キスイトサカ(ン)ナリ'라는 꼴로 배움으로써 음과 훈을 알 수 있고, '봉奉-진進'의 '호우신토(타테마)쓰리(키)ホウシント(タテマ)ツリ(キ)'처럼 특수한 읽기 방법의 경우에도 유효하다. 이처럼 각 문헌에 산견된 예를 보다 보면, 이 읽기 방법은 문헌의 표면에 많이 드러나지 않지만 한문의 학습 방법으로서는 상당히 일반적인 방법이었으리라 헤아려진다.

『천자문』 같이 초학자용 한자 학습에 쓰였던 책 등은 처음에 문선독으로 한자의 음과 뜻을 배웠던 것이 아니었을까 추측해 볼 수 있다. 하지만 어떻게 문선독을 했을까 하는 점에 이르면 여전히 분명하지 않은 점이 있다.

〈029〉 · 〈030〉 애육려수愛育黎首, 신복융강臣伏戎羌 등은 A "아이이쿠토메구미 · 야시나히アイイクとめぐみ・やしなひ 레이슈노타미오レイシュのたみを"라고 한자의 순번을 존중해서 읽을 것인가, B "레이슈노타미오レイシュのたみを 아이이쿠토메구미 · 야시나히アイイクとめぐみ・やしなひ"로 읽어야 하는가는 확실하지 않다.[4] 하지만 문선독도 본래는 훈독 쪽에 중심이 있었다고 생각하는 쪽이 좋을 것 같기 때문에 B 같은 훈독 쪽이 가능성이 높

고, 이 책에서도 그런 읽기 방법을 채용하고 있다.

또한 『음결』에는 음독했던 흔적이 없는 구도 적지 않다. 예를 들면 〈057〉·〈058〉 화인악적禍因惡積, 복연선경福緣善慶은 『음결』에 "화는 악으로 인하여 적하고, 복은 선으로 연하여 경한다"라 되어 있는 대로 음독의 흔적이 없다. 그런데 이것을 음독하려고 해도 음독의 방법이 없다. 이 책에서는 이 구를 "화는 악의 적으로 인하고, 복은 선과 경으로 연하다"로 해석해 두었는데, 이 구의 구조는 〈155〉·〈156〉 악종항대嶽宗恒岱, 선주운정禪主云亭(악은 항과 대를 종하고, 선은 운과 정에서 주한다) 등과 같다. 〈155〉·〈156〉은 "가쿠소우노야마와ガクソウのやまは 고우타이노야마오ゴウタイのやまを 무네토스むねとす, 젠노마쓰리고토와ゼンのまつりごとは 운테이노야마오ウンテイのやまを 쓰카사도루つかさどる"로 읽고 있다.[5] 그것과 마찬가지로 〈057〉·〈058〉은 "쿠와인노와자하히와クワインのわざはひは 아쿠세키노아쿠노쓰모리니アクセキのあくのつもりに 요루よる"로 읽을 수 있다("아쿠세키토아쿠노쓰모리니アクセキとあくのつもりに 요루よる"로 읽어야 하는지도 모르겠다).[6] 그러나 음독의 흔적이 없기 때문에 문선독의 형식을 취하지 않는다.

『천자문』의 구 가운데는 그 구의 구조가 문선독에 적합하지 않은 것도 있는데, 이것은 『천자문』의 구 전체가 문선독으로 학습되지는 않았다는 것을 보여준다. 『음결』 가운데 음독의 흔적이 없는 것은 있지만 훈독의 흔적이 없는 것은 없으므로 『천자문』 또한 훈독으로 이해하는 것이 주가 되었음을 알 수 있다.

정판본整版本[7]이 되면 전체의 구에 음독이 덧붙여져 마치 『천자문』의 모든 구가 문선독이 되는 것처럼 보이지만, 그것은 반드시 오래된 형태라고 말할 수 없다. 『음결』은 오랜 『천자문』의 주석 가운데서 그 본문만을 뽑아낸 것일 가능성도 있다.

구판

구판은 내가 원고를 쓰고 오가와 선생이 그것을 교열하는 형식으로 이루어졌다. 그 교열 작업은 실로 너무나 엄밀하게 진행되었는데, 오가와 선생은 원고와 원문을 하나하나 대조해 가며 번역문의 오탈자와 전거를 교정하고 보충했고, 또 나를 위해 어법의 설명과 전거에 대한 해설까지 해주셨으니 나로서는 꼭 수업을 받은 듯하다.

나는 국문학과〔일문학과〕 출신인데다가 국어학〔일본어학〕 전공이었기 때문에 중국 문학에 관한 지식이 적을 수밖에 없었으니, 선생은 원고를 보고서 기가 막혔을 것이다. 출전을 찾을 때도 찾아보기를 거의 사용하지 않고, 해당하는 책과 글의 첫 쪽에서부터 찾아 나가는 방법을 취했기 때문에 몹시 시간이 걸렸다.

그것은 아마도 나의 은사이시자 오가와 선생의 의형이신 고 하마다 아쓰시濱田敦 선생(전 교토대학 교수)이 "용례는 책 그 자체에서 찾아야 하고, 찾아보기는 마지막에 빠뜨린 것이 없는지 확인하기 위해서 사용하는 것이다"라고 항상 말씀하셨기 때문에, 나도 무의식중에 찾아보기의 필요성을 그다지 느끼지 못했던 탓인지도 모르겠다.

오가와 선생의 교열이 얼마나 친절했는지 초고에서 두세 가지 구체적인 예를 보도록 하자(오가와 선생의 문장은 모두 한자 · 가타가나가 섞인 글이었는데, 히라카나로 바꾸었다).

〈042〉 남효재량男效才良〔남성은 유능한 이와 덕 있는 이를 본받는다〕에 대한 이주李注의 문장 가운데 "經云玉女投壺天爲之咲〔『경』에서 말한다. '옥녀가 투호 놀이를 하자. 하늘이 그걸 보고 웃었다〕"의 전거를 찾지 못했다. 이 때문에 나는 『패문운부佩文韻府』[8]가 인용한 『신이경神異經』의 일문佚文〔없어진 문장〕을 제시하여 통용되는 『한위총서漢魏叢書』에 인용된 『신이경』에 그 문장이 없다는 것을 주석으로 적고, 일문 가운데 읽히지 않는 부분에 밑줄을 그어 두었다. 오가와 선생은 그 밑줄 부분을 현대어로 옮긴 뒤에 쪽지를 붙여서, 거기에 다음과 같이 썼다.

옥녀투호玉女投壺는 이백李白(701~762)의 「양보음梁甫吟」[9]에 "帝旁投壺多玉女, 三時大笑開電光"〔천제 곁에서 많은 옥녀들이 투호 놀이를 하고, 세 때마다 크게 웃으니 번개가 인다〕으로 되어 있다. 청 왕기王琦의 주석에 『신이경』을 인용했다(『이태백전집李太白全集』 권3). "東王公與玉女投壺, 每投千二百矯"〔동왕공[10]이 옥녀와 투호 놀이를 하고, 매번 1200교를 던진다〕의 아래에 "設有入不出者, 天爲之噓嘘矯出而脫誤不接者, 天爲之笑"〔가령 들어가서 나오지 못하는 것이 있으면, 하늘이 그것을 위해 불어서 제대로 튀어나오게 하여 잘못이 이어지지 않게 하니, 하늘이 그것으로 말미암아 웃는다〕로 되어 있으며, 위처럼 12자가 많다. 이 장화張華의 주에 "言笑者天口流火炤灼, 今天不雨, 而有電光, 是天笑也"〔웃는다는 것은 하늘의 입이 불을 내며 밝게 비추는 것을 말한다. 오늘 비가 내리지 않지만 번개가 번쩍 치니, 이것은 하늘이 웃는 것이다〕라는 것을 인용했다(왕기). 이 교矯 자와 관련해서, 『집운集韻』 평성사소平聲四宵에 "矯(거居와 요妖의 반절, 즉 교)는 화살이 뛰쳐나가는 것이다"라 했는데, 투호 놀이에 쓰이는 화살이 병에 들어갔지만 다시 튀어나오는 것을 말한다. 또한 『집운』은 그 아래에 "神異經, 東王公與玉女, 更投壺千二百矯"를 인용했다(『고금운회거요古今韻會擧要』 권6, 「이소二蕭」에도 같은 글을 인용한다). (『강희자전康熙字典』 시부矢部, 교矯 아래서도 그것을 인용하지만 조금 차이가 있다. '천이백千二百' 아래에 '시矢' 자가 있어 '每投千二百矢矯'로 되어 있다.) 또 이백의 시에 대한 양제현楊齊賢의 주에도 역시 『신이경』이 인용되어 있지만, 그 문장은 "東王公與玉女投壺, 梟而脫誤不接者, 天爲之笑, 開口流光, 今電是也"〔동왕공과 옥녀가 투호 놀이를 하는데, 화살이 어지럽게 날며 빗겨나고 들어가지 못했다. 하늘이 그것 때문에 웃자 입이 벌어져 빛이 나왔다. 이리하여 번개가 치는 것이다〕(『분류보주이태백시分類補注李太白詩』 화각본和刻本, 권3)로 되어 있으므로, 왕기가 인용한 곳과 같지 않다. 『신이경』의 다른 판본을 검토하지 못했기 때문에, 왕기의 주에 인용된 곳을 기록해 두는 것은 어떨까요? 이런 뜻을 살펴서 존고를 잘 보충하기 바랍니다. (오가와)

결국 이 부분은 이 책 90쪽 두 번째 【注解】가 되었고, 여기에 오가와 선생이 썼던 것과 현대어 번역 등은 싣지 않았다.

〈128〉 구곡진영驅轂振纓〔수레를 몰면 관끈이 흔들린다〕에 대한 이주李注의 "振其纓而結就也"〔관의 끈을 가지런히 해서 깔끔하게 묶는다〕와 관련해서는,

이 한 구 앞에 어떤 탈문 또는 탈자가 있는 듯하지만, 개인적 추측을 말해 보면, 먼저 진영振纓이란 성어는 진晉나라 육기陸機(260~303)[11]의 「황태자연현포유당유령부시皇太子宴玄圃猷堂有令賦詩」(『문선』 권20)에, A "弛厥負擔, 振纓承華"〔어깨의 짐을 부리고, 승화문承華門(황태자의 동궁전의 문)에서 관의 끈을 손질하네〕로 보이고, 이선李善(630?~689)[12]의 주에는 두예杜預의 『좌씨전』 주에 "진정야振整也"〔진은 가지런하게 하다는 뜻이다〕라고 되어 있는 것을 인용하기 때문에 우리나라에서는 "갓끈을 가지런하게 하다"로 읽는데, "털다, 씻다"의 훈도 괜찮은 듯합니다(이 시는 야스모

토安本의 주에도 인용되어 있기 때문에 확인해 보는 것을 생각해 보세요). 『문선』에는 또 하나 하후담夏侯湛(243~291)[13]의 「동방삭화찬東方朔畵贊」(권47)에, B "臨世濯足, 希古振纓" [세상에 임해서 발을 씻고, 옛날을 바라며 갓끈을 씻는다]으로 되어 있고, 여기에서는 이선이 주에서 『초사楚辭』「어부가漁夫歌」에서 읊고 있는 "창랑의 물이 맑으면 나의 갓끈을 씻고, 창랑의 물이 흐리면 내 발을 씻는다"[14]는 것을 인용했기 때문에, 진振을 '씻다'로 읽고 있습니다. A에서는 진영振纓이 갓끈을 바로 매서 벼슬살이하다는 뜻으로, B에서는 갓끈을 씻는 것으로 벼슬살이를 그만두고 은둔하려는 뜻을 드러내기 때문에 서로 반대가 됩니다. 이 성어에는 두 가지 용법이 있기 때문입니다. 그러나 위 구절은 〈127〉 고관배련高冠陪輦으로 이어지는 점을 본다면 여기서는 아마도 A의 용법이 맞지 않을까 생각됩니다. A는 육기가 (제목의) 황태자에게 벼슬살이하는 것을 말하고 있으므로 이 〈128〉도 천자에게 벼슬살이하는 것을 나타내는 것이 틀림없습니다. 이 이주의 한 구는 "그 (관의) 끈을 단정하게 매는 것이다"라고 번역해 둡니다('단정하게'는 '취就'의 번역입니다). 재고해 보시기 바랍니다. (오가와)

이 부분은 이 책 208쪽의 【注解】가 되었다. 오가와 선생이 이 책에 얼마만큼 관여했는지는 이런 예만으로도 충분히 알 수 있으리라. 내가 원고 작성을 위한 서기 노릇만 한 게 아닌가 싶다. 하지만 이 정도로 간절하고 친절하게 가르침을 받았다고 할 수 있는 혜택 받은 환경을 부럽게 생각하는 이들도 많을 게 틀림없다.

선생은 교토대학을 퇴직한 뒤에 원고 집필로 바쁘게 지내셨을지라도, 격무였던 대학 관계의 일이 없어져 비교적 홀가분하게 지내셨을 때였기 때문에 더욱더 시기적으로 운이 좋았다. 그러나 이 정도로 선생의 손을 번거롭게 했지만 선생은 한 번도 나에게 주의를 주지 않았다. '조금 더 조사해 봐라' 하고 말씀하셨어도 좋았다고 생각하지만, 선생은 나의 원고를 대단히 존중해 주셨고, 나는 교열했던 원고를 받을 적마다 깊게 반성을 했던 것이다.

하지만 원래 실력이 없었던 것이지 게으른 것은 아니었다. 짧은 기간에 실력이 붙는 것이 아니어서 나로서도 어찌 할 수 없이 그저 죄송한 마음으로 몸을 움츠릴 뿐이었다. 그래서 '훌륭한 선생'이란 이는 이러한 사람인가 실감하게 되었다.

균사均社

내가 오가와 선생과 대화를 나누게 된 것은 선생이 교토대학을 퇴직하고서 '균사'라는 중국 음운학 · 문자학 등 이른바 '소학小學' 연구회가 결성되면서부터이다. 오가와 선생이 교토대학을 정년퇴직했던 1974년에 오가와 선생과 쓰시모토 하루히코辻本春彦 선생(전 오사카외국어대학 교수)을 중심으로 해서, 당시 교토대학 중국어학 · 중국문학 강좌의 대학원생이었던 마쓰오 요시키松尾良樹(현 나라여자대학 교수)와 다카다 도키오高田時雄(현 교토대학 교수)에 의해 균사가 결성되었다. 구성원도 적은 데다가 나오고 안 나오는 차이가 심하고 활동 기간도 길지 않았던 탓에 『균사』에는 오가와 선생에 대해 말하는 사람도 적기 때문에, 여기에 조금 기록을 남겨 두고 싶다.

균사가 설립된 1974년 당시는 중국 음운학을 연구하는 사람이 적었는데, 쓰시모토 하루히코 선생의 오사카외국어대학 제자 가운데서 중국 음운학을 전공하는 학생들이 배출되었다. 쓰시모토 선생은 음운학에 대한 조예가 깊어 젊었을 때부터 이미 일급 연구자였다. 논문을 그다지 쓰지 않았지만 퇴임이 가까워짐에 따라 그 지식을 수업 중에 펼쳐 보이게 되었다. 따라서 그 훈도를 받았던 제자들의 음운학 수준은 매우 높았다.

그 가운데 한 사람이었던 마쓰오는 교토대학 대학원에 입학했는데, 같은 해에 교토대학에서 오자키 유지로尾崎雄二郎 선생(전 교토대학 교수, 균사 객원 회원) 이래 25년 만에 음운학을 연구 주제로 하는 다카다도 대학원에 입학했다. 마쓰오 · 다카다 두 사람의 영향이었는지 문학부를 생각하던 아쓰지 데쓰지阿辻哲次(현 교토대학 교수), 중국 음운학과 방언에 흥미를 가졌던 히라타 쇼지平田昌司(현 교토대학 교수) 등도 참여했고, 또 마쓰오를 통해서 쓰시모토 선생의 고제高弟 사사키 다케시佐々木猛(현 오사카외국어대학 교수), 야하나 아키후미矢放昭文(현 교토산업대학 교수), 모리 히로타쓰森博達(현 교토산업대학 교수) 등도 가담해서 균사가 결성된 것이다.

오가와 선생은 원래 음운학을 좋아하셨지만 오랫동안 선생의 음운에 관한 생각을 이야기할 상대가 없었는데, 균사의 회합에서는 매우 전문적인 이야기도 이해하고 반문해 오는 대학원생이 있는 것을 몹시 즐거워하셨던 것 같다. 나는 말석에 앉아서 선생이 즐거운 듯이 음운학이랑 음운학자들 이야기하시는 것을 조금 불가사의한 생각을 품으면서 삼가 들었다. 이렇게 말하는 것은 당시 내가 오가와 선생이 '문학文學' 선생이었기에 음운학에 그렇게 정통하다고 생각하지 않았기 때문이다.

균사의 회합도 궤도에 오르고 『균사논총均社論叢』이란 기관지도 조금씩 전문가들 사이에 알려졌을 무렵에, 마쓰오 다음으로 내가 제2대 회장이 되었다. 그것은 내가 다다미 여덟 장, 세 장짜리 방을 빌리고 있었지만 그 주위에 있던 현관방, 부엌, 복도를 차지하고 전체적으로 다다미 20장짜리에 가까운 면적을 확보하고 있었기 때문에, 거기서 회합을 여는 일이 많았고 차 접대를 겸해서 회장도 시켜두는 것이 편리했기 때문이다.

나는 '차 접대 회장'으로서 회합 때마다 차의 접대를 맡고, 뒤풀이 때마다 밥을 짓고 다기와 그릇을 씻는 것이 주된 임무였다. 뒤풀이는 조촐하게 진행되었지만, 기회가 있을 때마다 나의 하숙집에서 열었다. 오가와 선생도 뒤풀이 때마다 난잡한 하숙집으로 걸음을 해 주셨고, 심하게 냄비를 들쑤시는,[15] 예절을 전혀 모르는 버릇없는 놈도 싫어하지 않으시고 술을 마시기도 하면서 즐겁게 담소를 나누셨다.

중국의 음운학자 리룽李榮 선생이 왔을 때도 내 하숙집으로 모셔 와 이야기를 나눴다. 리룽 선생은 냉방기가 없는 곳이 좋다고 말씀하셨기에 안내를 맡은 마쓰오 · 히라타 두 사람이 하숙집으로 모시고 와서 오가와 선생, 쓰시모토 선생을 비롯한 회원 일동과 중국의 음운학과 음운학자의 이야기로 꽃을 피웠다.

지금 생각해 보면, 대학원생의 하숙집에 중국을 대표하는 학자를 데리고 와서 이야기를 한다고 하는 것부터 마쓰오 · 히라타가 당치도 않은 생각을 했던 것으로 보인다. 오가와 선생도 쓰시모토 선생도 아무렇지도 않으신 것처럼 보였고 리룽 선생도 "여기는 냉방기가 없어서 좋다"며 기분이 좋아 보이셨다. 나는 주워 온 선풍기의 나사를 꽉 죄어 큰 소리가 나지 않게 하고, 몇 대를 거치면서 물이 든 찻물의 때가 될 수 있는 한 눈에 띄지 않게 찻잔을 닦아 가며 접대를 하느라 여념이 없었다.

국문과 출신의 내 눈으로 보면, 중국어학 연구자들은 마쓰오 · 히라타 두 사람이 리룽 선생을 태연하게 안내해 왔던 것에서 알 수 있듯이 거리낌 없는 이들이 많았는데, 다른 말로 표현하면, 이른바 무례하고 버릇없는 이들도 많았다.

마쓰오·다카다 등은 심야에 예고 없이 일면식도 없는 고 가이즈카 시게키具塚茂樹 선생(오가와 선생의 친형, 전 교토대학 교수)의 자택에 "오가와 다마키 선생의 제자입니다"라고 밝히고는 거리낌 없이 들어가서 술을 마시고 돌아왔던 적도 있었다. 가이즈카 선생은 "타마짱의 제자라고!" 하며 환대했다고 한다. 또 앞서의 뒤풀이가 끝나고 오가와 선생이 돌아갈 즈음에, "뒷정리하는 게 큰일이네"라고 말씀하시니, 아쓰지는 즉각 "원하신다면 선생님도 함께 뒷정리를 하실래요?"라며 서슴없이 말을 건넸다.

뒤에 사사키가 "은사님에게 그런 말을 하면 쓰냐"고 나무랐다. 그런 사사키도 뒤풀이에서 같은 냄비에 먹게 되면, 늘 냄비 안이 텅 빌 때까지도 자신이 배가 부르기 전까지는 수저 놀리는 속도를 늦추는 일이 없었다. 오가와 선생의 고희 기념식에는 같은 해에 같은 나이로 정년퇴직을 했던 이리야 요시타카入矢義高 선생(전 교토대학 교수)도 오시게 해서, 두 분의 고희 축하 잔치를 열었다. 그때 당시의 우리로서는 고급 도시락을 주문했는데, 마쓰오가 가지고 온 포도주를 두 선생님이 함께 흡족하게 드시고는 즐거워서 크게 입을 벌려 웃으시던 장면이 생각난다. 잔치가 끝난 뒤 마쓰오가 "오가와 선생님! 와인 한 병이 텅 비었습니다"라며 놀라는 장면도 그리운 추억이다.

균사 초기에는 마쓰오의 열성에 의해 활동이 유지되었다. 마쓰오도 술에 취하면 거침없이 말하는 버릇이 있어서 품행이 방정하다고 말하기 어렵지만, 그러한 분위기에도 오가와 선생은 즐거워하는 듯했다. 어떤 때는 취한 마쓰오의 말에 넘어가서 "맞아. 걔는 바보야" 하고 말씀하신 일도 있었을 정도다.

오가와 선생은 저서의 결함이나 부족한 점에 대해서는 말씀하셔도 개인에 대해 품평하는 일이 거의 없으셨기 때문에, 그릇을 씻고 있었던 나도 자연히 뒤돌아보았었다. 그 무렵 다카다는 프랑스에 유학하고 있었는데, 어려운 조건에서 힘들게 노력하고 몹시 애를 쓰며 정성을 쏟던 시기라 연락이 되지 않았다. 야하나는 지금과 마찬가지로 대인처럼 조용해서, 회합에서도 뭔가 말하는 걸 들은 적이 드물었다. 뒤에 돌연히 활약을 시작했던 모리 히로타쓰는 방의 구석에 움츠려 있었다. 본인 말로는 "죽어 있던 시기" 였던 듯하다.

제3대 회장은 지나치게 성실해서 이따금 초점이 엇나가는 히라타 쇼지가 되었고, 이 시기에 체제를 갖추어서 기관지 『균사논총』도 잡지로서 틀을 갖추게 되었지만, 회원들도 각지에서 취직을 한 뒤 저마다 본업에 바빠서 균사의 활동은 거의 할 수 없게 되었다. 교토 부근에 사는 회원들은 교토대학 인문학연구소의 오자키 유지로 선생 연구반에 흡수되었고, 주선酒仙으로 불리었던 오자키 선생의 퇴임 이후에는 불손한 걸로 자타로부터 인정을 받았던 다카다의 연구반에 흡수되었다.

체중이 급속하게 늘어나기 시작했던 아쓰지는 교토로 되돌아와서 제4대 회장이 되었다.

오가와 선생이 돌아가신 뒤에는 균사의 해산도 생각해 보았지만 정식으로 해산했던 것은 아니다. 회장은 지금도 아쓰지다.

음운학과 관련해서 오가와 선생이 장래에 가장 촉망받을 것으로 본 이는 다카다 도키오였다고 나는 느꼈는데, 다카다는 그 기대대로 세계적인 학자로 성장했고, 『균사』에 모였던 막돼먹은 이들도 모두 어엿한 연구자가 되었다. 오가와 선생도 『균사』를 통해 무례하지만 좋은 후계자들을 만나서 틀림없이 만족했으리라 생각된다.

오가와 선생의 고희 기념 잔치 뒤에 사진을 보냈더니 다음처럼 답장을 하셨다.

앞날이 창창한 여러분의 모습을 보고서 참으로 부러웠습니다. 소생이 나이만 허투루 많아서 고희를 축하해 주신 것은 감사하기 그지없습니다만, 짧은 원고를 쓰더라도 시간이 꽤나 걸리고 힘에 부칩니다. 요즘 오래된 일기를 우연히 보고서, 나이토 고난內藤湖南(1866~1934) 선생이 부친(나이토 쥬완內藤十灣 선생)의 저서 서문에, '저술은 50세까지는 해두어야 하는데 50세를 넘기면 정력이 쇠하기 때문이다'라고 썼던 것이 기억에 떠올랐습니다.

우리들이 오가와 선생과 친밀해진 것은 오가와 선생의 정년퇴직 이후이기 때문에 이미 63세를 넘으셨을 무렵이지만, 여기에 쓰신 것처럼 '쇠했다'는 느낌이 들지는 않았다. 다만 일류 학자라고 하면 자기 자신의 한계를 똑똑하게 알고 있다는 것, 거꾸로 말하면 자신이 할 수 있는 일의 범위를 안다고 할 수 있다는 걸 느꼈다. 그것은 자기 자신의 지식에도 한계가 있음을 아는 것이고, 자기 견해를 고집하지 않는 것이기도 하다. 그 덕택에 타인의 의견에도 열심히 귀를 기울이고, 상대의 연령에도 얽매이지 않고, 오히려 젊은이일수록 그의 의견·이해를 바라는 자세를 가지게 되신 듯하다. 이러한 점이 일류인가 이류인가를 가르는 것이지 않을까?

우리들 새로운 교육을 받았던 사람은 어릴 적부터 한문 읽기나 서예 연찬을 쌓아 온 선생의 수준에 이르는 것이 불가능하지만, 학문의 지식은 어느 정도 노력으로 보충할 수 있는 것이다. 그러나 학문에 대한 자세나 마음가짐 같은 것은 노력만으로 어떻게 되지 않는다. 주위에 귀감이 될 만한 대상이 없으면 몸에 익힐 수 없다. 오가와 다쿠지小川琢治(1870~1941)[16] 선생을 아버지로 하고, 유가와 히데토시湯川秀樹(1907~1981)·가이즈카 시게키(1904~1987) 선생을 형으로 두며 자랐던 선생은 학문이라는 것이 어떤 것인가 고쳐서 생각할 필요도 없이 자연스럽게 몸에 익혔을 것이다. 우리들도 그런 수준에 이를 수는 없었다 하더라도 일류 학자란 어떤 이라는 것을 자신의 눈으로 보고 느낄 수 있는 있었던 것은 뜻밖의 행운이라고 해도 틀림이 없다.

오가와 다마키小川環樹(1910~1993)[17] 선생이 돌아가신 지 3년의 세월이 흘렀고, 『균사』의 회원들도 50줄에 이르렀다. 오가와 선생의 무언의 가르침을 어떻게 체득해 나가는가가 이제부터 남아있는 회원들의 과제가 될 것이다.

오가와 선생과의 추억을 조금 떠올리며, 문고판 발행에 즈음해서 설명을 가름하고자 한다.

1996년 11월 20일

1 이 책의 특성을 소개한다는 점에서 관련 내용을 남겨두지만, 문선독 부분은 우리나라의 실정에 맞지 않으므로 본문에서는 제외했다.

2 문선독은 한국어와 일본어에서 찾아볼 수 있는 일종의 혼종어混種語다. 달리 음운복독音訓復讀이라 하는데, 한자의 음을 읽은 뒤 그에 해당되는 고유어를 의미상 중복하듯이 덧붙이는 경우이다. 한국어의 경우 두 가지 유형이 있다(장정래, 「한자혼종어에 관한 한일 대조연구」, 『일본어문학』 제25집, 2004, 129쪽 참조).

① 고유어+한자 : 가짓수–數, 글자–字, 담장–墻.

② 한자+고유어 : 역전앞驛前–, 약수물藥水–, 공일날空日–, 담요毯–, 면도칼面刀–, 별다르다別–.

『천자문』의 경우 특정 단어에 한정되지 않고 내용 전체를 대상으로 문선독을 하고 있다.

3 '노の' 앞의 가타가나 텐テン과 치チ는 天과 地의 한자 음을 나타내고 '노' 뒤의 아메あめ와 쓰치つち는 天과 地의 뜻이 각각 하늘과 땅이라는 것을 나타낸다. 이 부분을 좀 어색하지만 한국어로 표현하면 '천 · 지의 하늘 · 땅은'이 된다. 다음 '토と' 앞의 쿠엔クエン과 쿠와우クワウ는 玄과 黃의 한자 음을, '토' 뒤의 쿠로쿠くろく와 키き는 각각 검다와 누렇다는 뜻을 나타낸다. 이를 한국어를 표현하면 '현 · 황으로 검고 누렇다'가 된다. 『음결』에서 제시하는 한자음은 현대의 일본어 한자음과 다르다는 점을 고려해야 한다.

4 한국어로 바꾸면 A는 "애 · 육으로 사랑을 베풀고 기르다. 여수의 백성을"이 되고, B는 "여수의 백성을 애 · 육으로 사랑을 베풀고 기르다"가 된다.

5 한국어로 바꾸면 "악 · 종의 산은 항 · 대의 산을 중심으로 치고, 선의 제사(또는 제정祭政)는 운 · 정의 산을 맡도록 한다."

6 한국어로 바꾸면 "화 · 인의 재난은 악 · 적의 악행이 쌓임으로써 비롯된다"가 된다.

7 간본刊本은 인쇄 방법에 따라 활자본과 정판본으로 나뉘는데, 정판본은 1매의 판목版木에다 그림이나 문자를 새겨 인쇄한 서적이다.

8 『패문운부』는 청 강희제康熙帝의 칙명에 따라 장옥서張玉書 · 진정산陳廷散 · 이광지李光地 등 76명이 편집에 종사하여 1711년에 간행하였고, 습유拾遺는 1716년에 완성하였다. 두 자에서부터 넉 자짜리 숙어熟語의 용례를 경사자집經史子集의 고전에서 널리 채록하여, 맨 끝 자의 운에 따라 106운으로 나누어 배열하고 매 운자를 1권으로 묶었다.

9 「양보음」은 『천자문』 〈178〉 총증항극寵增抗極의 이섬 주석에 인용되어 있는 '이도살삼사二桃殺三士', 즉 두 봉숭아가 세 명의 장사를 죽이다는 고사를 소재로 읊은 시다. 한때 제갈량이 같은 제목의 시를 지어서 유명해진 소재다. 『안자춘추』의 고사가 그 출처다.

10 동왕공은 서왕모西王母와 함께 도교에서 숭배하는 신으로, 목공木公이나 동화제군東華帝君으로도 불린다. 기원을 따져보면 전국 시대까지 거슬러 올라가는데, 초楚의 동황태일신東皇太一神 또는 동군東君으로 신격화된 태양신이 동왕공의 전신이라 할 수 있다. 이처럼 동왕공은 원래 고대 동아시아 전설의 남신이었는데, 훗날 도교에서 남성신성의 우두머리로 높여 부르게 된 것이다. 동왕공이란 말은 진晉 갈홍葛洪의 「침중서枕中書」에 처음으로 보인다.

11 육기는 자가 사형士衡이고 서진西晉의 문인이다. 그는 수사修辭에 중점을 두고 미사여구와 대구의 기교를 살려 육조 시대의 화려한 시풍의 선구자가 되었다. 그의 주요 저서 가운데 『문부文賦』는 문학 비평서로 유명하며 그 밖에 『육사형집陸士衡集』 등이 있다.

12 이선은 당 제국 시기의 문인이자 학자로 활약했다. 그는 조헌曹憲에게 『문선』을 배웠고 이를 바탕으로 658년에 『문선』에 방대한 주석을 단 『문선주文選注』(60권)를 편찬하여 그것의 이해에 크게 기여했다. 『문선주』는 깊이 있고 날카로운 분석과 방대한

수집 자료로 학술적 가치가 크다.

13 하후담은 자가 효약孝若으로 진晉나라의 대신大臣이면서 문인이다. 그는 반악潘岳과 잘 지냈는데 당시 사람들이 연벽連璧이라고 불렀다. 그의 문장으로는 『문선文選』에 실린 「동방삭화찬東方朔畫贊」이 가장 뛰어난 것으로 널리 알려져 있다.

14 "滄浪之水淸, 可以濯我纓, 滄浪之水濁, 可以濯我足."

15 일본에서는 학교의 종강 모임 때 연구실이나 가정집에서 냄비에 전골 요리를 해먹으며 이야기를 나눈다. 이를 냄비 파티라고도 부른다. 이 구절은 원로인 오가와 선생이 동석한 자리에서도 사람들이 냄비를 휘저으면서 음식물을 먹었던 탓에, 예의를 차리지 않았다고 말하는 것으로 보인다. 먹는 음식은 다르지만 우리나라의 삼겹살 파티와 비슷하게 생각하면 되겠다. 이와 관련해서 원용준 박사에게 조언을 받았다.

16 오가와 다쿠지는 일본의 지질학자이자 지리학자이다. 그의 장남 오가와 요시키小川芳樹(1902~1957)는 야금학자 · 금속공학자이고, 차남 가이즈카 시게키는 동양사학자이고, 삼남 유카와 히데키湯川秀樹는 물리학자이고, 사남 오가와 다마키는 중국 문학자이다. 경제학자인 가이즈카 케이메이貝塚啓明는 손자이다. 즉 전형적인 학자 집안이라고 할 수 있다.

17 오가와 다마키는 1932년에 교토제국대학京都帝國大學 문학부文學部를 졸업했다. 1934년에서 1936년 사이에 중국에 유학했고, 귀국 뒤 1938년에 도호쿠제국대학東北帝國大學 강사를 한 뒤에 이듬해에 조교수가 되고 1947년에 교수가 되었다. 1950년에 모교 교토대로 자리를 옮겨 교수 생활을 했고, 이듬해 「원 · 명 소설사 연구元明小說史の硏究」로 문학박사를 취득했다. 그 뒤에 『중국시인선집中國詩人選集』의 편집을 맡았고, 1965~1969년에 인문과학연구소의 교수를 겸직했다. 1967년부터 요시카와 고지로吉川幸次郎의 뒤를 이어서 중국문학과 주임 교수가 되었다. 1974년에 정년퇴직했고, 1989년에 일본학사원日本學士院의 회원이 되었다. 그는 방대한 규모의 저서와 번역서를 남겼다. 저서로는 『오가와 다마키 저작집小川環樹著作集』 전5권(筑摩書房, 1997), 『당시개설唐詩槪說』(岩波書店, 1958, 뒤에 이와나미문고岩波文庫), 『소식蘇軾』(상 · 하)(岩波書店, 1962), 『송시선宋詩選』(筑摩叢書, 1967), 『중국소설사 연구中國小說史の硏究』(岩波書店, 1968), 『바람과 구름(風と雲)』(朝日新聞社, 1972), 『육유陸游』(筑摩書房, 1974), 『담왕한어談往閑語』(筑摩書房, 1987) 등이 있다. 또 번역서로는 『당시선唐詩選』(筑摩叢書, 1973, 공역), 『왕유시집王維詩集』(岩波文庫, 1972, 공역), 『노자老子』(中公文庫, 1973), 『소동파시선蘇東坡詩選』(岩波文庫, 1975, 공역), 『당대 시인 전기唐代の詩人—その伝記』(大修館書店, 1975, 편저), 『사기열전史記列傳』 전5권(岩波文庫, 1975, 공역), 『사기세가史記世家』 전3권(岩波文庫, 1980~1991 공역), 『완역삼국지完譯三國志』 전8권(岩波文庫, 1988, 공역), 『논어징論語徵』 전2권(みすず書房, 뒤에 헤이본샤平凡社 도요문고東洋文庫, 1994), 『천자문千字文』(岩波文庫, 1997, 공역. 뒤에 와이드판 이와나미문고), 『오선록吳船錄 · 남비록攬轡錄 · 참난록驂鸞錄(范成大)』(헤이본샤 도요문고, 2001 공역) 등이 있다.

저자 참고문헌

川瀨,『五山版の研究』

神田喜一郎,「飛鳥奈良時代の文物制度」, 羽田亨 編,『飛鳥・奈良時代の文化』, 大阪：武田藥品工業, 1955.

小長谷惠吉,『日本國見在書目錄解說稿』, 東京：くにたち本の會, 1936~1937.

黑田彰,「上野本『注千字文』」,『國文學』第59號, 吹田市：關西大學國文學會, 1982.

黑田彰・後藤昭雄・東野治之・三木雅博,『上野本注千字文注解』, 大阪：和泉書院, 1989.

倉田淳之助,「千字文について」,『お茶の水女子大學中國文學會報』第3號, 1984.

歐陽修,「陳の智永の書せる千字文」,『集古錄跋尾』卷4.

岸俊男,『宮都と木簡』, 東京：吉川弘文館, 1977.

長澤規矩也,「本邦舊傳古版の千字文」,『書苑』第3卷 第1號, 東京, 1939.

高田忠周 著,『六體千字文』, 東京：富山房, 1938.

高岡秀成,『周興嗣次韻千字文考證』, 1790〔西川寧, 長澤規矩也 編,『和刻本書畵集成』第9輯, 東京：汲古書院, 1977〕.

『大日本史』

東野治之,「『論語』『千字文』と藤原宮木簡」,『正倉院文書と木簡の研究』, 東京：塙書房, 1977.

『敦煌書法叢刊』第18卷, 東京：二玄社, 1983.

源順,『和名類聚抄』.

築島裕,「文選讀」,『平安時代の漢文訓讀語に就きての研究』, 東京：東大出版會, 1963.

山崎誠,「本邦舊傳注千字文攷」,『平安文學研究』第69集, 平安文學會, 1983.

安本健吉,『評釋千字文』, 岩波文庫, 1937.

尾形裕康,『我國における千字文の教育史的研究』本編, 東京：校倉書房, 1966.

王國維,『觀堂集林』卷17.

王力,「南北朝人用韻考」,『漢語史論文集』, 北京：科學出版社, 1958.

劉克莊,「題跋」,「高宗の宸翰の4」,『後村先生大全集』卷103, 臺北：臺灣商務印書館, 1965(上海商務印書館縮印本).

姜亮夫,『敦煌－偉大的文化寶藏』, 上海：上海古典文學出版社, 1956.

茅原東學 編,『千字文考正』, 東京：東學社, 1936.

Paul Pelliot, *Le Ts'ien Tseu Wen ou《Livre des mille mots》*, *T'oung Pao*通報, vol.XXIV , 1926.

羽田亨,「漢蕃對音千字文殘卷」序說, Paul Pelliot・羽田亨 共編,『敦煌遺書』第1集, 上海：

東亞攷究會, 1926.
服部宇之吉・長澤規矩也,『佚存書目』, 東京, 1933.
黃庭堅,「章草の千字文に跋す」,『山谷題跋』.
藤原佐世,『日本國見在書目錄』, 東京 : 古典保存會, 1925.
徽宗,『宣和書譜』.
向達,『敦煌變文集』
『嘉慶重修一統志』 권227

역자 참고문헌

大東急文庫藏『纂圖附音增廣古注千字文』元和3年 2月刊(古活字板)

간 보, 임동석 옮김, 『수신기』, 동문선, 1997.

권오석 옮김, 『묵자』, 홍신문화사, 1994.

그린비일본어연구실, 『일본어 인명 읽기 사전』, 그린비, 1995.

김 균, 이광호 옮김, 『대동천자문 : 오천년의 우리 역사가 살아 숨 쉬는 천 개의 글자』, 푸른숲, 1994.

김 근, 『여씨춘추』, 민음사, 1993~1995.

김 근, 『욕망하는 천자문 : 문자 속에 숨은 권력, 천자문 다시 읽기』, 삼인, 2003.

김성동, 『김성동 천자문 : 하늘의 섭리 땅의 도리』, 청년사, 2003.

김학주 옮김, 『시경』, 서울 : 명문당, 1984, 1997 개정증판.

김학주 옮김, 『묵자』 명문당, 1989, 2003.

덕 진, 『불교천자문 : 자전편』, 우리출판사, 2007.

리중성李中生, 임채우 옮김, 『언어의 금기로 읽는 중국문화』, 동과서, 1999.

박기수 외 옮김, 『사료로 읽는 중국 고대 사회경제사』, 청어람미디어, 2005.

박재범 옮김, 『묵자』, 홍익출판사, 1999.

박지원, 『연압집』 권5.

박혜범, 『역사 천자문』, 박이정, 2005.

성백효 역주, 『주해 천자문』, 전통문화연구회, 1992.

손희하 지음, 『천자문(송광사판) : 연구색인 자료영인』, 태학사, 1993.

신동준 옮김, 『춘추좌전』, 한길사, 2006.

신정근 외 옮김, 『반논어』, 예문서원, 1996.

신정근, 『논어의 숲, 공자의 그늘』, 심산, 2006.

신정근, 「덕의 나라를 향한 진군가」, 『철학과 현실』 제78호, 2008.

안길환 옮김, 『세설신어』, 명문당, 2006.

안동림, 『장자』, 현암사, 1993, 2001 개정판.

안미경, 『천자문 간인본 연구』, 이회, 2004.

양 웅, 사마광 주, 김태식 해역, 『태현경』, 자유문고, 2006.

양판揚帆, 김태성 옮김, 『정관정요에서 배우는 난세를 이기는 지혜』, 예담, 2002.

오 긍, 김원중 옮김, 『정관정요』, 현암사, 2003.

오세종 편저, 『천자문 샛강해』, 삼필문화사, 2002.

왕 여, 김호 옮김, 『신주 무원록』, 사계절출판사, 2003.
유안劉安, 안길환 편역, 『회남자』, 명문당, 2001.
유 향, 임동석 옮김, 『설원』, 동문선, 1996.
유 향, 임동석 옮김, 『신서 : 중국 고대의 지혜가 담긴 188편의 짧은 역사 이야기』, 예문서원, 1999.
윤현중 편저, 『일본어 한자읽기 사전』, 서울 : 진명출판사, 1995, 2006 개정증보.
위앤커, 전인초 · 김선자 옮김, 역주본 『중국신화전설』, 민음사, 1992, 2002 신장판.
이기동 옮김, 『주역강설』, 성균관대학교출판부, 1997.
이민수 주해, 『천자문』, 을유문화사, 1972.
이민수 역해, 『천자문』, 혜원출판사, 1992.
이방李昉, 김장환 옮김, 『태평광기』 1~21, 학고방, 2000~2005.
이석명 옮김, 『노자 도덕경 하상공장구』, 소명출판, 2005.
이충구 · 임재완 · 성당제 · 김병헌 옮김, 『이아주소』, 소명출판, 2004.
임종욱, 『몽구』, 나무아래사람, 2002.
장정래, 「한자혼종어에 관한 한일 대조연구」, 『일본어문학』 제25집, 2004.
전우용, 『서울은 깊다』, 돌베개, 2008.
정진홍, 『인문의 숲에서 경영을 만나다』, 21세기북스, 2008.
정후수, 『천자문』, 장락, 2001.
지재희 · 이준녕 옮김, 『주역 : 제국 건설의 행정 직제와 직무 지침서』, 자유문고, 2002.
차상원, 『(說文에 의한 신역) 천자문』 서울 : 명문당, 1987.
천명일, 『산성 할아버지의 이야기 천자문』, 지혜의나무, 2007.
최성호 편역, 『천자문 영어로 읽기』, 대명, 2004.
추만호 지음, 지영스님 글씨, 『千字文講義』, 경인, 1994.
한 영, 임동석 옮김, 『한시외전』, 예문서원, 2000.
한정주, 『천자문뎐 : 신화 · 역사 · 문명으로 보는 125가지 이야기』, 포럼, 2006.
혜 강, 한홍섭 옮김, 『혜강집』, 소명출판, 2006.

위키피디아 www.wikipedia.org
야후! www.yahoo.co.kr, cn.yahoo.com, www.yahoo.co.jp
바이두百度 www.baidu.com